진순신 이야기 중국사 4

제4권

수·당·오대십국·북송 ▶ 중원의 황금시대

• 진순신 지음 | 이수경 옮김 •

살림

차례

1부 _ 수당의 흥망

2부 _ 송과 그 주변

일러두기
1. 원서 본문은 경어체이지만 평어체로 바꿔 번역했고, 인용문의 행간 처리는 원서에 따랐다.
2. 외래어 표기는 국립국어원의 표기법을 준용했으나, 중국 인명과 지명은 모두 한자음으로
   처리했다. 중국인 이외의 외국인 인명이나 지명은 원서를 참조하되 원어를 덧붙였으며, '소련'
   과 소련 소속 국가의 경우 원서 출간 당시의 지명을 따랐다.

수 당 의 흥 망

행운을 믿은 남자

멀리서 내려다보는 역사 풍경

자신이 사는 시대를 높은 곳에서 내려다본다는 것은 뜻밖에도 어려운 일이다. 어떤 시대를 부감(俯瞰)하는 것은 그 시대가 끝난 뒤 다음 세대들이 누리는 특권일 것이다. 특권은 역사를 읽음으로써 행사할 수 있다. 확실히 소용돌이 속에 있는 사람은 대체로 앞을 내다보지 못한다.

내가 자주 예로 드는 이야기 가운데 19세기 중반에 일어난 태평천국 전쟁의 장사(長沙) 공방전에 얽힌 에피소드가 있다. 청나라 군대가 지키고 있는 장사성을 태평천국 군대가 공격할 때의 일이다. 청나라 군대의 사령관 향영(向榮)은 당시 50대 중반의 노련한 장군이었다. 직위가 제독이었으니 사단장에 상당한다. 이 향영이 부하 수천을 이끌고 장사성 서쪽 상강(湘江)을 건너 건너편 태평천국군을 공격하려고 했다. 장사 시가지를 둘러싼 성벽은 높이가 10여 미터에 달했는데, 그곳에서 일반 시민과 다른 부락 병졸들이 향영군의 출격을 구경하고 있었다. 향영의 대군은 먼저 강 건너편 태평천국군 병사 몇몇이 지키고 있는 요새부터 공격했다. 사실 그것은 태평천국군이 놓은 미끼 부대였다. 뒤쪽 숲 속에 복병이 있었다. 요새에 있던 부대는 청나라 군대를 그곳으로 유인하는 것이 임무였다. 청나라 군대는 감쪽같이 이 작전에 걸려들었다. 그런데 장사 성벽 위에서 구경하던 사람들은 태평천국군이 미끼를 놓았다는 것을 알 수 있었다. 숲 속의 복병까지 보였을 리는 없지만, 미끼 부대가 도망치는 모습이 너무도 정연했기 때문에 다들 한눈에 알아차렸다고 한다. 구경꾼들은 아무런 군사지식도 없는 평범한 시민과 병졸이었다. 그에 비해 향영은 직업군인이었고 역전의 장군이었다. 그런데도 적이 도망치는 모습이 이상하다는 것을 눈치 채지 못했다. 그 상황 한복판에 있었기 때문이다. 앞을 내다보지 못한 데다가 적을 쫓는 데 정신이 팔려서 상황을 판단할 여유가 없었다.

장사의 성벽 구경꾼들은 말하자면 역사를 읽는 사람의 처지와 같다. 위에서 내려다보고 있으므로 훤히 잘 보이는 것이다. 바로 '실력은 8급, 훈수는 초단(바둑은 대국자보다 구경꾼이 여덟 수 앞을 내다본다는 데서 유래한 말-옮긴이)'의 경우일 것이다.

역사는 우리에게 뛰어난 정치가와 군인들의 엄청난 실패를 보여 준다. 역사를 읽는 사람은 그 원인에서부터 과정까지 손바닥 들여다보듯 훤히 알 수 있다. 당사자는 왜 이걸 깨닫지 못했을까, 이상하게 생각될 때가 적지 않다.

역사를 쓸 때는 늘 위에서 내려다봐야 하지만, 특히 남북조처럼 분열된 시대는 가능한 넓은 시야로 바라보는 자세가 필요하다. 수나라가 남북을 통일하는 장면은 하루아침에 나타난 것이 아니다. 넓게 보면 그 전조를 곳곳에서 발견할 수 있다. 그리고 통일을 이룬 원동력은 역시 문명이 가진 힘이었다는 것도 알 수 있다.

우리에게 부족한 점을 상대가 갖고 있다는 사실을 인정하는 것이 통일의 전제 조건이다. 그것을 인정하기 위해서는 문명의 힘이 그 수준까지 도달해야 한다.

당시의 문화 활동을 이야기한다면 압도적으로 남고북저(南高北低)였다. 남북조의 문인을 꼽아 보면 대부분 남쪽 사람이다. 시로 말하면 도연명(陶淵明), 사령운(謝靈運), 안연년(顔延年), 포조(鮑照), 사조(謝脁), 심약(沈約), 강엄(江淹) 같은 일류 시인이 모두 남조 계통이다. 유신(庾信)은 북주(北周)의 표기장군(驃騎將軍)이지만, 사실은 남조 양(梁)나라의 사자로 북주에 갔다가 그대로 눌러앉은 것이니 역시 남쪽 사람이라고 할 수 있다. 문예평론에서는 『문심조룡』을 쓴 유협(劉勰), 글씨의 왕희지(王羲之), 그림의 고개지(顧愷之) 등을 꼽을 수 있어, 이 시대의 문화 담당자는 대부분이 남조 계통이었다는 것을 알 수 있다.

북조에서는 황폐한 낙양을 찾아 그 전성 시대를 회상한 『낙양가람기』의 양현지(楊衒之), 뛰어난 지리서 『수경주(水經注)』의 저자 역도원(酈道元) 정도가 대표적인 문화인이다. 뛰어난 문장을 썼으나 그들이 뜻을 둔 것은 기록이지 문학이 아니었다는 점도 주목할 만하다.

기록이라는 것은 그것을 적어 두었다가 나중에 무엇인가에 도움이 되게 할 마음에서 하는 행동이다. 다시 말해 실리적인 작업이라 할 수 있다.

북이 남보다 뛰어난 점을 꼽자면 그것은 문화 중에서도 실리적인 장르에 많다. 이 시기에 뛰어난 농업서 『제민요술(齊民要術)』이 나왔는데, 그 저자 가사협(賈思勰)은 북조 계통이었다.

남조 양나라의 소명태자 소통(蕭統)은 자신이 지은 『문선(文選)』의 서문에서 인류의 사우(師友)인 공맹(孔孟) 같은 경서나 뜻을 세우는 것을 목적으로 한 제자백가의 서(書), 또는 시비를 논하고 이동(異同)을 가려 적은 사서 따위는 제외했다고 적었다. 편집 방침은,

침사한조(沈思翰藻)

가 기준이었다. 풀이하면 생각을 깊이 하여 문장에 나타난 말(文辭)을 꾸민다는 뜻이니, 실리주의와는 반대인 예술지상주의라고 해야 할 것이다.

하지만 반대쪽에 있기 때문에 서로 상대를 구하는 법이다. 특히 북은 남의 문화를 동경했다. 북위의 한화정책(漢化政策)은 그 결과의 하나라고 할 수 있다. 망명이나 포로로서 북쪽으로 온 남쪽 사람은 상당한 우대를 받았다. 서민도 귀족 대우를 받은 모양이다. 또 한 문화의 핵이라고도 할 수 있는 유학은 이 시대에 남쪽보다 북쪽에서 성행했다.

남쪽이 북쪽보다 열세였던 것은 후경(侯景)의 난에서도 드러났듯이 군사력뿐이었다. 군사력이 약했다는 것은 정치체제에 결함이 있었다는 의미다. 북조의 정치체제는 유목 시대부터 뿌리 내린 조직과 단결을 존중하는 전통에 따라 매우 기능적이었다. 물론 이것은 실리를 존중하는 기풍과 관계가 있다.

북조의 균전법(均田法)은 널리 알려져 있다. 5가(家)에 인장(隣長), 5린(隣)에 이장(里長), 5리(里)에 당장(黨長)을 두는 삼장제(三長制)는 아마 흩어져서 유목하던 무렵에서 그 원형을 찾을 수 있을 것이다. 규율을 어긴 자에게 가하는 형벌은 매우 가혹했다.

남북을 통일한 수나라는 율령국가로서 중국 역사에 획기적인 존재였다. 율(律, 형법)과 영(令, 관제)을 구별해서 국정을 운영했는데, 이처럼 기능

성이 높은 정치는 북조에서 유래했다고 할 수 있다.

장단점을 서로 보완하는 남북의 통일은 중국의 황금시대 개막을 예감하게 했다. 높은 곳에서 내려다본 역사의 풍경 속에 그와 같이 가슴 설레는 예감이 아로새겨져 있었다.

깎아내린 양견의 이미지

통일의 주역이었던 수나라 문제(文帝)는 북주의 중신 양견(楊堅)이었다.

수나라 왕조는 단명정권이다. 햇수로 기껏해야 38년(581~618) 이어졌을 뿐이다. 그 뒤의 당나라 왕조는 290년이나 이어진 장명정권이었고 게다가 찬란한 시대였다. 특히 당나라의 태종은 당나라의 실질적인 창건자로 추어올려져 찬사를 받고 있다. 수나라 문제는 그 그늘에 가려져 그다지 눈에 띄지 않지만, 분열한 중국을 통일한 것은 다름 아닌 바로 이 인물이다. 좀 더 각광을 받아야 한다고 생각된다.

당나라는 수나라를 찬탈한 정권이다. 찬탈할 때는 적지 않은 구실을 대야 하는 법이다. 따라서 전(前) 왕조가 얼마나 나빴는지 그것을 실제 이상으로 부풀려서 기록으로 남기게 된다. '수'라는 시대를 생각할 때 언제나 이 점을 염두에 두어야 한다.

서진 멸망부터 헤아려 보면 중국의 분열 시대는 270여 년이나 계속되었다. 위진의 짧은 통일기 이전의 삼국 시대를 더해 삼국 정립의 계기가 된 황건의 난부터 헤아리면 실로 400년에 이른다. 오랜 분열을 통일한 수나라의 문제는 희대의 영걸(英傑)이라 해야 옳을 것이다.

그렇다고 걸출한 인물이 갑자기 나타나서 분열한 중국을 통일했다고 생각하는 것도 지나치게 단편적이다. 통일의 기운은 차츰 무르익었다. 그 기운을 타고 통일 사업을 이룩한 인물은 물론 걸출해야 한다.

수문제 양견은 후한의 명신으로 태위(太尉, 국방부장관)를 지낸 적 있는 양진(楊震)의 14손이다. 문제의 아버지 양충(楊忠)은 서위(西魏)를 섬겼으며, 서위의 실력자 우문태(宇文泰) 일족이 주인의 지위를 빼앗아 북주 왕조를 열었을 때도 공을 세웠다. 아들 양견은 아버지의 공적으로 대장군, 주국(柱國)으로 승진했고, 아버지의 작위인 수국공(隨國公)을 세습했다.

북주의 귀족들은 팔주국(八柱國), 십이장군(十二將軍)으로 형성되어 있었다. 이것은 서위의 제도를 이어받은 것인데, 서위에서 이 제도를 만든 사람이 바로 우문태였다. 이 귀족집단이 군대를 지휘했으며 그 군대가 이른바 '부병(府兵)'이었다.

동서로 분열된 북위 가운데 서위는 장안을 중심으로 삼았는데, 이 지방에는 선비족이 적었다. 서위는 선비족 탁발부(拓跋部)가 지배하는 정권임에도 지배자 부족의 인구가 적어서 고민이었다. 서위가 당면한 국가 목적은 동위, 그리고 그 계승자인 북제(北齊)와의 투쟁이었다. 동위와 북제는 탁발부 출신지를 판도에 넣어 선비족 인구가 많았고, 그것이 군대의 근간을 이루었다. 선비족 인구가 적은 서위는 군대도 적었다. 서위가 동위나 북제에 대항하기 위해서는 토착 한인을 군대에 포함시켜 병력을 늘려야만 했다. 이렇게 해서 편제한 것이 '부병'이었다.

북주가 그 제도를 계승했음은 말할 나위도 없다. 하지만 이것은 선비족 정권이 한족군단의 힘을 빌어 유지되는 형태가 되는 셈이었다.

서위도, 그 후계자인 북주도 종족적인 문화 위기감을 느꼈을 것이다. 자칫하면 한족이라는 넓은 바다에 빠져 버릴 위험이 있었다. 북위의 효문제가 낙양 천도와 동시에 철저한 한화정책을 펼쳤다는 사실은 앞에서 소개했다. 호(胡)의 말과 풍습을 폐지하고 호인(胡人)의 성씨를 한인 식으로 바꾼 것이다. 황실의 성은 탁발(拓拔)이었으나, 이것을 원(元)으로 고쳤다. 언제까지나 미개의 풍습을 간직하고 있다가는 국가로서 살아남을 수 없다라는, 이것 역시도 일종의 위기감에서 나온 정책이었을 것이다. 그런데 이제는 그 반대의 정책이 시행되었다. 서위와 북주의 궁정에서는 호의 풍습이 부활하고 한인 식으로 쓰던 성이 호의 성으로 돌아가 버렸다.

이야기는 수문제로 돌아간다. 『수서(隋書)』 「제기(帝記)」에 문제는 후한의 명신 양진의 후예라고 나온다. 그러나 이 책에 문제의 아버지 양충이 '보륙여(普六茹)'라는 성을 하사받았다고 기록되어 있다. 보륙여라는 세 글자로 된 성은 원래 한인의 것이 아니다. 선비족의 성이다.

한인이지만 공을 세웠으므로 지배부족인 선비족의 성을 받았다고 이해할 수 있는 대목이다. 그러나 수문제의 집안은 원래 선비계였다고도 생각할 수 있다. 북위 효문제의 한화정책으로 선비족은 모두 한인 식으로 성을 바꾸었다. 그 반대 정책을 따른다면 원래의 성으로 되돌아가게 된 셈이다. 성을 받은 것이 아니라 원래의 성으로 돌아갔다고 해석할 수 있을 것이다. 수나라 문제가 호의 성인 보륙여에서 양(楊)으로 바꾼 것은 북주 정제(靜帝)에게 황위를 물려받기 직전의 일이었다. 문제는 오랫동안 호의 성을 쓰고 있었다.

아무래도 양진의 후예라는 것은 억지이고, 수나라 문제는 선비계였을 가능성이 훨씬 농후하다.

문제의 큰딸은 북주 선제(宣帝)의 비가 되었으므로, 북주 중신 시절의 문제 양견은 외척이기도 했다. 선제의 폭정이 몹시 심해서 그만큼 양견의 평판이 높아졌다고 역사서에 기록되어 있다. 선제가 죽은 뒤, 양견은 어린 황제인 정제에게 선양을 받아 수 왕조를 열었다. 이렇게 말하면 남북조 시대에 일어난 똑같은 패턴의 정권 교체극처럼 생각할 수 있다. 하지만 북주에서 수(隋)로의 정권 교체는 아무래도 그 느낌이 조금은 다른 것을 알 수 있다.

수나라는 북주를 찬탈했는데, 북주는 그 몇 해 전에 북제(北齊)를 멸망시킴으로써 동서로 갈라졌던 화북지방을 일단 통일했다. 병력이 부족했던 북주는 부병제를 활용하고, 병역면제 특권을 가졌던 불교를 탄압하여 많은 청년 승려를 환속시켜 군대에 보냄으로써 마침내 화북을 통일할 수 있었다. 수나라는 그 성과를 고스란히 물려받았다.

우문씨(宇文氏)의 북주는 선비 민족주의가 강했으나, 수나라는 그것을 지워 버렸다. 이것이 주목해야 할 점이다. 양견이 한족이었다는 역사서의 기술을 믿는다면 수나라가 한족 왕조임을 선언한 것은 당연하다. 하지만 양견이 선비족 계통이었다고 하면 이것은 이상한 일이라 하지 않을 수 없다. 게다가 양견의 처 독고씨(獨孤氏)는 북주의 중신이며 선비족의 명문인 독고신(獨孤信)의 넷째 딸이었다. 게다가 당나라 왕조의 창시자인 고조(高祖) 이연(李淵)의 어머니는 독고신의 아홉째 딸이다. 수나라 문제의 뒤를 이은 양제(煬帝)와 그를 멸망시킨 당나라 고조는 어머니끼리 자매지간이라는 관계가 성립한다. 설령 양씨와 이씨가 한족이었다고 해도, 수나라와 당나라는 모계 쪽으로 의심할 여지도 없이 선비족의 피가 흐르고 있었다.

당 왕조의 이씨도 서위(西魏) 팔주국의 집안이었으며, 수 왕조의 양씨도 마찬가지로 선비족 성을 하사받았다고 한다. 이씨가 받은 것은 대야

(大野)라는 성이었다. 양씨와 마찬가지로 이것 역시 본래의 성이었을 가능성이 크다.

어쨌든 남북을 통일한 수나라도 그 계승자인 당나라도 모두 북방계 왕조였으며, 황실부터가 선비계일 가능성이 있었다. 그럼에도 한족 왕조라는 간판을 내건 것이다. 그들은 한족 부대인 부병을 배경으로 패업을 이루었기 때문에 손에 들어온 것을 유지하기 위해서도 부병의 절대적인 지지를 받아야 했다. 그러기 위해서는 한족 왕조의 간판이 가장 효과적이라고 생각했을 것이다. 그뿐만 아니라, 북위의 효문제가 가장 두드러졌지만, 북쪽에서는 남쪽의 문화를 깊이 동경했다. 게다가 남북을 통일한 뒤 새로운 영토인 남쪽을 확실히 장악하기 위해서도 한족 정통정권이라는 점을 강하게 드러낼 필요가 있었다.

북위의 효문제는 한문화를 '문화'로서 찬미했지만 민족의 주체성은 잊지 않았다. 국사사건(國史事件)에서도 볼 수 있듯이 자기 민족의 야만 시대를 운운하면 화를 머리끝까지 냈다. 하지만 효문제의 한화정책은 선비족 사람들에게 유목시절을 잊게 하고 주체성도 차츰 흐려지게 만들었다고 생각한다. 선비족과 한족 간의 결혼을 장려한 것이 그런 경향을 더욱 조장했음은 말할 나위도 없다.

분열 시대는 중국에 새로운 피가 주입된 시기다. 북쪽뿐만 아니라 남쪽에서도 민(閩), 월(越) 따위로 불리던 원주민족이 북쪽에서 도래한 한족과 문화적으로 교류했고 혼혈도 이루어졌다.

이와 같은 현상이 바로 통일의 전조였다.

운 좋게 거머쥔 천하

청나라 역사가 조익(趙翼, 1727~1812)은 수나라 문제를,

> 예로부터 천하를 얻기가 수나라 문제처럼 쉬웠던 자는 지금까지 없었다.

고 평한다. 수나라 문제는 외척이라는 유리한 처지에다 북주의 선제가 어리석었기 때문에 사람들의 신망을 얻었다. 그 선제가 일찍 죽고 어린 황제가 제위에 오르자 울지형(尉遲逈) 같은 반대파는 문제의 동료인 위효관(韋孝寬) 때문에 멸망하고 말았다. 어떤 의미에서는 문제에게 최대의 적수가 될 수 있었던 위효관도 나이가 이미 70이 지났고, 울지형 토벌에서 개선한 지 얼마 안 되어 병사했다.

조익은 문제에게 일어난 모든 일이 행운처럼 보여서 위와 같이 평했을 것이다. 하지만 문제는 단순한 행운아가 아니었다. 북제 토벌에 즈음해서도 북제의 황제가 참언을 믿고 북제 제일의 명장 곡률금(斛律金)을 주살한 행운이 있었다. 그래도 북제에는 대군이 있었다. 수문제 양견은 북주의 장군으로서 위효관과 어깨를 나란히 하고 싸웠다.

지금 우리가 높은 곳에서 역사를 내려다보면 수나라 문제가 행운아였음은 부정할 수 없다. 물론 그 자신도 행운을 의식했을 것이다. 자기가 하는 일은 무엇이든 잘 풀린다는 자신감이 점점 커졌던 것 같다.

자신감은 좋은 면과 나쁜 면으로 나타난다.

좋은 면은 정치기구를 개혁할 때 나타났다. 행정개혁이 거의 일어나지

않는 것은 그 일로 자리를 잃거나 불리해지는 사람이 생겨 심하게 반대하기 때문이다. 자신감으로 충만했던 문제는 자기가 옳다고 판단하면 어떤 반대가 있어도 그것을 실행했다. 일의 시비를 가리는 것은 사실 그다지 어렵지 않다. 장점과 단점을 비교해 보면 웬만한 일은 결과가 나온다. 어려운 것은 실행이다.

지방 행정기구를 정리해야 한다는 것은 누구나 알았다. 북쪽에서 남쪽으로 이주해 온 사람들은 자신들의 새로운 이주지에 그전에 북쪽에 있던 지명을 붙여서 썼기 때문에 매우 혼란스러웠다. 주, 군, 현의 이름이 많아,

백성은 적고 관은 많다.

고 하는 상태였기 때문에 과감하게 군(郡)을 폐지하여 주(州)와 현(縣)만으로 하고, 게다가 지방관이 임명하던 지방 속리(屬吏)를 중앙 임명으로 바꾸었다. 당연한 일을 한 것처럼 느껴지지만 이런 일들에는 큰 영단이 필요했을 것이다.

이보다 더 큰 영단은 과거제도를 실시한 일이다. 앞에서 이야기한 행정개혁은 종래 있던 것을 고친 것에 지나지 않지만 과거제도는 완전히 새로운 제도다.

양견은 서기 581년에 북주 정제에게 양위받아 수 왕조를 창건하고 연호를 개황(開皇)으로 정했다. 국호 이야기를 잠깐 하자면, 양견이 세습한 작위는 원래 수국공(隨國公)이었다. 그런데 원래 '수(隨)'라는 지명에는 '辶 (책받침)'이 들어가 있다. 이것은 달려가 버린다는 의미다. 달려가 버려서

단명으로 끝나면 안 되기 때문에 글자에서 책받침을 빼서 그때까지 없던 새로운 문자인 '隋' 자를 만들어 국호로 삼았다. 과거시험이 시작된 것은 개황 7년(587)이라고 한다.

그때까지는 구품관인법에 따라 중정(中正)이라는 관리가 주로 문벌에 준해서 관리가 될 사람을 추천했다. 개황 7년, 각 주(州)에 인재 세 사람을 추천하라는 명이 내려왔다. 그 인재를 공사(貢士)라고 불렀는데, 전국에 190주가 있었으니 600명 가까운 공사가 뽑혀 특별 시험을 치렀다.

공사를 추천하는 기준은 화려하고 아름다운 문장이었다.

이때부터 중국의 수험지옥이 시작되었다. 과거라는 관리등용시험의 공죄(功罪)는 여러 가지로 논의되지만, 수문제가 이 제도를 시작한 것은 실로 시의 적절했다고 할 수 있다.

천하를 통일했다고 해도 수나라는 북주 계승자이고, 정부 관리도 대부분 북주에서 물려받은 사람들이었다. 지방정권이 전국정권이 되었으므로 정부의 관리도 전국에서 모아야 했다.

아름다운 문장을 기준으로 삼는다면 문인묵객(文人墨客)을 배출한 강남—옛 남조 계통—지방이 유리하다. 게다가 수나라의 전신인 북주, 서위와 대립하고 남조보다 한걸음 먼저 흡수된 옛 북제의 산동(山東) 지방도 북조 내에서는 문학이 왕성한 곳이었다. 산동은 남조의 영향을 가장 쉽게 받는 땅이었다. 이 지방 사람들은 과거제도의 발족으로 앞날에 희망을 품었을 것이다.

문제 양견은 과거라는 새로운 제도를 전국의 수재들을 관료로 흡수함과 동시에 새로운 영토의 민심을 달래는 일종의 회유책으로 실시할 생각이었다. 과거 실시는 남조의 진(陳)나라가 멸망하기 2년 전이었으나, 문제의 구상에는 이미 강남대책이 들어 있었음이 분명하다.

문제의 자신감 과잉은 이처럼 좋은 면의 결단도 낳았지만, 그 반대인 경우도 적지 않았다. 그것은 성격 문제인데 문제(文帝)는 시의심이 강한 인물이었다. 어떤 사람에게 '저 사람은 좀 수상하다'는 생각이 들기 시작하면, 그것은 곧바로 결정적인 것으로 굳어졌다. 확실히 수상한 인물은 숙청해야 했다. 그는 자기에게 제위를 넘겨준 나이 어린 정제도 그에 의해서 살해되었다고 한다. 그리고 자신이 찬탈한 북주의 황실인 우문씨 일족을 잇달아 죽였다.

후계자를 결정할 때도 나쁜 면은 독선적, 자의적이라는 형태로 나타났는데, 이에 관해서는 뒤에서 이야기하겠다. '辶(책받침)'을 떼어 내서 액막이를 했음에도 수 왕조가 단명으로 끝난 것은 후계자 문제 때문이라고 할 수 있다.

자신감 과잉으로 인한 실패 가운데 후계자 문제와 함께 꼽을 수 있는 것이 고구려 원정이었다. 천하통일은 쉽지 않은 대사업인 만큼 많은 사람들이 협력해야 한다. 그리고 일을 잘한 사람에게는 그에 상응하는 보수를 주어야 한다. 예를 들어 남조의 진(陳)을 멸망시킨 뒤에는 회유책을 실시할 필요가 있었다. 진의 영토를 몰수해서 공적이 있는 부하에게 나누어 줄 수는 없는 일이었다. 또, 나중을 생각하면 강남을 공격해 심한 약탈을 할 수도 없었다.

그 무렵에는 병사들이 전쟁터에서 용감하게 싸우게 하려면 '마음껏 약탈'하게 하는 것이 효과가 있었다. 값나가는 전리품을 손에 넣으려면 가장 먼저 뛰어들거나 아니면 그에 가까운 활약을 해야 한다. 사랑스런 처자를 위해 재물을 차지하려면 열심히 싸우지 않으면 안 되는 것이다.

하지만 강남의 경우 너무 심한 짓을 하면 뒤처리가 힘들다.

그래서 생각한 것이 외국 원정이다. 이것은 뒷일을 생각하지 않아도 되고 영토를 마음대로 빼앗을 수 있으므로 장군들도 의욕이 넘칠 것이다. 문제는 원정 대상을 한반도의 고구려로 정했다. 고구려로서는 느닷없이 당한 재난이었다.

수나라의 고구려 원정이 결코 마음 내키는 대로 아무렇게나 군대를 움직인 것은 아니었다. 우리는 여기에서 약소국의 결사적인 보신(保身)의 소원을 보고 감동마저 느낀다.

그것은 바로 백제다. 한반도 남부에 자리한 백제는 북쪽의 고구려 세력에 압박을 받고 있었다. 백제로서는 북쪽의 강국인 고구려의 힘이 조금이라도 약해지면 그만큼 나라가 편안해진다. 고구려의 힘을 약화시킬 수 있는 존재는 중국의 남북을 통일한 초강대국 수나라밖에 없었다.

수나라가 남조의 진(陳)을 토벌한 무렵 군선(軍船) 한 척이 지금의 제주도에 표착하는 사건이 있었다. 이는 백제에게 좋은 기회였다. 표착한 군선이 귀국할 수 있도록 백제는 모든 편의를 제공하고, 사자를 파견해서 수나라가 진나라를 평정한 것을 축하했다. 백제의 사자가 맡은 일은 단지 축하하는 일만이 아니었을 것이다. 장안(長安)이라는 대륙의 오지를 근거지로 삼아 온 수나라에 한반도의 정세를 설명하고 '고구려를 토벌해야 한다'고 부추겼을 것이다.

수나라가 고구려에 출병했을 때, 백제는 수나라를 위한 안내자 역을 자진해서 떠맡았다. 이 사실을 안 고구려는 훗날 백제의 국경을 침범했다.

수나라 문제의 고구려 원정에는 황자 양량(楊諒)을 총사령관으로 한 수륙 30만 대군이 동원되었다. 개황(開皇) 18년(598)의 일이다. 다만, 이때 육로군은 홍수와 식량부족에 덧붙여서 돌림병까지 돌았기 때문에 도중에 철수하고 말았다. 수로군도 폭풍을 만나 많은 배를 잃었다. 동원된 장병 가운데 8, 9할이 죽는 비참한 결과를 낳았다. 마침 대군의 원정을 안고구려왕이 사죄(謝罪) 사신을 보냈기 때문에 수문제도 마침 잘 됐다고 여기고 원정을 중지했다. 실패라고 하지 않을 수 없다.

황제도 두 손을 든 황후의 질투

자신의 행운을 믿은 수문제는 중신들의 어떤 반대도 두려워하지 않았다. 하지만 단 한 사람, 함부로 할 수 없는 상대가 있었다. 다름 아닌 문제의 아내 독고황후였다.

독고황후는 14세에 문제의 아내가 되었는데, 그때 자기 이외의 여자에게서 아이를 낳지 않을 것을 남편에게 맹세하게 했다. 지금 같으면 당연한 말이지만 일부다처가 보통이었던 당시 귀족사회에서는 매우 드문 일이었다. 질투심이 상당히 강한 반면 믿음직스러운 여성이어서 문제는 무슨 일이든 독고황후와 상의했던 모양이다. 그래서 문제는 그녀를 함부로 대할 수 없었다.

문제는 황족과 귀족, 공신들에게 매우 엄격했으며 그들을 의심했는데, 그것은 대부분 독고황후의 뜻이었던 것 같다. 청나라 조익은 그 특유의 필법으로,

예로부터 궁위(宮闈, 황후)의 시샘은 수나라 독고황후보다 더한 자가 없었다.

고 기록하고 있다.

문제는 다른 여자들과의 사랑도 독고황후에게 숨겨야 했다. 문제는 선양을 반대한다는 이유로 숙청한 울지형의 딸을 후궁으로 들여 은밀히 사랑하고 있었는데, 이 사실이 그만 독고황후에게 들키고 말았다. 황후는 문제가 조정에 나간 사이에 울지형의 딸을 죽여 버렸다. 아내에게 그토록 쩔쩔매던 문제도 이때만큼은 강하게 나왔다. 크게 노하여 산골짜기로 들어가 버린 것이다. 재상인 고경(高熲)은 천자라는 최고의 자리에 있으면서도 자신의 뜻대로 할 수 없음을 한탄하는 문제에게 "고작 여자 하나 때문에 천하의 정치를 방치해서는 안 된다"고 간하여 겨우 마음을 바꾸었다고 한다. 그런데 독고황후가 자신을 '고작 여자 하나'라고 표현한 사실을 알고 진노했다고 한다. 일설에는 이 일로 고경이 사사(賜死)되었다고 한다.

고경이 자살하라는 명령을 받은 것에 관해서는 다른 설도 있으나 이것에도 역시 독고황후가 관련되어 있다. 고경의 아내가 죽었을 때, 황후는 그에게 후처를 들일 것을 권했다. 그때 고경은 자신은 이미 늙었으므로 여생을 독경삼매하며 보내고 싶다고 사양했다. 그런데 그 후 고경이 첩에게서 자식을 보자, 황후가 불같이 화를 내며 죽음을 내렸다는 설도 전한다.

남편에게 정절을 요구한 것으로도 알 수 있듯이 독고황후는 윤리 면에서도 지나칠 만큼 결벽한 여성이었다. 남의 집안일에까지 이렇듯 엄격한 눈을 번득였으니 자기 집안에서는 오죽했을까. 그녀가 낳은 장남 양용(楊勇)은 그런 의미에서 볼 때 문제아였다. 양용은 이미 황태자에 책립되어 원씨(元氏)라는 여자를 아내로 맞았다. 아마 선비족 탁발부 출신이라 생각한다. 그런데 황태자 양용은 이 정실을 멀리하고 첩인 운씨(雲氏)를 총애했다. 더구나 황태자비 원씨가 급사하는 사건이 일어났다. 의심

많은 독고황후는 양용이 죽인 것이 아닐까 생각하고 문제에게 황태자 폐립을 권했다. 이렇게 해서 양용은 황태자 자리에서 쫓겨나고 차남인 진왕(晉王) 양광(楊廣)이 책립되었다. 이가 바로 2대 황제인 양제(煬帝)다.

수나라는 양제 시대에 멸망했다. 양제는 자신은 호사스럽게 놀면서 가끔씩 고구려 원정을 시도하고 대운하나 대흥성(大興城) 건설 같은 큰 공사를 벌여 백성을 한없이 괴롭히다가 나라를 잃었다. 역사상 양제는 나쁜 왕의 대표자로 손꼽히고 있다. 양광의 시호인 '양(煬)'은 '시법(諡法)'에 따르면,

> 안(內, 여성을 뜻함)을 좋아하고 예를 멀리하다.
>
> 예를 버리고 백성을 멀리하다.
>
> 하늘을 거역하고 백성을 학대하다.

라는 의미를 가지고 있다. 작심하고 고약한 시호를 붙인 셈이다.

하지만 앞에서 이야기했듯이 수나라를 찬탈한 당나라가 장명(長命) 왕조이고, 그 건국의 정당성을 주장하기 위해서는 수나라의 양제를 가능한 깎아 내려야 했다는 사실은 반드시 염두에 두어야 한다. 양제의 사적(事蹟)은 뒤에서 다루겠지만, 그 인물에 관한 바람직하지 않은 일화는 조작되었을 가능성이 크다.

황태자 폐립 문제도 양제 양광이 계략을 꾸몄다는 설이 있다. 문제에게는 용, 광, 준(俊), 수(秀), 양(諒)이라는 다섯 아들이 있었는데, 모두 독고황후가 낳은 자식이다. 다른 여자에게서 자식을 보지 않겠다는 맹세를 했으니 이는 당연한 일이다. 문제는 이것을 자랑하며,

다섯 아이의 어미가 모두 같다. 진실한 형제라 할 수 있다.

라고 말했다. 아무리 친형제라 해도 경쟁은 있는 법이다. 특히 유목민족에게는 장자 상속의 원칙이 없었다. 오히려 막내가 상속하는 경우가 많았다. 아버지가 살아 있는 동안 성장한 큰 자식들은 어른이 되어 자기 세력을 만들어 독립한다. 유목생활이기 때문에 재산이라고 해야 사람 집단과 소와 양떼가 전부였다. 형들은 이미 각 집단의 우두머리가 되었으므로 아버지의 재산과 지위는 막내가 상속하는 경우가 자연히 많아진다. 수 왕조의 양씨가 선비계라는 증거는 없으나 거의 틀림없을 것이다. 독고씨가 선비족인 것은 분명하다. 당시에는 왕조는 유능한 황자가 상속하면 될 뿐, 꼭 장자일 필요는 없다는 사고가 지배적이었을 것이다. 그렇게 되면 황자들이 능력이나 인격을 놓고 경쟁하는 것은 당연하다고 할 수 있다.

그 판단은 황제가 내리지만 문제의 경우는 독고황후의 발언권이 매우 강했다. 더구나 독고황후는 정조를 매우 중요시한 여성이었다. 황족이나 중신 가운데 첩에게서 자식을 본 자가 있으면 처벌받거나 좌천당했다.

황태자 양용이 여자를 밝히는 것은 숨길 수 없는 사실이었고, 특히 모후가 가장 싫어하는,

첩에게 후하고, 아내에게 박한(厚妾薄妻)

인물이었다. 차남인 양광이 계략을 쓰지 않아도 장남은 황태자 자리에서 쫓겨날 운명이었다. 어머니의 성격을 알면서도 자신의 사생활을 들킨 것은 양용이 요령이 없었기 때문이다. 숨기는 방법이 서툴렀던 것이

다. 물론 차남 양광이 어머니에게 형의 사생활을 고자질했을 가능성도 있다. 하지만 양용의 '후첩박처'는 사실이었다.

양광이 선화부인(宣華夫人)에게 아첨하여 자신이 황태자가 될 수 있게 힘써 달라고 부탁했다는 이야기도 있다. 선화부인은 문제가 멸망시킨 남조 진나라 마지막 황제의 누이다. 나라가 망한 뒤에 수나라의 후궁에 들어왔는데 질투의 화신 같은 독고황후도 선화부인만큼은 너그럽게 대해 주었다. 망국의 황매(皇妹)라는 처지를 동정했는지도 모른다. 앞에서 이야기했듯이 북방인의 남방 동경은 상당히 강해서 남쪽의 서민조차 북쪽으로 가면 귀족 대우를 받았다. 하물며 틀림없는 남조의 황족인 더 말할 나위도 없었을 것이다. 수문제는 엄한 아내 독고씨를 존경하면서도 정신적으로는 그녀를 멀리하고 남자로서의 애정은 선화부인에게 쏟은 모양이다.

양광은 사생활을 신중히 하고 여자를 멀리함으로써 어머니의 신임을 얻으려고 애썼다. 그리고 선화부인에게는 무슨 일이 있을 때마다 선물을 보내 환심을 사려고 했다. 이것이 사실이라면 양광은 정면작전과 이면작전을 병용한 교묘한 전략가였다고 할 수 있다.

황태자 폐립은 개황 20년(600)의 일이다. 이해 6월에 문제의 셋째 아들인 진왕(秦王) 양준이 병사했다. 황태자가 될 경쟁자가 한 사람 줄어든 셈이다. 10월에 양용이 폐립되고 11월에 양광이 황태자로 세워졌다. 서열로 보나 재능과 인망으로 보나 당시로서는 제대로 낙착된 느낌이었다. 이때 새로 황태자가 된 양광은 32세였다.

황태자가 찜한 선화부인

양용은 여자문제로 어머니에게 미움을 샀는데 사치 때문에 아버지도 그를 좋아하지 않았다. 문제는 검약가로 검소하게 생활했다. 그런 만큼 사치를 좋아하는 황태자를 마음에 들어 하지 않았다. 어느 날 양용이 촉나라 사람이 만든 화려한 갑옷을 가지고 있는 것을 본 문제는 몹시 언짢아하며 자신의 후계자라면 좀 더 검약에 마음을 쓰라고 훈계를 늘어놓았다.

양광은 즉위한 뒤 중국사에서도 손꼽히는 사치스러운 황제가 되었다. 하지만 황자 시절의 생활은 매우 검소했다. 역사가들은 이것이 아버지의 마음에 들기 위한 전술이었다고 해석한다. 훗날 엄청난 사치를 부렸으니 그렇게 생각하는 것도 무리는 아니다.

황태자 폐립 2년 뒤에 독고황후가 죽었다. 문제는 이 여자에게 몹시 시달렸으나 한편으로는 전적으로 의지했다. 독고황후가 죽고 나자 해방감보다는 반려자를 잃은 적막감이 훨씬 커서 문제의 생활은 문란해졌다.

이제 시기할 아내가 없으니 마치 봇물 터지듯 문제의 엽색 행각이 시작되었고 그것이 그의 수명을 단축시켰다. 내궁에서는 선화부인의 지위가 향상되었고 황후와 다름없는 존재가 되었다. 어쨌든 양광의 황태자 지위는 튼튼했다. 게다가 그에게는 양소(楊素)라는 뛰어난 참모가 있었다. 그가 황태자로 세워진 것은 양소가 뒤에서 열심히 움직였기 때문이기도 했다.

독고황후가 죽은 인수(仁壽) 2년(602)에 양소는 돌궐(突厥)의 사력사근(思力俟斤, 스리아이친) 등을 쳐서 멀리 초원 저편으로 내쫓았다. 문제의 돌궐대책은 매우 교묘한 분단 전술을 취했는데, 이것이 성공하여 계민가한(啓民可汗)이 복속해 왔다. 그런데 사력사근들이 그 계민가한 부족을 습격해 남녀 6천 명과 가축 20여 만 마리를 약탈했기 때문에 양소가 토벌에 나섰던 것이다. 복속한 계민가한에게는 어디까지나 돌봐 준다는 방침을 관철했다. 이 공적으로 양소의 아들 양현감(楊玄感)까지 작위가 주국(柱國)에 이르렀다.

터키계 새외민족인 돌궐은 이 무렵 동서로 분열되었다. 수나라에 복속한 것은 동돌궐인 돌리가한(突利可汗)이며, 수나라는 그들에게 계민가한이라는 칭호를 주었다. 돌궐의 분열항쟁은 수나라가 뒤에서 조종한 흔적이 있어 수로서는 일종의 외교적 승리라고 할 수 있다. 그런 이유로 수나라는 말기에 이르기까지 북방문제로 골치를 썩는 일이 적었다.

인수 4년(604)에 문제가 죽은 것에 관해서는 다양한 이야기가 전한다. 그중 황태자였던 양제의 암살설은 상당히 설득력이 있다.

이해 4월부터 문제는 병상에 누웠다. 그리고 7월 갑진일(甲辰日)에 자리에 누운 채 주요 대신들에게 작별을 고하고 손을 잡고 흐느꼈으며, 3일 뒤인 정미일(丁未日)에 숨을 거두었다.

후계자로서의 지위가 안정되었다면 양제가 굳이 아버지를 암살할 필요는 전혀 없었다. 아버지는 이미 빈사 상태의 환자였다. 암살설이 옳다면 문제가 다시 후계자를 바꾸려고 했다는 전제가 있어야 한다.

정사 『수서(隋書)』에 따르면, 황태자 양광이 전부터 마음에 두고 있던 선화부인에게 다가가자, 그녀는 그를 거부하고 문제의 병실로 도망쳤다고 한다. 평소와 다른 선화부인의 행동에 문제가 그 이유를 묻자, 그녀는 눈물을 흘리며 "태자가 무례합니다"라고 대답했다. 문제는 침상을 치면

서 진노하여,

집승 같은 놈(畜生)에게 어찌 대사를 맡기겠는가. 독고(獨孤)가 나를 그르쳤구나.

라고 말하고, 폐했던 원래의 태자 양용을 부르라고 명령했다고 한다. 장남을 폐한 것은 지금은 죽은 독고황후의 진언에 따른 것인데, 그 때문에 엉뚱한 녀석을 앉혔다며 분해했던 것이다. 그런데 양용을 불러 오라는 명령을 받은 병부상서 유술(柳述)이 양광의 참모인 양소에게 붙들려 임무를 수행하지 못했다. 역시 양광의 심복인 장형(張衡)이 그 직후에 침전에 들어 그곳에 있던 후궁들을 전부 다른 방으로 물러가게 했다. 문제는 그런 상황에서 죽은 것이다.

이런 이유로 중외(中外)에 이론이 매우 많았다.

고 사서에도 기록되어 있다. 구름 위의 궁전 안, 그것도 밀실에서 일어난 일이라 궁 밖에서는 온갖 억측이 난무했을 것이다. 마총(馬總)이 지은 『통력(通曆)』이라는 책에는 황태자와 선화부인 단 둘이 문제를 간호했으며 무례는 그 자리에서 벌어졌다고 나온다.

문제는 원래 시의심이 강한 사람이었다. 이것 역시 의심 많은 독고씨와의 부부생활로 한층 심해졌을 터이다. 64세가 되어 이미 여러 달 병상에 있던 문제가 병실에 단 둘이 있는 황태자와 선화부인 사이를 의심해서 있지도 않은 일을 지껄였는지도 모른다. 피해망상인 것이다. 하지만 그것이 후계자 변경에 관한 발언이라면 황태자로서도 그대로 둘 수 없는 문제다. 어떤 '조치'를 취했을 가능성은 있다. 앞에서 이야기한 『통력』에는,

> (양소는) 장형을 안으로 들게 하여 황제를 꺾었다. 피는 병풍에 튀었고, 원통의 소리가 밖에까지 들렸다. 붕어하셨다.

고 마치 눈으로 본 것처럼 정경을 묘사하고 있다. 문제의 욕설은 『수서』에서는 축생(畜生)이지만, 이 책에서는 사구(死狗), 즉 '죽은 개자식'이라 묘사되어 있다. 여러 이야기가 전해졌던 모양이다.

선화부인은 후궁의 여성들과 함께 궁중의 변사를 듣고 사색이 되어 벌벌 떨고 있었다. 황제에게 사랑받은 여성은 그 황제가 죽은 뒤, 고대라면 순사(殉死)했지만, 이 시대에도 죽음을 강요받거나 아니면 유폐되거나 절에 들어갔다. 그곳으로 황태자의 사자가 황금으로 된 작은 상자를 들고 왔다. 선화부인이 그것을 독약이라고 생각한 것은 당연한 일이었다. 너무도 두려운 나머지 상자를 열어 보려고도 하지 않았다. 사자의 재촉에 못 이겨 떨리는 손으로 뚜껑을 열자, 작은 상자 안에서 나온 것은 독약이 아니라 황태자의 구애의 편지였다. 부인의 시녀들과 후궁 여자들모두 입을 모아 "이제 죽지 않겠네요"라며 기뻐했다고 한다. 이 무렵 연애 편지는 '동심결(同心結)'이라는 일종의 독특한 방법으로 묶었기 때문에 개봉하지 않아도 그것이 구애의 편지라는 것을 알 수 있었다고 한다.

죽지 않게 되었을지 모르지만 선화부인의 마음은 복잡했을 것이다. 사서에는 그녀가 화를 내며 그것을 받지 않으려는 것을 궁녀들이 설득하는 바람에 어쩔 수 없이 황태자의 뜻에 따랐다고 되어 있다.

남조 진나라의 공주이면서 고국을 멸망시킨 수나라 황제의 애인이 되었다가 그가 죽은 뒤에는 그의 아들에게 사랑받았으니 선화부인의 생애도 참으로 기구했다. 그러나 이 이야기는 너무도 소설처럼 들린다.

그날 밤 태자가 증(蒸)했다.

고 사서는 기록하고 있다. '증'이란 손윗사람을 범한다는 표현이다. 아버지의 애인을 범한 것이어서 사서는 이 말을 썼다. 유교 문화권에서는 '증' 따위는 있어서는 안 될 일이다.

양제가 선화부인을 사랑했다는 사실(史實)에 따라 이것은 수나라가 가진 선비적 성격이 드러난 것이라고 보는 설이 있다. 『사기』「흉노전」 등에는 유목민의 풍습이 기술되어 있는데, 그 안에 아버지가 죽으면 아들은 자신의 생모를 제외한 아버지의 처첩을 자신의 소유로 한다는 기이한 풍습이 소개되어 있다. 집단으로서 단결이 중요했던 유목생활에서는 이와 같은 풍습도 필요했을 것이다. 아버지의 처첩이라 해도 집단의 일원이다. 초원에 내버려 둘 수는 없는 노릇이었다.

유목집단은 운명공동체다. 그에 관해 떠오르는 것은 문제의 아내 독고황후의, 우리 눈으로 보면 절개라고밖에 말할 수 없는 언동이다. 황족의 사생활에 간섭하는 것은 족장의 아내로서 당연한 일일지 모르지만, 일족(一族)도 아닌 재상이 첩에게서 자식을 보았다고 해서 이를 죽이는 것은 이해하기 어렵다. 하지만 재상 고경이 수나라 제국에서 중요한 자리에 있었던 만큼 그를 운명공동체의 일원으로 보는 것은 유목 세계에서는 당연하다 하겠다.

'증(蒸)'의 예는 다음에 일어난 당나라 왕조에서도 볼 수 있다. 당나라 고종(高宗)과 무측천(武則天)의 관계가 그에 해당한다. 무측천은 고종의 아버지 태종의 애인이었다. 이것도 당나라 왕조가 선비적 성격을 드러낸 부분이라고 설명하는 역사가가 있다. 태종이 아우의 미망인을 후궁으로 들이거나, 현종이 아들의 며느리였던 양귀비(楊貴妃)를 애인으로 삼은 일은 '증'의 반대이기는 하나, 적어도 한족의 윤리관으로 볼 때 정상이라고 하기 어렵다.

수 왕조의 창건자인 문제 양견이 쉽게 천하를 얻었다는 평도 있으나 그 업적을 높이 평가하는 역사가도 많다.

백성을 아끼고 농사와 양잠을 장려했으며 부역을 경감하고 세금을 줄인 일 따위는 남북으로 분열되어 전란으로 세월을 보낸 시대의 사람들에게는 참으로 고마운 일이었다. 그 때문에 선양을 받았을 때 전국은 400만 호가 채 되지 않았으나, 20여 년에 이른 치세 말기에는 890만 호가 넘었다. 이 가운데는 남조를 멸망시켜서 합한 호수(戶數)도 포함되어 있지만 진나라 판도의 호수는 60만에 지나지 않았다고 한다. 문제는 당시 백성이 가장 필요로 한 휴양을 준 것이다.

황제를 비롯해 위에 있는 사람들은 검약을 제일로 삼았다. 양용이 황태자에서 폐해진 이유 중 하나로 사치를 꼽는다. 고관들도 금과 옥 장식을 하지 않았고, 궁녀들도 옷을 여러 번 빨아 입었다. 그 결과,

의식(衣食)이 크게 늘고, 창고가 차고 넘쳤다.

『자치통감』도 문제의 이 업적을 평가하면서,

그러나 시기와 가혹한 감찰, 참언을 가리지 않고 무조건 받아들여,
공신과 옛 벗 가운데 끝까지 남은 자가 없다. 따라서 자제들에 이르
러서는 모두 원수처럼 되었다. 이것이 그의 단점이다.

라고 그 깊은 의심과 그로 인한 가혹한 숙청, 간부와 그 자제를 상호 불
신의 지옥에 빠뜨린 것을 비난하고 있다. 공신과 황제의 옛 친구조차 숙
청의 폭풍을 피하지 못했다. 더구나 문제가 멸망시킨 북주의 황족 우문
씨는 거의 다 죽고 말았다. 남의 나라를 빼앗고 그 자손을 모두 죽여 버
린 잔인함에는 변명의 여지가 없다.

청나라의 조익은 『이십이사차기』에서 문제의 다섯 아들 중 병으로 죽
은 양준 이외에는 모두 비명에 죽었고, 또 그 손자들도 전란으로 죽거나
처형되어 돌궐로 달아난 양제의 손자 한 사람만 제외하고는 모조리 절멸
했으니 이는 그의 업보라고 기술하고 있다.

수나라는 북주의 우문씨 일족을 한 사람도 남김없이 죽여 버렸지만,
남조 진나라의 황족은 끝까지 저항한 악양왕(岳陽王) 진숙분(陳叔慎) 말고
는 아무도 죽이지 않았으니 참으로 이상한 일이다. 진씨 일족에는 두려
워할 인물이 없었는지도 모른다. 또 북주를 찬탈한 직후 수 왕조는 아직
불안정했지만, 진을 멸망시킨 시점에서는 이미 수나라의 기초가 흔들리
지 않게 된 상태였기 때문일지도 모른다. 소설 같은 상상이지만 문제의
애인이 된 선화부인이 자기 한몸 바쳐서 일족의 목숨을 구걸했다고도 생
각할 수 있다. 남조의 진나라 황족은 오늘날 감숙성의 농우(隴右), 하서
(河西) 변경으로 옮겨 가 땅을 받아서 사는 것을 허락받았다. 진나라 후
왕의 여섯째 딸(선화부인의 조카)이 양제의 총애를 받게 된 뒤 변경으로 이

주했던 진 일족은 모두 장안으로 돌아올 수 있었으며 그곳에서 재능에 따라 등용되었다.

조익은 이 일을 남조의 진나라가 양(梁)나라를 정복했을 때 양나라 황족을 거의 죽이지 않은 덕이라며 인과응보 사관을 펼쳤다.

와해의 날들

새 수도 건설과 대운하 사업

수나라 양제는 이중인격자였거나 뛰어난 연기자였는지 모른다.

어머니 독고황후가 죽었을 때 그는 이미 황태자로 책립되어 있었는데, 애절하게 통곡하며 기절할 것처럼 행동했다. 그러나 자기 방으로 돌아오면 음식을 먹고 담소하는 모습이 평소와 똑같았다고 한다. 그러고 보니 양제는 아버지가 죽은 날 밤에도 선화부인에게 구애의 편지를 보내 그녀를 '증(烝)'했다는 이야기가 정사에 전해진다.

형을 대신해 황태자가 된 것은 여자관계에 관한 나쁜 소문이 없고 생활이 조신했기 때문이었다. 그런데 즉위하자마자 여자관계는 야단스러워지고 생활도 한껏 사치스러워졌다.

아마 양제는 연기를 하고 있었던 것 같다. 오랫동안 모범적인 아들 연기를 하느라 때로는 진저리가 나기도 했을 터이다. 진저리가 날 때마다 '머지않아 제위에 오르기만 하면……' 하고 그날의 일을 머릿속으로 그리며 자신을 달랬을 것이다.

천자가 되면 어떻게 할까, 수도 없이 그날을 꿈꾸며 뇌리에 선명하게 새겨 두었을 것이다. 꿈꾸었던 대로 하면 되었고 양제는 그것을 그다지 부자연스럽다고 생각하지 않았다. 상상의 세계에서 익숙한 일이었으므로 그로서는 분명한 연속성이 있었다. 하지만 그의 연기를 보아 온 관객의 눈에는 즉위 후의 그가 마치 딴사람처럼 보였다.

본래는 사치를 좋아하는 사람이었는데 알뜰한 검약가를 연기했다. 본래의 자신으로 돌아간 것이 다른 사람들의 눈에는 이상한 일로 비쳤다.

황제가 되면 하고 싶은 일이 많았다. 그리고 자금도 꽤 넉넉했다. 문제의 검약정치로 국고는 충실했다. 하고 싶은 일이라고 해도 수나라 황제라는 입장에 서서 국익에 부응하는 것이었음은 말할 나위도 없다.

사실 양제가 한 사업은 대부분 아버지 문제 시대에 계획되었다가 실행이 연기된 것들이었다. 견실을 제일로 삼았던 문제는 그 계획에 조금이라도 무리가 있다고 생각하면 시작하지 않는 주의였다.

수도 장안(長安)의 건설은 사실 문제 때 이미 착수한 일이다. 다양한 사업 가운데서 중요한 것을 우선적으로 실행했는데, 수도 건설은 거의 최우선 사업에 올라 있었다. 새로운 나라를 수립했으므로 당연히 새로운 국도가 필요했다. 하지만 수나라 문제에게 새로운 국도 건설은 북주의 국도 파괴와 맞물린 사업이었다. 북주의 국도는 장안에 있었다. 북주의 황족 우문씨를 철저하게 살육한 것과 마찬가지로 북주의 흔적을 말끔히 지우는 것이 문제의 희망이었다. 따라서 북주의 장안은 원래의 형태가 남지 않을 정도로 파괴해야 했다. 요사스러운 일이 많았던 궁전을 부수고 평평하게 다졌을 뿐만 아니라 그곳에 연못을 파서 지형까지 바꾸었다. 문제 시대의 공사는 주로 북주 시대의 장안을 파괴하는 쪽에 중점을 두었던 것 같다.

북주의 장안은 한나라가 국도로 정한 장안과 거의 같은 위치였다. 수나라는 국도를 쌓을 때 옛 장안을 평평하게 하여 연못을 파거나 물을 넣거나 하고, 조금 떨어진 곳에 새로운 도시를 세웠다. 그리고 장안이라는 명칭을 버리고 '대흥(大興)'이라는 새로운 이름을 썼다. 당나라는 이 대흥성을 이어받아 자신들의 국도로 삼았는데 명칭은 다시 장안으로 고쳤다. 그러므로 한나라의 장안과 당나라의 장안(수나라의 대흥)은 위치가 조금 다르다. 오늘날의 서안시(西安市)는 당나라 장안의 일부이므로 수나라 문제가 선택한 지점이다. 그리고 한나라의 장안은 조금 더 위수(渭水) 쪽에 있었다. 위수 건너편이 진(秦)나라가 국도로 삼았던 함양(咸陽)이다.

수나라의 새로운 국도 조영은 고경, 유계재(庾季才), 소위(蘇威) 같은 사람들의 진언에 따른 것이라고 한다. 그 상주문에 따르면, 옛 장안의 물은 소금기가 많아서 생활에 적합하지 않다는 이유를 들고 있지만, 앞에서 이야기했듯이 북주의 흔적을 없애는 것이 중요한 이유였을 것이다.

이 대흥성 플랜은 북위의 낙양성, 북제의 업성을 모델로 삼았다고 한다. 다만 낙양은 주민이 늘어났기 때문에 외성을 다시 추가했는데, 대흥성은 처음부터 구역을 넓게 예상하여 한층 계획된 도시라는 성격이 강했다. 옛 장안을 파괴하고 사람이 살지 않는 땅에 선을 그었으므로 설계는 자유로웠을 것이다. 새로운 국도 조영 책임자는 고경과 같은 정부 요인이었으나 실제 설계, 건축을 맡은 전문가는 우문개(宇文愷)라는 인물이었다. 우문이라는 성은 비(非) 한족의 성으로는 일반적인 것으로 북주 황족 우문씨와는 관계가 없다. 관계가 있었다면 문제에게 살해되었을 것이다. 이 우문개는 '교묘한 생각을 가지고 있다'는 소리를 들을 만큼 뛰어난 토목과 건축의 설계 실무자였던 것 같으며 더구나 서역 출신이었다고 한다.

수나라와 당나라의 장안을 흔히 국제도시였다고 말하는데, 건설 당시부터 서역인이 주재했다. 그 세부에도 서역의 색깔이 담겨 있었다고 생각된다. 당나라 고종 때, 공주(고종과 측천무후 사이에 태어난 태평공주-옮긴이)의 결혼 연회를 위해 장안 근처의 만년궁(萬年宮)의 문을 부수고 넓히자는 신청이 들어왔지만 허가하지 않았다. 그 문은 우문개가 제작한 것으로 진기하고 보기 드문 것이었기 때문에 보존할 가치가 있다는 이유에서였다. 문설주 등에 다채로운 조각을 새겼을지도 모른다.

검약가 문제에게 대흥성 조영은 과감한 대공사였다. 하지만 우선 궁전과 관청을 짓고 나머지는 그답게 무리하지 않았던 모양이다. 선은 그었지만 대흥성 내부는 그저 넓기만 했다. 북쪽에 궁전과 관청 따위가 있었으나 남쪽은 온통 벌판이었기 때문에 문제는 아들들의 저택을 남쪽에 세우라고 명했다. 궁전을 둘러싼 성벽은 쌓았어도 도시 전체를 둘러싸는 성벽은 아마 문제 때는 거의 손대지 않았던 것 같다.

대흥성 조영이라는 대공사를 양제가 이어받았다. 이를테면 양제 대업(大業) 9년(613) 3월에,

장정 10만을 보내, 대흥을 성(城)했다.

는 기록이 있다. 성하다는 동사는 바로 성벽을 쌓는다는 말이다.

이 국도의 규모는 『수서』『구당서(舊唐書)』『신당서(新唐書)』 등 책마다

치수가 조금씩 다르다. 최근에 실시한 유적 실측조사에 따르면, 동서로 9.721킬로미터, 남북으로 8.6517킬로미터에 이른다. 실로 거대한 도성이었던 것이다. 양제는 이 대흥성 조영 외에 대운하를 파는 대공사도 벌였다.

운하를 파는 공사는 규모로 보나 어렵기로 보나 대흥성 조영을 훨씬 뛰어넘는 일이었다.

양제는 강남의 경관을 좋아해서 당시 강도(江都)라고 부르던 양주(揚州)를 자주 찾았다. 물론 그가 만든 운하에 잔뜩 장식을 한 배를 띄워서 하는 여행이었다. 그런 일로 양제가 자신의 유람을 위해 백성을 혹사해서 대운하를 건설했다는 비난을 자주 받는다.

물론 양제의 유흥만을 위해서 남북을 잇는 운하를 건설했던 것은 아니다. 이 운하공사도 아마 문제 때부터 계획되었고, 그리고 조사되었으리라 생각한다.

수는 분열한 중국을 통일하고 남북을 합친 나라인데, 정권이 하나가 되었다는 형식만이 아니라 물자나 문화적인 면에서도 남북이 좀 더 교류하지 않으면 통일의 실질이 없다고 말할 수 있다. 그것을 촉진하려면 남북의 교통을 편리하게 만들어야 했다. 그 때문에 당연히 운하가 필요했다.

장강과 황하 사이에는 큰 것은 회하(淮河)에서부터 작은 것은 헤아릴 수 없을 만큼 많은 하천이 온갖 방향으로 흐르고 있다.

실은 남북으로 분열된 시대에도 그와 같은 수로를 이용해서 물자를 교류하고 있었다. 이것도 앞에서 이야기한 통일의 전조 가운데 하나라고 할 수 있다. 다만 그런 수로는 폭이 좁아서 작은 배가 아니면 이용할 수 없었다. 또 도중에 수로가 끊기거나 해서 육로로 바꾸어 타야 했기 때문에 물자를 내리고 싣는 데 번거로움이 많았다. 계절에 따라서는 수심이 너무 얕아져서 배로 지날 수 없거나 흐름에 따라 이용할 수 없는 부분도 있었다. 이와 같은 문제를 해결하기 위해서는 인공을 많이 가미한 수로를 열어야 할 필요가 있다.

양제 때 이 거대한 공사에 착수했다. 결단력으로 말한다면 양제는 아버지 문제와 비교가 되지 않았다. 대공사이므로 많은 백성이 징용되었고 백성의 힘을 피폐하게 만들었지만, 결코 쓸데없는 공사는 아니었다. 공사 완성을 서두른 나머지 무리했다는 데 양제의 책임이 있다고 말할 수 있다.

실패로 끝난 고구려 원정

국도 조영도 운하 공사도 수나라로서는 필요한 사업이었다. 하지만 고구려 원정은 쓸데없는 일이었다는 느낌이 든다.

돌궐이 동서로 분열된 것은 수나라의 대외정책을 수월하게 해 주었다. 동돌궐(東突厥)은 수나라에 신하로서 예속되었는데, 양제 시대에는 서돌궐의 처라가한(處羅可汗)까지 입조하여 우호관계가 보증되었다. 이 때문에 양제는 수나라에 여력이 있다고 생각했을지도 모른다.

무리하지 않는 것을 신조로 삼았던 문제가 고구려 원정에 나선 목적은 앞에서도 이야기했듯이 아무래도 살인 강도짓을 허락함으로써 군부의 불만을 해소시키는 데 있었다고 짐작된다. 남조 진나라를 멸망시킨 전쟁에서도 검약가인 문제는 지갑 끈을 조여서 장병들에게 그다지 상을 내리지 않았다. 군대 내부에서 그것에 불만이 있다는 것은 문제의 귀에도 들어와 있었다. 외국에서의 약탈이라면 나중에 국내 정치에 영향을 미칠 일은 없다고 계산했다. 고구려를 판도에 넣는 일 따위는 전혀 생각하지 않았기 때문에 그런 계획을 세울 수 있었다. 직접 출병한 원인은 고구려가 말갈족(靺鞨族)과 하나가 되어 수나라의 세력권인 요서를 침범한 것에 있다. 요서의 수나라 군대가 이미 그들을 격퇴한 뒤였으니, 수나라의 출병의 목적은 문죄(問罪)와 응징에 있었다.

이것도 이미 이야기했지만, 고구려의 힘이 강해지는 것이 국익에 도움이 되지 않는 백제의 공작활동도 한몫했을 것이다. 고구려로서도 서쪽의 중국이 지금까지처럼 분열되어 있어야 압력을 덜 받기 때문에 수나라의 남북통일은 달갑지 않은 일이었다. 다시 분열시키는 것은 어려워도 어떻게든 수의 힘을 약화시키려고 생각했을 것이다.

국제 정국은 복잡했다. 고구려 원정은 결국 수나라의 치명적인 실수가 되었다. 그런 의미에서 이것은 고구려의 승리라고 해야 할 것이다. 하지만 수는 멸망했어도 중국은 재분열하지 않고 당(唐)이라는 더욱 강한 세력이 출현해, 고구려는 마침내 멸망하고 말았다.

복잡한 국제 정국을 간단히 정리해 보자.

첫째, 한반도 남부의 백제와 신라는 북쪽의 고구려 세력이 너무 강해졌기 때문에 수나라의 힘을 빌려 그것을 약화시키길 바랐다. 정확히 말하면 수나라가 고구려를 공격해 주기를 바랐던 것이다.

둘째, 고구려는 중국의 통일로 서쪽에 초강대국이 출현한 것에 두려움을 느꼈다. 수나라의 힘을 약화시키기 위해서 돌궐을 포함한 수나라의 여러 변경 부족과 연합하여 수를 교란시키고 싶었다.

수나라 문제 때 고구려가 말갈족과 연합하여 요서를 교란한 것은 두 번째 정국으로 설명할 수 있다. 하지만 말갈족만으로는 힘이 약했기 때문에 좀 더 강력한 부족인 돌궐과 연합해서 수나라에 압박을 가하려고 했다. 고구려는 그런 목적으로 동돌궐의 계민가한에게 사신을 보냈다.

동돌궐이 수나라와 우호관계라는 것은 고구려도 알고 있었다. 하지만 국가의 외교관계는 국익 위에 성립하는 법이다. 국익이라는 견지에서 좀 더 유리한 방법이 있다는 것을 알면 어떤 나라든 정책을 변경할 수 있다.

수나라와 굴욕적인 우호관계를 유지하기보다는 우리 고구려와 손
잡고 수나라를 위협하는 편이 좀 더 긍지 높은 독립을 달성할 수 있
지 않겠는가?

아마 고구려의 사신은 동돌궐의 계민가한을 이렇게 설득했을 것이다. 계민가한은 설령 고구려와 연합하더라도 수나라에 큰 피해를 주기는 어렵다고 생각했다. 계민가한의 눈에 수나라의 국력은 너무도 강대하게 비쳤던 것이다.

계민가한은 국익을 고려해서 수와 우호관계를 유지하는 쪽을 택했다. 이 선택에 정서적인 것은 개입할 여지가 없었다. 일단 한쪽을 선택하면 그것에 철저해야 한다. 어중간한 태도는 오히려 파멸을 부른다. 수나라 편에 서기로 결심한 동돌궐의 계민가한은 고구려가 밀사를 보내온 사실을 수나라에 알렸다.

문제가 출병한 뒤, 고구려는 사죄 사신을 보냄으로써 표면상으로는 수나라와의 관계도 개선되었다. 하지만 동돌궐의 폭로로 모처럼 자리 잡은 관계에 금이 가게 되었다.

대업 3년(607) 정월, 계민가한이 입조하고, 같은 해 8월에 양제는 운중(雲中) 지방으로 행차하여 계민가한의 노장(盧帳, 유목민 이동 텐트인 포)을 방문했다. 매우 친밀한 관계였다고 할 수 있다.

양제는 고구려 국왕인 원(元)에게 "입조하면 계민가한과 똑같이 대우해 주겠지만, 만일 그렇지 않으면 계민가한을 이끌고 고구려를 치겠다"고 협박했다.

고구려는 이 협박에 굴하지 않고 입조하지 않았기 때문에 수나라는 결국 출병했다. 양제는 여행을 좋아했다. 한곳에 오래 머무르지 않고 여기저기 돌아다녔다. 고구려를 치기로 하자 그는 '친정'을 결정했다. 황제가 친히 전쟁터에 나가기로 한 것이다.

문제가 행운을 믿은 사나이라면 양제는 힘을 믿은 사나이였다. 그 힘이란 문제가 검약으로 남겨 준 것이었으니 얄궂은 일이라 해야 할 것이다. 확실히 문제는 막대한 유산을 남겼다. 그것이 곧 힘인데 양제는 이것을 무한하다고 착각한 것 같다. 양제는 낭비벽이 심했으나 아버지에게 물려받은 정도는 자기도 언제든 만들어 낼 수 있다고 생각했다. 쓸 때는 순간이지만 모을 때는 엄청난 고생을 해야 한다는 것을 양제는 몰랐다.

양제는 아버지의 고구려 원정이 흐지부지 끝난 것은 준비가 부족했기 때문이라고 판단했다. 이 판단은 옳았다. 군량은 부족했고 산동 반도에서 출항할 병선도 부족했다. 양제는 아버지가 인색했기 때문이라며 자기라면 만전의 준비를 하겠다고 자신만만했다.

확실히 양제는 만전의 준비를 갖추었다. 하지만 그 때문에 동원된 백성이 얼마나 고생해야 하는지 양제는 전혀 알지 못했다.

대업 7년(611) 2월, 양제는 자신이 좋아하는 양주 땅에서 백관을 초대해 큰 연회를 베푼 다음 원정을 위해 북상했다. 양제는 용주(龍舟, 황제가 타는 배)를 타고 운하를 거슬러 북쪽으로 올라가 황하로 나간 다음, 영제거(永濟渠)라는 새로운 운하로 들어가 하북(河北)의 탁군(涿郡)에 도착했다. 이때 선발된 사람 3천여 명이 걸어서 배를 따랐다. 추위와 굶주림과 피로로 열에 한 둘은 죽었다고 한다.

산동성 동래(東萊)에 병선 300척을 건조하라는 명령이 내려왔다. 원정에 늦지 않도록 밤낮을 가리지 않고 공사를 강행했다. 일꾼들은 허리까지 물에 잠긴 채로 일하느라 전체의 3, 4할이 죽었다고 기록되어 있다.

천하에 명령을 내려 탁군에 병사를 집결시켰다. 7월에는 드디어 군량을 수송했다. 여양(黎陽)과 낙구(洛口)에 큰 식량창고군이 있어 그곳에서 배를 이용해 탁군으로 실어 날랐다. 꼬리를 물고 이어진 배가 1천여 리였다고 하니 어마어마한 소동이었다. 육로로 가는 병대들은 마음 놓고 쉴 수도 없었다. 밤에도 걸어야 했기 때문에 피로로 쓰러지는 자가 속출했다.

죽은 자가 머리를 나란히 하고 누웠고, 썩은 내가 거리에 진동하여
천하가 소동했다.

이때의 상황을 사서는 이렇게 기록하고 있다.

군대만이 아니었다. 군수품을 나르는 인부와 차부(車夫)가 60여 만 명이나 징용되었는데 길은 멀고 험했으며, 두 사람이 쌀 석 섬을 날랐는데 그것은 자기들 식량으로도 부족했다. 정해진 분량을 나르지 못하면 처벌받기 때문에 징용된 사람들은 도망칠 수밖에 없었고 도망치면 불법자가될 수밖에 없었다. 천하에 쫓기는 자가 넘쳐났다. 그들은 여기저기서 떼를 지어 비적(匪賊)이 되었다.

요동에 가서 헛되게 죽지 마라.

이런 제목의 반군가가 크게 유행했다.

징용이나 징병된 자만이 아니었다. 동원을 우려한 자도 선수를 쳐서 도망쳤다.

그들을 흡수한 도적떼가 각지에서 일어났으며, 많은 것은 1만여 명이나 모여서 정부기관을 습격하는 형편이었다.

양제의 고구려 원정은 만반의 준비를 갖추는 과정에서 반정부세력을 만들어냈다. 더구나 산동, 하남의 수해는 원정의 앞길을 어둡게 했다.

당시 양제 정권의 중심은 양제의 사위인 우문사급(宇文士及)의 아버지 우문술(宇文述)이었는데, 그가 원정군의 총사령관으로 임명되었다.

양제가 즉위하는 데 크게 공헌한 양소는 불우하게 죽었다. 시의심이 강하다는 점에서는 양제도 그의 아버지 못지않았다. 도움을 받았기 때문에 더욱 양소를 멀리하고자 했던 것이다. 양소가 양제에게 독살되었다는 소문이 당시에도 널리 퍼져 있었다.

양소의 아들 양현감은 고구려 원정에서는 후방에서 병참(兵站)을 맡았다. 여양에 머물면서 통제거(通濟渠)로 실어온 군수물자를 영제거에 다시 싣는 것이 주된 임무였다. 눈에 띄지는 않지만 원정군의 부엌을 맡는 중요한 일이었다. 아버지 일로 양제에게 원한이 있었던 양현감은 고의로 수송을 지연시켰다. 이 일로 전선의 장병들을 고생했음은 말할 나위도 없다. 일을 지연시키는 동안은 그래도 괜찮았지만, 양현감은 마침내 양제를 배반할 결심을 했다.

앞에서 각지에 도적떼가 들끓었다고 이야기했다. 제군(齊郡)의 왕박(王薄), 맹양(孟讓), 북해군(北海郡)의 곽방예(郭方豫), 청하군(淸河郡)의 두건덕(竇建德), 장금칭(張金稱), 평원군(平原郡)의 유패도(劉覇道), 학효덕(郝孝德),

하간군(河間郡)의 각겸(格謙), 발해군(渤海郡)의 손선아(孫宣雅) 등이 널리 알려진 두목들이었다. 이 가운데 하간군의 각겸은 자칭 후한 때 시어사(侍御史)를 지낸 각반(格班)의 후예라고 했고, 나머지는 모두 서민 출신의 임협(任俠) 무리였다. 그런데 정부 고관 중에서도 양현감과 같은 '반역자'가 나타났다.

양현감이 모반한 것은 대업 9년(613)이니 양제의 제2차 고구려 원정 때다.

제1차 고구려 원정은 실패로 끝났다. 수나라의 입조 요구를 거절한 고구려는 당연히 수나라 대군이 쳐들어 올 것이라고 각오하고 있었다. 만반의 준비를 갖춘 고구려는 수나라의 공격을 기다렸다. 수군은 영토였던 요서에서 요하를 건너 고구려의 요동성을 공격했으나 아무래도 이를 함락시키지 못했다. 아울러 이 요하 도하 작전에서 부교를 건조한 사람이 앞에서 이야기한 서역출신 기술자이며 대흥성을 설계한 우문개였는데, 이때는 공부상서(工夫尚書, 건설부 장관)로 승진해 있었다.

수나라의 육로군은 요하를 건너 요동성을 공격하고, 수로군은 산동 반도에서 황해를 건너 패수(浿水, 대동강)로 들어가 평양을 공격하기로 되어 있었다. 수륙 양로군이 힘을 합쳐 적의 수도를 공격하는 것이 작전의 상식이다. 그런데 수로군 총사령관인 우익위대장군(右翊衛大將軍) 내호아(來護兒)가 공을 서두른 나머지 단독으로 평양을 함락시키려고 생각했다.

내호아는 원래 남조 진나라를 섬겼으나 북조 수나라와 내통하여 스파이 활동을 한 인물이었다. 수나라의 남북통일에는 큰 공을 세웠으나, 조국을 배반했다는 어두운 과거를 지니고 있었다. 그는 공을 세워서 출세하여 부귀를 누리는 것밖에 안중에 없었다. 마침내 눈앞에 큰 공을 세울 기회가 있으니 육로군이 올 때까지 기다릴 수 없었다. 부총관 주법상(周法尙)이 거듭 말리며 육로군이 오기를 기다리자고 권했으나 내호아는 단독으로 평양을 공격하기로 결심했다.

고구려의 국도인 평양성은 오늘날 평양에서 동북쪽으로 10킬로미터 떨어진 대성산(大城山) 성터 부근에 해당한다. 동서 약 3킬로미터에 이르는 산형을 이용한 성으로 내성과 나성(羅城, 외성)으로 이루어져 있었다. 수군의 내습을 예상한 고구려는 대책을 강구했다. 이미 열성적인 불교국가였던 고구려에는 각지에 많은 사원이 있었다. 그리하여 나성 안의 여러 사원을 비우고 그곳에 각각 복병을 배치시켰다.

수군은 먼저 나성 안으로 돌입했다. 궁전과 관청은 내성에 있었으며, 나성과 내성은 성벽으로 나뉘어졌 있었다. 나성으로 들어온 수군 병력은 4만이었다고 한다. 그들은 그곳에서 '부략(俘掠)'을 시작했다. 앞에서 이야기했듯이 약탈과 사람을 사로잡아 노예로 삼는 것이 공인된 전쟁이다. 미친 듯이 약탈에 광분한 이 집단에 군대로서의 질서 따위는 전혀 없었다. 그때 절 문을 열고 고구려의 복병이 출격했으니 잠시도 버티지 못했다. 대패한 수군은 배가 정박하고 있는 곳까지 도망쳤으나, 살아서 돌아간 자는 수천 명도 되지 않았다고 한다. 이런 일이 벌어질 줄 예상했는지 부총관 주법상은 병선 정박소에 포진하고 있다가 추격해 온 고구려군을 간신히 물리치고 패잔병을 병선에 태웠다.

『주서(周書)』(북주의 정사) 「고려전」에 따르면, 국도인 평양성에는 식량과 무기만 비축해 두었을 뿐 왕조차 다른 곳에 살았다고 한다. 일단 적이 습격해 오면 병군대가 내성으로 들어가 이를 단단히 지켰다. 이처럼 원래가 전투용의 국도였다고 하면, 난공불락은 당연하다.

요동성 공격에 애를 먹고 있는 진지에서 내호아의 패전 보고를 들은 양제는 우문술 등 육로 장군에게 함락하지 못한 성은 그대로 두고 즉시 평양으로 가라고 명령했다. 요동성뿐만 아니라 그 부근의 성들도 성문을 굳게 닫고 오로지 지키는 데 철저했다.

힘의 신봉자였던 양제는 어쨌든 단숨에 적의 국도를 함락해서 결말을 낼 작정이었다. 우문술, 우중문(于仲文), 유사룡(劉士龍) 같은 장군들이 압록강을 건너 남하했는데, 오랜 요동 지구전으로 장병들은 피로에 지쳐 있었다. 그런 사실을 알아차린 고구려군은 싸움을 걸고는 곧바로 달아났다. 수군을 지치게 만들기 위한 작전이었다. 육군은 하루에 일곱 번 싸워 그때마다 이겼으나 지칠대로 지쳐서 살수(薩水)를 건너 평양을 눈앞에 두었을 때는 이미 싸움을 계속할 수 없는 상태였다. 그러던 차에 고구려 대신 을지문덕(乙支文德)이 사자를 보내,

> 만일 군대를 돌린다면, 마땅히 고원(高元, 고구려왕의 이름)을 모시
> 고, 행재소(行在所, 양제가 있는 요동)에 입조하겠다.

라고 제의했다. 이 원정은 고구려왕이 입조하지 않아서 벌어진 일이다. 입조를 제의했으니 이것은 싸움을 그만둘 이유가 된다. 조금 수상하다는 의심이 들면서도 자군(自軍)에 싸울 힘이 없다는 것을 안 우문술은 이를 좋은 기회라고 생각하고 돌아가기로 했다. 아니나 다를까, 퇴각하는 도중에 고구려군은 곳곳에서 공격을 가했으며, 특히 살수에서는 수나라 군대가 강을 건너는 도중에 습격을 받아 후미 부대가 막대한 손해를 입었다.

이 결과에 양제가 격노했음은 말할 것도 없다.

구군(九軍, 천자의 군대)이 요(遼)를 건너기를 약 30만 5천 명, 요동 성으로 되돌아 온 것은 겨우 2천 700명, 자저기계(資儲器械, 군수품) 거만(巨萬)을 헤아렸으나, 모두 망실탕진하였다.

참담한 결과였다. 우문술은 사슬에 묶였다. 하지만 우문술의 아들 우문사급(宇文士及)이 양제의 딸 남양공주(南陽公主)와 결혼했기 때문에 처형만은 면하고 서인으로 강등되는 데 그쳤다.

장군 중 한 사람인 유사룡만이 참수되었다.

제1차 고구려 원정의 참패로 양제의 체면은 말이 아니었다. 이듬해 대업 9년(613), 양제는 또다시 제2차 원정을 강행했다. 우문술은 관작을 회복하고 명예를 회복할 기회를 얻는다는 의미에서 다시 원정군을 이끌었다. 양제도 친정하여 요동으로 향했다.

이번에는 작전을 바꾸어서 단숨에 평양을 치는 것이 아니라 도중에 있는 성들을 각개격파하기로 했다. 지난해 퇴각하던 길에 각지의 성에서 출격한 고구려군에게 혼쭐이 난 악몽을 잊지 않았다.

후방에 있던 양현감이 고의로 수송을 늦추어 전선을 곤란에 빠뜨리더니 마침내 반란을 일으킨 것이 바로 제2차 원정 때다. 제2차 고구려 원정은 양현감의 반란을 평정하기 위해 원정군을 서쪽으로 돌림으로써 사실상 중단되었다.

양현감의 반란

양현감의 아버지 양소는 수문제가 죽기 직전에 생각을 바꿔 일단 폐했던 장자 양용을 황태자로 세우려고 했을 때, 그 조서를 없애 버렸다고 한다. 양용의 소행과 재능을 깎아내려서 차남인 양광을 황태자로 세울 것을 권한 사람도 양소였다.

아무래도 양소는 이 공적을 내세워 거만하게 굴었는지 조정의 연회석에서도 신하의 예를 잃는 일이 종종 있었다. 양소는 대업 2년(606)에 죽었는데, 만년에는 양제가 높은 명예직은 주었어도 실권은 맡기지 않았다. 본인도 그것을 불만스럽게 생각했다. 양소가 병석에 눕게 되자 양제는 전의를 보냈으나, 사실은 양소의 병이 나을까 두려워했다고도 한다. 의원에게 하문한 내용에도 그 점이 나타난다. 그런 이유로 독살설조차 나돌았다. 언젠가 양제가 측근에게 "설령 양소가 병으로 죽지 않았다고 해도 언젠가는 일족 모두 죽었을 것이다"라고 중얼거린 것을 양현감이 들은 적이 있었다.

양현감은 예부상서(禮部尚書, 교육부 장관)에 등용되었으나 양제에게는 그다지 충성심을 갖지 않았다. 그가 반란을 일으킨 것은 친구인 이밀(李密)의 영향이 컸다고 생각한다.

이밀은 북주 팔주국(八柱國)의 한 사람인 이필(李弼)의 손자이므로 가문의 격으로 말하면 수 왕조의 양씨와 동등했다. 수나라 조정의 부름을 받아 아버지 포산공(蒲山公)의 작위를 이어받았으나 병을 구실로 관직에는 오르지 않았다. 오로지 책만 읽으며 세월을 보냈다. 이밀을 높이 평가한 양소는 아들 양현감에게 "너 같은 사람은 도저히 미치지 못할 인물이다"라고 말했다고 한다.

모반을 결의한 양현감은 장안에 밀사를 보내 이밀을 임지인 여양(黎陽)으로 불렀다. 대사를 결행하는 데 이밀이 가장 믿을 만한 인물이라고 생각했기 때문이다.

모반 계획을 의논할 때 이밀은 세 가지 계책을 내놓았다.

첫째, 요동에 친정중인 양제의 배후를 칠 것.

둘째, 국도 장안을 공격할 것.

셋째, 낙양을 공격할 것.

첫째가 상책, 둘째는 중책, 셋째가 하책이라는 이밀의 설명에 양현감은 하책인 낙양 공격을 골랐다.

첫째는 상책이기는 하지만, 원정군은 이미 전투준비를 갖춘 부대이며 물론 그 수도 매우 많았다. 성공한다면 단숨에 수나라 왕조를 갈아엎을 수 있지만, 위험성도 극히 크므로 양현감은 이 방법을 선택하지 않았다. 둘째인 장안 공격도 거리가 멀어서 망설였다.

양현감이 주둔하고 있는 여양은 낙양과 아주 가까웠다. 당시 수나라는 대흥(장안)을 국도로 삼았으나 낙양(동도(東都))과 양주(강도(江都))를 준국도로 삼아서 셋을 거의 동격으로 취급하였다. 장안을 공격한다면 가까운 낙양을 공격하는 것도 마찬가지가 아닌가, 양현감은 그렇게 생각했다.

이밀이 장안 공격을 중책, 낙양 공격을 하책이라고 한 것은 건설 도중인 장안 쪽이 공격하기 쉽다는 것 외에, 모반 소식을 듣고 원정군이 철수할 때 낙양이 좀 더 가까워 먼저 공격을 받기 때문이기도 했다. 그런데 양현감은 안이한 하책을 선택한 것이다.

양현감은 반기를 휘날리며 낙양을 공격했으나, 낙양의 수군 방어가 견고해서 좀처럼 함락되지 않았다. 역시 장안을 공격하는 쪽이 낫겠다고 공격 목표를 바꾸었지만, 낙양 공격에 시간을 너무 많이 허비하였다. 그 사이에 고구려 원정군인 우문술과 내호아 등이 돌아와 양현감의 군대를 격파해 버렸다. 패주한 양현감은 다른 사람의 손에 죽느니 동생 양적선(楊積善)에게 자신의 목을 베게 하고는 죽었다. 이밀도 체포되었으나 낙양으로 호송되는 도중에 용케 도망쳤다.

대업 9년 6월에 거병한 양현감은 8월에 패사해 버렸다. 실로 싱거운 반란이었으나, 양현감이 눈 깜짝할 사이에 5만에서 10만이나 되는 병사를 모을 수 있었다는 사실은 주목해야 할 일이다. 결기할 때 띄운 격문은 다음과 같다.

> 주상은 무도하여 백성을 염두에 두지 않는다. 천하가 소요하여 요동에서 죽은 자가 만을 헤아린다. 지금 당신들과 군대를 일으켜 이로써 모든 백성을 구하고자 하는데 어떠한가?

모반의 격문은 대개 제왕쪽 간신을 제거하자는 표현을 쓰기 마련인데, 이것은 아예 처음부터 황제를 비난했다.

양현감이 낙양을 포위했을 때, 양군(梁郡)의 도적떼 한상국(韓相國)이라는 자가 이에 호응하여 병사를 일으켰다. 양현감은 그를 하남도원수(河南道元帥)로 임명했는데, 이 한상국은 한 달도 채 되지 않은 동안에 10여만의 무리를 모아 군현의 관청을 습격했다.

고구려 전선과 가깝고 징병과 징용으로 고통 받은 북쪽뿐만 아니라 강남에서도 도적떼가 많이 일어났다. 진릉(晉陵) 출신인 관숭(管崇)은 상숙(常熟)에 은거하고 있는 미목이 수려한 인물이었는데, 그가 결기하자 순식간에 10만 군중이 모여서 양주 근처인 양자(楊子)에 있던 수나라 오영(五營)의 수비를 격파해 병기와 군수품을 빼앗아 갔다.

천하의 민심은 이미 수를 떠나 난(亂)을 생각하기에 이른 것이다. 양제는 양제대로,

> 현감이 한 번 부르면 따르는 자가 10만, 점점 알게 되니, 천하는 사람이 많기를 바라지 않는다. 많으면 곧 서로 모여 도둑질을 할 뿐이니, 모두 주살하지 않으면 이로써 후일을 응징할 수 없다.

고 말했다. 인구가 많아도 소용이 없다, 많으면 도적떼만 늘어날 뿐이라며 관계자를 대량 학살했다. 양현감과 알고 지내다가 죽음을 당한 자가 3만여 명, 유배된 자가 6천여 명이었다. 양현감은 낙양을 포위했을 때 나라의 곳간을 열어 백성들에게 나누어 주었는데, 이때 쌀을 받은 자는 모두 낙양 남쪽에 생매장되었다.

양제가 의지했던 우문술이 이 무렵 세상을 떠났다.

본래라면 양제의 가장 친밀한 측근은 양소와 장형(張衡)이어야 했다. 양소의 죽음은 앞에서도 이야기했지만, 불운이라고는 하나 양제도 겉으로는 우대한 것처럼 보였고, 장례도 성대하게 치르게 했다. 그러나 장형에게는 훨씬 잔혹한 조치를 취했다.

장형이라 하면 앞에서 이야기했듯이 양제를 위해 문제를 죽였다는 말까지 들은 인물이었다. 그러나 의심 많은 양제는 혹시 장형이 내심 자기 덕에 양제가 천자가 되었다고 생각할지도 모른다고 의심했다. 이는 장형

이 자기 뜻을 거침없이 말했기 때문이기도 하다.

여행과 토목공사를 좋아했던 양제는 삼도(三都) 외에 각지에 별궁을 지었다. 태원(太原) 서북쪽에 분양궁(汾陽宮)을 조영했을 때, 어사대부(御史大夫, 부총리) 자리에 있던 장형이 "근년 노역이 너무 많아 백성이 피폐해 있으므로 조금 삼가십시오"라고 간언했다. 양제는 이때도 자신의 즉위를 도운 일로 장형이 건방진 소리를 한다고 생각했는지 유림태수(楡林太守)라는 북방 장관으로 좌천시켰다. 그 후 양주의 강도궁(江都宮)을 지을 때 다시 장형을 감독관으로 불렀으나, 호화스러운 것을 좋아하는 양제의 뜻을 어기고 이것저것 계획을 삭감하려고 해서 강도군승(江都郡丞) 왕세충(王世充)이 이를 양제에게 보고했다. 진노한 양제는 장형의 목을 베려다 생각을 고쳐서 해임하고 서인으로 강등하는 처분으로 그쳤다. 왕세충이 후임으로 강도궁감(江都宮監)이 되었다. 이 인물은 대흥성 조영을 설계한 우문개와 마찬가지로 서역인이었다.

왕세충은 과감하게 호화로운 궁전을 지어 양제를 기쁘게 했다. 지금도 양주시에 미루지(迷樓址)가 있다. 선인이 찾아와도 길을 잃는다고 하여 '미루(迷樓)'라고 이름 지었다. 얼마나 기교를 부린 궁전이었는지 짐작할 수 있다.

대업 6년(610)에 서인으로 강등된 장형은 그로부터 2년 뒤에 살해되었다. 이미 추방한 가신임에도 그래도 안심할 수 없어 몰래 감시했던 것이다. 장형의 죄목은 조정을 비방했다는 것이었다. 죽기 전에 장형은 "오래 살고 싶어서 그런 짓을 했다"고 부르짖었다고 한다. 그런 짓이란 당연히 양제를 옹립하기 위한 공작을 말한다.

'슬픈 놀이'에 빠진 양제

양현감의 모반으로 제2차 고구려 원정군이 철수했으나 이듬해인 대업 10년(614)에 다시 원정군을 편성했다. 온 나라에 도적떼가 날뛰고 있었으나 고구려 원정은 오기로도 그만둘 수 없었다. 그런데 원정군 편제는 오히려 도적떼를 늘리는 결과를 낳았다. 징병을 피해서 도망친 장정이 도적떼에 가담했기 때문이다.

사실 두 해 연속으로 수군을 맞이한 고구려도 피폐해져 있었다. 7월, 고구려왕 고원(高元)은 사신을 보내 항복의 뜻을 전하고 곡사정(斛斯政)을 돌려보냈다. 곡사정은 수나라 병부시랑(兵部侍郎, 국방부차관)으로 제2차 고구려 원정군의 수뇌였으나, 양현감이 모반을 일으켰다는 소식을 듣고 고구려로 망명했다. 이 인물은 양현감과 통모했다고 한다. 적에게 도망간 아군의 장군을 수나라 황제가 심히 미워했음은 당연한 일이다. 그런 인물을 송환했으니 양제는 고구려의 항복에 성의가 있다며 이를 기꺼이 받아들였다.

수나라도 고구려의 항복으로 안도했을 것이다. 양제는 제3차 원정도 친정했는데, 귀환하는 도중에 놀랍게도 한단(邯鄲)에서 천자의 행렬이 양공경(楊公卿)이라는 도적단 두목이 이끄는 무리 8천의 습격을 받았다. 다행히 도적떼가 노린 것은 천자의 목숨 따위가 아니라 천자의 보물이라 일컫던 천자의 말이었다. 명마 중의 명마로 소문이 자자한 말 42마리를 삽시간에 빼앗겼으니 수나라도 이제 말기 증상을 보이고 있었다.

나라 안의 도적떼조차 천자를 가벼이 보고 있었다. 고구려 왕은 입조한다고 약속했으나 끝내 수나라에 찾아오지 않았다. 곡사정은 어차피 수나라 사람이었으니 구워먹든 삶아먹든 고구려로서는 아무래도 좋았다. 양제는 실제로 곡사정을 삶아 죽이고 그것을 백관들에게 먹였다.

양제가 대흥성으로 돌아온 무렵, 이석군(離石郡, 산서성)에서 유묘왕(劉苗王)이 모반을 일으켜 스스로 천자를 칭했다. 수나라 장군 반장문(潘長文)이 수만 군중을 모아 이들을 토벌하러 갔으나 도저히 평정할 수 없었다.

이 무렵 도적떼 가운데는 잇따라 황제를 자칭하는 자가 나타났으며, 상곡군(上谷郡)의 왕수발(王須拔)처럼 국호를 연(燕)이라고 정한 자까지 나왔다.

도적떼 토벌은 잘 되지 않았지만 수나라로서는 뜻밖의 수확도 있었다. 강도궁 조영에서 솜씨를 발휘해 기술 관료라고 생각했던 서역출신 왕세충이 군중 10여 만을 끌어 모은 도적단 두목 맹양(孟讓)을 격파했다. 게다가 1만여 명의 목까지 베었다. '문학과 법률밖에 모르는 하찮은 관리'라고 왕세충을 얕잡아 보던 맹양은 겨우 수십 기(騎)의 호위를 받으며 허겁지겁 달아나는 신세가 되었다. 이로써 양제는 왕세충을 더욱 신임하게 되었다. 사실 왕세충은 이른바 문(文)과 법(法)의 사람이었는데, 병법서를 깊이 연구하여 군인으로서의 재능도 갖추고 있었다.

말기 증상 가운데 하나로 미신이 있다. 안가타(安伽陀)라는 도사는 "도리(桃李)가 번영한다"고 예언하고, 이는 이씨가 천자가 된다는 뜻이므로 천하에 이씨 성을 가진 자를 모조리 죽여야 한다는 말도 안 되는 진언을 했다. 아마 이것은 엉터리 도사가 양제에게 아첨하려고 지껄인 소리였을 것이다. 수나라 건국의 원훈인 이목(李穆)의 아들 중에 이혼(李渾)이라는 인물이 있었는데, 양제가 이를 싫어했다. 이혼은 아버지의 작위를 손자(이혼의 조카)가 이어받은 것이 불만이었다. 그는 처남인 우문술에게 자신이 아버지의 유산을 상속할 수 있다면 1년 수입의 절반을 떼어 주겠다며 힘을 써 달라고 부탁했다. 우문술의 궁정 공작으로 이혼은 바라던 대로 뜻을 이루었으나, 약속한 보수는 2년만 지불하고 그 뒤로는 시치미를 떼었다. 이 일로 이혼을 미워하게 된 우문술은 양제에게 이혼의 험담을 늘어놓았음이 틀림없다.

당시 사람들이 미신, 예언, 전조 따위를 얼마나 맹신했는지 오늘날 사람들은 상상할 수 없을 정도였다. 도리(桃李)가 번영하여 다음 천자가 된다는 예언은 어느덧 이씨 성을 가진 자 중에서 가장 유력한 인물인 이혼을 지목하는 말이 되어 버렸다. 약속을 지키지 않은 이혼에게 단단히 화가 난 우문술이 양제 곁에 있었기 때문에 이혼의 처지는 점점 궁지에 몰렸고 마침내 '이혼이 모반을 일으켰다'는 말이 나오면서 그 일족은 살해되고 말았다.

이 이야기를 듣고 빙그레 웃은 남자가 있었다. 양현감의 모반에 가담했다가 체포되었으나 간신히 도망친 이밀이었다.

도리(桃李)는 소리로 치면 '도리(逃李)'와 같다. 도망친 이(李), 다시 말해 자신이 다음 천자가 된다는 말이다. 이밀은 그렇게 해석했다. 학식의 깊이로는 정평이 난 그 역시 미신에서 자유로울 수는 없었다.

팔주국의 일족이라는 유례가 드문 가문에서 태어났으나, 벼슬을 하지 않았기 때문에 이밀은 부하나 도당이 없었다. 하지만 이밀에게는 천하를 무대로 한 야망이 있었다.

이밀이 그 야망을 이루고자 한다면 병력을 모아야 했다. 지방 호족이나 협객의 무리가 아닌 그는 큰 조직에 들어가 그것을 움직일 위치에 오르는 쪽이 유리했다. 그는 도망하면서 자신의 몸을 의탁할 곳을 물색했다고 생각된다. 그는 마지막에 적양(翟襄)이라는 대두목의 집단에 들어갔다. 적양 집단에는 서세적(徐世勣)이라는 유능한 인물도 있었다.

대업 11년(615), 수나라 양제는 국도인 대흥을 떠나 산서성의 태원을 돌아 분양궁에서 피서를 하고 있었다. 그곳에서 낙양으로 돌아왔는데, 양제는 양현감의 난으로 불탄 용주(龍舟, 뱃머리에 용을 장식한 유람선)를 다시 건조하라고 강남(江南)에 명했다. 거의 수천 척이었으니 말도 안 되는 이야기였다.

고구려 원정과 그 밖의 일로 엄청난 국비를 허비했는데도 양제는 아직도 놀 거리를 생각하고 있었다. 강남에 수천 척의 용주를 만들게 했을 뿐만 아니라 회계(會稽, 절강성)에 새로운 별궁을 지으라고 했다. 하지만 그 지방에 동란이 일어났기 때문에 실현하지는 못했다.

이러는 사이에도 각지에서는 도둑떼가 들끓었는데, 양제 측근들은 황제에게 실정을 제대로 알리지 않았다. 나쁜 상황을 보고받으면 황제는 곧바로 화를 냈기 때문이다. 천하의 정보는 천자의 귀에 들어가지 않았으나, 양제도 평범한 암군(暗君)은 아니었다. 수나라의 국운이 기울고 있는 것쯤은 눈치 채고 있었다.

대업 12년(616) 7월, 강남에서 만든 용주가 낙양에 도착했다. 양제는 운하에 배를 띄워 양주로 가고자 했다. 그것을 말린 가신은 벌을 받았다. 무슨 일이 있어도 양제는 남쪽으로 가려고 했다.

양제도 천하의 형세가 수나라에 불리게 돌아가고 있다는 사실을 짐작했다. 천하의 주인이었던 그는 북쪽의 식량과 그 밖의 물자가 모두 남쪽에서 올라온다는 것을 알았다. 수가 온 천하를 다 가질 수 없다면 북쪽

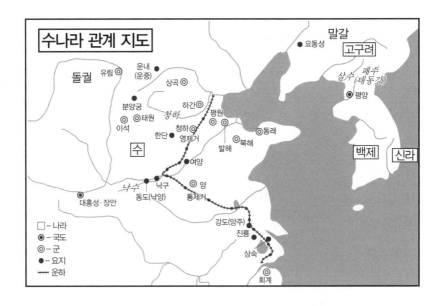

수나라 관계 지도

보다는 남쪽에 자리를 잡아야 한다고 판단했을 것이다. 남쪽에서는 자급
자족할 수 있지만 북쪽에서는 그것이 곤란했다. 여차하면 양주를 거점으
로 천하의 절반이라도 보전하자고 생각했다.

황태자는 일찍 죽었고 그 동생이 있었으나, 양제는 그를 믿지 않았다.
양제는 남쪽으로 가면서 황태자의 아들, 다시 말해 자신의 손자인 대왕
(代王) 양유(楊侑)를 국도인 대흥에 머물게 하고, 마찬가지로 월왕(越王)
양동(楊侗)은 낙양에 머무르게 했다.

어디서 어떤 변이 일어나더라도 수나라의 왕조는 이 세 곳 가운데 한
곳이라도 살아남을 수 있게 하겠다는 심산이었다. 그것이 얼마나 얕은
생각이었는지는 머지않아 역사가 증명해 준다.

양주의 호화스런 궁전에서 양제는 날마다 수 왕조가 와해되는 소리
를 들었다. 힘의 신봉자인 그는 수 왕조의 힘이 쇠약해졌음을 잘 알았다.

그런데도 대책을 강구한 흔적은 보이지 않는다. 양제는 천하의 형세 따위는 그다지 알고 싶지 않았다. 말하자면 싫은 것은 보지 않으려고 하는 어린애 같았다.

와해의 두려움에서 눈을 돌리기 위해 양제는 미친 듯이 유흥에 빠져들었다. 슬픈 놀이라고 해야 할 것이다.

도둑떼의 수는 나날이 늘어나고, 지방관청은 줄줄이 파괴되었으며 관리들은 수없이 죽어 갔다. 예사 시대가 아니라는 것은 이제 누가 봐도 분명했다.

아무래도 이 무렵부터 양제의 정신이 이상해졌던 것 같다. 끊임없이 들려오는 도적단의 봉기 소식에 마음의 문을 닫아 버렸는지도 모른다. 아니면 즉위한 이래 마치 잃은 것을 만회하려는 듯 여색과 황음(荒淫)에 빠져 몸과 마음이 망가졌는지도 모른다. 걸핏하면 화를 내고 언동은 급격히 정상궤도를 벗어났다.

양제의 존재는 군신들에게 큰 부담이 되었다. 양제 자신이 이 와해의 장본인이므로 어떤 연극을 하더라도 역사의 무대에서 달아나는 것은 용서받을 수 없다.

장안으로 가는 길

천하를 뒤흔든 반역의 시대

역사서를 읽다 보면 도적떼, 유적, 유민 같은 다양한 표현을 접할 수 있다. 최근에는 농민기의군(農民起義軍)이라는 표현을 많이 쓴다. 수나라 말기에 각지에서 봉기한 집단은 성격이 매우 다양했다. 처음부터 산적(山賊)이 직업인 집단도 있었고 의협 단체도 있었다. 지방 호족도 있었으며, 병역이나 부역을 피해서 도망 온 자들, 조세를 내지 못해 지주에게 쫓기는 자들을 수용한 단체도 있었다. 그것을 한 가지 명칭으로 부르는 것은 어렵지만, 어떤 집단이나 정부에서 보면 반역자라는 공통점이 있으므로 통틀어서 반역단이라고 부르면 될 것이다. 자진해서 체제에 반대한 자도 있고, 쫓겨서 도망가는 형태를 취함으로써 반역이라는 낙인이 찍힌 자도 있었다. 그런 사람들은 집단을 이루지 않으면 살아가는 것조차 불가능했다. 그리고 집단은 힘을 낳는 법이다.

수나라뿐만 아니라 역대 왕조는 그런 힘에 의해 쓰러졌다. 하지만 그 힘의 중핵이 다음 정권의 중심이 된 일은 없었다.

농민혁명의 성과를 도둑맞았다고 표현할 만한 현상이 반드시 일어난 것이다. 이것이 중국사의 한 유형이 되었다.

전한을 찬탈한 왕망(王莽) 정권은 적미군, 녹림군 같은 유민반역단의 힘에 무너졌다. 그럼에도 다음 정권은 한나라 왕조와 혈연관계인 지방호족 유수(劉秀)가 이어받았다. 이것이 후한인데 거의 호족출신자로 구성된 정권이었다. 그 안에서 적미군이나 녹림군의 형적(形跡)을 발견하기란 어려운 일이다.

그러한 후한 왕조는 태평도인 황건군의 반란으로 멸망했다. 이것도 유민반역단이라고 해야 옳을 것이다. 그럼에도 삼국 시대를 거친 뒤 다음 정권은 위진(魏晉)으로 넘어갔다. 반역단의 흔적은 겨우 위나라 조조 군단에 흡수된 황건계 청주병(靑州兵) 정도만 눈에 띨 뿐이다. 물론 그들도 위나라 정권의 중심에 들어가지 못했다.

반역단은 쫓기는 자들의 수용소였다. 그들이 염두에 둔 것은 지금 한때를 어떻게 살아갈 것인가 하는 정도였다. 그들에게 장래를 전망할 여유 따위는 없었다. 정권을 담당하기 위해서는 장기 계획을 세우고 그것에 대응할 기구를 만들어야 한다. 그 기구는 질서로 굳어진다. 질서란 위아래의 구별을 명확히 하는 것으로 말하자면 계급을 짓는 일이다.

반역단에는 물론 지휘하는 자와 지휘받는 자라는 계급 비슷한 것이 있기는 하다. 황건군 조직을 보면 사단장에 상당하는 거사(渠師)라는 자가 있었다. 수나라 말기의 반역단도 사서에 이름이 기록된 사람은 지도자였다. 그 밑에 지도를 받는 무명의 사람들이 있었다. 그들은 싸우는 데 필요했다. 반역을 결행하기 위해서는 체제 쪽의 탄압을 각오해야 한다.

자신을 지키기 위해 싸워야 하고 그러기 위한 전투배치가 있어야 한다.

반역단 내의 질서는 싸우기 위한 것인 만큼 정권을 담당하기 위한 그것과는 성질이 완전히 달랐다.

반역단 내에는 체제를 쓰러뜨릴 힘은 있어도 새로운 체제를 만들어낼 힘은 생기지 않았다. 새로운 체제는 전망을 해야 하고 전망을 하기 위해서는 일종의 학문을 알아야 하는데, 당시에는 그런 학문은 한정된 일부 사람들의 것이었다.

왕조 하나가 쓰러지기까지는 많은 전투가 벌어진다. 오랜 전란에 지친 사람들은 평화를 바란다. 질서 바른 사회가 다시 나타나 그 안에서 안락하게 살기를 꿈꾼다. 민중이 전쟁 따위는 이제 지긋지긋하다고 생각할 때, 반역단의 자가당착이 시작된다.

수나라 말에 각지에 다양한 반역단이 잇따라 나타났으나 수왕조가 무너진 뒤, 그 자리를 대신한 것은 당(唐)이라는 새로운 왕조였다.

당나라의 이씨(李氏)는 수나라의 양씨(楊氏)와 마찬가지로 북주(北周) 팔주국의 하나다. 선비색이 짙다는 점에서도 아주 꼭 닮았다고 해야 할 것이다. 수나라를 대체한 당나라도 그다지 다르지 않다는 느낌이다. 그럼에도 수는 38년도 존속하지 못했는데, 당나라는 290년이나 이어졌다.

태생은 꼭 닮았으나 수와 당은 등장하는 방법이 달랐다. 수나라는 북주(北周)라는 기성(旣成) 왕조를 찬탈하고 남조(南朝)를 공격해서 천하를 통일했다. 수의 등장에는 천하에 반역단이 횡행한 배경이 없다. 하지만 당나라는 반역단이 천하에 가득한 시대를 무대로 탄생의 울음소리를 울린 것이다. 그러나 그 정권 안에 반역단의 흔적이 거의 없는 것은 후한이나 위·진(魏晉)의 경우와 비슷하다. 굳이 말한다면 당나라 창업 공신 중에 이적[李勣, 옛 이름은 서세적(徐世勣)]과 울지경덕(尉遲敬德) 같은 반역단의 성격을 띤 인물이 있다는 정도다. 이것 말고는 수나라와 다른 점이라고 크게 꼽을 만한 것은 없다.

흔히 수·당을 함께 붙여서 부르는데, 이 두 왕조 사이에 있던 전국적인 반역 시대는 무심코 잊어 버리기 쉽다. 거기에는 그만한 이유가 있겠지만 어쩐지 서민의 비극이라는 생각이 든다. 체제를 만드는 이는 역시 지금까지의 체제에 익숙한 계층이었다. 반역단이 체제를 만든다고 하면 그때까지와는 전혀 다른 새로운 체제가 되어야 한다. 안타깝게도 수나라 말기의 반역단에게는 그럴 만한 힘은 없고 때려 부수는 것으로 끝났다.

「항우전」을 탐독한 이밀

양현감(楊玄感)의 반란으로 체포되었다가 운 좋게 도망친 이밀(李密)이 적양(翟襄)이 우두머리로 있는 유력 반역단에 가담했다는 사실은 이미 앞에서 이야기했다. 그는 처음부터 기성 반역단에 들어가 그것을 차지하려고 생각했다. 도망 중에 학효덕(郝孝德)과 왕박(王薄)이라는 당시 이름난 반역단에 들어가기도 했으나, 그들의 우두머리가 그를 경계했는지 그다지 따뜻하게 맞아 주지 않아 곧바로 그곳을 떠났다. 어떤 조직을 차지하려면 처음부터 상당한 지위를 받아야 하는데 재능을 인정받지 않는 한 높은 자리를 얻을 수 없다. 반역단을 돌아다니던 이밀은 적양이라는 집단에서 겨우 인정을 받았다.

적양이라는 사람은 원래 동군(東郡)의 법조(法曹)라는 하급관리였다. 수나라 말기에는 형벌이 가혹했는데, 적양도 어떤 사건에 연좌되어 참형에 처한 것을 옥리의 도움을 받아 간신히 탈주할 수 있었다. 탈옥수이므로 반역활동을 하는 수밖에 없었다. 와강(瓦崗)이라는 곳을 근거지로 삼아 산적질을 시작했다. 그러다 17세 소년이면서도 몹시 담력이 셌던 서세적을 알게 되어 둘이서 힘을 합해 주로 운하나 수로를 오가는 배를 습격하는 수적(水賊)으로 전향했다. 수적 장사가 번창해서 그들 밑으로 만여 무리가 모여들었다.

하급관리라고는 해도 법조를 지낸 만큼 적양은 조금은 학문을 했을 터이다. 그런 만큼 자신을 찾아온 팔주국 가문의 이밀에게 존경심을 가졌는지도 모른다. 어느새 두 사람의 처지가 뒤바뀌어 이밀이 집단의 우두머리가 되어 버렸다.

어떤 축도(縮圖)를 보는 느낌이다. 곤궁해진 서민들이 궁지에 몰려 반역을 일으키지만, 그 성과는 거의 귀족이나 호족이 가로챈다. 적양과 서세적이 만든 반역집단을 머지않아 팔주국의 이밀이 가로챘다. 상징적인 사건이라고 할 수 있겠다.

얼마 안 있어 군소 반역단은 차츰 정리되었다. 역시 규모가 크지 않으면 그 집단도 살아남지 못하는 법이다. 썩어도 준치라고 수나라는 군대를 동원해서 반역단을 토벌하였는데, 조직이 작으면 역시 힘이 부족해서 패한다. 조직이 크면 정부군도 손을 쓸 수 없었다. 그래서 군소 반역단은 괴멸하거나 규모가 큰 반역단에 흡수되거나 어느 한쪽을 선택해야 했다. 이렇게 해서 큰 반역단은 각지에 할거할 만큼 힘을 갖게 되었다.

당시 반체제 집단 가운데서는 하북의 두건덕(竇建德) 집단이 가장 규모가 컸는데, 낙구창(洛口倉)을 점령한 뒤로는 이밀·적양 집단이 급속히 세력을 키워 그에 필적하게 되었다.

낙구는 그 지명으로도 알 수 있듯이 낙수(落水)가 황하와 합류하는 입구로, 운송편도 좋아 예부터 정부의 곡물창고가 설치되어 있었다. 창고라고 하지만 거대한 교(窖, 지하저장소)로, 지금도 그 유적이 남아 있다. 웬만한 작은 빌딩 정도는 너끈히 들어가는 지하저장소가 3천 개나 있었다고 하니 엄청난 규모였다는 것을 알 수 있다. 이밀은 정병(精兵) 7천을 이끌고 낙구창을 공격해 이를 함락하고 창고를 열어 부근 백성들에게 멋대로 쌀을 가져가게 했다. 이것이 대업 13년(617) 2월의 일이었다고 전해진다.

지난해부터 기근이 들었던 탓에 백성들은 크게 기뻐하며 낙구창으로 몰려들었다. 젊은이들 중에서는 그 자리에서 이밀 집단에 가담하는 자도 틀림없이 나왔을 것이다. 이 인기몰이 정책으로 이밀은 집단의 주도권을 완전히 장악했다.

이 무렵 도적떼 중에는 황제나 천자를 자칭한 자가 있었는데, 그들은 세상을 모르는 우물 안의 개구리와 다름없었다. 확실한 정권 구상을 가진 자는 아마 이밀이 처음이었을 것이다. 그 자신이 귀족이기 때문에 관례에도 밝았다. 느닷없이 황제라 칭하는 것은 우스운 일이며 위나 진의 찬탈에서도 우선 국공(國公)이 된 다음 왕을 칭하고 그리고 나서 양위를 받아 황제가 되었다. 이밀은 그 관례에 따라 우선 '위공(魏公)'이 되었다. 그리고 연호를 정했다. 이밀이 선택한 연호는 '영평(永平)'이었다고 한다.

수나라가 통치능력을 상실했음은 누가 봐도 분명했다. 양주(揚州)에 들어온 양제는 이제 그곳에서 움직이려고 하지 않았다. 그전까지는 강남의 풍물을 사랑해 종종 양주를 찾았으나, 이번에는 그곳에서 움직이려고 해도 움직일 수 없게 된 것이다.

'수나라는 이제 끝났다, 다음은 이밀의 위나라다'라고 생각한 각지의 반역단 두목들이 때를 놓치지 않으려고 이밀 밑으로 모여들었다. 그중에는 일찍이 이밀이 잠시 의탁했던 학효덕도 있었다. 왕세충(王世充) 때문에 생각지도 못한 곤욕을 치렀던 맹양(孟讓)도 찾아왔다. 모두 한 자리씩 관직을 받았다. 적양은 상주국, 사도(司徒, 재상), 동군공(東郡公)이 되었다. 또 스무 살도 채 되지 않은 서세적은 우무후대장군(右武侯大將軍)에 임명되었다. 어쩐지 너무 이른 감이 든다.

거리를 내려오는 자가 끊이지 않아 흐르는 물결과 같고, 무리는 수십만에 이른다.

고 했으니 대단한 성황이었다.

낙구창에 무한하다고도 할 수 있는 식량이 있었기 때문에 수십만이 찾아왔어도 이밀은 그들을 먹일 수 있었다. 그곳에 가면 먹을 걱정은 없다는 말을 전해 듣고 모여든 사람들로 거리는 발 디딜 틈조차 없었다.

낙구창이야말로 이밀 정권의 기반이라고 해도 과언이 아니다. 위치는 낙양에서 그다지 멀지 않는 곳이었다. 따라서 이밀은 먼저 낙양을 손에 넣어 천하 정권의 첫걸음을 내딛으려고 했다. 맹양을 총관(總管)으로 삼아 동도 낙양을 끊임없이 공격했다. 낙양에는 양제의 손자인 월왕(越王) 양통(楊侗)이 있었는데, 아직 나이가 어려 중신들을 통제할 줄 몰랐다. 예를 들면 군사령관 배인기(裵仁基)와 참모(감군어사) 소회정(蕭懷靜)은 사사건건 대립했다. 배인기가 전리품을 부하에게 나누어 주려고 하면, 소회정은 그에 반대했다. 마침내 배인기는 소회정을 죽이고 이밀에게 항복했다. 이밀은 배인기를 상주국(上柱國)으로 삼아 낙양공격 사령관으로 임명했다.

낙양은 당장이라도 함락될 것처럼 보였으나, 역시 수나라 삼도(대흥, 낙양, 양주) 중 하나인지라 쉽사리 무너지지 않았다. 회락창(回洛倉)이라는 낙구창과 같은 정부 곡물창고가 가까이 있어 그곳에서 식량을 성내로 운반할 수 있었던 것이다. 이밀은 그 회락창을 점령하기로 했다. 한동안 수군과 이밀군의 회락창 쟁탈전이 이어졌다.

낙구창의 위력을 몸으로 느껴 알고 있는 이밀이 회락창 탈취에 너무 매달렸는지도 모른다. 확실히 낙구창을 점령한 이밀은 그 덕분에 큰 힘을 얻었다. 낙양의 월왕 양통이 양주의 할아버지에게 보낸 사자 원선달(元善達)은 "이밀은 백만의 무리를 거느리고 있다"고 보고했다. 그런 대군을 거느릴 수 있었던 것도 모두 낙구창 덕분이었음은 말할 나위도 없다.

하지만 낙구창의 엄청난 위력이 이밀에게는 오히려 해가 되었다고 생각할 수도 있다. 그 때문에 이 지방을 떠나지 못한 것이다. 일찍이 양현감이 반란을 일으켰을 때, 이밀은 그 참모로서 상책, 중책, 하책 세 가지 계책을 진언했다. 하책은 낙양을 공격하는 것이었는데, 양현감은 이 하책을 취하여 실패했다. 그런데 이번에는 이밀 자신이 낙구창에 너무 집착하는 바람에 그 근처의 낙양만 끊임없이 공격했다. 물론 양현감의 거병 때와 달리 요동에는 수나라의 원정군이 없었기 때문에 동쪽에서 공격당할 일은 없을지도 모른다. 그건 그렇다 하더라도 낙양은 천하의 중심이 아니었다. 황제가 없다 해도 여전히 국도는 장안이고 천하의 열쇠는 장안에 있었다. 이밀은 왜 멀리 말을 달려 장안을 공격하지 않았을까? 낙구창의 매력에 빠져 있기도 했지만 순서를 '낙양 다음 장안'으로 생각했던 것 같다.

이밀은 생각지도 못한 자가 갑자기 나타나 장안을 빼앗으리라고는 전혀 생각하지 못했다. 오늘날 감숙성 난주시(蘭州市) 부근에 있던 설거(薛擧)라는 실력자의 움직임이 조금 신경 쓰이기는 했으나 거리로 보면 난주·장안보다 낙양·장안 쪽이 훨씬 가깝다. 설거는 움직임이 빠른 유민 세력이 아니라 토착 호족이었으므로 이밀은 안심했던 것이다. 태원(太原, 산서성)을 지키던 이연(李淵)이 갑자기 남하해서 장안을 습격하고 그곳에 '당(唐)'이라는 왕조를 세운 것은 이밀에게는 예상 밖의 일이었다.

꼬드김 받아 봉기한 이연 부자

같은 팔주국의 일원으로서 이밀도 이연의 소문을 듣고 있었다. 약간 여색을 밝히며 우유부단한 인물이라는 것이었다. 분명히 이연은 소문대로였으나 그 주변에는 큰 뜻을 품은 과감한 인물이 있었다. 바로 이연의 아들들과 그 부하들이었다.

앞에서, 단명왕조인 수와 장명왕조인 당의 역사를 읽을 때는 읽는 법에 주의해야 한다고 이야기했다. 수나라는 돌궐로 달아난 양제의 손자한 사람을 제외하면 황족이 모두 절멸했으며, 그들을 멸망시킨 당 시대에 역사가 쓰여졌다. 물론 당의 역사도 당이 멸망한 뒤에 쓰여졌으나, 그자료는 2백수십 년 동안 당나라 사람들이 기록한 내용을 바탕으로 했다. 수의 역사는 실제보다 나쁘게 쓰여졌고, 당의 역사는 좋게 장식되었다는 것을 염두에 두어야 한다.

게다가 당나라 초기, 초대 황제인 고조(高祖) 이연의 황태자는 장남 이건성(李建成)이었으나, 차남 이세민(李世民)이 그 자리를 빼앗아 제2대 황제가 되었다. 이것은 수와 같은데, 수는 양제가 이런저런 공작을 펼치기도 했지만 아버지의 의사에 따라 황태자가 폐립되었다. 그러나 당의 경우는 차남 이세민이 반정을 일으켜 형을 죽이고 그 자리를 강탈했다. 그후 오랫동안 이어진 당나라의 황통(皇統)은 이 태종 이세민의 계통이므로 누구도 선조의 험담은 할 수 없었다. 험담은커녕 태종이 형을 죽인 것을 정당화하려고 이야기를 꾸몄다는 의혹이 짙다.

고조 이연은 그다지 적극적인 인물이 아니었고 결단력도 부족했던 것이 사실이다. 주위 사람들이 부추겨서 군사를 일으켰는데, 사서는 이연을 움직인 사람이 주로 차남 이세민이었다고 기록하고 있다. 이연의 정실인 두씨(竇氏)는 건성, 세민, 현패(玄霸), 원길(元吉), 이렇게 네 아들을 낳았다. 그중에서 현패는 일찍 죽었고, 이연이 거병했을 때 건성은 29세, 세민은 20세, 원길은 15세였다. 세민을 정당화하는 데 아마도 부심했을 역사서도 황태자 이건성이 그다지 어리석었다거나 포학했다고 쓰지는 않았다. 이것만 보더라도 세민의 형 건성은 상당한 인물이었음을 짐작할 수 있다. 이연이 반정이라는 거사를 20세가 될까 말까 한 차남의 말을 듣고 결행했다는 것은 부자연스럽다. 나이로 보더라도 의지가 되는 장남을 주로 의논 상대로 삼았다는 쪽이 설득력이 있다.

북주 시대, 이연의 집안은 수나라 양씨와 어깨를 견주는 팔주국의 하나였다. 수대(隋代)에도 요직에 있었다. 거병했을 때 이연은 태원 유수(留守)라는 자리에 있었다. '유수'란 황제 대신 그 지방을 모두 재결(裁決)할 수 있는 자리이므로, 말하자면 총독직이나 다름없다. 앞에서 이야기했듯이 이연과 양제는 어머니끼리 자매(독고씨)지간이다. 그가 태원 유수에 임명된 것은 대업 12년(616)의 일이니, 이는 이밀이 적양의 반역단에 들어

간 무렵에 상당한다.

태원 유수 이연의 거병은 이듬해 7월이었다. 부임한 지 반년도 채 지나지 않아서다.

유수에게는 군권(軍權)이 있었기 때문에 당연히 군대, 즉 정부군을 이끌었다. 이연의 거병은 정부군을 반정부군으로 바꾸는 것이나 마찬가지였다. 당연히 3만 병력을 이끌고 진양을 출발했을 때는,

> 의병을 일으켜 제실(帝室)을 바로잡고자 한다.

는 격문을 띄웠다. 양제로는 이제 천하를 어떻게 할 수 없음을 알기 때문에 장안에 있는 양제의 손자이며 13세가 되는 대왕(代王) 양유를 세우고자 한다는 말이었다.

같은 시기에 이밀은 이미 위공에 즉위하여 연호를 정하고 행군원수부(行軍元帥府)를 두는 등 수나라를 대신할 정권 수립 준비를 착착 진행시키고 있었으며, 각지에 띄운 격문에도 양제의 열 가지 죄를 나열한 뒤,

> 남산의 대나무를 다하여도 그 죄를 쓰기가 무궁하고, 동해의 물을 터놓아도 악을 다 씻기 어렵다.

라고 최대의 비난을 쏟아부었다. 종이가 발명된 지 이미 600년이 지났건만, 지난날 청죽(靑竹) 기름을 뺀 죽간(竹簡)에 글을 쓰던 때의 표현이 남아 있다. 역사를 '청사(靑史)'라고 부르는 것도 그 잔재다. 남산의 대나무를 전부 사용해도 양제의 죄를 다 쓸 수 없고, 동해의 물을 전부 쏟아부

어도 양제의 죄는 다 씻어 낼 수 없을 정도라는 말이다. 이 격문은 누가 읽어도 수나라를 멸망시키자는 뜻으로 받아들여진다.

그에 비해 이연의 격문은 수나라 왕조를 바람직한 모습으로 만들고자 한다고 말한다. 옳지 않으니까 옳게 고치겠다는 것이니 양제를 비난하는 것임은 분명하다. 하지만 일단은 장안의 대왕 양유를 세우겠다고 말했다. 이밀은 낙양의 월왕 양통을 공격했다.

그렇다고 이연이 띄운 격문을 액면 그대로 받아들일 사람은 거의 없었을 것이다. 표현은 부드러웠지만, 새로운 정권 수립을 목표로 한 것임은 분명했다. 같은 팔주국 출신이 이끄는 반역단이지만 이밀의 그것은 유민, 궁민(窮民)을 규합한 집단인 데 반해, 이연의 그것은 정부군이 근간이었다는 데 차이가 있다.

이연을 결기시킨 것은 아들의 설득보다는 수나라의 가혹한 형벌이었다. 그때까지 온순했던 돌궐은 수나라의 국내가 어지러워진 틈을 타서 자주 변경을 침공했다. 침공 목표는 마읍(馬邑)이었는데, 이곳은 태원 유수 이연이 관리하는 지역이었다. 이연은 고군아(高君雅)를 파견해서 돌궐을 토벌케 했으나 격퇴하지 못하고 오히려 병력을 잃었다. 양제는 사자를 보내 이연을 양주(揚州)로 연행하라고 명했다. 양주에는 엄한 처벌이 기다리고 있을 것이 분명했다. 아무리 우유부단한 이연이지만 아들에게 설득당하고 말고도 없이 군사를 일으키지 않을 수 없었다.

다만 이연의 주변에는 일찍부터 수 왕조를 포기한 사람들이 그를 옹립하려 했던 것은 분명하다. 그의 자식들 외에 진양궁감(晉陽宮監) 배적(裵寂), 진양현령(晉陽縣令) 유문정(劉文靜) 같은 사람들이다. 배적은 별궁을 관리하던 관리인데, 각지의 별궁에는 황제를 상대하는 궁녀가 있었다. 황제 이외의 자가 손을 대서는 안 되는 여성들이다. 배적은 별궁의 궁녀라는 사실을 숨기고 한 여자를 이연에게 소개했다고 한다. 호색가인 이연은 그녀에게 손을 댔고 배적이 그 일을 빌미로 "주상에게 알리면 사형감"이라며 거병을 부추겼다는 소설 같은 이야기도 사서에 전한다. 이에 관해서는 배적과 이세민이 공모한 것으로 되어 있다.

군사를 일으키더라도 태원 유수의 병력만으로는 부족했던 모양이다. 이연은 정부의 창고를 열어 가난한 백성에게 식량을 나누어 주면서 병사를 모집하기로 했다. 그래도 마음이 놓이지 않자 유문정의 진언에 따라 돌궐의 힘을 빌리기로 했다. 이 때문에 이연은 후세 역사가들의 비판을 받고 있다. 돌궐에 보낸 친서가 비굴했다는 것이다. 그러나 돌궐에서 군사를 빌린다는 것은 강화와 동맹을 의미한다. 병력 부족을 보충함과 동시에 배후를 찔릴 위험이 없어지게 된다.

이어서 이밀에 관한 대책을 세웠다. 진양에서 남하하면 이밀의 세력권과 가까워진다. 당시 힘으로 보면은 이연은 이밀의 적수가 못되었다.

이연은 우선 장안으로 들어간다는 목표를 세웠다. 장안 부근에 있던 군단은 대부분 양제를 따라 양주에 가 있었다. 따라서 쉽게 관중으로 들어갈 수 있다. 그곳에서 양제를 퇴위시키고 대왕 양유를 즉위시킨 다음, 수나라 황실의 이름으로 각지의 수나라 군정 유력자를 설득하여 자기 세력 아래 둔다는 것이 이연 집단의 계획이었다. 그런 이유로 장안에 들어가기까지는 모든 일에 인내가 중요했다.

이밀이 각지에 격문을 띄웠을 때, 이연은 그것에 호응하는 척했다. 그리고 매우 겸손한 편지를 이밀에게 보냈다.

오게 의병을 일으키는 까닭은 북적(北狄)과 화친하고, 더불어 천하를 바로잡고, 뜻은 수나라를 존경하는 데 있습니다. 하늘이 백성을 낳을 때는 반드시 지도자가 있습니다. 지금 목(牧)이 되는 것은 그대가 아니고 누구이겠습니까. 노부(老夫, 이연 자신을 말함)는 나이 지명(知命, 쉰)을 넘겼으니, 소원이 이에 미치지 못합니다. 대제(大弟, 이밀을 말함)를 기꺼이 받들어, 용의 비늘을 끌어 잡고, 봉황의 날개를 붙잡겠습니다.

이밀을 맹주로 받들고 싶다는 말이다. 그리고 성이 같으니 당신이 천하에 호령을 내리게 되더라도 나를 지금까지처럼 당공(唐公)에 봉해 주기 바란다고 적고 있다. 이밀을 안심시키기 위한 편지였음은 말할 나위도 없다.

치밀하게 진행된 선양 작업

이연은 15세의 네째 아들인 이원길(李元吉)을 태원 유수로 앉히고, 장남 이건성과 차남 이세민에게 각각 병사 1만을 주어 군사령관으로 임명했다. 앞에서도 이야기했듯이 관중에는 정부군이 거의 없었다. 각지에 도적떼는 있었지만 그중에서 가장 큰 세력을 가지고 있던 손화(孫華)는 이연의 편지를 받자 곧바로 항복했다. 그 밖의 다른 군소 반역단도 줄줄이 손화의 뒤를 따랐다.

7월에 진양을 출발한 이연의 군단 3만은 10월에 관중으로 들어갔고, 장안에 가까워졌을 무렵에는 20만으로 늘어났다.

군령(軍令)이 엄정하여 추호도 어김이 없었다.

이연 군단은 도중에 주민에게 피해를 주지 않으려고 조심했다. 놀기 좋아하는 양제는 가는 곳마다 별궁을 짓고 그 지방의 미녀들을 궁녀로 삼아 그곳에 머물게 했다. 그곳에서 언제 올지 모르는 황제를 기다리고 있었으니 너무도 어처구니없는 이야기이다. 당사자는 말할 것도 없고 그 가족은 또 얼마나 슬퍼했는지 모른다. 이연은 가는 길에 별궁의 여자들을 모두 풀어 주었다. 이와 같은 군대를 사람들이 반가이 맞이한 것은 당연한 일이었다.

장안성 아래 도착한 이연의 군단 20만은 춘명문(春明門) 바깥 서북쪽에 야영하고 촌락에 들어가 민가에 머무는 것을 금했다. 그곳에서 성내로 사자를 보내 모반이 아니라 왕실을 바로 세우는 것이라는 뜻을 전했다. 하지만 성 안에서 아무런 반응도 없자 10월 갑진일(甲辰日)에 마침내 공격을 명령했다. 11월 병진일(丙辰日), 마침내 장안성을 점령했다.

이때 이연은 800여 년 전, 유방이 관중에 쳐들어갔을 때의 일을 본보기로 삼았다. 진(秦)나라의 번잡하고 가혹한 법률 때문에 백성들이 몹시 고통스러워 하는 것을 본 유방은 그것을 모조리 폐지하고 '법삼장(法三章)'을 채택했다. 살인은 사(死), 상해와 도둑질은 죄(罪)로 다스린다. 단지 이것뿐이었다. 세상이 약간 복잡해졌으므로, 이연은 법삼장으로는 모자라니 수나라의 법률을 폐지하고 12조로 정리했다. 이연이 장안에 입성하여 처형한 사람은 10여 명뿐이었다고 한다.

마읍(馬邑)에서 관리로 있던 이정(李靖)이라는 남자는 원래 이연과 사이가 좋지 않았다. 이연이 거병한 것을 안 그는 서둘러 양주의 양제에게 알리려 했으나 길이 막혀 장안에 머물게 되었다. 이연은 이 남자의 목을 베려고 했다. 처형장에서 이정은 큰 소리로 "의병을 일으켜 폭란을 평정하려는 자가 사사로운 원한으로 장사를 죽여도 되는가!"라고 외쳤는데, 이 말을 들은 이세민이 쓸모가 있을 것이라고 생각했는지 아버지에게 신병을 넘겨받았다는 이야기가 전한다. 이것도 태종 이세민을 치켜세우기 위해 윤색한 것인지 모르지만, 이정은 훗날 당나라 장군이 되어 눈부신 공적을 세웠다. 이 거병 때 돌궐에 군사를 빌린 일이 나중에 화가 되어 당은 국경을 침공하는 돌궐 때문에 골머리를 썩혔다. 그 돌궐과의 싸움에 장군으로 자주 출정하여 힐리가한(頡利可汗)을 사로잡는 수훈을 세운 사람이 다름 아닌 이정이었다.

이 에피소드는 한편으로는 이연의 차남 이세민이 자신의 도당을 만들기 시작했다는 것을 말해 준다.

장안에 입성한 이연은 천흥전(天興殿)에서 대왕 양유를 맞이하고 그곳에서 즉위식을 거행했다. 연호를 의령(義寧)이라 고치고 양주에 있는 양제를 태상황(太上皇)으로 받들었다.

이러한 일련의 조치가 선양을 준비하는 과정이었음을 의심하는 사람은 아무도 없었다. 당국공(唐國公)이었던 이연은 당왕(唐王)으로 승격되었고, 무덕전(武德殿)을 승상부(丞相府)로 삼아 그곳에서 정무를 보았다.

이밀은 '아차'하고 이마를 쳤을 것이다. 분명 줄곧 낙구창 옆에 붙어 있던 일을 후회했을 것이다. 그렇다고 멀리 떨어진 장안을 목표로 할 상황도 아니었다. 그는 내우외환에 대처할 겨를도 없는 상태였다.

당연히 일어날 문제였지만, 그의 진영은 이밀파와 적양파(翟襄派)로 나뉘어서 암투가 벌어졌다. 설상가상으로 양주의 양제가 낙양을 구하기 위해 파견한 왕세충(王世充) 군대와도 싸워야 했다. 장안을 생각할 때가 아니었다.

내분 문제는 적양을 죽임으로써 일단 매듭을 지었다. 하지만 낙양을 함락하지도 못했고 왕세충군과도 싸워야 했다. 서역 출신 왕세충은 기술 관료였으나, 앞에서도 이야기했듯이 맹양의 대반역군단을 격파한 군사적인 실적도 있는 인물이었다. 얕잡아 볼 상대가 아니었다.

이연의 장안 점령 소식에 '아뿔싸' 하고 생각한 사람은 이밀만이 아니었다. 서쪽 난주방면에 있던 토착호족 설거(薛擧)도 같은 생각을 했다. '이럴 줄 알았다면 좀 더 일찍 장안을 목표로 삼을 걸' 하고 분해했을 것이다. 어찌 되었든 설거는 아들 설인과(薛仁果)를 장안으로 보냈다. 이 설인과 군대를 부풍성(扶風城)에서 격퇴한 사람이 이세민이었다.

이연이 장안을 점령한 이듬해에 수나라 양제는 양주에서 자신의 친위대에게 살해되었다. 일이 이쯤 되자 이연도 거리낄 것이 없었다. 새로운 황제 양유(훗날 시호를 공제(恭帝)라고 함)에게 선양받아 황제의 자리에 올랐다.

이는 수나라 양제 쪽에서 보자면 대업 14년(618)의 일이다. 그는 장안에서 새로 고친 연호와는 이제 아무런 관계가 없다. 이연이 옹립한 소년 황제 공제 쪽에서 보면 의녕 2년이 된다. 당나라 왕조 초대 황제 이연에게는 당 왕조 창설을 기념할 만한 해, 곧 당의 무녕(武寧) 원년에 해당한다. 서기로는 618년이다.

수나라 양제가 살해된 것은 이해 3월이었다.

이연이 장안의 태극전(太極殿)에서 당나라 초대 황제로 즉위한 것은 같은 해 5월 갑자일(甲子日)이었다. 연호가 바뀌어 무덕 원년이 된 해다.

미루기(迷樓記)

수양제가 자랑한 '잘생긴 목'

양주(揚州)에 온 뒤로 양제는 날마다 놀기만 했다. 황음(荒淫)은 날로 더해져 궁중에 있는 100여 개의 방마다 엄선된 미녀들을 두고 하루에 한 방씩 찾아 들어갔다. 그 방의 주인인 미녀는 남과 다른 새로운 방법을 짜내야 했다. 변화가 없으면 양제가 기분 나빠했기 때문이다.

간신들은 각지에서 일어나는 반란군의 진상을 양제에게 전하지 않았다고 한다. 반란이 일어나도 그것을 숨기거나 아니면 실제보다 축소해서 보고했다. 하지만 아무리 그런 공작을 해도 정세가 좋지 않다는 것을 양제도 알고 있었다. 어쨌든 양주에 온 뒤로는 꼼짝도 할 수 없었다. 양주에서 한 발자국이라도 나가면 반란군의 공격을 두려워해야 했다.

술잔을 입에서 뗀 적이 없었고 늘 미인 1천여 명에 파묻혀 취해 있었다고 하는데, 아무래도 즐거워서라기보다는 싫은 일을 잊기 위해서 그랬을 것이다. 나쁜 정보가 양제의 귀에 들어가지 않은 것도 간신들의 속임

수 때문만이 아니라 그 자신이 듣고 싶어 하지 않았기 때문일지도 모른다. 사실을 보고했다가 목이 달아난 자도 있었다. 이래서는 간신이 아니라도 입을 다물 수밖에 없다. 이런 이야기는 당대에 쓰인 『수서(隋書)』에 실려 있는데, 양제를 가능한 악역으로 만들지 않으면 당나라 건국을 정당화할 수 없기 때문에 작가가 좀 지나친 면이 있었다고 생각된다. 그러나 천하가 그토록 어수선했으니 만년의 양제가 결코 정상이 아니었던 것은 분명하다. 양제가 거울을 들여다보며 곁에 있던 소(蕭)황후에게,

　　잘생긴 목, 과연 누가 이를 자를 것인가.

라고 말했다는 이야기는 몹시 흥미롭다. 나쁜 소식은 듣고 싶지 않아서 귀를 닫았지만, 정세가 어느 쪽으로 향하는지 알고 있었다는 말이 된다. 자신의 목을 누가 벨까, 즉 자기가 자기의 관객이 되어서 하는 소리인데 자포자기에서 나온 말임에 틀림없다.

　양제의 '잘생긴 목'을 자른 사람은 우둔위장군(右屯衛將軍) 우문화급(宇文化及)이었다. 우문화급은 겁이 많은 사람이었는데, 황제를 살해한 주모자가 되지 않았으면 오히려 모반인들에게 살해되었을 것이다. 황제를 곁에서 섬기던 사람들이 거의 모반인이 되는 기이한 사태가 벌어졌다.

　우문화급은 북주(北周)의 우문씨와는 계통이 다르다. 앞에서 이야기했듯이 북주의 우문씨는 수나라의 손에 절멸되었다. 그리고 수나라 양씨는 같은 계통은 아니지만 성이 같은 우문씨에게 절멸된다. 우문화급은 우문술의 장남이며, 동생인 우문사급(宇文士及)은 양제의 딸 남양공주(南陽公主)를 아내로 맞았다. 양제는 자신이 즉위하는 데 공로를 세운 양소와 장

형을 물리치고 그 대신 우문술을 측근에 두었다. 우문술은 고구려 원정 때 최고 사령관에 임명되기도 했다. 그는 양제 말년에 죽었는데 임종할 때 장남 화급의 죄를 용서해 달라고 탄원했다. 우문화급은 경박한 인간으로 권세를 믿고 남을 업신여기거나 다른 사람의 재물을 빼앗다가 근신하라는 명을 받은 상태였다. 아버지 덕에 사면되어 관직에 복귀했는데, 양제를 죽이는 일을 맡게 되었으니 운명이란 참으로 기이하다.

궁중이 온통 모반인들로 가득했던 주된 원인은 강남을 좋아한 양제가 장안으로 돌아갈 생각을 완전히 상실한 데 있었다. 물론 도중에 반역단이 날뛰고 있었지만, 중국 최강의 근위군단을 두었으니 마음만 있었다면 충분히 싸우면서 장안으로 돌아갈 수도 있었다.

양제의 친위대를 '효과영(驍果營)'이라고 불렀는데, 모두 장안을 중심으로 한 관중 출신이었다. 고향을 그리워하는 마음이 가장 컸던 것이 군대였다. 그만큼 양제가 이대로 양주에 머물겠다고 결정한 것에 가장 큰 불만을 품은 것 역시 효과영이었다. 이렇게 해서 황제 반대파가 황제의 친위대를 자기편으로 끌어들일 수 있는 기묘한 상태가 되었다. 이쯤 되면 황제를 죽여야만 고향으로 돌아갈 수 있다. 황제를 죽이는 반정을 군대에 의지할 수 있으니 이처럼 쉬운 경우도 드물 것이다.

우문화급에게는 양제의 사위인 사급(士及)과 또 한 사람 지급(智及)이라는 동생이 있었다. 사급은 양제와 특별한 관계였기 때문에 이 반정에 관해서는 그에게 알리지 않았다고 한다. 화급과 지급 두 사람이 반정의 주모자였는데 인심은 모두 양제를 떠나 있었다. 음모를 꾸미고 오랫동안 계획을 짜며 고심할 필요도 없었다. 하자고 하면 누구나 찬성했던 것이다. 우문 형제는 편의상 대표자였다고 할 수 있다.

우문 삼형제 가운데 사급만 반정에 관련되지 않았다는 기록은 『수서』에도 『구당서』에도 나온다. 하지만 사급이야말로 진정한 주모자라는 설도 있었다. 사실 3형제 중에서 사급만 살아남아 당나라를 섬기고 재상까지 올랐다. 당대에 쓰인 기록에서 사급에게 불리한 점은 모두 지워졌는지도 모른다.

양제는 죽기 전에 흰 칼을 들고 서 있던 호분랑장(虎賁郎將, 근위장교) 사마덕감(司馬德戡)에게 주모자가 누구인지 물었다.

> 온 천하가 원한을 같이합니다. 어찌 한 사람에 그치겠습니까.

사마덕감이 이렇게 대답했다. 양제는 마지막으로 자신에게 어떤 죄가 있어서 이리 되었느냐고 한탄했는데, 이에 반정을 일으킨 무리 중 한 사람인 마문거(馬文擧)가 다음과 같이 말했다.

> 폐하는 종묘를 내팽개치고, 유람하기를 그치지 않았습니다. 밖으로 정벌에 힘을 쏟고, 안으로 사치와 음란이 지나쳤습니다. 장정들을 화살과 칼에 죽게 하고, 여자와 아이들을 도랑과 골짜기에 묻었으며, 백성은 가업을 잃고 도적은 봉기하였습니다. 오로지 간신의 무리를 믿고, 비리를 꾸미고 간언을 물리쳤습니다. 이 어찌 죄가 없다 하겠습니까.

천자에게는 죽는 법이 있으니 부디 독을 마시게 해 달라는 양제의 마지막 소원도 받아들여지지 않았다. 양제는 하는 수 없이 걸치고 있던 비단 천을 끌러 교위(고급군관)에게 건네주었다. 양제는 그것으로 목 졸려 죽었다. 아버지 옆에서 울고 있던 12살 난 조왕(趙王) 양고(楊杲)는 배건통(裵虔通)에게 참수되었다.

수나라의 황족은 이때 거의 죽음을 당했다. 여자를 좋아했음에도 양제는 자식이 많지 않아 50세의 나이로 죽었을 때, 살아 있는 아들은 제왕(齊王) 양간(楊暕)과 조왕 양고 둘뿐이었다. 양간은 양제에게 그다지 사랑받지 못했던 모양이나, 막내인 어린 양고는 무척 사랑을 받았다. 양제가 가장 사랑한 장남 진왕(晉王) 양소(楊昭, 원덕태자)는 이미 죽었고, 그의 아들인 양통은 낙양에, 또 다른 아들 양유는 장안에 남겨 두었다는 이야기는 앞에서 이야기했다. 장안에 있는 양제의 손자 양유는 이때 이미 이연에게 옹립되어 즉위했다.

양간은 물론 양제의 동생인 양수(楊秀)도 살해되었다. 단 한 사람, 양준(楊俊)의 아들인 진왕(秦王) 양호(楊浩)만이 목숨을 부지했다. 양준은 양제의 바로 아래 동생으로 문제(文帝)의 다섯 아들 가운데 비명의 죽음을 피할 수 있었던 유일한 행운아였는데, 그 행운은 잠시나마 그의 아들 양호에게도 이어진 것 같다. 진왕 양호는 반정 무리의 우문지급과 친했기 때문에 죽지 않고 살아남을 수 있었다. 반정 무리는 일을 매듭짓기 위해서는 선양을 해야 할 경우도 있다고 생각하여 수나라의 황족을 한 사람 남겨 두었는지도 모른다. 하지만 양호의 행운은 그리 오래가지 않았다.

양제를 죽인 뒤, 우문화급은 스스로 '대승상(大丞相)'이라 칭하고 양호를 황제로 옹립해 장안으로 돌아가기로 했다. 장안에는 이연이 있었으니, 양주에서 반정을 일으킨 우문형제의 집단은 그와 일전을 벌일 각오였음이 틀림없다.

반정이 쉽게 성공한 이유 중 하나는 친위대인 효과영 장병들의 마음이 양제를 떠났기 때문인데, 그렇게 된 것은 역시 이연이 효과영 장병의 고향인 장안을 점령했다는 소식에 그들이 적잖은 충격을 받았기 때문이었다.

외교 관례를 몰랐던 일본

여기에서 수 왕조를 매듭지어 보자. 대단한 검약가였던 문제와 두려울 만큼 낭비벽이 심한 양제. 수나라는 이 2대 황제로 막을 내렸다. 이렇게 대조적인 황제가 잇따라 나온 예도 드물다.

문제가 검약에 검약을 거듭하여 재정을 윤택하게 한 덕분에 양제도 마음 놓고 사치할 수 있었다고 말할 수 있다.

수나라는 남북통일이라는 불멸의 대사업을 이루었다. 남북조 시대에는 일종의 민족대이동으로 국제정세에 큰 변화가 일어났다. 이는 수가 전국을 통일한 뒤, 여러 외국이 수나라와의 관계를 바라는 형태로 나타났다. 수나라 쪽에서도 적극적으로 여러 외국에 외교를 펼쳤다.

일본은 쇼토쿠 태자(聖德太子)의 집정시대였는데, 오노노 이모코(小野妹子, 아스카 시대의 정치가-옮긴이)를 수석으로 한 견수사를 파견한 것은 수나라 쪽 사서에도 그에 해당하는 사실이 기록되어 있다.

개황 25년(600), 왜왕의 성은 아마(阿每), 자는 다리시히코(多利思比孤)이며, 오호키미(阿輩鷄弥)라고 칭한다. 사신을 보내서 궁궐에 들어왔다. 황제(문제)가 왜국의 풍속을 묻자 사자가 말하기를, 왜왕은 하늘을 형으로 삼고, 해를 동생으로 삼습니다. 하늘이 아직 밝기 전에 나와 정사를 보다가 가부좌(跏趺坐)를 하고, 해가 뜨면 곧바로 일을 마치고 동생에게 맡깁니다. 고조(문제)가 말하기를, 이는 몹시 의리에 어긋난다. 훈령으로써 이를 바꾸게 했다.

다리시히코는 일왕의 시호에 많은 '다라시히코(足彦)'에 해당하므로, 아마 고유명사가 아닌 군주를 뜻하는 보통명사일 것이다. 서기 600년이라고 하면, 일본에서는 스이코(推古) 일왕이 다스릴 때다. 스이코 일왕은 여왕이므로 히코가 아니라 히메라고 해야 한다(예를 들면 진구 황후(神功皇后)의 이름은 오키나가타라시히메라고 전한다). 다리시히코는 섭정인 쇼토쿠 태자를 가리킨다는 설도 있다. 『수서』「왜국전」은 왜 나라의 풍속을 설명한 뒤,

신라와 백제는 모두 왜를 대국으로 여기며 진귀한 물건이 많아서, 이를 추앙하여, 늘 사자를 보내 왕래한다.

고 한반도와 관계가 깊다는 것을 언급하고 있다. 이어서 양제 때 온 견수사를 이렇게 설명하고 있다.

대업 3년(607), 그 왕인 다리시히코가 사자를 보내 조공했다. 사자가 말하기를, 듣자 하니 해서의 보살천자(菩薩天子)가 불법을 자주 일으킨다 하여, 사자를 보내 예를 올리고 겸하여 승려 수십 명을 보내어 불법을 배우게 했다. 이 국서에 이르기를, 해 뜨는 곳의 천자가 해 지는 곳의 천자에게 글을 보내노니, 건강한지 운운. 양제는 이를 보고 언짢아서, 홍로경(鴻臚卿, 외교, 의전담당 대신)에게 말하기를, 야만족

오랑캐의 글에 무례한 것이 있으면, 다시는 아뢰지 마라. 이듬해 양제
는 문림랑(文林郞) 배청(裴淸)을 사자로 왜에 파견했다.

『일본서기』에는 스이코 일왕 15년에 오노노 이모코를 '대당'에 파견하
고, 구라츠쿠리노 후쿠리(鞍作福利)를 통역으로 딸려 보냈다는 기록이 있
다. 이해는 서기 607년에 해당하며 『수서』의 기록과 일치하는데, 『일본서
기』가 대당이라고 한 것은 막연히 중국을 의미했을 것이다. 『일본서기』는
이듬해 대당 사신 배세청(裴世淸)이 온 것을 기록하고 있다. 『수서』는 당
대에 쓰여졌고, 당나라 태종 이세민의 이름인 세(世)자를 쓰지 않는 관
습에 따랐으므로 배세청이 맞을 것이다. 중국의 사서에도 『북사(北史)』에
는 배세청으로 나온다.

위의 『수서』 기록은 양제가 일본의 국서가 무례하다며 불쾌감을 보였
다고 적고 있다. '다시는 아뢰지 마라'는 말은 그런 무례한 편지가 있으면
앞으로는 보고하지 않아도 된다는 뜻이다. 이런 점에서 양제의 성격이
고스란히 드러난다. 말년에 양주(揚州)에서 떼도둑이 봉기한 사건을 알았
을 때도 그런 보고는 듣고자 하지 않았다.

무례하다는 것은 왜국의 왕이 자신을 '해 뜨는 곳의 천자'라 칭하고,
수나라 황제를 '해 지는 곳의 천자'라고 부른 것, 그리고 '글을 보내노니'
라는 표현은 국서에는 사용하지 않는다는 것 따위를 지적한 말이다. 이
세상에 천자가 둘이 아닌 것은 하늘에 태양이 둘이 아닌 것과 같다고 보
았다. 국서의 형식은 상급 나라에게는 '경문(敬問, 삼가 아뢰옵니다)', 하급
나라에게는 그저 '문(問, 알린다)'이라는 표현을 쓰는 것이 관례였다.

양제가 이를 보고 기분이 나빴던 것은 야만 오랑캐의 나라가 관례도

모르고 국서를 보냈다는 점이다. 특별히 왜왕이 수나라 황제를 업신여겼다고는 생각하지 않았을지도 모른다. '치서(致書, 글을 보낸다)'나 '일출' '일몰'이라는 글자를 쓴 것은 오로지 무지의 소치라고 해석했다고 볼 수 있다. 애초에 중국의 주인인 수나라 황제를 모욕하려는 자가 이 세상에 존재한다는 생각은 꿈에서조차 할 수 없는 일이었다.

양제는 일본의 국서에 불쾌함을 느꼈던 것이지 격노했던 것은 아니다. 그래서 오노노 이모코 일행의 귀국에 배세청을 동행시켰다. 육지로 이어진 곳이라면 몰라도 바다를 건넌다는 것은 당시로서는 상당히 고된 일이었으니, 배세청의 일본행은 수나라로서는 이례적인 처우였다. 이는 왜를 중시했기 때문이라고 볼 수 있다.

앞에서도 이야기했듯이 백제와 신라가 왜에 경의를 표한다는 정보가 있었다. 어쩌면 왜는 한반도에 영향력을 미칠 수 있는 나라였다. 고구려 토벌을 생각했던 양제는 왜를 좀 더 알고 싶었을 것이다. 고구려 토벌에 이 섬나라를 이용할 가능성도 검토했을지 모른다.

『일본서기』에 따르면, 오노노 이모코는 귀국한 뒤 당나라 황제(수나라 황제를 말함)에게 국서를 받았지만, 백제를 지날 때 검사를 받아 강탈당했다고 보고했다. 군신들 사이에서는 유배형에 처해야 한다는 논의가 나왔으나, 일왕은 죄를 묻지 않았다. 대국의 손님(배세청 일행)에게 알려지면 난처하다는 이유에서였다.

국서는 아마 백제인에게 빼앗긴 게 아니었을 터이다. 양제의 국서에는 왜를 속국 취급한 표현이 있었을 것이고, 그것을 조정에 제출하는 것을 꺼려서 폐기했을 것이다. 많은 역사가들도 그렇게 추리한다.

『일본서기』는 겐쇼우(元正) 일왕 요로(養老) 4년(720)에 완성되었다. 오노노 이모코가 견수사로 간 지 100년도 더 지난 뒤다. 수나라는 멸망해서 이미 『수서』가 쓰여 졌고, 일본에도 들어와 있었다. 『일본서기』를 쓴 사람들은 『수서』를 읽었을 터이다. 그들은 『위지(魏志)』「왜인전」의 히미코(卑弥呼)를 진구 황후(神功皇后)와 관련시켜서 썼다. 그런데 607년 견사(遣使)의 국서 중 '이 국서에서 이르기를 해 뜨는 곳의 천자가 해 지는 곳의 천자에게 글을 보내노니 건강한지 운운'의 대목은 『일본서기』에 보이지 않는다.

수나라 사신인 배세청을 돌려보냈을 때, 재차 수나라로 건너간 오노노 이모코가,

동쪽의 천황이 삼가 서쪽의 황제에게 아룁니다.

라고 쓴 국서를 지참했다는 내용이 『일본서기』 스이코 일왕 16년 항에 나온다. 하지만 『수서』에는 이에 상당하는 기록이 없다. 이것도 오노노 이모코가 폐기하고 실제로는 수나라 조정에 제출하지 않았던 것이다. 동쪽의 천황과 서쪽의 황제를 대등하게 표현한 것은 수나라에서 용납되지 않는다. 아니면 『수서』에만 있는 '해 뜨는 곳……'이라는 구절을 『일본서기』 작가들이 이듬해에 덧붙여 넣었을 가능성도 있다.

또, 개황 20년의 견수사 내용을 『일본서기』는 전혀 다루고 있지 않다.

비웃음 산 양제의 과시욕

일본이 수나라에 사절을 보낸 것은 문헌만 봐서는 일본의 자발적인

의사에 따른 일이었다. 하지만 기록되어 있지는 않지만 어쩌면 수나라 쪽에서 유도했을 가능성도 전혀 없다고는 할 수 없다. 양제는 이상하리만치 허영심이 강해서 자신을 세계 제국의 황제로 드러내는 데 열심이었고, 따라서 많은 오랑캐 나라의 왕이 자신의 덕을 흠모하여 멀리서도 사자를 보내고 싶어 하는 것처럼 공작했기 때문이다

제위에 오른 양제는 멀리 떨어진 지역으로 갈 사람들을 자주 모집했다. 대업 3년(607)에 둔전주사(屯田主事) 상준(常駿), 우부주사(虞部主事) 왕군정(王君政) 등이 적토(赤土)에 사신으로서 가고 싶다고 지원하자, 양제는 크게 기뻐하며 그들에게 각각 비단 100필과 시복(時服, 사철 입을 옷) 한 벌을 하사하고, 적토왕에게 보내는 선물로 포목 5천 단(段, 반 필)을 가져가게 했다. 적토에 관해서는 다양한 설이 있는데, 타이 설, 말레이 설, 남인도 설 등이 있으며 확실하지는 않지만 힌두교권이었던 것 같다. 상준 등은 대업 6년, 적토국의 사자 나야가(那邪迦)와 함께 적토왕의 공물, 금부용관(金扶蓉冠), 용뇌향(龍腦香) 등을 가지고 귀국해 양제를 배알했다.

황제는 크게 기뻐하였다.

고 여기에서도 되풀이하고 있다.

마찬가지로 대업 3년, 양제는 우기위(羽騎尉) 주관(朱寬)에게 바다로 나아가 색다른 풍속을 찾게 했다. 이것은 지원이 아니라 명령이었던 것 같다. 주관은 바다로 나가 유구국(流求國)에 도착했다. 유구국이 어디쯤인지는 분명하지 않다. 유구설보다는 대만설이 유력하다. 이 유구국은 마지막까지 복종을 거부해 전쟁이 일어났다. 진릉(陳陵)이라는 장군이 원정

하여 유구국의 궁전을 불태우고 남녀 수천 명을 사로잡아 돌아왔다. 주관이 유구국의 피륙을 가지고 왔을 때, 마침 오노노 이모코 등 일본 사절단이 머물고 있었는데, 그것을 보고,

이것은 이야구국(夷邪久國) 사람들이 쓰는 것입니다.

라고 대답했다는 이야기는 유명하다. 이야구국이란 오늘날 야쿠시마(屋久島)일 것이다.

양제는 서역에도 적극적으로 외교를 펼쳤다. 위절(韋節)과 두행만(杜行滿)이라는 관리를 서번(西蕃) 여러 나라에 파견했다. 그들은 계빈(罽賓, 카슈미르)에서 마노(瑪瑙) 잔을 얻고, 왕사성(王舍城, 인도의 파트나)에서는 불경을 얻고, 사국(史國, 중앙아시아의 소그디아나 지방)에서는 무녀 열 명과 사자 가죽, 화서모〔火鼠毛, 쥐 털. 불에 타지 않는 화완포(火浣布)라는 천의 원료가 되는 털〕를 얻어 돌아왔다고 기록되어 있다.

양제는 또 배구(裵矩)에게 명하여, 하서지방으로 나가 열심히 서역의 여러 나라를 설득하여 입조하게 했다. 일종의 호객행위였다. 대업 연간에 입조한 서역나라는 모두 30여 국에 달했다고 『수서』 「서역전」에 적혀 있다. 그 응접을 위해 특별히 서역교위(西域校尉)라는 관직까지 설치했다.

여러 나라의 사절뿐만 아니라 상인들도 장안과 낙양에 오면 큰 환영을 받았다. 이런 유치는 결코 교역의 이익이 아닌 오로지 양제의 허영심을 만족시키기 위한 일이었다. 배구가 한 일도,

이익을 후하게 안겨 주고,

라고 『수서』에 나와 있듯이, 유치라고는 해도 그 수지는 큰 적자였음이 틀림없다.

대업 6년(610) 정월 정축일(丁丑日)에 양제는 여러 번(蕃)의 수장(사절과 대상의 단장들도 포함해서)을 낙양으로 불러 단문(端門) 거리에서 큰 잔치를 벌였다.

> 성대히 백희(百戲, 서커스와 마술 그 밖의 구경거리)를 베풀었으며, 공
> 연장은 주위가 5천 보(1보는 약 1.77미터), 사죽(絲竹, 관현악기)을 잡은
> 자가 1만 8천 명, 그 소리가 수십 리까지 들렸다. 밤부터 아침이 될 때
> 까지 등화는 천지를 밝히고 달이 지고 나서야 그쳤다. 쓴 돈이 거만
> 금, 이해부터 이것을 상례로 정했다.

고 사서에 특기되어 있다. 이해 정월 정축일은 15일이었다. 중국에는 원소절(原宵節)이나 상원(上元)이라 하여 1월 15일에 하룻밤 불을 밝히고 행락하는 풍습이 있는데, 양제가 외국인을 초대한 이 행사가 그 시작이라는 설이 있다. 당연히 상원은 한대(漢代)부터의 명절로 하룻밤 내내 태일(太一, 북극성, 천신)에 제사지냈다는 기록도 있다. 하지만 수나라 왕조 창건 직전인 남북조 말기 풍습을 상세히 기록한 『형초세시기(荊楚歲時記)』에는 정월 15일이 누에를 위해 쥐를 쫓는 주술을 행하거나 잠상(蠶桑) 점을 치는 날로 되어 있고, 등불에 관해서는 적혀 있지 않다. 상원날은 있어도 그것이 관등(觀燈)의 날이 된 것은 양제 대업 6년부터일 것이다. 이후에 연중행사가 되었다는 기술로도 그렇게 추측할 수 있다. 게다가 상원에 대해서 중원(中元)은 7월 15일, 하원(下元)은 10월 15일이다. 중원에

선물을 주고받는 일은 있었을지 몰라도 그렇다고 선물만을 위한 날은 아니었다.

이처럼 세시기(歲時記)에 새로운 항목을 더할 정도로 외국 빈객을 중요하게 대했다.

단문 거리의 환영 접대뿐이 아니다. 낙양의 풍도(豊都, 동쪽 시장)에서는 외국상인을 위한 큰 교역회가 열렸다. 그것도 가설 점포 같은 시시한 것이 아니라 처마를 제대로 갖춘 상점이 늘어섰고 상점마다 진귀한 물품이 가득 쌓여 있었다. 채소를 파는 늙은이까지 용수초(龍須草, 골풀)로 싼 고급 방석에 앉았다. 음식점은 모두 무료였다.

중국은 풍요로워 술과 음식은 대부분 값을 받지 않습니다.

라고 관리는 외국인에게 설명했다고 한다. 아마 조정에서 그렇게 설명하라고 명령했을 것이다. 우스꽝스러운 것은 수목에 색색의 비단을 감아 놓았던 점이다. 정월이라고 하면 추운 계절이므로 중국에서는 나무에조차 옷을 입힌다는 것을 보여 주고 싶었던 모양이다.

하지만 외국인이 낙양에 올 때 하늘을 날아서 온 것은 아니다. 대상(隊商)을 짜서 각지를 통해 왔기 때문에 양제의 그런 허세는 먹히지 않았다. 도중에 옷도 제대로 입지 못한 가난한 사람들을 보았을 터이다. "이 나라에서 가난한 사람들을 많이 보았는데 왜 그들에게는 비단을 주지 않는가?"라고 짓궂은 질문을 해서 시장 관리를 난처하게 만든 외국 상인도 있었다.

양제의 허영과 사치는 이처럼 유치하기 짝이 없었다.

경화궁의 반딧불

1975년, 양주(揚州)의 당대(唐代) 성터가 발굴되었는데, 전문 잡지에 실린 보고의 일부를 읽은 적이 있다. '당대 성터'라는 표현이 실로 상징적이다. 당대의 양주성이라고 하지만 사실 그것을 지은 사람은 수나라 양제였다. 하지만 그의 재위는 10년에 지나지 않았다. 그 뒤 290년 동안 양주는 당나라의 중요 도시 중 하나로 번영해 이름을 날렸다. 숫자만 놓고 보면 문제가 없으므로, 이 시대의 성터에 '당대'라는 이름을 붙이는 것도 당연하다 할 것이다. 그렇다고 하지만 '성을 짓는다'는 것은 대단한 일인데, 그것이 잊혀지는 것은 유감스럽다.

당이라는 시대와 결부된 것 중에 사실 수나라 때 만들어진 것이 적지 않다. '천하통일'이라는 대사업도 당이 아닌 수가 한 일이었다. 거대도시인 장안이라고 하면 반사적으로 '대당(大唐)의 봄'이라는 말이 떠오른다. 하지만 당의 국도인 장안은 수나라가 새롭게 만든 대흥성을 그대로 물려받은 것이다.

양주만 해도 수나라 양제가 더없이 사랑하여 대형 건조물을 세운 것이 그 강도(江都)이다. 기초만 만들고 나머지는 당대에 보충하여 채웠을 뿐이다. 발굴보고서를 보면 출토되는 것은 대부분 당대의 것이고 훌륭한 삼채(三彩)가 있다. 이러니 당의 양주 성터라고 해도 크게 무리는 없다. 그렇지만 이 양주성의 규모는 수나라의 것이었다는 점을 잊지 말아야 한다.

당을 호쾌하고 남성적인 시대라고 평한다. 확실히 그렇긴 하지만 당이 계승한 것이 규모가 큰 수나라의 기초였으니 호쾌하지 않을 수 없다.

수나라는 당나라의 기초를 만들었다. 이는 진나라가 한나라의 기초를 만든 것과 비슷하다. 그래서 역사가들은 '진한'이라 부르고 '수당'이라 부르면서 이 길고 짧은 2대(代)를 쌍으로 말한다. 진의 시황제와 수의 양제는 기개와 도량이 장대하다는 점에서 비슷하다고 할 수 있다. 하는 일이 너무 장대해서 마침내 수습하지 못하고 나라를 망친 것도 너무도 닮았다. 이 두 사람의 특이한 성격은 만리장성과 대운하라는, 중국인에게는 잊을 수 없는 큰 유산을 남겼다.

대공사를 좋아했던 양제의 사업 중에서도 가장 규모가 큰 것은 남북을 잇는 운하 건설이다. 이 운하를 공사하는 데 500만 명이나 되는 백성이 동원되어 고생했지만, 운하는 후세 사람들에게 큰 공헌을 했다.

운하는 변천을 거듭해 지금은 양제가 만든 원래의 모습은 남아 있지 않다. 하지만 남과 북을 이으려고 했던 뜻은 지금도 중국의 산하에 다양한 수로가 되어 깊이 새겨져 있다. 나는 양주의 관음산(觀音山)에 올라 감개에 젖었다. 감진화상(鑑眞和尙)이 당에 있던 무렵 주지를 맡았던 대명사(大明寺)는 양주 평산당(平山堂)에 있다. 그곳은 청나라 심복(沈復)의 소설 『부생육기(浮生六記)』로도 유명한데 관음산은 그 동쪽에 있다. 지금으로서는 아무런 볼품도 없는 구릉이지만, 이 관음산이야말로 양제가 '신선도 이곳에 오면 길을 잃을 것'이라며 사치를 다해서 건조한 '미루(迷樓)' 터다. 당나라 한악(韓偓)이 지은 〈미루기(迷樓記)〉라는 글이 있다.

이 미루는 인부 수만 명을 동원해서 오랜 세월을 들여 만들었다. 그리고 이것을 건조하느라 국고는 금세 바닥났다고 전해진다.

높고 낮은 누각, 처마와 창문은 어지러이 불빛을 비추고, 어둑한

방, 굽은 방, 옥 난간, 붉은 난간이 서로 끝없이 이어졌다. 둘레를 돌아서 사방에서 만나고, 굽은 집이 스스로 통한다. 천 개의 문, 만 개의 방, 상하 금빛과 푸른빛, 금교룡(金蛟龍)은 용마루 밑에 엎드렸고, 옥수(玉獸)는 방 곁에 웅크렸다. 옥섬돌은 찬란히 빛나고, 작은 창이 햇빛을 반사한다. 교묘한 솜씨는 극치에 달해, 예부터 그 유래가 없다. 금과 옥을 다 써 버려, 그 때문에 국고가 텅 비어 아무것도 없다.

그토록 대단한 명문가(名文家)도 미사여구를 다 써 버려서 고심한 듯하다.

양주의 미루는 특별히 규모가 크고 공을 들여서 만들었는데, 그 축소판이라고도 할 수 있는 궁전을 각지에 잇달아 세워 별궁으로 삼았다.

대업 12년(616)이라고 하면 수 왕조가 멸망하기 직전이다. 그럼에도 양제는 또다시 대공사를 일으키려고 했다. 비릉(毗陵, 오늘날 강소성 상주시)의 장관인 노도덕(路道德)에게 명하여, 10군(郡)의 병사 수만을 모아 군의 동남쪽에 궁원을 조영하게 했다. 주위 12리 안에 별궁 여섯 채를 지을 계획이었다. 낙양의 서원(西苑) 계획에 따라 그보다 더 아담한 궁원을 만드는 것이었다. 아울러 동시에 회계(會稽)에도 별궁을 짓겠다고 말했다.

도적떼가 각지에 들끓자, 결국 이 같은 대공사는 손도 대지 못했다. 그러나 양제는 마지막까지 정말로 대궁전 조영을 생각하고 있었다.

만년의 대공사는 모두 강남땅에서 벌일 예정이었다. 이것이 효과영 장병을 비롯한 북방에 고향을 둔 조정대신들의 반감을 샀다.

이해 여름, 경화궁(景華宮)에 있던 양제는 그곳의 풍물에 빠진 것이 있다는 사실을 알았다. 밤이 되어도 반딧불이가 날지 않았던 것이다. 그래서 그는 개똥벌레를 잡아오라고 명령하여 엄청나게 많은 반딧불이를 풀어놓았다. 반딧불이의 빛은 바위 골짜기에 가득 찼다고 한다. 이것은 풍아한 에피소드일지는 모르지만, 기울어 가는 국가를 재건하는 데 써야 할 에너지를 낭비했다고도 할 수 있다.

말년의 양제는 스스로 나라를 망치는 데 온 힘을 쏟았다. 그 역사적 사명을 다한 수나라는 망할 수밖에 없었는지도 모른다. 양제는 역사의 수레바퀴가 빨리 돌도록 거들었던 것이다.

군웅도

'중원의 사슴'을 쫓는 영웅들

양제(煬帝)가 죽었다는 소식을 들은 이연(李淵)은 마치 기다렸다는 듯 선양 형식으로 즉위하여 당나라 황제가 되었다.

이로써 당 왕조가 시작되는데, 아직 전국적인 정권은 아니었다. 황제 이연은 각지에 할거한 수많은 군웅들 중 하나였을 뿐이다.

낙양성을 구원하기 위해 북상한 서역인 왕세충은 낙양성으로 들어와 양제의 손자인 월왕(越王) 양통(楊侗)을 즉위시키고 자신은 낙양 정권의 최고 실력자가 되었다. 연호를 황태(皇泰)라 했기 때문에 소년 황제 양통을 황태주(皇泰主)라 불렀다. 하지만 어차피 왕세충이 찬탈할 것이라고 예상했다. 낙양 정권은 왕세충 정권이었다.

하북 남부에는 두건덕(竇建德)이라는 큰 세력이 있었다. 수나라 말, 각지에서 일어난 도적떼의 우두머리들은 당연히 나름대로 통솔력이 있었지만, 그중에서도 두건덕은 특히 뛰어났다. 패주(貝州) 장남(漳南, 오늘날 하북성과 하남성의 경계 근처)의 농민인데 아버지가 죽었을 때, 장례에 참석한 자가 1천여 명이나 되었다고 하니 유지로서 이웃 사람들을 잘 보살핀 집이었던 모양이다. 그 역시 의협심이 많아 앞서 이야기한 아버지의 장례 때도 향전(香典, 부의)은 전혀 받지 않았다. 소박하고 검약한 데다 채식주의자였으며 또 전리품이 있으면 모두 부하에게 나누어 주었고, 그의 아내는 비단을 몸에 두른 적이 없었다고 한다. 인망이 있어 사람들이 그에게 모여들었다.

이밀은 여전히 낙구창 곁을 지키면서 낙양을 살폈다.

그 밖에 양주에서 양제를 죽인 우문화급이 서북쪽을 향해 가고 있었다. 이 집단은 효과영 장병들과 강도궁(江都宮, 양주)의 궁녀까지 포함된 참으로 이상한 집단이었다. 그들은 고향인 관중으로 돌아가고 싶은 생각이 화살과 같았지만 사기는 그다지 높지 않았다. 일단 양제의 조카인 양호(楊浩)를 황제로 옹립했으나, 이 집단은 주군(主君)을 죽인 자들이었다. 주군을 죽인 집단의 사기가 낮은 것은 당연한 일이다. 궁녀 1천여 명과 간부들은 배를 타거나 수레를 타고 서쪽으로 올라갔다. 군인들은 걸어갔다. 불평불만으로 가득했으나 관중(關中)으로 돌아갈 때까지는 인내하며 간신히 군대의 형태를 유지하고 있었다. 그들이 관중으로 돌아가기 위해서는 먼저 낙양을 목표로 해야 했다. 그리고 낙양으로 가기 위해서는 그전에 이밀의 세력권을 지나야 했다.

이밀은 끊임없이 낙양을 공격하려 했으나, 남쪽에서 우문화급의 기묘한 집단이 북상하고 있었으므로 이들을 상대로 일전을 벌여야 했다. 하지만 우문화급과 싸우는 사이에 낙양의 왕세충에게 배후를 찔릴 위험이 있었다.

낙양성 내의 정세도 복잡했다. 구원군을 이끌고 낙양성으로 쳐들어간 신세력 왕세충은 원래 그곳에 있던 구세력과 충돌했다. 황태주 양통의 측근은 그때까지 낙양 정권을 쥐고 있었으나 무력을 갖춘 왕세충에게 빼앗김으로써 이제 낙양은 왕세충의 독재였다.

우문화급군의 북상은 일단 낙양을 목표로 했다. 우문화급의 군대는 양호를 받들어 수나라의 황제로 세웠고, 낙양에서는 왕세충이 황태주(皇泰主, 양통)를 받들어 수나라의 황제로 세웠다. 수나라 황제가 둘이 되었으므로 어떻게든 우열을 가려서 결판을 내야 했다.

왕세충은 북상군이 낙양에 도착할 때까지 이밀이 방어해 주리라 기대했다. 하지만 이밀이 우문화급 부대와 연합해 버릴 가능성도 있었다. 이처럼 정세가 복잡할 때는 어떤 조합도 가능하다. 낙양 정권과 북상군은 둘 다 '수제(隋帝)'를 옹립하고 있으므로 대결 말고는 방법이 없었지만, 이밀과 우문화급 사이에는 그런 문제가 없었다. 특히 이밀은 배후를 찔릴 위험 때문에 우문화급 부대와 싸우지 않고 합류할 가능성이 컸다. 두 세력을 싸우게 하여 서로 지치게 하려면, 낙양 정권에서 이밀의 배후를 찌르지 않겠다는 확증을 보여 줘야 했다. 가장 효과적인 방법은 이밀을 황태주에게 귀순시켜 관직을 주는 것이었다.

왕세충에게 정권을 빼앗긴 황태주의 측근 원문도(元文都)와 노초(盧楚)는 이밀 귀순 공작을 추진했다. 이는 우문화급 대책뿐만 아니라 왕세충을 견제하기 위한 조치이기도 했다. 낙양에서 군대를 장악한 사람은 왕세충뿐이니 그가 독재할 가능이 크다. 하지만 또 한 사람, 대군을 거느린 이밀이라는 인물을 끌어들인다면 왕세충의 횡포를 막을 수 있다는 의도가 담겨 있었다.

황태주의 이름으로 이밀은 수나라 태위(太衛, 국방부 장관), 상서령(尙書令), 동남도대행대행군원수(東南道大行臺行軍元帥), 위국공(魏國公) 등 어마어마한 관직을 받았다. 그리고 위제(僞帝, 양호)를 옹립한 우문화급을 진압한 뒤에 낙양으로 들어가 진짜 황제를 보좌하라는 명령을 받았다.

이리하여 이밀은 부장 서세적(徐世勣)에게 예양을 지키게 하고, 자신은 우문화급 부대의 배후를 돌아 협공하는 작전을 폈다. 주군을 죽이고 사기가 떨어진 우문화급 부대에서는 진지략(陳智略), 장동인(張童仁) 등의 부장이 부하를 거느리고 잇따라 이밀에게 투항했다.

패주한 우문화급은 위현(魏縣)으로 가서 짐이 된 황제 양호를 죽이고 스스로 제위에 올랐다. 국호를 허(許)라 하고 연호를 천수(天壽)로 정했다. 그러나 주요 부장들은 모두 그를 배신했다. 황제를 칭했으나 그의 지배력은 패잔 군대의 주둔지 밖으로는 미치지 못했다. 그런데다 하북 일대를 장악한 거대 군단 두건덕의 공격을 받아 생포되었다. 동생인 우문지급과 아들 승기, 승지도 모두 참수되었다. 처형에 앞서 두건덕은 우문화급에게 주군 살해죄를 씌워서 그 수급을 돌궐의 의성공주(義成公主)에게 보냈다. 의성공주는 수나라 황족으로 돌궐의 계민가한에게 시집갔다가, 계민이 죽은 뒤에는 돌궐의 풍습에 따라 그의 아들 처라가한(處羅可汗)의 아내가 되었고, 다시 처라가 죽은 뒤에는 그 동생인 힐리가한(頡利可汗)을 세우고 그 아내가 된 여성이다.

수나라는 돌궐 문제로 그다지 애를 먹지 않았는데, 이는 자신의 출신인 수 왕조를 깊이 생각한 의성공주 덕분이었다고 생각한다. 당나라가 힐리가한의 침공으로 고생한 것은 의성공주가 남편을 부추겼기 때문이다. 그녀는 수나라를 멸망시킨 당나라가 미웠던 것이다. 우문화급의 수급은 두건덕이 그녀에게 보낸 가장 큰 선물이었다고 할 수 있다.

우문화급을 패주시킨 이밀은 약속대로 낙양으로 들어와 황태주를 보좌하려고 했으나 뜻대로 되지 않았다. 이밀 귀순 공작은 애초에 왕세충을 견제하려는 공작이기도 했다. 왕세충이 그것을 몰랐을 리 없다. 왕세충은 반대파인 원문도와 노초 등을 단숨에 숙청하고 낙양을 향해 진군해오는 이밀군을 공격했다. 우문 군대를 격퇴하고 마음을 놓고 있던 이밀군은 대패를 맛보았다. 이밀은 자살까지 생각했으나 부하들의 만류로 치욕을 무릅쓰고 장안의 이연에게 의지하게 되었다.

왕세충은 반란을 일으켜 반대파를 숙청하고 독재권을 더욱 강화했다. 그리고는 예상대로 황태주를 폐하고 스스로 제위에 올라 국호를 정(鄭)이라 하고 연호를 개명(開明)으로 고쳤다.

우문화급이 양주의 수군(隋軍)을 이끌고 북상함에 따라 장강(長江) 유역은 무정부 상태가 되어 각지에 군웅이 할거했다. 하지만 중원에서 패권을 다투는 집단에 비하면 그 세력은 대단한 것이 못 되었다.

빈집이 된 양주에 들어간 도적떼 이자통(李子通)은 황제를 자칭하여 국호를 오(吳), 연호를 명정(明政)이라 했다. 이는 당나라 무덕 5년(622)에 멸망했다.

초(楚)나라 황제를 칭한 사람은 주찬(朱粲)과 임사홍(林士弘) 두 사람이었다. 이자통도 오나라 황제를 칭하기 전에 자신을 초왕(楚王)이라 불렀다.

남쪽의 많은 황제 가운데 조금이나마 그럴듯한 모양새를 갖춘 이라고 한다면 소선(蕭銑)을 들 수 있다. 남쪽의 다른 여러 황제가 대개 도적떼 출신인 것과 달리, 그는 남조 양(梁)나라 황실의 후예였다. 양나라 무제(武帝)의 5세손에 해당한다. 양나라는 무제의 손자인 경제(敬帝) 소방지

(蕭方智)가 진패선(陳覇先)에게 선양하고 멸망했다. 그렇다고 진(陳)나라가 양나라의 모든 판도를 계승한 것은 아니었다. 양양(襄陽)에는 마찬가지로 무제의 손자이며, 『문선』을 편찬한 소명태자(昭明太子)의 아들 악양왕(岳陽王) 소찰(蕭詧)이 있었다. 서위(西魏)는 이 인물을 추대하여 강릉에 꼭두각시 왕조를 세웠다. 역사가들은 이를 후량(後梁)이라고 부르는데, 당나라가 멸망한 뒤 오대십국 시대에도 똑같이 후량이라 부르는 왕조가 있기 때문에 조금 혼동하기 쉬운 명칭이다. 남북조 말기의 후량은 완전히 북조의 꼭두각시로, 북조의 대남조 정책을 위한 존재였을 뿐이다. 수나라가 남북을 통일하자 존재 가치가 없어져 금방 폐국(廢國)되었다.

소선은 이 후량의 선제(宣帝) 소찰의 증손이다. 그로서는 일방적으로 무너진 후량국을 부흥한다는 명분이 있었다. 연호는 봉명(鳳鳴)이었다. 봉황이 날아 와서 우는 길조가 있었다고 하지만, 그 길조를 배신하기라도 하듯 당나라 무덕 4년(612)에 당나라 장군이 된 이정(李靖)의 원정군에게 어이없이 패망하고 만다.

서북에서는 앞에서 이야기한 설거(薛擧) 부자가 처음에는 서진패왕(西秦覇王)을 칭하다가, 대업 13년(617)에 난주에서 황제의 칭호를 사용했으며 연호는 진흥(秦興)이었다. 감숙 서부 하서 지방을 세력권으로 둔 이궤(李軌)는 양(凉)의 황제를 칭하고 안락(安樂)이라는 연호를 썼다.

산서(山西) 북부에서는 유무주(劉武周)가 돌궐의 지원을 받아 정양가한(定楊可汗)이라는 칭호를 얻어 스스로 황제를 칭했으며 연호를 천흥(天興)으로 정했다.

하북에서는 고담성(高曇晟)이라는 승려가 대승황제(大乘皇帝)를 칭하고 비구니를 황후로 삼았으며 법륜(法輪)이라는 연호를 내걸었다. 이 대승황제를 죽인 사람이 어양군(漁陽郡, 오늘날 북경 일대)에 근거를 둔 고개도(高開道)라는 염전 인부 출신의 도적떼였는데, 그는 연왕(燕王)을 칭하고 연호도 썼다고 한다.

두건덕이 당에 멸망당한 뒤, 그 맹우인 유흑달(劉黑闥)은 한동왕(漢東王)을 칭하고 천조(天造)라는 연호를 사용했다.

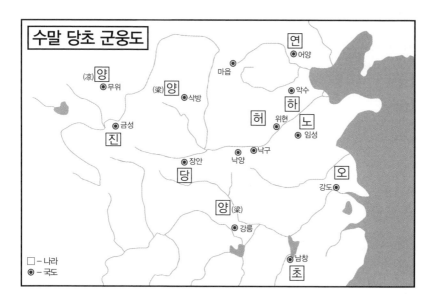

'큰동생'한테 죽은 이밀

이연이 당나라 황제를 칭하고 무덕(武德)이라는 연호를 세운 것은 그다지 특별한 사건이 아니었다. 마치 유행처럼 여기저기서 일어나던 일이었다. 이연이 특별한 것은 그 군웅들의 쟁패전에서 마지막 승자가 되었다는 데 있다.

높은 곳에서 내려다보는 역사의 독자는 이연이 승리한 이유를 잘 알수 있다.

첫째, 태원(太原)에서 곧장 장안을 찌른 것은 전술로서나 전략으로서나 대성공이었다. 그때 태원에서 할거하는 것은 어리석은 책(策)이었다. 20세기에 군벌 염석산(閻錫山)이 산서(山西)에 틀어박혀 '산서 먼로주의(1823년, 먼로 대통령이 처음 제창한 외교 정책. 정치적 불간섭주의, 고립주의-옮긴이)'를 주창한 적이 있다. 지리적으로 할거하기 쉬운 땅이지만, 이를 뒤집어서 말하면 천하의 패권을 장악할 거점은 될 수 없다는 뜻이다.

장안을 중심으로 한 관중 땅에는 강력한 정부군이 없었다. 관중의 강건한 장정들은 효과영에 들어가 양제를 따라 양주에 가 있었다. 비정부군, 즉 도적떼도 태원에서 장안 사이에는 큰 세력을 가진 자가 없었다. 이연에게 항복한 손화(孫華)가 가장 큰 도적떼였다는데, 그것도 그리 대단한 세력은 아니었다. 하남, 하북, 산동에 걸쳐 반역단의 세력이 강대했던 것은 고구려 원정군이 지나는 길이었기 때문이다. 탈주병, 탈주 인부가 반역단의 주된 인재 공급원이었다. 태원에서 장안으로 가는 길은 그 원정길에서 벗어나 있기 때문에 반역단이 있어도 크게 성장하지 못했다. 군소 반역단은 좀 더 큰 반역단이 오면 기꺼이 그것에 흡수되었다. 3만 명을 이끌고 출발한 이연군이 장안을 눈앞에 두었을 때는 20만으로 늘었던 이유가 여기에 있다.

병력은 늘고 강적은 없는 데다 장안이라는 국도까지 제압할 수 있으니 이보다 더 좋은 선택은 없을 것이다. 유일한 불안은 이밀의 세력권과 접촉하는 것이었으나, 이는 이밀을 맹주로 받들겠다는 사탕발림 같은 편지로 해결했다.

둘째, 이연 집단이 큰 포용력을 가졌다는 점을 들 수 있다. 이는 승자에게 빼놓을 수 없는 조건이다. 찾아오는 자는 거절하지 않고 따뜻하게 맞아 주었다. 조금 다른 각도에서 본다면 초기 이연 집단에 얼마나 인재가 부족했는지를 말해 주는 대목이기도 하다. 팔주국의 일가였다고 하나, 이연에게는 집안 대대로 내려온 가신이 거의 없었다. 반역이라는 대사업을 계획하고 실행한 집단의 간부는 배적(裵寂)과 유문정(劉文靜), 그리고 마침 이연이 부임한 곳의 관료였다. 반년 전에 알게 되어 대사업을 함께 한 것이다. 더구나 배적과 유문정 쪽에서 적극적으로 반역을 권했다. 이연은 결단력이 부족하다고 하지만, 그 대신 어딘가 또 다른 매력이 있었음이 틀림없다. 매력 중에는 주국(柱國)의 가문이라는 점도 포함됐겠지만 그것만은 아니었을 것이다.

그때까지 이밀이 이연을 만난 적이 있는지는 정확하지 않다. 하지만 인품에 관해서는 자주 들었을 것이다. 왕세충에게 격파된 이밀이 장안의 이연을 의지하려고 한 것은 상대에게 흡수력을 느꼈기 때문인지도 모른다. 어쩌면 이밀은 예전에 이연이 보낸 편지, 다시 말해 '대제(大弟)를 기꺼이 받들어 영주로 섬기며 공명을 세우리라' 운운한 것이 떠올라 아직도 안일한 생각을 품었을 가능성도 있다.

이연은 이미 제위에 올라 있었다. 조정이 성립해 있으므로 모든 일을 이연의 인품만으로는 진행할 수 없었다. 장안으로 망명한 이밀은 광록경(光祿卿)에 임명되었다. 광록경은 광록시(光祿寺)의 장관이다. '시(寺)'라고 하면 우리는 금방 절을 연상하지만, 관청을 의미하기도 했다. 20세기 초에 청조가 멸망할 때까지 중국에서는 시(寺)라는 이름을 가진 관청이 존재했다. 광록시는 '주례선수(酒禮膳羞)의 일을 관장하는' 관청으로 말하자면 술과 음식을 차려 내는 일을 담당했는데, 제수를 마련하거나 천자에게 음식을 권하는 것이 주된 임무였다. 일찍이 자신을 맹주로 받들겠다고 말한 남자에게 공손히 식사를 권하는 일을 맡게 된 것이다. 이밀은 이를 굴욕으로 느꼈다.

이밀은 다시 한 번 해 보자고 생각했다. 그는 부하인 위징(魏徵)과 함께 장안으로 망명했지만, 부장인 서세적은 아직도 하남 땅에서 군사행동을 일으키고 있었다. 그것도 당나라 장군으로서 말이다.

17세 때부터 적양의 한쪽 팔로서 도적떼로 활약했던 용맹한 서세적을 이제는 이세적이라고 불러야 한다. 성을 바꾼 데는 다음과 같은 사연이 있다. 주인인 이밀과 함께 장안으로 망명한 위징은 산동(山東, 화산 동쪽을 가리킨다. 하남성도 포함한다) 평정에 힘쓰고 싶다고 청하여 비서승(秘書丞)으로 발탁되었다. 종5품관에 지나지 않은 벼슬이었으나 이로써 위징은 망명자 이밀의 부하, 즉 배신(陪臣, 신하의 신하, 가신)이라는 지위를 버리고 당나라 천자의 직신(直臣)이 되었다. 황제 이연과 그 측근은 이밀의 유능한 부하를 빼낼 생각을 하고 있었다. 인재가 부족한 당 왕조를 충실하게 만들고 여전히 위험인물인 이밀의 날개를 꺾어 무력하게 만든다는 두 가지 목적이 있었을 것이다. 위징은 여양에 버티고 있던 서세적에게 당나라로 귀순하라고 권했다. 지배하고 있는 땅과 백성, 병력 등을 알리고 당 왕조에 헌상하면 그 공적을 인정받을 수 있을 것이라 했다. 서세적은 일찍이 동료였던 위징의 권유를 받아들여 장안으로 건너왔으나, 어떤 이유인지 조정에는 나타나지 않았다. 황제가 물으니 서세적은 자신이 지배하는 땅과 백성, 군대는 이미 자신의 군주인 이밀의 것이기 때문에 그것은 주군에게 돌려 드려야지 직접 헌상할 수는 없다고 했다. 황제 이연은 감동하여,

참으로 깨끗한 신하로구나.

라고 칭찬하고, 황실과 같은 이씨 성을 하사한 뒤 다시 그에게 동쪽을 다스리는 임무를 주고 점령한 땅의 관리 임명권까지 맡겼다. 이연은 확실히 감동했을지도 모르지만, 이 사성(賜姓) 조치 역시 유능한 장군인 서세적을 이밀에게서 떼어 내기 위한 술책이었다고 생각할 수 있다.

서세적, 곧 이세적은 동쪽으로 돌아가 싸움으로 지새는 날들을 보냈다. 당나라 조정의 대우에 불만을 품은 이밀은 동쪽으로 가면 옛 부하를 모아서 군사를 일으킬 수 있다고 생각했다. 그는 당나라 조정에 산동 평정에 몸소 노력하고 싶다고 청하여 허락을 받았다.

이것은 산에 호랑이를 풀어놓는 격이었으나 당 조정에도 생각이 있었다. 왕세충과 이밀을 서로 싸우게 하여 양쪽 모두 지치게 하는 것도 한 가지 방법이라고 보았다. 이밀의 옛 부하 중 일부는 왕세충에게 항복해 지금은 낙양군에 흡수되었지만, 대부분은 소부대로 나뉘어 하남 각지로 흩어졌다. 그들을 모아 왕세충을 공격하면 낙양군(洛陽軍)에 흡수된 옛 부하도 내응할지 모른다.

당나라 조정은 이밀군의 감시관으로 장보덕(張寶德)이라는 자를 딸려 보냈다. 이 부대가 아직 화주(華州)에 채 이르지도 않았는데 장보덕은 '이밀은 반드시 모반한다'는 보고를 장안으로 보냈다. 어떤 근거로 그랬는지는 모른다. 역사서에 따르면, 이밀이 반역하면 그것을 미처 눈치 채지 못한 죄를 덮어쓸까 두려워 장보덕이 서둘러 그런 보고를 보냈다고 한다. 당나라 조정은 즉시 이밀에게 홀로 장안으로 돌아와 다시 명령을 받으라고 알렸다.

홀로 오라는 것은 군대를 거느리지 말라는 뜻이다. 일단 출발시켰다가 다시 불러들인다는 것은 이상한 일이었다. 이밀은 장안으로 가면 살해될 것이라고 예감했다. 그 스스로 자립을 생각하고 있었으니 짚이는 데가 있었던 것이다. 뜻을 굳힌 이밀은 도림현(桃林縣)을 공격해서 군량을 빼앗고 북쪽으로 올라가 강을 건너 웅주(熊州)로 도망쳤다.

당나라 군대는 즉시 이밀군을 추격하여 이를 격파하고 이밀을 참수했다. 어쩌면 당나라 조정에서는 처음부터 이 작전을 준비했는지도 모른다.

양현감의 참모로서 반역의 대선배였던 이밀도 이렇게 해서 스러져 갔다. 그의 실패는 군량으로 가득 찬 낙구창에 너무 집착한 것이 원인이었다. 낙양성 따위는 미련 없이 버리고 관(關)을 넘어서 장안을 점거하는 것은 당시 그의 힘으로 볼 때 매우 쉬운 일이었다. 그렇게 되면 천하는 그의 것이 되었을지도 모른다. 그리고 위징과 서세적 같은 유능한 부하를 신변에서 멀리 떨어뜨려 놓은 것도 실패의 한 가지 원인으로 꼽을 수 있다.

당나라 조정의 작전 승리였다. 이밀을 없애고 위징과 서(이)세적을 얻은 효과는 크다고 하지 않을 수 없다.

당나라에 잡힌 '사슴'

당나라의 기록이 태종 이세민을 너무 추어올린다는 이야기는 앞에서도 지적했다. 역사가도 자주 이 점을 언급한다.

에누리를 해야 하겠지만 역시 이세민은 드문 인물이었다는 점은 인정하지 않을 수 없다.

이연은 장안으로 진격할 때 15세인 이원길을 태원에 남겨 두었다. 빈 집을 노리는 도적을 염려해서였는데, 아니나 다를까 돌궐과 손잡은 유무주(劉武周)가 남하했다. 이원길은 무예가 남보다 뛰어난 청년이었으나 젊음을 믿고 난폭한 행동을 서슴지 않았다고 한다. 이원길은 큰형 이건성과 함께 이세민의 반정으로 살해되었다. 반정을 정당화하기 위해서라도 이세민의 혈통으로 이어진 역대 황제 아래의 사관(史官)들은 이원길의 좋지 못한 행동을 일부러 과장해서 썼을지도 모른다. 하지만 유무주의 공격을 이원길이 막아 내지 못했던 것은 분명하다. 그는 태원을 포기하고 장안의 아버지에게 도망갔다.

이연은 병주(幷州, 태원을 중심으로 한 지방)는 뒤로 미루고 일단 옛집을 버릴 생각이었으나 그에 반대한 사람이 이세민이었다. 이세민은 군대를 이끌고 나가 유무주를 격파했을 뿐만 아니라 적의 진영에서 울지경덕(尉遲敬德)이라는 맹장까지 얻었다. 인재를 밖에서 받아들이는 것은 당나라의 특기였다고 할 수 있을 것이다.

진왕(秦王) 이세민은 무덕 3년(620) 4월에 병주 지역 전체를 수복하고 장안으로 개선했다. 전쟁터의 먼지를 씻을 겨를도 없이 7월에는 낙양의 왕세충 토벌에 출정한다. 그가 아니면 안 되었던 것이다.

낙양 공방전은 치열했다.

낙양의 왕세충은 이미 정국(鄭國) 황제를 칭하고 있었다. 그의 선조는 지퇴녹(支頹耨)이라는 서역의 호인(胡人)이었다. 지(支)라고 하면 초기 역경(譯經) 승려인 지루가참이나 지겸도 그렇지만 월지(月支, 月氏라고도 쓴다) 사람이 분명하다.

승냥이 목소리에 고수머리.

역사서는 그를 이렇게 묘사하고 있다.

이세민의 공격을 받고 고전하던 왕세충은 하북의 두건덕에게 원군을 요청했다. 왕세충과 두건덕의 관계는 그다지 좋지 않았으나, 낙양을 빼앗기면 다음은 두건덕이 위험해진다. 두건덕은 정치역학의 원칙에 따라 출병하기로 했다. 자기 몸을 위한 출병이지 특별히 왕세충을 위한 것은 아니었다.

두건덕 군대가 사수(氾水)에 가까워지자, 이세민은 낙양에 일군(一軍)만 머물게 하고 나머지 군대를 모조리 동원해서 그들을 맞아 싸우기로 했다. 멋진 결단이었다. 이것저것 생각하여 낙양과 사수에 절반씩 나누어서 배치하는 임시변통 같은 수는 쓰지 않았다. 사수의 두건덕 군대를 막지 않으면, 아무리 낙양에 많은 병력을 남겨 놓아도 적의 먹이가 될 뿐이다. 이세민은 억지스럽게 보일 만큼 급습작전을 펼쳐 두건덕 군대의 배후를 돌아 이 싸움에서 완승하고 두건덕을 사로잡았다.

믿었던 원군이 궤멸해 버렸으니 왕세충도 더는 낙양을 지탱할 수 없었다. 그도 마침내 이세민에게 항복하고 만다.

같은 포로라도 두건덕은 장안에서 참수되었지만, 왕세충은 목숨을 구했다. 낙양성 문을 열고 항복할 때, 이세민이 목숨을 살려 주겠다고 강조했기 때문이다.

고급관료 출신인 왕세충은 죽지 않고 도적떼 출신인 두건덕이 죽은 것이 문제가 되었다. 두건덕은 하(夏)나라 황제를 칭하고, 왕세충은 정(鄭)나라 황제를 칭했다. 당나라 왕조에게 칼날을 들이댄 정도는 오히려 왕세충 쪽이 심했을 것이다. 그런데도 이처럼 차이가 나서는 두건덕의 잔당과 근처 도적떼 출신의 반역단이 가만히 있지 않을 것이다.

두건덕의 맹우인 유흑달은 당의 처사에 불만을 품었다. 당나라 고조 이연의 사촌인 회안왕(淮安王) 이신통(李神通)은 같은 황족인 동안공주(同安公主)와 함께 두건덕에게 사로잡힌 적이 있다. 두건덕은 이 두 사람을 극진히 대접하고 송환했다. 이세적도 두건덕에게 사로잡혔다가 자력으로 탈주한 일이 있다. 이때 부하가 이세적의 아버지를 붙잡아 주살해야 한다고 진언했으나, 두건덕은 "세적은 당나라의 신하이고 그 주군을 잊지 않고 탈주했으니 충의라고 해야 하며 그 아버지에게는 아무런 죄가 없다"며 듣지 않았다. 양제를 죽인 우문화급의 수급을 일부러 돌궐의 의성공주에게 보낸 것은 앞에서 이야기했다. 두건덕이야말로 이 시대에 보기 드문 협객이었다. 당나라 사람들을 이처럼 후하게 대접한 자를 장안의 길바닥에서 참수하다니 이 무슨 짓인가? 이와 같은 맹우 유흑달의 분노를 우리들도 잘 알 수 있다.

두건덕의 처형은 당나라 초기에 남긴 가장 큰 오점이었다. 같은 때에 왕세충을 살려 두었기 때문에 이 처분의 부당함은 더욱 눈에 띈다.

이 일로 당나라는 잠시 유흑달의 저항에 시달려야 했다. 모처럼 손에 넣었다고 생각했던 두건덕의 지배 지역도 곧바로 유흑달에게 빼앗겼다. 그뿐인가, 유흑달은 돌궐과 결탁하여 당군을 몹시 괴롭혔으며, 이세민을 포위하여 아슬아슬한 위기에 몰아넣은 적도 있었다. 역시 이세민의 활약으로 유흑달은 일단 돌궐로 달아났지만, 다시 남하해서 건국한 지 얼마 안 되는 당 왕조의 기초를 흔들어 놓곤 했다. 이 유흑달의 반란도 무덕 6년(623) 초에는 평정되었다.

유흑달에게 호응해서 산동 반도에서 난을 일으킨 서원랑(徐圓朗)도 거의 동시에 패사했다. 서원랑은 도적떼 출신으로 산동 반도의 낭야(琅邪)에서 동평(東平)에 이르는 지역을 세력권으로 하여 2만 병력을 모았다고 한다. 고구려 원정의 수로군은 산동 반도를 기지로 삼았기 때문에 이 지방에는 탈주병이 많았다. 2만 병력을 자본으로 처음에는 이밀에게 붙었다가, 이밀이 몰락한 뒤에는 두건덕 휘하에 들어갔으며, 두건덕이 사수에서 패한 뒤에는 당나라에 항복해 연주총감(兗州摠監)에 임명되어 노군공(盧郡公)에 봉해졌다. 하지만 유흑달의 거병 소식을 듣고 여러 주(州)의 당나라 관리를 죽여 그에 호응했다.

도적떼 시대의 상징이라고도 할 수 있는 인생이었다. 이밀 휘하에 있을 때의 옛 동료인 이세적의 공격을 받고 부하에게 버림받아 도망하던 중에 야도(野盜)들에게 살해되었다. 이 마지막 가는 길도 참으로 도적떼의 대표에 꼭 어울렸다고 하겠다.

염전 인부 출신인 도적떼 고개도(高開道)가 부하에게 살해된 것은 무덕 7년(624) 2월의 일이었다. 조직적인 반란은 이것으로 막을 내렸다. 나머지는 산발적인 반란과 돌궐의 국경 침범이 이따금씩 일어났을 뿐이다. 돌궐의 침공은 앞에서 이야기했듯이 의성공주가 부추긴 것이라고 한다.

이제야 당 왕조의 기초도 겨우 다져지게 되었다. 군웅이 천하를 다투는 일을 '중원(中原)에서 사슴을 쫓는다'라고 표현하는데, 결국 사슴(천하)은 당나라 손으로 들어갔다. 남쪽에서 후량 황제를 칭한 소선(蕭銑)은 무덕 4년에 사로잡혀서 장안으로 호송되었는데, 그는 당나라 고조 이연을 향하여,

수(隋)가 그 사슴을 잃고, 영웅들이 다투어 이를 쫓았다. 나 선(銑)
에게는 천명이 없어, 폐하(이연)의 포로가 되었다.

고 말했다. 천하를 잡느냐 못 잡느냐는 '천명'이라는 사고방식이다. 확실
히 운도 있었을 것이다. 당나라는 운이 좋았다고 할 수 있지만 결코 운
만은 아니었다. 남조 황실의 후예인 소선이 '사슴'을 손에 넣지 못한 것도
운이 없었기 때문만은 아니다. 소선은 언뜻 너그러워 보이지만, 실은 자
기보다 뛰어난 자를 질투하는 마음이 강해 대신이나 장군들이 이반했다
고 『신당서』의 그의 전기에 전하고 있다. 장안에서 참수되었을 때 그의
나이 39세였다.

의기가 투합하니 공명은 무엇하랴

중원에서 사슴을 쫓는 영웅호걸들의 이야기는 문헌에 상당히 자세히
기록되어 있다. 그러나 서민들의 생활은 그 그늘에 가려져서 흐릿하게 보
인다.

두건덕이 사수에서 패하고 그의 아내와 간부 제선행(齊善行) 등이 명
주(洺州)로 도망쳐갔을 때, 부하들은 두건덕의 양자를 세워 재기를 모색
해야 한다고 주장했다. 하지만 제선행은 더는 생민에게 도탄의 고통을 맛
보게 할 수는 없다며 창고의 금품을 모두 병사들에게 나누어 주고 집단
을 해산시켰다고 한다.

난세의 서민 생활도 물론 어려웠겠지만, 이와 같은 과도기에는 웬만한
선비도 편하지 않았다. 거친 파도를 향해 체력의 한계를 시험하고자 열

심히 헤엄쳐서 건너려는 사람도 있지만, 그것에 등을 돌리고 가능한 난을 피해 옛날의 은자를 동경하는 사람도 있다.

『당시선(唐詩選)』 앞에 실린 위징(魏徵)의 〈술회(述懷)〉라는 제목의 오언고시는 이 시대를 적극적으로 살고자 하는 인간의 마음이 잘 나타나 있다. 위징은 이밀의 부하였으나, 고조 이연이 그를 비서승으로 발탁했다는 이야기는 앞에서 소개했다. 이 시는 산동에 산재한 이밀의 옛 부대를 당나라에 귀순시키는 임무를 띠고 출발하기에 앞서 지은 것이라고 한다.

중원에선 처음 사슴을 쫓아,
붓을 던지고 병마를 탄다.
종횡의 계략은 이루어지지 않아도,
강개한 뜻은 아직 남았다.
지팡이에 의지해 천자를 배알하고,
말을 달려 관문을 나선다.
갓끈을 청하여 남월(南粵)을 묶고,
수레 앞턱 가로나무에 기대어 동번(東藩)을 무찌르리라.
꼬불꼬불한 길을 따라 높은 봉우리에 올라,
보였다 안 보였다 하는 평원을 바라본다.
고목에 겨울새 울고,
빈 산에 밤 원숭이 우짖는다.
이미 천리를 바라보는 눈은 상하고,
또 구서(九逝)의 영혼을 놀라게 한다.
어찌 고생을 꺼리지 않을까마는,

깊이 국사의 은혜를 생각한다.

계포(系布, 한나라 협객)는 두 번 승낙함이 없고,

후영(侯嬴, 전국시대 위나라 현인)은 한 마디를 중히 여겼다.

인생은 의기에 감동하니,

누가 또다시 공명을 논하랴.

中原初逐鹿 投筆事戎軒 縱橫計不就 慷慨志猶存

杖策謁天子 驅馬出關門 請纓繫南粵 憑軾下東藩

鬱紆陟高岫 出沒望平原 古木鳴寒鳥 空山啼夜猿

既傷千里目 還驚九逝魂 豈不憚艱險 深懷國士恩

季布無二諾 侯嬴重一言 人生感意氣 功名誰復論

이 시는 고사를 많이 인용하고 있다. 이처럼 인용이 많은 시는 흔히
장식이 지나쳐 내용이 없어지기 쉽지만, 이 시는 그 폐해에서 벗어났다.
새로 섬기게 된 천자에게 지금까지는 인정받을 기회가 없었지만 이번에
중대한 임무를 받았다. 지금 관문을 나서 동쪽으로 향하려는 때의 그 설
레는 마음을 훌륭하게 표현하고 있다.

책(策, 지팡이)을 짚고 천자(후한의 광무제)를 배알한 뒤, 장군으로서 출정
한 노인은 등우(鄧禹)였다. 사자로서 남월(南越)로 가게 된 종군(終軍)이라
는 청년은 한나라 무제에게 영(纓, 갓끈)을 받고 싶다고 청하고 그로써 남
월왕을 묶어서 수도로 데려오겠다고 말했다. 식(軾, 수레 앞턱 가로나무)에
기댄 채 싸우지도 않고 제나라 70여 성을 함락한 것은 바로 한나라 역이
기(酈食其)의 고사다.

천리의 눈(멀리까지 보는 눈)과 구서(九逝)의 혼(멀리 생각하는 영혼은 하룻밤에 9번 왕복한다는 것)은 굴원의 『초사』에 나오는 말이다. 국사란 국가에 유용한 인물을 말하며, 그런 인물로서 지백(智伯)에게 대접받은 전국시대 진(晉)나라의 예양(豫讓)이, 살해된 지백을 위해 원수를 갚으려고 한 고사를 바탕에 깔고 있다.

사람으로 태어났기에 의기에 감동하여 행동하는 것이고, 그 결과 공명을 얻느냐 못 얻느냐를 누가 문제 삼겠느냐는 끝맺음은 매우 훌륭하다.

이 심신의 약동을 느끼게 하는 시와는 반대로 은일(隱逸, 세상을 피해 숨음)을 동경했던 같은 시대의 대표시로는 역시 『당시선』에 실린 왕적(王績)의 〈야망(野望)〉을 꼽을 수 있다.

왕적은 태원 출신으로 수나라 대업 말년에 중앙정부에서 일했으나, 갑갑한 궁정 업무가 싫어서 지방 근무를 희망하여 양주 육합현승(六合縣丞, 현 우두머리 보좌관)이 되었다. 지방 근무라고 해도 난세가 되면 위에서의 단속이 심해져 근무태도가 나쁜 그는 종종 비판을 받고 탄핵된 모양이다. 그것이 싫어진 그는 봉급을 그대로 두고 병이 들었다며 행방을 감추었다. 당대가 된 뒤로도 관직에 나갔지만 술값이 필요해서 얻은 자리였다고 한다. 야심은 눈곱만큼도 보이지 않았는데, 그것 역시 난세를 안전하게 살기 위한 자세였는지도 모른다.

동쪽 언덕에 올라 해거름을 바라보며,
헤맨다고 해서 의지할 곳 있으랴.
나무마다 가을빛이요,
온 산에는 오직 낙조로구나.

목동은 송아지 몰고 돌아오고,

사냥나간 말도 새를 잡아 돌아온다.

둘러보아도 아는 이 없고,

길게 노래 부르며 고사리 캐던 백이숙제를 그리네.

東皐薄暮望 徒倚欲何依 樹樹皆秋色 山山唯落暉

牧人驅犢返 獵馬帶禽歸 相顧無相識 長歌懷采薇

도연명의 〈귀거래사〉에,

동쪽 언덕에 올라 조용히 풍월을 즐기고, 맑은 시냇가에서 시를 읊

는다.

는 구절이 있는데, 그것을 의식한 것이 분명하다. 오두미(五斗米, 적은 봉급)

를 위해 허리를 굽히지 않겠다며 관직을 버리고 전원으로 돌아간 도연명

을 그리워하는 마음이 처음부터 뚜렷하다.

아무리 헤매고 다녀도 몸을 의지할 곳이 없다며 한탄하는데, 그것은

바로 난세에 처한 인간이 아닐까. 둘러보면 나무들은 모두 가을빛이고

멀리 산들은 저녁놀에 물들었다. 목동은 송아지를 몰아 돌아오고 사냥

꾼은 잡은 사냥감을 허리에 차 늘어뜨리고 돌아온다. 사람들은 본래 이

렇게 돌아가야 할 곳이 있다. 그런데 난세의 사람인 자기에게는 의지할

곳이 없음을 암시한다.

확신을 갖고 돌아갈 곳으로 돌아가는 사람들을 보아도 자신이 아는

사람은 없다. 모르는 사람뿐이다. 하지만 자기에게 지기지우(知己之友)가 전혀 없는 것은 아니다. 옛날 이 현세를 버리고 수양산에서 고사리를 캤던 백이와 숙제 등 영혼의 지기(知己)는 있으니, 자신은 목소리를 길게 뽑아 노래를 불러 그들을 그리워한다는 것이 이 오언율시의 큰 뜻이다.

왕적이 보기에 인생 의기에 감동하여 산동으로 전쟁하러 떠난 위징 같은 사람은 이 시에서 말하는 목동 같은 인물일 것이다. 그의 전기에는 수나라 말기에 지방 근무를 그만두게 된 사연이 다음과 같이 적혀 있다.

> 그때 천하가 어지러워, 번부(藩部, 지방관청)의 법이 엄하여, 자주 조사를 받고 탄핵당했다. 군(君, 왕적을 말함)이 한탄하여 말하기를, 법망(法網)이 높이 걸렸으니, 떠나서 편하게 살겠노라고. 마침내 받은 봉급을 다 꺼내 현성(縣城) 문 앞에 쌓아 놓고, 풍질(風疾)을 핑계로 대고 밤중에 작은 배를 타고 떠났다.

마음 편하겠지 하고 생각했던 지방근무도 결코 마음 편하지 않았다. 사직도 야반도주하듯이 해야 했다. 하급 관리도 살기 힘든 세상이었다.

당대(唐代)에 그는 술값을 벌기 위해 관직에 앉았으나 그것도 얼마 안 가 그만두었는데, 그래서는 술을 마실 수가 없다. 태종 치세가 된 후의 이야기인데, 왕적은 다시 장안으로 나와 태악승(太樂丞) 자리를 얻으려고 운동을 했다. 태악서는 음악을 관장하는 관청으로 그 장관이 영(令)이고 차관이 승(丞)이다. 차관이라 해도 태악승은 종8품 아래라는 거의 최하급 관직이었다. 왕적이 왜 그런 자리를 노렸는가 하면, 당시 초혁(草革)이라는 이름난 주조가(酒造家)가 태악서에 근무했기 때문에 같은 관청에 들어가면 술을 얻어먹을 수 있을 것이라고 생각했기 때문이다. 하지만 열심히 운동을 했는데도 선사(選司, 인사담당관)는 승낙해 주지 않았다. 태악승이라는 자리는 선비의 자리(士職)가 아니었기 때문이다. 사직을 청류(淸流)라고도 부른다. 가문의 격이나 신분에 따라 관직에도 청류와 탁류의 차별이 있었던 것이다. 왕적은 6대 관면(冠冕, 고위관직에 오르는 것) 집안 출신이었기 때문에 당연히 청류였다. 태악승은 청류의 사람이 앉을 자리가 아니었다.

이 시대에도 사(士)와 서(庶)의 구별이 매우 엄격했다는 것을 알 수 있다. 남북조의 귀족사회는 수당이 되어서도 아직 무너지지 않았다.

왕적은 재삼 간청하여 겨우 태악승이 되었는데, 그 후 이 자리는 청류의 자리, 다시 말해 사직(士職)이 되었다. 훗날 시인 왕유(王維)도 이 관직에 앉은 적이 있다.

태종 이세민

돈 밝히는 '곡필' 사관

수많은 자칭 황제 가운데 마지막 승자는 당나라 황제로 정해졌다. 시호가 고조인 이연이다. 대규모 반란이 고개도의 죽음으로 마무리된 무덕 7년(624), 고조 이연은 60세가 되었다. 당연하다는 듯이 후계자 문제가 불거졌다.

이연은 황제를 칭함과 동시에 장남 이건성(李建成)을 황태자로 세웠다. 이로써 후계자가 결정되었으니 표면적으로는 아무런 문제가 없어 보였다. 하지만 후계자 싸움이 일어나자 상황은 매우 복잡해졌다.

이연은 22남 19녀로 자식을 많이 낳았는데, 정실인 두(竇)황후가 낳은 자식 가운데 그가 즉위할 때 살아 있던 자식은 3남 1녀였다. 아들은 건성과 세민(世民), 원길(元吉), 딸은 평양공주(平陽公主)였다. 그 밖의 자식들은 대부분 나이가 어렸고 정실이 낳은 자식도 아니기 때문에 후계자로서는 처음부터 문제가 되지 않았다.

두황후의 아버지는 북주의 주국(柱國) 중 한 사람인 두의(竇毅)다. 두의는 북주 무제(武帝) 우문옹(宇文邕)의 누이동생인 양양공주(襄陽公主)를 아내로 맞았다. 간단한 계도를 만들면 다음과 같다. 북주의 우문씨와 수나라의 양씨와 당나라 이씨는 혼인으로 맺어진 매우 가까운 관계다.

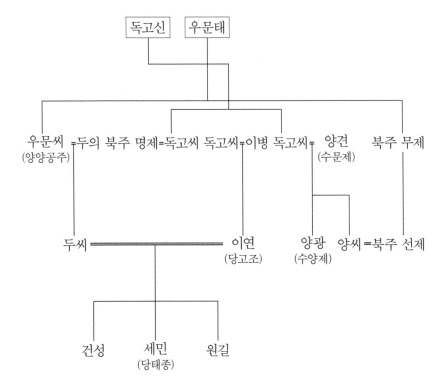

문벌을 중시하던 이 시대에 당 왕조의 황위 계승 자격은 두황후가 낳은 세 아들에게만 있었다고 할 수 있다. 또 이 계도에서 알 수 있는 것은 당나라 이씨가 독고씨와 우문씨라는 선비족의 명문집안과 끈끈한 혼혈 관계를 맺고 있다는 사실이다. 이씨 그 자체가 선비족의 대야씨(大野氏)

라면 이는 완전한 선비족 왕조라고 생각하지 않을 수 없다.

어쨌든 이씨의 당 왕조는 황태자를 세웠음에도 은밀히 후계자 문제가 불거졌다. 그것은 차남 이세민이 왕조의 창건과 그 안정에 막대한 공적을 올렸기 때문이다.

승자가 된 이세민 쪽에서 쓴 사서 기록을 그대로 믿는 것은 아니다. 하지만 이세민의 공훈을 지켜보는 황태자 이건성의 복잡한 마음만큼은 상상할 수 있다. 그래서 자신의 지위에 불안을 느꼈을 것이다.

출발점인 병주(幷州, 태원)를 빼앗긴 것은 삼형제의 막내인 제왕(齊王) 이원길이었다. 그것을 되찾은 사람이 진왕(秦王) 이세민이다. 당나라가 전국정권으로서 안정한 뒤, 최대의 적은 왕세충과 두건덕이었다. 이세민은 이 두 호걸과 동시에 대결해서 사수(汜水)에서 두건덕에게 궤멸적인 타격을 주고, 이어서 왕세충의 낙양을 함락했다. 이보다 더 큰 훈공은 없었다.

황태자는 황제의 자리를 이을 사람이므로 국도에 머물면서 황제 곁을 지켜야 하는 것은 당연하다. 황태자 이건성은 끊임없이 자신에게 그렇게 말했을 것이다. 두건덕의 잔당 유흑달이 일단 돌궐로 도망갔다가 다시 남하했을 때, 황태자 이건성은 친히 군대를 이끌고 이를 토벌했다. 황태자의 출정은 동생 진왕 이세민과의 사이에 공적 균형을 생각한 결정이었을지도 모른다.

고조 이연도 차남 세민의 인품에 이 이상 보답할 방법이 없다고 느꼈다. 두건덕과 왕세충을 사로잡아 개선했을 때, 고조는 세민에게 '천책상장(天策上將)'이라는 들어 보지도 못한 칭호를 내렸다. 그리고 그 지위는 왕공(王公)보다 높다고 했다. 세간에서는 천책상장을 '준황태자'라고 생각했을지도 모른다. 좀 더 앞을 내다보는 사람들은 황태자 폐립을 전제로 왕보다 높은 이 칭호를 먼저 내렸다고 추측했다.

후계자 문제가 미묘해진 것은 아마 무덕 4년(621)에 이연이 천책상장이라는 칭호를 이세민에게 내렸을 때부터일 것이다. 하지만 그것도 세간이 그렇게 느꼈을 뿐 고조에게 황태자 폐립 의사 따위는 전혀 없었다. 그런데 신구(新舊)『당서』나『자치통감』에는 고조가 아무래도 세민을 황태자(고조 즉위 전에는 세자. 왕의 정통은 후계자를 세자라고 불렀다)로 세우려고 생각했다고 기술하고 있다. 그리고 그때마다 세민은 고사한 것으로 되어 있다. 태원 거병도 모두 이세민의 계략이며 고조가,

> 만일 일이 성사된다면, 천하는 모두 네가 이루어놓은 것이니, 마땅
> 히 너를 태자로 삼겠다.

고 말한 것에,

> 세민은 절을 하고 그리고 사양했다.

라고 되어 있다.

앞에서도 이야기했지만 태원 거병 때 세민은 20세였고, 건성은 이미 29세였다. 계략이 모두 세민에게서 나왔다는 것은 매우 부자연스럽다.

물론 신구『당서』는 당이 멸망하고 나서 편찬되었으니 각 시대에 기록되고 보관된『실록(實錄)』을 바탕으로 했다. 당나라 고조 태종의『실록』은 안타깝게도 현존하지 않는다. 당나라의『실록』은 안녹산(安祿山)의 난 때 흥경궁(興慶宮)에서 불탄 것을 비롯해 몇 차례나 피해를 입어서 나중에

민간에 있는 것으로 보충했다고 전한다. 인쇄물이 아직 없던 무렵이므로 직접 필기한 사본에도 한계가 있었다. 『송사』「예문지」에는 당나라 고조와 태종의 『실록』 이름이 남아 있어, 적어도 『구당서』가 편찬된 무렵에는 그것이 존재했다는 것을 알 수 있다. 이 『실록』을 편수한 사람이 허경종(許敬宗)이었다. 그렇다면 허경종은 어떤 인물이었을까? 『구당서』의 그의 전기에는 다음과 같이 기록되어 있다.

경종(慶宗)은 손수 국사를 관할했는데, 기사를 아곡(阿曲)했다.

아곡(阿曲)이란 '아첨하고 굽힌다'는 뜻이다.

허경종의 아버지는 수나라 예부시랑(禮部侍郎, 교육부 차관)으로 양제가 살해될 때, 반역파에 굽히지 않고 당당하게 죽음을 맞이한 허선심(許善心)이다. 허선심이 죽을 때, 아들 허경종은 자기의 목숨만을 생각해서 추태를 부렸다. 그때 봉덕이(封德彝)라는 인물이 내사사인(內史舍人)으로 있으면서 그 현장을 소상히 목격하고, 그 일을 사람들에게 이야기했다. 허경종은 그것에 앙심을 품고, 『실록』에 봉덕이의 전기를 쓸 때 좋지 않은 이야기를 보태 썼다고 한다.

허경종은 호색인 데다 탐욕스러운 인물로, 뇌물을 받으면 그 사람을 잘 써 주었다. 고구려 원정 때 방효태(龐孝泰)라는 장군은 전투에서 번번이 지기만 했으나, 허경종에게 뇌물을 준 덕분에 용장으로 기록되었다. 또 허경종의 아들은 울지(尉遲) 집안에서 아내를 맞았는데, 이 인척관계로 울지경덕(尉遲敬德)의 과실을 모두 숨겨 주었고, 태종이 〈위봉부(威鳳賦)〉를 지어 장손무기(長孫無忌)에게 준 것을 울지경덕에게 주었다고 바꿔

치기까지 했다. 『구당서』는 허경종의 이와 같은 엉터리를 지적하며,

> 처음에 고조와 태종 양조의 『실록』은 경파(敬播, 당나라 초기 문인,
> 역사학자-옮긴이)가 편수했는데, 그 내용을 매우 상세히 직설적으로
> 기록했다. 경종은 자신의 애증에 따라 사실을 왜곡하여 고쳤다. 논자
> (論者)들은 이를 비난했다.

라고 단정했다.

　다른 책도 아닌 『구당서』가 바로 허경종이 고친 『실록』을 많이 채용했기 때문에 당나라 초기 기사를 읽을 때는 상당히 조심해야 한다.

　다행히 이연의 기실참군(記室參軍)으로서 문서를 담당했던 온대아(溫大雅)라는 인물이 『당창업기거주(唐創業起居注)』라는 문헌을 남겼다. 온대아는 당나라 공부시랑(工部侍郎, 건설부 차관), 예부상서(禮部尙書, 교육부 장관)를 역임했고, 태종부터도 중히 썼던 인물이다. 적어도 허경종보다는 훨씬 믿을 만하다.

　이 문헌은 이연의 태원 거병에서부터 즉위할 때까지 357일간의 일기다. 이연의 기록 담당으로서 자신이 그 소용돌이 안에서 보고 들은 인물을 쓴 것이므로 일급 근본사료라 할 수 있다. 이 『당창업기거주』를 보면, 이연이 20세인 아들 세민의 계책에 따라 거병한 이야기는 한 줄도 쓰여 있지 않다. 그뿐만 아니라 이연은 태원 유수에 임명되었을 때, 세민을 향해,

> 당은 본시 우리나라이고, 태원은 즉 그 땅이다. 지금 내가 여기에
> 온 것은 바로 하늘이 내린 것이다. 준 것을 받지 않는다면, 장차 화가

이것에 미칠 것이다.

고 말했다.

처음부터 이연에게 거병할 의사가 있었다는 말이 된다. 더구나 이 문헌에는 태종 이세민을 깎아내리는 표현이 전혀 없다. 온대아 자신이 태종에게 중용된 인물이었다.

이로써 정사에 기록된 20세의 이세민이 아버지를 거병하게 만들었다는 기술은 허경종의 '곡필(曲筆)'이었음을 알 수 있다. 아첨하기 위해 진실을 왜곡했다는 의심이 매우 농후하다.

그렇다고 태종의 정공까지 의심해야 한다는 말은 아니다. 그의 무훈은 분명 혁혁했다. 하지만 다음에 기술한 현무문(玄武門)의 반란을 정당화하기 위한 분식(粉飾)이 사서에 있을 수 있다는 점은 당연히 고려해야 한다.

측근들이 부추긴 후계 싸움

불안을 느낀 황태자 이건성이 제왕 이원길과 손잡고 진왕 이세민을 제거하려 했고, 그것을 사전에 알아차린 이세민이 기선을 제압하여 현무문에서 형과 동생을 습격하여 죽였다. 사서에는 이와 같이 쓰여 있다.

허경종 같은 인간이 곡필하고 있으므로 우리는 당나라 초기 역사를 좀 더 냉정한 눈으로 보아야 한다. 한 가지 예를 들어보자. 『자치통감』은 수나라 공제(恭帝, 양유) 의녕(義寧) 원년(617) 6월 항(項)에,

서하군(西河郡)은 (이)연의 명령을 따르지 않았다. 갑신(甲申)에 연이 건성과 세민을 시켜 군사를 이끌고, 서하를 치게 했다.

라는 구절이 있다. 저자인 사마광(司馬光)은 이 기사를 고증하며,

고조와 태종『실록』에는 단지 '태종에게 명해서 서하를 정복하다'라고 기록되어 있는데,『당창업기거주』에는 '대랑(大郎) 이랑(二郎)에게 명하여 모두를 이끌고 서하를 토벌케 하다' 라고 기록되어 있다.

고 설명하고 있다. 대랑(大郎)은 건성, 이랑(二郎)은 세민을 말한다.『실록』에는 세민만이 서하를 토벌하러 간 것처럼 기술하고 있지만, 온대아의 문헌에는 건성, 세민 형제가 어깨를 나란히 하여 적을 토벌한 것으로 기록되어 있다. 역사가로서 사마광은 이 두 사료 중에서 하나를 선택해야 했다. 그래서 그는 앞에서 들었듯이 건성, 세민 두 사람으로 한 것이다.

생각건대, 사관(史官)이 건성의 이름을 없앴을 뿐이다.

사마광은 두 사람의 설을 채용한 이유로『실록』의 사관(저 악명 높은 허경종)이 고의로 건성의 이름을 누락한 것이라고 적었다.
『구당서』「고조본기(高祖本紀)」에는,

(대업 13년) 6월 갑신일, 태종의 명령으로 군사를 이끌고 서하를 공격했다. 그리고 서하를 항복시켰다.

라는 대목이 있고, 같은 책 「본기」에도,

의병이 일어남에 곧 군사를 이끌고 서하를 공략하여 승리했다.

라고 태종 이세민 혼자 한 일처럼 썼다. 『구당서』를 편찬한 유구(劉昫) 등은 고친 『실록』에 따라 그렇게 기술했을 것이다. 하지만 같은 『구당서』 열전의 「은교전(殷嶠傳)」에는,

(은교는) 은태자(隱太子, 건성을 말함)를 따라 서하를 공격하여 승리했다.

라고 기록되어 있다. 기를 쓰고 건성의 이름을 지우려고 했으나, 그 이름이 불쑥불쑥 튀어나오는 것을 끝까지 막아 낼 수는 없었다. 이와 같은 개인의 전기에 건성의 이름이 나타나는 바람에 『실록』은 결점을 드러내고 말았다. 은교는 왕세충 토벌에도 종군했으며, 유흑달 토벌 도중에 병사한 장군인데 개산(開山)이라는 자(字)로 더 널리 알려졌다. 『신당서』의 「은개산전(殷開山傳)」에는,

고조가 군사를 일으키자, (은개산은) 대장군 연(掾)의 부름을 받아 종군하여 서하를 공격했다.

라고 나온다. 누구를 따라갔는지는 명기하지 않았다. 『신당서』를 편찬한 송나라 구양수(歐陽修) 등은 아마 여기에서 고개를 갸웃하고 감히 양자

택일을 하지 않고 모호한 표현으로 남겨 둔 것 같다.

이처럼 황태자 이건성에게 군공(軍功)이 없었다는 것에는 의문이 남는다. 『실록』에서 삭제되었을지도 모른다. 다만, 동생인 진왕 이세민만큼 거창하지 않았던 것만큼은 확실하다. 진왕이 왕세충을 토벌하러 나가는 것과 때를 같이하여 황태자는 포주(蒲州)로 파견되어 돌궐에 대비하는 임무를 받았다.

돌궐은 이때 왕세충과 연합하려는 중이었다. 둘 사이에 사자가 오갔을 것이고, 노주총관(潞州摠監) 이습예(李襲譽)가 돌궐 사절단을 격파했다. 이때 전리품인 소와 양이 만(萬)을 헤아렸으니 돌궐이 왕세충에게 군량을 원조하려던 것이 분명하다.

사태는 심각했다. 표기대장군 가주혼정원(可朱渾定遠)이 보낸 보고로 낙양에서 싸움이 벌어지면, 돌궐과 결탁한 당나라 병주 총감(幷州摠監) 이중문(李仲文)이 돌궐 기병을 끌어들여 장안을 공격하는 음모를 꾸미고 있다는 사실을 알았다. 수도 장안이 공격당하면 당 왕조는 뒤집힐 우려가 있었다. 그야말로 위급존망의 때였다. 돌궐을 막는 임무는 당시 정세에서 볼 때 당나라 최대의 과제였다.

세민은 왕세충을 공격하고 건성은 돌궐을 막아야 했다. 공격이 방어보다 화려한 일임은 말할 나위도 없다. 하지만 건성이 돌궐을 제대로 막지못하면 세민의 공격도 승리를 걸을 수 없었다.

북쪽 출신인 양사도(梁師都)라는 도적떼는 원래 수나라를 섬겼으나, 대업 말년에는 도당을 결성해 종종 돌궐과 연합하여 수나라 장군을 공격했다. 이 인물도 자신을 양나라 황제라 칭하고 영륭(永隆)이라는 연호를 사용한 황제족 가운데 한 사람이다. 이 양사도의 부대가 돌궐병사 1천기(騎)와 함께 침공해 온 것을 당나라 행군총감(行軍摠監) 단덕조(段德操)가 격파했다. 무덕 3년(620) 7월 병술일(丙戌日)로 기록되어 있다. 황태자 이건성이 포주에 주둔한 것은 그해 7월 갑술일(甲戌日)이라고 사서에 나오는데, 이는 13일이고 병술일은 25일이다. 단덕조는 분명히 황태자의 지휘하에 있었을 터였다. 이세민의 경우 휘하의 장군이 거둔 승리는 그의 전공으로 적혀 있지만, 황태자 이건성의 경우에는 그 이름이 나오지 않는다. 그러고 보니 태원 거병 뒤에 당나라 군대가 일제히 장안으로 들어왔을 때, 가장 앞선 사람이 군두(軍頭)인 뇌영길(雷永吉)이라는 인물이었다. 『당창업기거주』에 따르면, 뇌영길은 동면군(東面軍)의 군두로 되어 있다. 이 책에는 당이 장안을 공격했을 때 건성이 동면군, 세민이 북면군을 이끈 것도 기록되어 있다. 단덕조의 소속을 적지 않은 것과 똑같은 일이 장안 돌입 때도 되풀이되었다. 이건성의 전공을 가능한 눈에 띄지 않게 하려는 의도가 숨어 있는 것이다.

아무리 사관이 곡필해도 큰 사실(史實)을 말소할 수는 없다. 쓰는 방법을 약간 손질한 정도이므로, 그것을 알면 다른 줄거리로 고쳐 읽을 수 있다.

황태자파와 이세민파의 대립은 아마 측근들이 빚어냈을 것이다. 한 배에서 태어난 형제라도 나이차가 아홉 살이나 되므로 세민은 분명 처음부터 형을 라이벌로 보지는 않았을 것이다. 주변 사람들이 '전하의 전공이 큰데도 지위가 너무 낮다'고 세민을 부추겼다고 추측된다.

고조 이연도 이와 같은 분위기를 눈치 챘을 것이다. 실제로 세민의 부하들이 불만으로 생각할 만큼 세민의 전공은 눈부셨다. 황태자와 제왕(諸王)은 지위의 격차가 매우 크다. 나중에 '군주와 신하'가 되면 그 차이는 결정적으로 벌어지게 된다.

천책상장이라는 칭호는 양자의 간격을 조금이라도 줄이려는 이연의 생각을 반영했을 것이다.

무덕 5년(622) 7월, 고조는 장안성 밖, 서쪽에 홍의궁(弘義宮)이라는 궁전을 짓고 그곳에 이세민을 살게 했다. 황태자는 동궁(東宮)이라는 자신의 궁전이 있었다. 홍의궁 조영은 동궁을 의식한 것으로 건성과 세민의 차를 줄이고, 세민과 그 측근들의 불만을 완화하기 위한 조치였다. 아니면 두 사람의 주거지를 떼어 놓아 대립이 심해지는 것을 방지하려는 의도였는지도 모른다.

사서에 나오는 고조 이연의 인물상은 태종 이세민 쪽 사관의 곡필로 실제보다 작게 묘사되었다. 온대아의 일기에서도 태원 거병은 이연 자신의 뜻으로 결행했음이 분명한데도 정사는 이세민의 권유에 따른 것으로 되어 있다. 하지만 이연이 결단력에 문제가 있는 인물이었다는 것만은 어쨌든 분명한 사실인 듯하다. 두 아들의 대립을 알고 여러 가지 조치를 취했으나, 어느 하나 결정적인 것은 없었기 때문이다. 결정적인 조치를 취할 수 있었는데도 그것을 단행하지 못했다.

천책상장이라는 칭호나 홍의궁 조영은 임시변통의 조치였다. 문제를 해결하지 못했을 뿐만 아니라 오히려 더 복잡하게 만들어 버렸다. 건성·세민의 지위 간격을 줄여서 후자의 불만을 달래 줄 생각이었지만, 간격 축소는 세민 쪽에게 쓸데없는 희망을 품게 만들었다.

지금 우리가 읽는 사서는 그 희망대로 쓰인 것이다. 이연이 얼마나 세민을 사랑했고, 얼마나 그 재능을 높이 평가했는지, 또 황태자를 폐립할 의사가 있었다는 것의 증거로서 칭호와 궁전 조영을 예로 들고 있다.

현무문 쿠데타의 미스터리

황태자는 현재 그 지위에서 웬만한 죄를 짓지 않는 한 폐립되지 않는다. 『구당서』에는 건성이 잔인했다는 기술이 있지만, 어떻게 잔인했는지 그것을 증명할 일화는 싣지 않았다. 제왕 원길이 세민을 찌르려고 한 것을 건성이 말렸다는 이야기가 『자치통감』 무덕 7년(624) 6월 항에 나온다. 거기에는,

> 건성은 성질이 매우 인후(仁厚)했다. 얼른 이를 제지했다.

라고 잔인과는 반대되는 표현이 보인다. 수나라 양용(楊勇)처럼 남녀관계에 엄격한 어머니로 인해 호색 때문에 황태자 자리에서 쫓겨난 전례는 있었지만, 건성에게는 그것도 없었다. 만일 있었다면 곡필 사관이 더 과장해서 썼을 것이다. 고조 이연은 많은 비(妃)를 두었는데, 그녀들 중에서 아들을 낳은 자는 자신의 아들이 아직 어렸기 때문에 장래를 보장받으려는 욕심에 다음 황제가 될 건성에게 접근했다. 그것은 호의를 바라고 한 행동이지 몰래 정을 통하는 관계는 아니었다.

> 건성과 원길은 또 밖으로 소인과 결탁하고, 안으로는 폐행(嬖幸, 황
> 제의 총애를 받는 사람―옮긴이)과 관계하여, 고조가 사랑하는 장첩여
> (張婕妤)와 윤덕비(尹德妃)는 모두 이들과 음란했다.

이것이 『구당서』 「은태자전」에 실린 내용이다. 건성과 원길의 이름을

나란히 적었는데, 음란한 상대가 어느 쪽인지 매우 모호하다. 아버지의 애비(愛妃)와 정을 통한 것은 중대한 죄악이나 그것을 소인과 결탁한 것과 대구를 이룬 것도 기묘하다고 할 수 있다. 몹시 자신 없는 문맥으로 느껴진다.

건성은 크게 잘못하지 않는 한 천자의 자리에 오를 수 있었으나, 세민은 공격해서 획득하지 않으면 안 되었다. 대립이라고 해도 세민 쪽의 공격이 일방적으로 심했을 것이다.

무덕 9년(626), 형제의 대립은 점점 격해졌다. 세민 쪽에서 공격하는 방법이 너무 지나쳐서 황태자 건성 쪽에서도 마침내 반격할 필요를 느낀 것 같다.

> 건성과 원길, 후궁은 주야로 상(上, 고조)에게 세민을 참소했다. 상은 이를 믿고 바야흐로 세민에게 죄를 주려 했다.

후궁이란 앞에 나온 장·윤 두 사람일 것이다. 세민 쪽의 공격 자세가 점점 뚜렷해졌기 때문에 너무 심하지 않느냐고 아버지에게 호소한 것이다. 고조도 뜻을 굳히고 이때 세민을 처벌하지 않으면 안 되겠다고 생각했다. 그런데 진숙달(陳叔達)이 세민은 천하에 큰 공을 세웠으므로, 처벌해서는 안 된다고 간언하는 바람에 고조는 그만두었다. 이런 점에서 결단력이 부족한 고조의 약점이 드러난다. 일단 처벌을 결심했다는 것은 황태자들의 호소에 설득력이 있었기 때문일 것이다.

> 건성과 원길에게 진부(秦府, 진왕 이세민의 부)의 책사로서 두려워해

야 할 인물은 오직 방현령(房玄齡), 두여회(杜如晦)뿐이라고 말했다.

이들을 모두 상에게 참소하여 추방했다.

이것은 『자치통감』의 한 구절이다. 세민의 참모이자 책사로서 두려워해야 할 인물은 방현령과 두여회 두 사람뿐이므로 이를 고조에게 참소하여 추방했다는 말이다. 참소의 '참(讒)'은 '거짓으로 호소한다'는 뜻이다.

중원의 사슴을 쫓는 승자로서 천하를 얻은 고조쯤 되는 자가 거짓으로 꾸민 일을 곧이들었을 리 없다. 세민 쪽에서 황태자를 상대로 제국 계승자의 지위를 빼앗으려고 여러 가지 계책을 썼다는 사실은 고조도 알고 있었다. 방과 두 두 사람을 추방한 것은 건성과 원길의 참소에 따른 것으로 되어 있지만, 어쩌면 이것도 사관의 곡필일지 모른다. 아들들이 서로 다투는 모습을 보다 못한 고조가 공격하는 쪽인 세민에게서 책사를 떼어 놓았다고 생각하는 편이 자연스럽다. 최선의 방책은 세민을 처분하는 것이었으나, 고조는 사랑하는 자식에게 너무 심한 처분은 내리지 못하는 성격의 소유자였다.

이리하여 방, 두 두 사람은 진왕부에서 추방되어 폐문칩거의 몸이 되었다. 이 일은 세민 측을 궁지로 모는 꼴이 되었다. 책모(策謀)가 이미 공공연한 사실로 드러나게 된 것이다. 고조는 당연한 일이지만, 세민 쪽에게 엄한 태도를 보였다.

세민은 자신의 뜻을 실행으로 옮길 결의를 다졌다. 그는 먼저 긴급히 입궐하여 형인 황태자와 동생인 원길이 후궁 여성들과 결탁하여 자신을 죽이려고 한다고 아버지께 호소했다.

신은 형제에게 추호도 신세를 진 것이 없는데, 지금 신을 죽이려 합니다. 이것은 세충(世充), 건덕(建德)의 원수를 갚으려는 것과 같습니다. 신이 지금 억울한 죄로 죽는다면, 군친과는 영원히 멀어지게 될 것입니다. 지하에서 그 적들을 만나 비웃음을 당할 것이 부끄럽습니다.

무척 감정적인 발언이 아닐 수 없다. 형과 동생이 자신을 죽이려고 하는데, 그것은 자신이 토벌한 왕세충과 두건덕을 위해 원수를 갚아 주는 것과 같다. 지하에서 세충과 건덕을 만나면 '꼴좋다'며 비웃음을 당할 것이 부끄럽다고 말하고 있다.

이에 고조는 이 사건에 관해서는 내일 아침 두 사람에게 이야기를 듣겠다고 대답했다. 아마 고조는 두 사람을 불러서 형제는 사이좋게 지내야 한다고 훈계할 작정이었을 것이다. 그러나 이세민은 이미 반란을 준비하고 있었다. 이 입궐은 건성과 원길을 궁전으로 불러들이게 하기 위한 책략에 지나지 않았다. 황제의 부름이 있으면 반드시 입궐해야 한다.

두 파의 대립이 긴박해졌다. 황태자 측에서도 경계 엄중이었을 터이다. 사서에는 이세민이 현무문에서 숨어 기다리다 간단히 황태자와 이원길을 죽였다고 한다.

이것은 이세민의 작전 승리였다. 황태자 측의 경계는 매우 엄중했다. 그러나 현무문 부근에서는 경계를 늦출 것을 알고 있었다. 현무문은 궁전의 북문에 해당한다. 이곳부터는 궁중이라 일반인의 출입은 물론 관리들도 부적(符籍), 다시 말해 허가증이 있어야만 했다. 무장병이 들어갈 수 없는 것은 당연했다. 황태자와 원길도 인솔해 간 정병(精兵) 2천 명을 현무문 밖에 머물게 하고 부적을 지닌 몇몇 부하만 데리고 문 안으로 들어갔다. 게다가 현무문 수비대장 상하(常何)라는 인물은 황태자의 옛 부하였으므로 황태자파로 간주되었다. 현무문은 안전지대라고 해도 좋을 장소였다.

그런데 상하가 세민에게 매수되었다. 이세민은 황태자 쪽 사람으로 보이는 상하를 매수한 시점에서 쿠데타가 성공할 것이라고 자신했을 터이다. 상식적으로 현무문에 복병이 있으리라고는 생각할 수 없었다. 전날의 입궐은 황태자를 현무문으로 유인하기 위한 전술에 지나지 않았다. 황태자가 속수무책으로 살해된 것은 당연했다.

이것은 일종의 추리에 지나지 않는다. 하지만 이 매수설을 주장한 진인각(陳寅恪, 1890~1969)은 현대 중국에서도 손꼽히는 당나라 역사의 권위자이다. 추리의 뒷받침이 된 사료는 프랑스인 페리오(Paul Pelliot, 1878~1945, 동양학자-옮긴이)가 돈황에서 가져가 지금 파리 국립도서관에 수장된 문서 안에 이의부(李義府)가 지은 상하의 묘지명(墓誌銘) 사본(페리오 2,640호 문서)이다. 그것을 바탕으로 쿠데타가 일어난 무덕 9년(626) 6월 4일, 상하가 현무문을 지키고 있었다는 것을 알게 되었다.

3년 뒤, 현무문 수비대장 상하는 정4품관인 중랑장이 되었다는 사실도 밝혀졌다. 이는 『구당서』의 「마주전(馬周傳)」에서 우연히 발견되었다. 마주는 후에 이부상서(吏部尙書, 내무부 장관)까지 오른 인물로서, 젊었을 때는 가난했으나 학문을 좋아하여 중랑장 상하의 집에 식객으로 있었다. 정관(貞觀) 3년(629) 6월의 일이다. 이미 즉위한 태종 이세민은 간부 관료들에게 정견 논문을 쓰게 했다. 학문이 없어 난처해진 상하는 식객인 마주에게 글을 쓰게 했는데, 이것이 몹시 훌륭했다. 이를 괴이하게 여긴 태종이 물으니,

이것은 신이 능히 할 수 있는 일이 아닙니다. 가객인 마주의 솜씨입니다.

라고 실토했다. 이것이 마주가 출세하게 된 계기인데, 상하도 유능한 인재를 추천했다는 점에서 비단 300필을 하사받았다고 적혀 있다.

태종의 현무문 반란 경위와 추리 등을 지나치게 소상히 이야기했는데, 이것은 당나라 역사에서 매우 중요한 사건이다. 권력을 얻기 위해서라면 형제를 죽이는 일조차 마다하지 않은 인물이 실질적으로 대당제국을 구축했다.

태종 이세민, 이는 결연한 인물이었다. 반란 뒤처리에서도 용서는 없었다. 큰형 이덕성에게는 자식이 다섯 있었는데 모두 죽여 버렸다. 아우인 이원길도 살해되었을 때의 나이가 24세밖에 안 되었지만, 자식을 다섯이나 두었다. 물론 한 사람도 남김없이 죽음을 당했다.

6월에 반란이 일어났고 8월에 고조가 퇴위하고 태종이 즉위했다. 사서에는 고조가 양위하겠다는 것을 세민이 한사코 사양했으나 허락되지 않아 갑자일에 하는 수 없이 즉위한 것으로 되어 있다. 고조가 자발적으로 퇴위했다고는 도저히 생각할 수 없다. 이해에 고조 나이 62세, 태종은 29세였다.

퇴위하여 태상황(太上皇)이 된 고조 이연은 자신이 세민을 위해서 특별히 지어 준 홍의궁에 들어갔다. 당연히 궁전 이름은 대안궁(大安宮)으로 바뀌었다.

정관 6년, 황태자파를 배신한 수문장의 식객으로 있다가 발탁된 마주는 태종 이세민이 장안에서 멀리 떨어진 곳으로 피서를 간다는 말을 들었을 때 상서를 올렸다. 그 내용은 '멀리 가면 부친이 자식을 보고 싶을 때 금방 볼 수 없지 않느냐'는 것이었다. 유고의 윤리인 '부모가 살아 계실 때는 멀리 가서 놀지 않는다'는 것을 의식한 말이었다. 마주는 이렇게 덧붙였다.

본디 피서하기 위함입니다. 그런데 태상왕은 아직 열소(熱所)에 계시는데, 폐하께서는 스스로 양처(凉處)를 찾아가려 하십니까.

부친을 더운 곳에 놔두고 자신만 더위를 피해 시원한 곳에 가는 것을 나무라는 말이었다. 어쩐지 고조를 대하는 태종의 감정은 그다지 좋지 않았다. 사서에서 말하는 대로 고조가 전부터 건성을 폐하고 세민을 황태자로 세우고 싶어 했다면, 이와 같은 냉대는 받지 않았을 것이다. 태종은 자신의 행동으로써 사서를 뜯어고친 부분이 있다는 것을 증명한 셈이다.

당 태종은 역사상 최고의 명군으로 칭송받는다. 하지만 부친을 대하는 모습은 아무리 생각해도 좋아 보이지 않는다. 태종 명군설은 문헌의 분식(粉飾)에서 생겨난 것이겠지만, 그것은 과도하게 추어올렸다는 말일 뿐 드물게 보는 명군이었던 것만은 틀림없다.

정치적 업적을 기준으로 생각하면, 차가운 면이 있는 군주가 훌륭한 일을 더 많이 한다. 6국을 멸망시킨 진(秦)은 국력 외에 시황제라는 인간의 힘에 의지한 바가 크다. 시황제의 힘의 원천은 그 냉정함에 있다. 난세의 통일이라는 거대한 사업을 이루기 위해서는 냉철하기 짝이 없는 마음으로 판단하고 결행해야 한다. 어정쩡한 온정은 오히려 방해가 될 뿐이다.

아무리 분식해도 태종의 마음에 차가운 면이 있었다는 것은 기록에서 종종 드러난다. 단, 차가운 면이 있었기 때문에 태종의 정치적인 판단은 대개 정확했다고도 할 수 있다.

고조와 태종의 차이점이 여기에 있다. 차가운 면이 없었던 고조는 아들들의 대립에 결연한 조치를 취하지 못했다. 건성을 황태자로 세웠다면, 그에 대항하고 지위를 빼앗으려고 음모를 꾀하는 세민을 과감하게 처단했어야 한다. 하지만 고조에게는 자기 자식을 죽이는 냉정함이 없었다. 고조는 아들 하나를 죽이지 못함으로써 한꺼번에 두 아들과 손자 18명을 잃었다.

정치적 수완을 평가한다면 몰라도 친구를 고른다면, 나는 망설이지 않고 고조 이연을 택할 것이다. 확실히 치적은 훌륭해도 태종 이세민은 친구로서 사귀고 싶지 않은 인물이다.

태종은 관용을 베풀었다고 전해지고 있다. 그 근거로 황태자 건성파 사람들을 용서했다는 것을 든다. 특히 위징(魏徵) 등은 이건성에게 황태자의 지위를 지키고 싶다면, 진왕 이세민을 죽여야 한다고 권했던 인물이다. 위징의 진언을 듣지 않은 이건성은 아마 아버지를 닮아 권력자가 갖추어야 할 냉정함을 지니지 못한 인물인 것 같다. 반란이 성공한 뒤 이세민은 위징을 불러내,

그대는 내 형제를 이간시켰다. 무슨 짓이냐?

고 질책했다.

형제의 대립은 확실히 그 측근에 따라 변하는 면이 있다. 그러나 그렇다고 해도 죄는 건성의 측근만이 아니라 세민의 측근에도 있다. 그런데

도 세민은 이제 승리자가 되어 위징을 힐문했다. 이에 위징은 조금도 기죽지 않고 대답했다.

> 황태자(건성)께서 만일 징(徵, 위징)의 말을 따랐다면, 반드시 오늘의 화는 없었을 것입니다.

'징의 말'이란 다름 아닌 세민을 죽이라는 것이었다. 그렇게 했다면 좋았을 것이라는 대답이니 패자로서 대담무쌍한 발언이라 아니할 수 없다. 위징은 이 말을 입에 담은 이상 분명 죽음까지 각오했을 것이다. 하지만 태종은 위징을 용서하고, 첨사주부(詹事主簿, 동궁의 도장을 관장하고 공문서의 타당성을 검열하는 종7품 관리)에 임명했다.

죽음을 두려워하지 않고 옳다고 믿는 것을 말하는 인물, 그런 사람은 흔하지 않다. 태종은 여기에서 그런 인물을 발견했다.

태종은 이제부터 황제로서 자신의 포부를 실현하고자 했다. 신이 아닌 이상 그에게도 착오가 있을 것이다. 자신은 미처 깨닫지 못하지만 곁에서 보면 잘못을 아는 경우가 있다. 알고도 황제가 두려워서 그것을 말하지 못한다면 태종은 영원히 자신의 잘못을 깨닫지 못한다. 그 결과 실제 정치에서 돌이킬 수 없는 실수를 저지르게 된다.

한마디 주의를 주었다면 좋았을 것을……. 태종은 지금까지 이렇게 생각한 적이 한두 번이 아니었다. 그렇더라도 생사여탈의 권력을 쥔 군주에게 분별없이 말할 수는 없는 노릇이다. 용기가 필요하다.

태종은 위징에게서 그런 용기를 보았다. 이런 자는 반드시 도움이 된다고 생각했기 때문에 그를 용서한 것이다. 순연한 관용의 행위가 아니었다. 그랬다면 왜 열 명이나 되는 어린 조카들을 죽였느냐고 반문해야 한다.

건성파 사람들도 대부분 용서받았는데, 그것은 태종이 그들을 인재로서 활용할 수 있다고 생각했기 때문이다.

건국한 지 10년도 채 되지 않은 당 왕조에는 대대로 내려오는 가신이 극히 적었다. 현무문의 반란에서 세민파로서 큰 공을 세운 울지경덕은 원래 유무주의 동맹자로 이세민에게 토벌당한 송금강(宋金剛)의 부장이었다. 이세민이 사로잡아 훗날 중용한 무인이다.

건성파라고 하나 위징은 일찍이 이밀의 부하였다. 이씨 성을 하사받은 이세적, 후에 세민의 이름을 꺼려서 '세' 자를 빼고 이적이라고 칭한 장군도 도적떼로서 적양의 한쪽 팔이 되었다가 다시 이밀 밑으로 들어간 경력이 있다. 세민파의 유력자로 꼽히는 이정(李靖)은 이연 거병을 수나라의 양제에게 급히 전하려다 붙잡힌 인물이다.

건성파든 세민파든 우연히 그쪽에 속했을 뿐, 그 관계가 10년이 넘은 자가 없었다. 대대로 당(唐)을 섬긴 것이 아니라면, 군신의 관계도 충성심이라기보다는 앞에서 인용한 위징의 시에도 나왔던 '인생은 의기에 감동한다'에 나타난 마음의 움직임에 따른 것이 강했을 것이다. 높이 평가해주니 그에 보답하려 한 것이다. 같은 시에 '깊이 국사(國士)의 은혜를 생각한다'는 구절이 있었다.

이세민은 위징을 국사(國士, 국가의 유용한 인물)로 인정해서 용서했고, 위징은 그 은혜를 느꼈다.

정관의 실상

허울 좋은 '정관의 치'

태종 이세민과 가신들의 문답이 『정관정요(貞觀政要)』에 수록되어 있다. 이 책은 옛날부터 위정자들의 교과서로 널리 쓰였을 만큼 유명하다. 정관(貞觀)이란 23년 동안 이어진 태종 치세의 연호다.

'정관의 치(治)'라고 해서 태종의 치세는 중국에서도 가장 정치를 잘한 시대라고 한다. 하지만 그렇게 기록되어 있다고 해서 실제로 그랬는지는 의문이다. 허경종(許敬宗) 같은 곡필(曲筆)의 인물이 기록을 담당했으니, 문헌을 맹신하는 것은 좋지 않을 것 같다.

천하를 통일하고 뛰어난 정치로 천하태평을 이루어 백성을 행복하게 한 성천자는 봉선(封禪)이라는 중요한 의식을 올릴 자격이 있다고 한다. 태종도 봉선할 생각이었으나 위징이 반대했다. 이때 위징은 다음과 같이 말했다.

수말(隋末)의 대란 끝에 호구(戶口)가 아직 복구되지 않았고, 식량 창고는 여전히 비었습니다. 그런데 거가(車駕, 황제의 수레)가 동쪽을 순행한다면, 수많은 병거(兵車)와 기마병의 숙식을 제공하기 위한 노고와 비용 또한 감당하기 어려울 것입니다. 게다가 폐하께서 봉선하면, 곧 만국이 모여들어, 원이(遠夷, 먼 오랑캐 나라들)의 군장(君長)은 모두 마땅히 폐하를 수행할 것입니다. 지금 이수(伊水)와 낙수(洛水)에서 동쪽으로, 동해와 태산(泰山)지방에 이르기까지 백성의 밥 짓는 연기는 드물고 온통 잡목과 잡초 덤불로 가득합니다. 이는 곧 융적(戎狄, 오랑캐)을 끌어들여, 나라의 허약함을 보여 주는 것입니다.

정관 6년(632)의 일이다. 정관 초기라고 하지만 당나라의 국정은 아직도 어려웠던 모양이다. 수나라 말, 군웅의 축록전(逐鹿戰, 천자 쟁탈전)에서 받은 국가적 손해는 아직 회복되지 않았다. 봉선을 하면 외국의 사절단도 참여할 것이고, 그러면 중원(中原)에서부터 봉선이 거행되는 산동 반도의 태산까지 황폐해진 나라꼴을 그들에게 고스란히 보여 주게 된다. 그들의 마음에 당나라를 멸시하는 마음이 일어나면, 그것이 외교에 영향을 주어서 국경침공을 초래할 수도 있다. 위징은 이것을,

허명(虛名)을 중시하여 실해(實害)를 입는 것.

이라고 단정했다.

마침 이 무렵 하남지방에 수해가 일어나 봉선은 중지되었다.

사실 이것은 위징의 언행록에 실려 있는데, 정사에는 조금 다르게 적

혀 있다. 정사에는 군신이 봉선을 권했으나 태종이,

> 옛날 진시황은 봉선하고, 한문제는 봉선하지 않았다. 후세에 문제
> (文帝)의 슬기로움이 어찌 시황제에 미치지 못한다 하겠는가?

라며 스스로 봉선에 반대한 것으로 기록되어 있다. 이쯤 되면 내용이 완전히 달라져서 어느 쪽을 믿어야 할지 망설이게 된다.

　여기에서 위징이 죽었을 때 묘비 문제가 참고가 될 것이다. 정관 17년 (643) 정월, 위징이 죽자 태종은 몸소 붓을 들어 비문을 썼다. 그런데 나중에 태종은 위징이 그때까지 자신에게 했던 간언(諫言)을 모두 기록해두었고, 게다가 그 내용을 사관 기거랑(起居郎, 실록 기록 담당)에게 보여 주었다는 사실을 알게 되었다. 격노한 태종은 자신이 비문을 쓴 위징의 묘비를 쓰러뜨리라고 명령했다. 그뿐만이 아니다. 태종은 딸인 형산공주(衡山公主)를 위징의 장남인 위숙옥(魏叔玉)과 결혼시키겠다던 약속도 취소해 버렸다. 그밖에도 태종에게 불쾌감을 준 일이 더 있었지만, 그렇다고 일단 세운 묘비를 넘어뜨린다는 것은 도저히 있을 수 없는 일이다. 태종의 분노가 얼마나 컸는지 이로써 알 수 있다.

　태종은 왜 격노했을까? 이것은 추측이지만 위징이 상세한 간언 기록을 남겼다면 태종이 만들고자 하는 『실록』에 저촉되는 부분이 적지 않았기 때문인지도 모른다.

　봉선에 관한 서로 다른 두 기술의 수수께끼를 푸는 열쇠가 바로 여기에 있다. 군신이 청한 형태로 되어 있지만, 봉선은 태종의 의사였고 위징은 그것에 반대했다. 앞에서 인용한 반대론은 『문정공(文貞公, 위징) 전록

(傳錄)』에서『자치통감』이 인용한 문장이다. 태종은 이 간언을 받아들이지 않았지만, 봉선은 수해로 중지되었다. 어쨌든 봉선은 거행되지 않았으니 태종은 자신의 의사로 봉선을 중지한 것처럼 하고 싶었던 모양이다. 태종의 뜻을 받은 허경종 같은 사관이 그럴듯하게 적은 것이 진상이라고 생각한다.

관(官)에서 만든『실록』은 이처럼 여기저기 손질을 했기 때문에 그런 공작이 있었다는 사실을 눈치 챌 만한 다른 기록이 남아서는 곤란했다. 자신이 오랫동안 주의를 거듭하여 정성들여 채색한 성천자의 상(像)을 위징은 아무 생각 없이 더럽히려 한 것이다. 이것 말고는 태종이 죽은 위징에게 믿을 수 없을 만큼 화를 낸 이유를 생각하기 어렵다.

『정관정요』에 태종이『기거주(起居注)』를 보고 싶어 했으나, 제왕은 그와 같은 것을 보면 안 된다는 간언을 들었다는 이야기가 실려 있다.『기거주』란 황제의 일상 언행을 기록한 것으로 이는 앞에서 이야기한 사관 기거랑이 작성했다.

간언에 따라 기록을 보지 않았느냐 하면 그렇지도 않았다. 태종은 기어이 그것을 보고 만다.『자치통감』의 정관 17년(643) 항에 다음과 같은 기사가 실려 있다.

> 처음 상(上, 태종)은 감수국사(監修國史) 방현령(房玄齡)에게 묻기를, 전세(前世)에 사관이 기록한 것을 모두 군주로 하여금 보지 못하게 하는 것은 어쩐된 까닭인가? 이에 대답하기를, 사관은 아름다운 것을 거짓으로 적지 않고, 악한 것을 숨기지 않으므로, 만일 군주가 이를 본다면, 필시 노여워할 것이니, 감히 보여 드리지 않는 것입니다. 상이

말하기를, 짐의 마음은 예전과 다르다. 제왕이 스스로 국사를 보고자
함은 전일의 악을 알고 훗날의 훈계로 삼고자 함이다.

간의대부(諫議大夫) 주자사(朱子奢)도 그런 일을 하면 사관이 형을 받거
나 살해될 위험이 있으므로 제왕은 기록을 봐서는 안 된다고 말했다. 하
지만,

상께서 따르지 않았다.

라고 되어 있으며, 태종은 그것을 보고 현무문 사건 대목을 다시 쓰라고
명령했다. 태종은 현무문 사건에 무척 신경을 쓴 것이 틀림없다. 다시 쓴
것을 태종이 검열했을 터이니 그의 뜻에 들지 않을 수 없었다.

국고를 털어 해결한 위수의 맹약

정관의 치는 보기 좋게 장식되었다. 마치 그 시대가 유토피아처럼 생
각되었는지 일본도 그것을 닮으려고 세이와(淸和) 일왕 시대에 '정관'이라
는 연호(859~877)를 사용했다.

양위를 거쳐 태종이 즉위한 것은 무덕(武德) 9년(626) 8월 계해일(癸亥
日)인데, 같은 달 을해일(乙亥日)에 돌궐의 돌리가한(突利可汗)과 힐리가한
(頡利可汗)이 장안 근처 무공(武功)까지 진격해 왔다. 태종이 즉위하고 겨
우 12일 뒤였으며 그 군사는 10여 만이나 되었다.

이세민의 즉위는 말할 것도 없이 이건성(李建成)이 몰락한 결과였다.

이세민이 왕세충(王世充)과 두건덕(竇建德)을 토벌하는 화려한 무대에서 활약한 것에 비해, 황태자 이건성은 변경 경비라는 평범하지만 매우 중요한 임무를 맡고 있었다는 사실은 앞에서 이야기했다. 당의 국경 경비군은 거의 이건성 직속 군대였다. 현무문의 변으로 이건성은 하루아침에 '반역자'라는 낙인이 찍혔고, 국경경비군은 반역자 직속 군대가 되었다. 태종이 은사령을 내리기는 했지만, 그들은 여전히 동요했고 사기가 떨어진 것은 말할 나위도 없다. 돌궐은 국경의 당나라 군대가 의기소침해 있는 틈을 타서 단숨에 남하했다.

무공은 장안에서 70킬로미터 정도밖에 떨어져 있지 않았다. 국도 장안에는 계엄령이 선포되었다.

힐리가한은 위수(渭水)의 편교(便橋)라는 곳에 이르러 부장인 집실사력(執失思力)을 군사(軍使)로서 장안에 보냈다. 집실사력의 임무가 무엇이었는지는 모른다. 『구당서』에는 정찰을 위해서라고 되어 있지만 이는 믿기 어렵다. 태종은 이 군사를 붙잡아 몸소 현무문을 나서 겨우 6기(騎)를 거느리고 위수로 달려가 강을 사이에 두고 힐리가한에게 협정 위반이라며 따졌다고 한다. 태종의 6기 뒤로 당나라 대군이 혹시나 늦을세라 속속 도착했기 때문에 힐리가한은 크게 겁을 먹고 마침내 강화를 청했고, 태종은 조칙으로써 그것을 허락하고 그날로 궁전으로 돌아왔다고 되어 있다.

> 8월 을유(乙酉), (태종은) 또한 편교에 가서, 힐리와 함께 백마(白馬)를 죽여 동맹을 맺으니, 돌궐은 물러갔다.

> 9월 병술(丙戌), 힐리는 말 3천 마리, 양 1만 마리를 바쳤다. 황제는
> 받지 않았다. 힐리로 하여금 잡아간 중국 주민을 돌려보내게 했다.

이는 『구당서』에 기록된 내용인데 누가 봐도 이상하다고 할 것이다.

돌궐군은 전의를 잃은 당나라 군대의 저항도 받지 않고 당나라 국도
에서 70킬로미터쯤 떨어진 곳까지 진군했다.

그곳으로 태종이 기마병 6기를 거느리고 와서 협정위반이라고 따졌
고, 이에 힐리가한은 황송해했다는 것이다. 설득력을 갖게 하기 위해서
태종 뒤로 대군이 따라왔다고 해 놓았다. 하지만 위수에 도착한 돌궐군
은 10여 만이었다. 당의 대군이라 했지만 현무문 사건이라는 대동란을
겪은 직후여서 당나라 군대도 혼란 상태였을 것이다. 태종이 6기를 거느
리고 달려왔다는 것은 당장 많은 병력을 동원할 수 없었음을 말해 주는
것이 아닐까? 그리고 태종에게는 분명 일각을 다투는 용건이 있었던 것
이다. 그렇지 않다면 상식적으로 천자는 대군과 함께 움직이는 것이 보
통이다.

어떤 사관의 사적인 기록에 따르면, 돌궐군 내습 보고를 받았을 때 장
안에서 동원할 수 있는 군대는 몇 만에 지나지 않았다고 한다. 그래서
이정(李靖)은,

> 국고를 비워서 그것으로 강화를 청한다.

는 방책을 진언했다고 한다.

당은 국고를 비워서, 즉 전 재산을 다 털어서 이것을 돌궐에게 주고

물러가 달라고 부탁한 것이다. 돌궐도 재물을 바랐기 때문에 그 교섭을 위해 집실사력이라는 사자를 보냈을 것이다.

이렇게 말하는 쪽이 훨씬 수긍이 간다. 돌궐군이 약속 위반이라는 질책을 당하고 맥없이 돌아간다는 것은 누가 봐도 말도 안 되는 일이다. 돌궐은 10여 만의 군대를 동원했다. 유목제국이므로 '사냥감은 얼마든지 있다. 나중에 그것을 배분해 주겠다'며 군사를 모았을 것이다. 이렇게 모은 군대를 철퇴시키려면 그들이 부하들에게 약속한 '넉넉한 사냥감'을 주는 수밖에 없다.

백마를 죽여서 그 피를 서로 마시는 것은 맹약의 최고 의식이다. 8월 을유(乙酉)의 맹약은 틀림없이 당나라가 제공한 전 재산을 돌궐이 받고, 그 대신 군사를 물린다는 내용이었을 것이다. 9월 병술(丙戌)에 돌궐은 말과 양을 바쳤다. 국고를 비운 물품이 뇌물이 아니라 교역인 것처럼 보이게 하려는 일종의 형식으로 생각된다. 준 것에 비하면 말도 안 될 만큼 조촐한 선물이다. 『구당서』에는 '받지 않았다'고 되어 있으나 형식이므로 실제로는 받았을 것이다. 하지만 받은 기분은 나지 않았을 것이다. 돌궐이 잡아가서 노예로 삼은 한족을 송환한다는 것은 이 위수에서 맹약을 맺을 때 이야기가 되었을 것이다. 하지만 그것은 부수적인 것에 지나지 않았을 터이다.

위수 강변의 맹약이 당에게 얼마나 굴욕적인 일이었는지는 당 위주로 기록한 사서의 행간에서도 읽어 낼 수 있다.

훗날 당군은 이정을 장군으로 한 원정군을 보내 돌궐을 격파했다. 『구당서』의 「이정전(李靖傳)」에는 태종이 이정의 전공을 치하하며,

위세가 북적(北狄)에 떨치기는 고금에 없던 일로, 왕년의 위수의
싸움을 갚기에 족하다.

라고 말했다는 기록이 있다. 갚는다는 것은 보복한다는 뜻이니 '위수의
싸움'을 갚을 수 있었다는 것은 그것이 패전이었거나 아니면 굴욕적인
강화였거나 둘 중 하나였음이 분명하다. 적어도 6기를 거느린 태종이 '협
정위반이다!'라고 호통 치자, 돌궐이 물러간 것이 아님은 이와 같은 기술
로도 분명하다. 이것이 『신당서』에서는,

우리 위수의 치욕을 씻기에 족하다.

라며 한층 더 분명하게 적혀 있다. 위수에서의 맹약은 당에게, 그리고 즉
위한지 얼마 안 된 태종에게 '치욕'이었다. '정관의 치'라고 찬양하는 시대
는 뜻밖에도 이와 같은 '치욕'으로 시작되었다. 이해는 개원(開元)하지 않
았으므로 연호는 아직 '무덕'이었다.

다만 3년 뒤인 정관 3년(629)에 당은 이미 돌리가한을 항복시켜 그 치
욕을 씻었으니 저력은 대단하다고 할 만 하다. 태종은 훌륭한 지도력을
보여 준 것이다.

태종이 즉위한 이듬해 연호를 고쳐 정관 원년(627)이 되었다. 이해는
굉장한 해였다. 기후가 이상하여 심한 가뭄이 들었다. 세금을 면하고 구
제활동을 폈으나 정부의 힘에는 한계가 있었다. 『구당서』의 「태종본기」에,

이해에 관중(關中)이 굶주렸다. 남녀를 사고파는 자까지 나타났다.

라는 기록이 있다. 남녀를 매매한 것은 잡아먹기 위해서다. 단순한 기근이 아니라 소름끼치도록 혹심한 재앙이었다.

이상기후는 당나라 땅에서만 나타난 것이 아니었다. 돌궐 땅에도 큰눈이 내려 굉장했다. 당은 가뭄으로 농작물이 자라지 않았고, 새외지방에서는 몇 자나 되는 큰 눈으로 먹을 풀이 없어서 엄청난 양과 말이 굶어 죽었으며, 그로 인해 그것을 상식(常食)으로 하는 백성 중에서도 굶어죽는 이가 속출했다.

이듬해인 정관 2년에도 당나라는 하남, 하북에 서리가 내려 부분적인 기근이 있었으나 태종은 각지에 의창(義倉, 기근 때 무료로 방출하는 식량창고)을 설치하는 등 대책을 강구했다.

돌궐에도 눈피해가 계속되었다.『구당서』「돌궐힐리가한전」에는,

해마다 큰 눈이 내려 육축(六畜, 여러 가지 가축)이 많이 죽어, 나라안이 크게 굶주렸다. 힐리는 준비를 충분히 하지 못하고, 또 여러 부(部)에서 조세를 심하게 징수했다. 이로써 백성들은 명령을 견디지 못하고 안팎으로 많이 반란을 일으켰다.

라고 쓰여 있다. 태종은 의창을 설치하고 조세를 면제하는 대책을 강구했으나, 돌궐의 수장은 오로지 아랫사람만 착취하여 이반하는 자가 많았다. 당에서 빼앗은 막대한 재화와 황금은 기근에 아무런 도움도 되지 않았다.

정관 3년, 당나라가 이미 '위수의 치욕'을 씻을 수 있었던 것은 당의 저력도 있었지만, 돌궐이 이와 같은 재난으로 약해졌기 때문이기도 했다.

천재, 착취, 이반, 분열 같은 일만으로 돌궐 내부가 혼란했던 것은 아니다. 북부에 철륵(鐵勒)이라는 강적이 나타났다. 철륵은 원래 부하 7만 여 가(家)로 돌궐에 속해 있었는데, 이남(夷男)이라는 수장이 독립해서 힐리가한을 공격했으며, 그때까지 돌궐에 복속해 있던 여러 부족이 그에게 붙어 큰 세력이 되었다. 태종은 유격장군(遊擊將軍) 교사망(喬射望)을 철륵의 이남에게 파견하고 이남도 동생 통특륵(統特勒)을 당에 입조시켰다. 태종은 이때 통특륵에게 보도(寶刀)와 보편(寶鞭)을 주며,

> 그대의 부(部)에 큰 죄를 지은 자가 있거든 이것으로 베어라. 작은 죄를 지은 자는 이것으로 때려라.

라고 말한 것이 『당회요(唐會要)』에 실려 있다. 태종이 철륵에게 준 것은 보도와 보편만이 아니었을 것이다. 재정 원조와 군사 원조도 약속했을 터이다. 당이 이처럼 철륵과 손잡은 것은 말할 나위도 없이 돌궐 대책이었다.

돌궐의 돌리가한이 항복하여 '위수의 치욕'을 씻었다고 태종이 기뻐한 것은 정관 3년 12월이었는데, 이듬해 4년 2월에는 총수인 힐리가한도 포로가 되었으며, 여기서 당 태종은 주변의 네 오랑캐 나라의 수장들에게 추대되어,

> 천가한(天可汗)

이라 불리게 되었다.

당의 황제이며 네 오랑캐 나라의 천가한이 되었으므로, 태종은 세계 제국의 주인이 된 셈이었다. 봉선 자격은 충분했다.

그야말로 천하의 성사(盛事)라 해야 할 것이다. 그러나 정관 첫해의 현실은 위징의 간언에도 있듯이 수말의 대란에서 아직 회복했다고 할 수 없었다.

당에 침공한 돌궐은 중국인을 끌고 가서 강제노동을 시켰는데, 당의 전승으로 그들도 귀국할 수 있었다. 그것은 실로 엄청난 숫자였다. 이제야 겨우 평화가 되살아난 것처럼 보였다.

천축 75개국을 순방한 현장

삼장법사 현장(玄奘)이 인도로 떠난 것은 이와 같은 시기였다.

현장이 태어난 것은 수나라 문제 개황(開皇) 20년(600) 무렵이다. 인수(仁壽) 2년(602)이라는 설도 있다. 철이 들 무렵에는 세상이 어지러웠다. 11세에 출가했다고 하는데, 그즈음에는 미륵신앙(彌勒信仰)이 널리 퍼져 정치적 비밀결사대로 변한 미륵 신도단이 군대를 일으키는 사건이 있었다. 사람들은 미륵불이 말법(末法, 불법이 다하고 세상이 어지러워지는 시기)에 출현해서 고뇌하는 중생을 구제한다고 믿었다. 이른바 미래불(未來佛)이다. 여기저기서 미륵부처가 세상에 나타났다는 이야기가 떠돌았고 그곳으로 순식간에 수만 명이나 되는 사람들이 모여들었다. 이는 당시 사람들이 자신이 살고 있는 이 시대를 '말법'이라고 느낄 만큼 살아가는 것이 힘겨운 세상이었다는 증거다.

수나라는 불교가 성한 시대였다. 일본의 쇼토쿠 태자(聖德太子)가 수나라에 사절로 파견한 오노노 이모코도 양제(煬帝)를 해서(海西)의 보살천자(菩薩天子)라고 불렀다. 신라와 일본에서도 유학승이 찾아왔다. 사문 정업(淨業)은 양제의 조서를 받아 홍려관(鴻臚館, 외국 사신을 접대하는 곳)에서 외국의 유학승을 가르쳤다. 양제는 재위 중에 1만 6,200명의 승려를 제도(濟度, 중생을 열반에 이르게 함-옮긴이)했다. 이것은 정부가 공인한 승려이지만 이 밖에 비합법인 이른바 사도승도 적지 않았다고 한다. 현장은 소년시절부터 재능이 뛰어났기 때문에 어린 나이에도 정식 승려가 되었다.

현장은 왕세충이 할거하던 시기의 낙양에서 불법을 수행하다가 나중에 장안으로 들어갔다. 이연(李淵)이 막 들어와 있던 장안의 불교계는 아직 침체 상태였다. 이름 있는 고승, 학승들은 난세를 피해서 지방으로 내려가 있었다. 당시에는 사천(四川)에 학승(學僧)이 많았기 때문에 현장은 장안에서 성도(成都)로 가서 그곳에서 스승을 구해 공부했다.

머지않아 장안에서도 불교가 부흥하자 현장은 다시 장안으로 돌아왔다. 현무문 사건 전후가 아닐까 생각한다.

불교가 중국에 들어온 지 벌써 500년이 넘었고 그만큼 교리 연구도 깊어졌다. 하지만 불법을 깊이 알수록 많은 의문이 생겨났다. 이것은 서역이나 남해를 거쳐서 중국에 전해지는 동안 불법이 변질되기도 하고, 또 경전이 제대로 갖추어지지 않았기 때문에 일어난 의문이었다. 젊은 현장도 많은 의문을 느꼈다. 인도에 가서 불교의 최고 학부인 날란다 학림의 학승에게 배우는 동시에 가능한 많은 경전을 가지고 돌아온다면 해결할 수 있을 것 같았다.

이렇게 해서 현장은 인도로 가기로 결심했다. 그는 조정에 천축(天竺)에 가고자 한다고 신청했다. 현장과 같은 생각을 가진 승려들이 더러 있어 조정에 낸 신청서는 연명(連名)으로 제출했다. 태종이 즉위하고 얼마되지 않은 조정은 승려들의 신청을 허락하지 않았다. 이유는 국경이 안전하지 않아 내국인의 출국을 허가할 수 없다는 것이었다. 다른 승려들은 단념했지만 현장만큼은 뜻을 굽히지 않았다.

출국 허가가 떨어지지 않았기 때문에 뜻을 관철하려면 밀출국하는 수밖에 없었다. 현장은 몰래 장안을 탈출하여 서쪽으로 향했다.

현장의 전기인 『대자은사삼장법사전(大慈恩寺三藏法師傳)』은 그의 출발을 정관 3년(629)이라고 기록한다. 그 밖에 정관 원년이라는 설도 유력하다. 이 설이 유력한 근거는 그 전기 속에 하서 지방에 기근이 들어 정부가 백성의 소개(疏開, 분산)를 허락했다는 기록이 있기 때문이다. 여행자가 눈에 띄던 시대였다. 밀출국자인 현장은 밤에는 걷고 낮에는 쉬는 고초를 겪어야 했다. 그런데 기근으로 인한 소개로 한때 여행을 하는 사람이 늘어나 현장은 그들과 섞여서 눈에 띄지 않고 여행할 수 있었다. 그렇다면 이것은 정관 원년의 일이라고 볼 수 있다. 정관 3년이라면 한창 돌궐과 전투를 치르던 중이다. 11월에는 돌궐이 하서로 쳐들어왔다는 기록이 있다. 현장은 가을에 장안을 출발했으나, 그의 전기에 돌궐과의 긴장에 관한 기록은 보이지 않는다. 그리고 사서에는 정관 3년에 기근이 들었다는 기록이 없다.

어쨌든 현장이 출발한 해는 큰 문제가 아니다. 하지만 불법을 위해 그가 아득히 먼 인도로 가려고 한 배경에 기근과 돌궐의 전쟁이 있었던 평온하지 않은 시대가 있었다는 사실만은 알아 두어야 한다. 어떤 설이 옳든 현장은 고생을 각오하고 길을 떠났다.

삼장법사 현장은 고심참담 끝에 신앙이 깊은 사람들의 도움을 받아

옥문관을 나섰다. 당시 당의 지배력은 거기까지만 미쳤기 때문에 오늘날 돈황 부근에 있던 옥문관이 국경이었다. 밀출국인 만큼 현장은 몰래 국경의 강을 건넜다. 사막을 넘어 오늘날 신장 위구르자치구의 합밀현(哈密縣)에 해당하는 이오(伊吾)의 나라에 도착했다. 현장의 처음 계획은 이오에서 북쪽을 경유하는, 이른바 초원길을 따라 천산의 북쪽에서 오늘날 중앙아시아로 나가는 것이었다.

그런데 이오의 나라에 마침 투루판 분지에 있는 고창국(高昌國)의 사자가 와 있었다. 고창국으로 돌아간 사자가 국왕에게 현장 일을 고하자 반드시 자신의 나라로 모셔 오라고 다시 사자를 파견했다. 아마 현장이라는 인물은 한눈에 사람을 끄는 매력이 있었던 모양이다. 준마 수십 마리를 이끌고 정중히 현장을 맞이하러 온 고창의 사자를 냉정하게 거절할 수 없던 현장은 예정을 바꾸어서 투루판 분지로 향했다. 천산남로(天山南路)에서도 인도로 가는 길이 있었다.

고창왕의 눈에 비친 수와 당

고창은 이상한 나라다. 투루판 분지에 있기 때문에 서역에 속하지만 국왕은 한족이었다. 오늘날 중국에서 중앙아시아에 걸친 옛 실크로드 땅의 주민은 위구르족과 카자흐족 등 주로 터키계가 많다. 이는 10세기 무렵에 일어난 민족대이동의 결과이며, 현장이 이곳에 온 당나라 때는 대부분 이란계 주민이었다. 하지만 투루판 분지는 중국 본토와 가깝고 한대(漢代)부터 둔전이 행해진 탓인지 한족 주민도 적지 않았다. 남북조 동란기에는 중국에서 이주해 온 사람들이 더욱 늘었다. 평화로운 피난민도 있었으나 무장집단도 있었다.

고창성의 유적은 지금도 남아 있다. 허물어진 궁전과 사원은 모두 햇볕에 말린 흙벽돌로 지었으며, 사원이라 해도 불사만이 아니라 경교(景敎)라고 부르는 네스토리우스파의 그리스도교, 이란의 국교로서 배화교(拜火敎)라고도 부르는 조로아스터교, 그 밖에 마니교의 절도 있었다. 그중에서 불교가 눈에 띄게 성했던 모양이다. 이란계 주민도 많았는데 정권을 장악한 것은 한족 왕조였다. 왕의 성은 국씨(麴氏)였다. 현장을 맞이한 고창왕은 국문태(麴文泰)라는 인물인데, 그는 선대 왕 국백아(麴伯雅)의 아들로 수나라 양제 무렵에 입조하여 고구려 원정군에 종군했다. 종군이라고는 하지만 양제를 시종했을 뿐 전투를 한 것은 아니었다.

사이(四夷)의 수장을 거느리고, 복종하지 않는 자를 토벌한다.

양제가 그런 모양새를 갖추고 싶어 했기 때문에 마침 때맞춰 온 국씨 부자가 원정군에 참가할 수 있었다. 이때 국백아가 수나라 귀족인 우문씨의 여자를 아내로 맞아 장안과 낙양에 잠시 머물렀다. 국백아의 아내가 된 우문씨 여자는 화용공주(華容公主)였다.

수나라에서 당나라로 바뀐 뒤에도 고창국은 당나라에 진기한 물품을 바쳤고, 당나라도 화용공주에게 머리장식 등을 선물해서 우호적인 관계를 유지했다. 현장을 맞이한 고창국 국문태는 이 젊은 당나라 승려에게 한눈에 반해 부디 고창에 머무르며 백성들을 교화해 달라고 청했다. 그렇지만 현장의 뜻은 역시 천축에 가는 것이었다. 그것은 불법을 위한 일이었고 억만 중생을 위한 일이었다. 그렇기 때문에 국금(國禁)을 어기고 사막을 넘은 것이다. 아무리 열심히 설득한다 해도 뜻을 바꿀 수는 없었다.

고창왕은 집념이 매우 강해서 현장에게 남아 달라고 간청도 하고 장안으로 송환하겠다고 협박도 했다. 하지만 현장은 단식을 하면서까지 뜻을 굽히지 않았다. 고창왕 국문태는 그제야 단념하고 현장의 출발을 허락했는데, 인도에서 돌아올 때는 고창에 들러서 3년 동안 왕의 공양을 받기로 약속했다.

현장이 장안을 출발한 것이 정관 원년 가을이었다면, 그가 고창에 머문 것은 정관 2년 전반이었다고 추정할 수 있다. 정관 3년 출발설을 따른다면 정관 4년 전반이다. 그런데 사실 정관 4년 12월에 국문태는 장안에 입조해 있었다.

봉선 문제로 위징이 걱정한 일이 실은 이때 이미 일어나고 있었다. 수의 전성기를 아는 국문태의 눈에 정관 초기의 당나라는 너무도 빈약하게 비쳤다. 사치를 좋아한 수나라의 양제는 외국의 빈객을 몹시 후하고 호화롭게 대접했다. 정월 대보름 밤 불야성의 장관이라든지 나무에까지 비단을 두른 대교역회의 성황은 앞에서도 이야기했다. 그에 비하면 당나라가 접대하는 모양은 시시할 정도였다.

수나라 양제는 나라를 실상보다 부풀려서 보여 주려고 안간힘을 썼고, 당은 실상을 있는 그대로 보여 주었다는 차이도 있었다. 하지만 '실상'만 비교하더라도 역시 태종의 당은 양제의 수에 훨씬 미치지 못했다. 수 말기의 대란은 중국에 헤아릴 수 없을 만큼 큰 피해를 입혔다.

수나라 양제 대업(大業) 2년(606), 전국의 호수는 890만 7천여 호라고 기록되어 있다. 당 태종이 즉위할 무렵 전국의 호수는 300만에 미치지 못했다고 한다. 호수만 본다면 태종의 당은 양제의 수의 3분의 1에 지나지 않는다. 수말의 동란이 어땠는지 두 숫자만 비교해도 그 윤곽을 알 수 있다.

23년의 정관의 치가 끝나고, 죽은 태종의 뒤를 이어 고종(高宗)이 개원한 영휘(永徽) 원년(650)에 호부(戶部, 재무부에 상당하는 관청)가 보고한 호수는 380만 호다. 태종 1대에서는 아직 수나라 전성기까지는 회복하지 못했다.

당이 수의 최전성기까지 회복하려면 역시 현종(玄宗) 황제의 이른바 천보(天寶) 전성기까지 기다려야 했다.

천보 13재(載, 754)에 겨우 호수가 906만 9천여 호가 되었다. 수양제 시대를 넘어서기까지 무려 150년이나 걸렸다.

인구를 비교하면 수의 대업(大業) 2년은 4,600만이고, 약 150년 뒤인 천보 13재는 5,288만으로 보고되어 있다. 당나라의 인구가 호수에 비해서 많은 것은 당의 법률로 부모가 살아 있는 동안에는 분가해서 호를 세우는 것이 허락되지 않았기 때문이다.

그렇다고 해도 기원전의 전한 말기에 전국의 호수가 1,200만 호를 넘었고 인구는 6천만에 달했는데, 당의 전성기에도 이 수준에 미치지 못했다.

숫자를 덮어놓고 믿는 것도 위험하다. 호부(戶部)가 호수나 인구를 조사하는 것은 조세나 부역을 징수하기 위해서다. 국가의 재산조사와 다름없다. 백성도 국가의 재산이고 단적으로 말한다면 황제의 소유물이다. 보고된 숫자에는 황제가 소유하지 않은 것은 포함되지 않는다. 귀족이나 지방 호족이 소유한 것, 사원, 도관(道觀, 도교의 사원)이 소유한 것은 보고되지 않았다는 뜻이다. 당나라 때 두우(杜佑)가 편찬한 『통전(通典)』은 천보 연간의 실제 호수가 1,300만에서 1,400만이었을 것으로 추정했다.

이야기가 숫자 쪽으로 빗나갔는데, 숫자에 어떤 속임수가 있든 당의 정관기(貞觀期)가 수의 대업기에 미치지 못했던 것만은 분명하다. 국문태가,

> 당은 만만하다. 수보다 훨씬 약하다.

고 실감했음은 상상하기 어렵지 않다.

물론 고창국의 국문태가 당나라에 머문 시간은 짧았다. 그러니 아무래도 수박 겉핥기식으로 보았을 것이다.

정관 시대의 당은 모든 면에서 소극적이고 화려한 점은 없지만, 사실 양제 시대의 수에는 없던 강인함이 있었다. 그것은 실로 강건한 힘이며 윤리의 힘이었다. 당은 국민도덕을 향상시키기 위한 사회교육을 상당히 철저하게 실시했던 것 같다. 정관의 치를 형용할 때 빼놓지 않고 인용하는 말이 있다. 국문태가 입조한 정관 4년에 『구당서』는 다음과 같이 적었다.

> 동쪽은 바다에 이르고 남쪽은 산에 이르기까지, 모두 밖으로 문을
> 잠그지 않고, 행려(行旅)에는 식량을 준비하지 않는다.

전국 어디를 가나 문단속이 필요 없고, 여행하는데 식량을 가져갈 필요도 없었다는 말이다. 치안이 잘 되어 있고 먹을거리가 풍족해서 각지에 급식 시설이 잘 갖추어져 있었다.

치안은 엄격한 법률만으로 유지되는 것이 아니다. 국민도덕이 향상되고 강화되어야 비로소 치안이 든든히 유지되는 법이다.

태종의 정관 연간에는 아직 대운하에 몇 천이나 되는 용주(龍舟)를 띄운 양제 시대의 경제력은 없었다. 하지만 나라의 힘은 경제력만으로 생기는 것이 아니다.

위수의 치욕 뒤에 태종은 군대를 맹훈련시켰다. 태종 스스로 훈련에 임했다. 성적이 좋은 자에게는 황제가 상을 내렸다. 태종은 유흥을 즐기지 않고 솔선수범을 보인 것이다.

> 그 후, 사졸(士卒)이 모두 정예가 되었다.

라고 역사서는 그 효과를 인정한다.

서역 정복의 야망

국문태는 당에 넘쳐났을 이 긴장을 보지 못했다. 긴장을 느꼈다고 해도 그것이 낳을 힘은 깨닫지 못했을 것이다.

당시 실크로드 교역은 현장이 걸어간 이른바 '이오의 길'을 따라 이루어졌다. 옥문관에서 사막으로 나가 이오에서 고창(투루판 분지)을 지나 언기(焉耆, 카라샤르)에서 구자(龜玆, 쿠샤)로 가는, 천산남로의 오아시스를 따라가는 길이다. 그전까지는 돈황에서 옛 누란(樓蘭)의 고지(故地)를 거쳐서 언기에 이르고, 그곳에서 천산남로로 들어가는 길이 있었으나 오랫동안 폐쇄된 탓에 '구도(舊道)'라고 불렀다.

언기왕은 구도가 부활하면 자국이 교통의 요충지가 되어서 유리하기 때문에 당에게 구도를 재개해 달라고 요청했다. 태종은 검토 끝에 구도 재개에 찬성하고 협력하기로 약속했다.

구도가 재개하면 고창국은 큰 타격을 입는다. 구도, 즉 '누란의 길'은 돈황에서 투루판 분지를 지나지 않고 언기로 나가 버린다. 물론 모든 대상이 구도를 지나는 것은 아니어서 '이오의 길'이 폐지되는 것은 아니다. 하지만 어쩐지 뒷길 같은 느낌을 주어 전보다는 쇠퇴해질 것이다.

고창은 국익을 보호할 목적에서 구도 재개를 방해했다. 언기를 공격해서 그 국도를 파괴하고 소속한 여러 성을 빼앗는 군사행동을 되풀이했다.

구도 재개에 즈음해서 언기는 당나라의 협력을 얻어 냈다. 말하자면 언기는 당과 동맹관계를 맺은 것이다. 고창은 언기를 공격하면 당의 분노를 산다는 사실을 물론 알고 있었다. 하지만 당이 국경을 넘어 징벌 군대를 보낼 줄은 전혀 예상하지 못했다. 국왕 국문태는 당에 그럴 만한 힘이 없다고 판단했다. 자기 눈으로 똑똑히 보았으니 그보다 더 확실한 것은 없다고 믿었던 것이다.

당은 고창왕 국문태에게 장안으로 와서 사죄하라고 요구했으나 국문태는 병이 났다며 입조를 거부했다. 정관 13년(639) 11월, 당은 고창에 원정군을 보내기로 했다. 이부상서(吏部尚書, 내무부 장관) 후군집(侯君集)을 대총관(大總管)으로, 좌둔위대장군(左屯衛大將軍) 설만균(薛萬均)을 부총관으로 한 원정군이 편성되어 서쪽으로 향했다.

당의 원정군이 출발했다는 소식을 듣고도 국문태는 대수롭지 않게 여겼다.

> 당은 우리와 떨어지기를 7천 리. 모래와 자갈이 그 2천 리를 차지한다. 땅에 물과 풀이 없고, 찬바람은 칼 같으며, 열풍은 타는 듯하

다. 어찌 능히 대군을 움직일 수 있으랴. 일찍이 내 입조하여 진(秦, 섬서), 농(隴, 감숙)의 북쪽을 보았더니, 성읍이 쓸쓸하여 아직도 수나라에 비할 바 못되었다. 지금 와서 나를 치겠다고 병력이 많이 출발하면, 군량이 이를 따르지 못하고, 3만 이하라면 내가 능히 이를 제압하리라. 마땅히 그들이 지치기를 기다렸다가, 앉아서 그 피폐를 거두리라. 만일 성 아래 주둔한다 하여도, 20일이 지나지 않아 식량이 떨어져 반드시 도망갈 것이다. 그 연후에 추격하여 사로잡을 것이다. 어찌 걱정할 것이 있으랴.

그는 당나라 군대의 힘을 과소평가했다.

사막을 건널 수 있을까 생각했지만, 당군은 속속 사막 입구에 도착했다. 그제야 공포를 느낀 국문태는 근심하다가 당군이 오기 직전에 죽었다.

고창성은 포위되었다. 고창은 서돌궐의 지원에 의지했다. 국문태의 누이가 서돌궐의 통엽가한(統葉可汗)의 큰 아들과 결혼해 인척관계에 있었던 것이다.

태종은 유례없는 결단력의 소유자였다. 그는 고창 원정을 서역 원정의 일환으로 파악했다. 언기와의 동맹을 충실히, 그리고 결연히 지킴으로써 서역 제국에 당이 믿을 만하다는 것을 보여 주겠다고 생각했다. 나아가 이 실력행사로 아직 우호관계가 아닌 서돌궐에 준동을 용서하지 않는다는 경고의 효과까지 올리겠다는 계산도 염두에 두었을 것이다.

서돌궐도 태종의 단호한 출병에 놀랐다. 인척관계라 해도 당의 징벌전쟁에 휘말려 패배라도 하는 날에는 큰일이었다. 서돌궐은 군사는 보냈으나 당군과 접촉하지 않고 멀리서 성원을 보내는 식으로 의리를 다하기로 했다.

고립무원의 고창은 마침내 당에게 항복했다.

국문태가 죽은 뒤, 세자인 국지성(麴智盛)이 왕이 되었는데 역부족이라 성문을 나와 포로가 되었다.

고창국은 여기에서 멸망했다. 승전 후의 뒷처리도 태종은 소신대로 했다. 이곳을 당나라의 직할령으로 삼아 서주(西州)라 명명하고 본토와 마찬가지로 현을 두었다. 그리고 투루판 분지 서쪽에 있는 교하성(交河城)에 안서도호부(安西都護府)를 두고 수비병을 배치했다.

진언의 명인인 위징은 이에 반대했다. 위징의 의견으로는, 죄는 국문태로 그치고 그 아들 국지성을 왕으로 하여 당의 속국으로 삼으면 된다는 것이었다. 직할령으로 삼아 본토와 똑같이 주현을 두면 적어도 1천여 명의 상비군을 두어야 한다. 그것도 수년마다 교체해야 한다. 그때마다 드는 비용을 생각하면 직할령으로 하는 것은 채택할 만한 것이 못 된다는 진언이었다.

> 폐하께서는 결국 고창의 쌀 한 줌과 비단 한 자로 중국을 구할 수 없습니다. 이른바 유용함을 쓸모없이 만들어 무용함에 이익을 주는 일입니다. 신은 아직도 그 좋음을 인정할 수 없습니다.

태종은 그때까지 위징의 진언을 잘 받아들였다. 하지만 그것은 자신의 판단 위에서 한 일이었다. 위징의 임무는 다른 의견을 내놓는 것이다. 태종은 그것을 자신의 의견과 비교해서 과연 상대의 말이 옳다고 생각하면 정책을 바꾼 일도 적지 않았다. 하지만 자신의 생각이 옳다고 믿을 때는 간언을 물리쳤다.

　고창 처분도 태종은 위징의 말을 듣지 않았다. 태종은 위징의 말처럼 고창에서 쌀 한 줌, 비단 한 자를 얻으려고 한 것이 아니었다. 투루판 분지를 거점으로 한 서역 경영까지 생각하고 있었다. 태종이 위징보다 멀리 내다보았다고 해야 하겠다.

당 황실의 속사정

똑똑해서 피곤한 후계자

정관 4년(630)에 당나라에 간 고창왕(高昌王) 국문태는 장안을 보고, 당(唐)을 얕잡아 보았다가 정관 14년에 나라를 멸망시켰다. 그 기간이 10년이다. 국문태가 당의 사정을 표면적으로만 보았던 점도 있지만, 그가 당을 떠난 뒤 10년 동안에 당의 국력이 충실해진 것도 사실이다.

당의 나라 만들기는 순조로웠다. 돌궐의 힘이 약해진 것이 반드시 운이 좋아서만은 아니었다. 철륵(鐵勒) 대책처럼 당나라 스스로 노력한 결과이기도 했다.

모든 일이 잘 풀리는 것처럼 보였으나, 태종이 너무도 정무에만 열심이었던 탓인지 황제의 집안에 문제가 생겼다. 태종은 다행히도 장손씨(長孫氏)라는 현처를 얻는 행운을 누렸다. 장손씨는 역시 선비계 명문으로 장손황후의 오라비인 장손무기(長孫無忌)는 현무문 사건 때 태종의 측근으로서 큰 공을 세웠다.

고조(高祖)가 태종의 움직임을 억압하기 위해 방현령(房玄齡)과 두여회(朴如晦)라는 두 모사를 연금시켰기 때문에 장손무기는 몇 사람 몫의 일을 해야 했다.

장손황후는 태종이 정치와 관련된 이야기를 하면, 일체 대답을 하지 않았다고 한다. 자기뿐만 아니라 친정 사람들이 정치에 깊이 관여하는 것을 금해서 장손 집안사람들은 가능한 중요 관직에 앉히지 않으려고 애썼다. 현처의 본보기라 할 만한 인물이었는데 애석하게도 일찍 죽었다. 정관 10년(636), 36세라는 젊은 나이로 세상을 떠난 것이다. 시호를 문덕순성황후(文德順聖皇后)라고 했다.

장순황후는 훌륭한 여성이었으나, 그녀가 낳은 장자이자 황태자로 책립된 이승건(李承乾)은 됨됨이가 그다지 좋지 않았다. 발 병을 앓았다고 하니 보행도 자유스럽지 못했겠지만 그보다는 성격이 좀 이상했다. 기이한 행동을 많이 했던 인물로 이국적인 취미를 좋아한 나머지, 가신들에게 호인(胡人) 복장을 입히고 호인의 음악을 연주하게 하였으며 밤낮을 가리지 않고 춤과 검무를 추게 했다고 한다. 또 동성애 취향이 있어 칭심(稱心)이라는 미소년을 사랑했는데, 이 사실을 안 태종이 진노하여 칭심을 죽이라고 명했다. 태종은 이런 일에 과감하게 행동하는 인물이었다. 그런데 황태자인 이승건은 죽은 칭심의 상(像)을 만들어 궁녀들에게 제사를 지내게 하고 자신도 그 앞을 배회하며 눈물을 흘렸다.

이쯤 되면 황태자 폐립문제가 나오지 않은 것이 오히려 이상하다.

장손황후가 낳은 황자는 장남인 승건 외에 넷째아들인 위왕(魏王) 이태(李泰)와 아홉째 아들인 진왕(晉王) 이치(李治), 이렇게 셋이었다. 참고로 태종에게는 황자가 14명 있었는데, 황위를 계승할 유력한 자격자는 당연히 장손황후가 낳은 세 아들뿐이었다. 성격이상자인 황태자 이승건이 폐립된다면 다음 황태자로 책립될 사람은 이태나 이치 둘 중 하나였다.

태종은 학식도 재능도 있는 똑똑한 이태를 사랑했다. 형인 이승건은 발 병 때문에 보행이 곤란했지만, 이태는 또 살이 너무 쪄서 걷기조차 힘들었다. 이 때문에 아버지 태종은 그에게 궁중에서 가마를 타는 것을 특별히 허락할 정도였다.

이상성격인 데다 황태자 폐립문제가 불거지자 이태는 상당히 의욕적으로 움직였던 모양이다. 그것을 불쾌하게 여긴 황태자 이승건이 자객을 고용해 이태를 암살하려 했다는 말도 있다.

태종은 마침내 제3후보인 진왕 이치를 황태자로 책립하기로 결정한다. 이치는 병약하고 결단력이 부족했으나 마음이 여린 것이 장점이었다.

어쩌면 위왕 이태가 태종을 가장 닮았을 것이다. 닮았기 때문에 태종은 이태가 즉위한다면, 황태자 자리에서 쫓겨난 이승건과 황위계승에 가장 가까운 이치를 죽일 것이라고 생각했음이 분명하다. 자기도 같은 처지에 놓인다면 틀림없이 그랬을 것이라고 태종은 생각했다.

그다지 유능하지는 않지만 성격이 온화한 이치라면 형들을 죽이는 일 따위는 저지르지 않을 것 같았다. 이제 당 왕조의 기초가 다져졌으니 창업형 영주가 아니어도 좋았다. 태종이 진왕 이치를 새 황태자로 선택한 이유를 사서는 이렇게 풀이하고 있다.

이 황태자 폐립에 장손황후의 오라비인 장손무기의 의사가 큰 영향을 미쳤다는 견해가 있다. 원구(元舅, 황제의 외숙)로서 권세를 부리려면 황제를 꼭두각시처럼 조종할 수 있어야 한다. 똑똑한 이태는 장손무기의 생각대로 움직이지 않을 것 같았다. 꼭두각시로 다루기에는 이치가 편했다.

황제의 가정에 이와 같은 다툼이 있은 뒤인 정관 17년(643)에 이승건은 황태자 자리에서 쫓겨나고 이치가 그 자리를 대신했다.

장손황후가 살아 있었다면 태종은 몇 번이나 생각했을 것이다. 하지만 태종에게는 가정 일을 의논할 상대가 없었다. 장손황후가 죽은 뒤, 새로운 황후는 책립되지 않았다. 사실 태종은 양씨(楊氏)를 황후로 세우고 싶어 했지만 군신들의 거센 반대에 부딪혀서 단념하고 말았다. 군신이 반대할 만도 했다. 양씨는 태종이 현무문에서 죽인 아우 제왕(齊王) 이원길(李元吉)의 비였기 때문이다. 형제의 미망인을 자신의 처첩으로 삼는 것은 변방민족에서 볼 수 있는 풍습이므로, 태종과 양씨의 관계로 당 왕실이 선비계라는 설의 유력한 근거로 보는 사람도 있다.

위징의 묘비를 다시 세워라

황태자 폐립 문제가 일단락된 이듬해, 그러니까 정관 18년(644)에 태종은 10만 병력을 모아 고구려 원정을 결행했다.

인도 유학을 마친 삼장법사 현장이 18년 만에 귀국한 것은 이런 시기였다. 3년 동안 머물러 달라고 부탁한 고창왕 국문태는 이미 죽은 뒤였고, 나라도 망해서 당의 판도가 되어 있었다. 따라서 현장은 투루판 분지에 들를 필요가 없었다. 귀국을 서두른 그는 가장 가까운 길, 즉 곤륜산맥(崑崙山脈) 북쪽 기슭의 이른바 서역남도를 지나갔다. 오늘날 카슈가르, 아르칸드, 호탄을 거쳐 돈황으로 들어간 것이다. 아울러 현장이 서역남도를 따라 동쪽으로 길을 재촉하던 시기에 투루판 분지의 교하성에 있던 당의 안서도호(安西都護) 곽효격(郭孝恪)은 언기국을 멸망시키고 그

왕을 사로잡았다.

현장이 장안으로 돌아간 것은 정관 19년(645) 정월인데, 이때 태종은 고구려 친정을 위해 이미 낙양에 있었다.

한반도의 정세는 여전히 복잡했다. 반도 남동쪽에 자리한 신라가 당과 손잡고 고구려와 백제에 대항하려 한 것은 당연한 정책이었다. 백제는 신라의 압력에 맞서 고구려와 동맹을 맺었다.

마침 고구려에서는 연개소문이라는 자가 국왕을 죽이고 국왕의 아우를 왕으로 세우는 사건이 일어났다. 새로운 국왕 보장(寶藏)이 연개소문의 꼭두각시였음은 말할 나위도 없다.

백제의 공격을 받은 신라는 당나라에 원조를 구했는데, 신라는 고구려와 백제의 연합으로 신라의 사자가 당에 들어오는 것조차 뜻대로 할 수 없다고 호소했다.

당으로서는 고구려에 연개소문이 왕을 시해한 죄를 묻는다는 구실이 있었다. 태종은 마침내 고구려 원정에 나섰다. 저수량(褚遂良)은 태종의 친정에 반대했으나, 태종은 이를 듣지 않았다. 이 원정은 때가 무르익지 않았다는 느낌이다. 또 황제가 친히 말을 타고 나갈 정도의 일도 아니었다. 아마도 태종은 자기 대에 고구려를 평정하려고 초조해했던 것 같다. 황태자는 기가 약하고 우유부단한 이치였다. 태평시대의 천자는 될 수 있어도 전시의 영수(領袖) 감은 아니었다. 그러므로 반드시 싸워야 할 싸움은 전부 자신이 처리해 두겠다는 것이 태종의 진의였을 것이다.

태종의 고구려 원정은 실패로 끝났다. 요동성은 함락했으나, 안시성은 좀처럼 함락하지 못했다. 5월에 요동에 들어갔는데 가을이 되어도 고구려군은 여전히 안시성을 고수하고 있었다. 그러던 중에 날씨가 추워졌다.

어떤 대적보다 두려운 동장군이 찾아왔다. 군량도 그리 넉넉하지 않았다. 태종은 과감하게 철수하기로 했다.

돌아가던 도중에 태종은 죽은 위징을 떠올렸다. 이때의 원정, 특히 친정에 반대하여 간언한 자는 있었다. 예를 들면 저수량이 그중 한 사람이다. 하지만 태종에게는 간언의 근거가 모두 약해 보였다. 위징이라면 틀림없이 좀 더 탄탄한 이유를 대서 훨씬 설득력 있는 반대론을 펼쳤을 것이다.

넘어뜨린 위징의 묘비를 다시 세우고, 유족의 처우를 잘 해 주어라.

태종은 이런 명령을 내렸다. 간언 기록 건으로 태종은 위징에게 심하게 화를 내고 묘비까지 뒤집어엎었다. 하지만 나중에 이처럼 반성하는 점이 태종의 장점이다.

고구려는 이후 사죄 사신을 보냈으나, 태종은 어디까지나 재원정의 뜻을 버리지 않았다. 하지만 출병은 했어도 역시 친정은 하지 않았다.

정관 23년(649) 4월, 태종이 죽음으로써 고구려 토벌도 중지되었다. 태종은 나약한 후계자에게 싸워야 할 전쟁을 남겨 주고 가는 것이 마음에 걸렸을 것이다. 황태자가 이치였기 때문에 그는 고구려 작전을 서둘렀던 것이고 끝내 성공하지 못했다.

천군만마의 태종이 해결하지 못한 고구려 평정이 그가 그토록 미더워하지 않던 마음 약한 고종(高宗) 이치의 시대에 뜻밖에 잘 정리된 것은 역사의 아이러니라 하겠다.

태종은 향년 53세였다.

태종이 죽기 다섯 달 전에 황태자 이치가 죽은 어머니 장순황후를 공양하기 위해서 지은 대자은사(大慈恩寺)가 완공되었다. 대안탑(大雁塔)이라고 부르는 이 절의 탑은 지금도 그 수수하고 소박한 모습으로 서안시(西安市) 남쪽 교외에 서 있다.

현장이 인도에서 가지고 온 엄청난 양의 경전이 여기에 소장되었다. 대자은사 대안탑은 경전의 서고이며 동시에 현장의 경전 번역 사업본부이기도 했다.

또 비슷한 무렵 서역에서는 당나라 군대가 구자국을 공격해서 항복시키고 그 왕을 사로잡았다. 구자왕 포실필(布失畢)과 그 재상 나리(那利)가 장안으로 끌려온 것은 정관 23년 정월의 일이다. 태종은 그들을 사면하고 포실필에게 좌무위중랑장(左武衛中郎將)의 관직을 주었다.

황태자의 넋을 뺏은 '아버지의 여자'

태종쯤 되는 인물도 아버지로서의 번뇌는 있었다. 서쪽은 순조로웠으나 동쪽, 요동과 한반도가 역시 마음에 걸렸다. 병상에 있던 태종은 장손무기와 저수량을 불렀다.

짐은 이제 모든 후사를 공들에게 부탁하오. 태자의 인효(仁孝)함은
공들도 아는 바이오. 이를 잘 보필, 인도하시오.

방현령, 두여회, 이정, 위징, 울지경덕 같은 믿을 만한 측근들은 이미 모두 세상을 떠났다. 다만 도적떼 출신의 맹장인 지난날의 서세적, 지금

의 이적(李勣)만이 건재했다. 하지만 태종은 이 인물에게는 아직 마음을 다 내주지 않았다. 태종은 죽기 직전에 이적을 첩주도독(疊州都督)으로 좌천시켰다. 첩주는 감숙 남쪽 경계에서 청해(靑海)에 걸친 지방으로 강족(羌族)의 거주지였다. 예부터 중국 중앙정부의 지배가 그다지 미치지 않던 지방인데, 북주(北周)가 되어서야 겨우 주(州)가 설치되었다. 산악이 첩첩이 둘러싸고 있어 첩주라고 불렀다고 한다. 이처럼 매우 험한 곳으로 이적을 보내 버린 것이다. 이 인사를 결정한 뒤, 태종은 황태자를 병상으로 불러,

> 이적이 어물어물 부임하기를 망설이거든 그것을 이유로 죽여 버려라. 부임하거든 내가 죽고 나서 다시 불러들여 요직에 앉히거라.

며 계책을 일러 주었다.

23년 동안 정관의 치가 이어졌지만, 이적과 같은 인물에게는 아직 난세의 호걸 기질이 남아 있었다. 의기에 감동하고 국사의 은혜에 보답하기 위해 그는 태종을 섬겼다. 하지만 황태자에게는 은혜를 입은 것이 없다. 좌천된 첩주에서 불러들여 중앙 요직에 다시 앉힌다면, 새 황제는 그를 국사로 임명해 은혜를 베푼 것이 된다. 이적은 궁중에서 첩주도독으로 임명되자, 집에도 들르지 않고 그 길로 첩주로 떠났다. 이적은 이 좌천의 의미를 알고 있었음이 분명하다.

아버지가 죽자 황태자는 정신을 차리지 못했다. 외숙인 장손무기의 목에 매달려서 통곡하며 기절이라도 할 것 같았다.

주상은 종묘사직을 전하께 맡기셨습니다. 어찌 필부처럼 울고만 있으십니까.

장손무기는 그렇게 말하고 황태자 이치를 나무랐다. 이치는 확실히 인효했다. 아버지를 간병하느라 밤낮으로 곁을 떠나지 않았으며 식사도 하지 않아 머리가 셀 정도였다. 태종도 아들의 효성에 울면서,

네 효애가 이러하니, 나는 죽어도 여한이 없구나.

며 흡족해했다.

이치의 부드러운 마음은 심약함으로도 이어졌다. 확실히 그는 인효했으나, 아버지를 섬기고 아버지께 사랑받은 후궁의 여인과 남의 눈을 피하는 사이가 되었다. 상대는 그보다 나이가 많은 무조(武照)라는 이름의 재인(才人)이었다. '재인'이란 후궁의 관직 중 하나다. 이 여인은 훗날 측천(則天)이라는 호를 붙였기 때문에 측천무후, 무측천이라고 부르게 된다.

무측천이 역사에 등장한 경위를 사서는 다음과 같이 설명한다.

즉위해서 당의 3대 황제, 고종이 된 이치는 황태자 시절 앞에서 이야기한 재인 무조를 사모했는데, 이 일은 후궁에도 소문이 났던 모양이다. 이치에게는 왕씨(王氏)라는 정실이 있었으며, 그의 직위에 따라 왕씨는 황후로 책립되었다. 이치는 그 밖에도 소씨(蕭氏) 성을 가진 여인도 사랑했다. 소씨는 숙비(淑妃)라는 후궁의 관직을 받았다.

고종의 가정에서는 왕황후와 소숙비 사이에 싸움이 벌어졌다. 왕황후는 소숙비 쪽으로 기운 고종의 마음을 다른 쪽으로 돌리기 위해 무조를

이용하고자 했다. 태종의 죽음으로 무조는 삭발하고 비구니가 되어 감업사(感業寺)라는 비구니 절로 들어갔다. 왕황후는 무조에게 머리를 기르고 환속할 것을 명하여 그녀를 다시 궁으로 끌어들였다.

왕황후의 계획대로 고종의 마음은 무조에게 사로잡혀 버렸다. 하지만 그것은 소숙비만의 몰락이 아니었다. 왕황후도 몰락했다. 무조는 소의(昭儀)라는 지위를 받았고 머지않아 왕황후가 폐립되었다. 왕황후는 쫓겨나 소숙비와 함께 유폐된다. 마음이 여린 고종이 몰래 두 사람을 문병한 사실을 알게 된 무조는 불같이 화를 내고는 두 사람을 죽여 버렸다. 두 사람 모두 우선 곤장 100대를 맞고 손발이 잘린 다음 술독에 처박혔다.

두 계집의 뼈가 흠뻑 취하게 하여라.

황후 무조가 이렇게 말했다고 적혀 있다. 며칠이 지나 두 사람이 죽었는데, 무조는 그 시체를 다시 베었다. 더없이 참혹한 이야기다.

무조는 훗날 당나라를 찬탈하는 형태로 주(周)라는 새로운 왕조를 세우고 스스로 황제가 되었다. 중국 역사상 유일한 여제다. 그녀의 찬탈과 여성의 몸으로 천자가 된 것은 중국의 전통적인 유교 윤리에서 볼 때 충분히 미워할 만한 일이다. 그 때문에 그녀의 업적은 실제 이상으로 나쁘게 기록되었을 가능성이 크다.

궁중, 특히 후궁은 일반인들이 짐작도 할 수 없는 세계다. 항간에서는 이상한 사건이 일어나면 상상으로 덧칠을 해서 그럴싸하게 이야기를 꾸며냈다. 후세 역사가들의 취재가 그와 같은 민간설화에서 재료를 얻는 경우도 많았을 것이다. 손발을 잘리고 술독 안에서 며칠 동안 살아 있는 것은 불가능하다.

　태종이 죽은 뒤, 무조가 일단 삭발하고 비구니가 되었다는 것도 아마 진실이 아닐 것이다. 『신당서』의 「측천무황후전」에서는 감업사에 들어가서 비구니가 되었다고 서술하지만, 폐립된 「왕황후전」에는,

　　무재인은 정관 말에 선제의 궁인이라 하여 불려 가 소의(昭儀)가 되었다.

라고 묘사되어 있다. 정관 말기라면 23년인데 태종은 그해 5월에 죽었다. 삭발했다면 반년 만에 머리카락이 제대로 다 자랄 수 없을 것이다. 또 『전당문(全唐文)』에 수록된 무소의를 황후로 세울 때의 칙서에는,

　　마침내 무씨(武氏)를 짐(朕)에게 내리셨다.

라고 고종이 아버지 태종에게 무조를 받은 것처럼 적고 있다. 그렇다면 굳이 여승이 될 필요는 없었을 것이다.

　미인으로 이름이 난 무조는 14세에 태종의 궁인이 되어 재인이라는 자리를 받았다. 중국의 전통적인 후궁은,

　황후 - 3부인(夫人, 또는 3비〔妃〕) - 9빈(嬪) - 27세부(世婦) - 81어처(御妻)와 같이 3배씩 늘어나는 서열이며, 이것이 황제의 총애가 미치는 범위로 간주되었다. 황후 이하 121명인데, 당대에는 부인을 1명 증원해서 4부인으로 했다. 그 칭호와 위계는 다음과 같다.

4부인 - 귀비(貴妃), 숙비(淑妃), 덕비(德妃), 현비(賢妃)(모두 정1품)

9빈 - 소의(昭儀), 소용(昭容), 소원(昭媛), 수의(修儀), 수용(修容), 수원(修
媛), 충의(充儀), 충용(充容), 충원(充媛)(모두 정2품)

27세부 - 첩여(婕妤) 9명(정3품), 미인(美人) 9명(정4품), 재인(才人) 9명(정5
품)

81어처 - 보림(寶林) 27명(정6품), 어녀(御女) 27명(정7품), 수녀(綏女) 27
명(정8품)

태종의 후궁일 때는 27세부의 세 집단 중 최하위인 '재인'이었던 무조
를 고종은 9빈의 최상위인 '소의'로 끌어올렸다. 정5품에서 정2품으로 엄
청난 출세를 한 것이다.

이것은 무조가 태종이 좋아하는 형이 아니라 고종의 취향에 맞는 여
자였다는 사실을 말해 준다. 그녀의 초상화라 일컫는 그림이 얼마나 사
실적인지는 모르지만, 공통된 것은 윤곽이 뚜렷하다는 점이다. 용문의 석
굴사(石窟寺)에서 가장 유명한 봉선사(奉先寺)의 본존은 그녀의 모습을 묘
사했다고 전한다. 그것은 참으로 씩씩한 얼굴이다. 남성적인 태종은 여자
다운 여자를 좋아했고 무조처럼 선이 강한 여자에게는 관심이 없었던 모
양인데, 반대로 마음이 약한 고종은 무조의 씩씩함에 넋을 잃은 것 같다.

고종도 무서워한 공포 정치

고종은 마침내 무조를 소의에서 황후로 세웠다. 그 일을 중신 네 사람
과 의논했다. 선제의 유조를 받든 저수량과 장손무기는 반대했고, 우지

령(于志寧)은 침묵을 지켰으며, 이적은 병을 핑계로 그 어전회의에 나오지 않았다.

아무리 황제라도 군신이 모두 반대하는 일은 좀처럼 결행하기 어렵다. 태종이라면 몰라도 특히 고종은 마음이 약했다. 한 사람쯤 찬성자가 있어야 밀고 나갈 수 있을 것 같았다. 고종은 병으로 결석한 이적에게 희망을 걸었다. 며칠 뒤에 불려 나온 이적의 답은 유명하다.

이것은 폐하의 집안일이옵니다. 어찌 남에게 다시 물으려 하십니까?

이것은 집안 문제이므로 가족이 아닌 신하에게 가부를 물을 필요가 없다고 발을 뺀 것이다. 국사와 가사를 나눈 것이지만, 당시 정치 구조는 사실 그렇지 않았다.

이 대답에 힘을 얻은 고종은 마침내 무조를 황후로 세웠다. 이적은 무책임한 대답을 해서 후세의 역사가들에게 비난을 받았다. 일시적이나마 당나라가 찬탈당한 것은 이적이 원흉이라는 극론도 있다. 하지만 이적으로서도 자기 몸이 소중했다. 17세에 도적떼 집단에 몸을 던진, 만용을 부리던 시절의 그가 아니었다. 이제는 지위도 명예도 재산도 있는 몸이었다. 첩주 도독으로 좌천된 의미도 정확히 파악해서 임명 통지를 받자마자 그 길로 출발했던 사람이다. 그때와 마찬가지로 그는 자기 몸을 지켰을 뿐이다. 황제의 외숙인 장손무기나 십팔학사(十八學士)의 아들인 저수량과는 처지가 달랐다.

애초에 고종을 후계자로 고른 것은 아버지 태종이었다. 고종의 태자 책립을 열심히 지원한 사람은 다름 아닌 장손무기다. '당신들 가정사가 아닌가'라고 말하고 싶었던 것이다.

장손무기가 고종의 태자 책립을 지지한 것은 자신이 다루기 쉬울 것이라고 예상했기 때문인데, 고종은 누구나 다루기 쉬운 인물이었다. 앞으로 그는 무조라는 여성에게 휘둘리게 된다. 하지만 생각하기에 따라서는 고종같이 우유부단한 인물 곁에 무조처럼 결단력 있는 후견인이 있었던 것이 오히려 다행이었는지도 모른다.

무조, 즉 무측천이 황후가 된 것은 영휘(永徽) 6년(655)의 일이었다. 고종은 홍도(弘道) 원년(683) 12월에 죽었다. 병약했지만 그는 아버지보다 세 살이나 오래 살아 향년 56세였다. 하지만 정무를 돌볼 수 없는 상태가 오래 이어졌기 때문에 실제로 정사를 본 사람은 무측천이었다. 고종이 죽은 뒤 20년 가까운 세월만 무측천의 시대로 보는 것은 옳지 않다. 무측천이 황후가 된 뒤부터 고종이 죽기까지의 29년 동안도 무측천 시대에 포함시켜야 한다. 이 여인은 실로 반세기에 걸쳐서 정권을 쥐었던 것이다.

어떻게 그 같은 장기 안정정권이 가능했을까? 이것을 무측천의 공포정책 때문이라고 보는 견해도 있다.

그녀를 황후로 세우는 데 반대한 장손무기와 저수량의 운명은 처량했다. 저수량은 계주(桂州, 오늘날 계림) 도독으로 좌천되었고 더욱이 모반에 연루되었다는 혐의를 받아 애주자사(愛州刺史)로 옮겨졌다. 애주란 오늘날 베트남의 하노이보다도 훨씬 남쪽에 있는 탄호아(淸化)에 해당한다. 이런 곳에 유배된다는 것은 죽으라는 말과 다름없다. 아니나 다를까, 그는 그 풍토병과 염병의 땅에서 죽고 말았다. 저수량은 당대 이름난 서예가로서 안진경(顏眞卿) 등과 더불어 후세 사람들에게 친숙한 인물이다. 적어도 저수량의 글씨를 애호하는 사람들은 무측천을 좋게 생각하지 않는다. 황제의 외삼촌이었던 장손무기조차 검주(黔州)에 유배되었다가 모반 혐의로 사약을 받았다.

반대한 자는 용서하지 않는 무서운 시대였다. 무측천의 권력이 너무 강해져 고종도 조금은 질려 버렸던 모양이다. 재상인 상관의(上官儀)와 의논하여 무측천을 폐할 계획을 세웠으나 곧바로 들통 나고 말았다. 무측천은 밀고를 장려하고 그 밀고가 거짓으로 판명되어도 밀고자는 처벌하지 않는다는 규칙을 만들었다. 웬만한 이야기는 모조리 그녀의 귀에 들어왔다.

가엾게도 상관의는 처형되었다. 고종은 모든 일을 상관의의 탓으로 돌려서 무서운 아내로부터 자기 몸을 지켰다. 상관의와 어울렸던 사람들도 좌천되거나 먼 곳으로 유배되었다. 이는 인덕(麟德) 원년(664)의 일인데, 이 무렵부터 사람들은 황제와 황후를 나란히 '이성(二聖)'이라고 부르게 되었다.

중신회의에서 무씨를 황후로 세우는 것에 찬성도 반대도 하지 않고 침묵을 지켰던 우지령조차 좌천되었다. 찬성하지 않은 것이 나빴던 것이다.

무측천파의 우두머리는 저 『실록』을 고쳐 쓴 허경종이었다. 이처럼 지조 없는 인물만 무측천 쪽에 붙었다. 그런데 인재를 얻지 못하면 정치를 제대로 할 수 없다는 사실을 무측천은 잘 알았다. 그래서 그때까지의 인재공급원과는 다른 통로로 인재를 발굴하려고 힘썼다.

태종은 진왕(秦王) 시대에 문학관 학사를 가까이 두고 일종의 정치고문으로 활용했다. 그들이 모두 18명이었기 때문에 십팔학사라고 불렀는데, 두여회(杜如晦)나 방현령(房玄齡) 같은 태종의 재상들이 그중에서 나왔다.

저수량의 아버지 저량(褚亮)도 그 한 사람이었고, 침묵을 지켰던 우지령과 곡필의 대가 허경종도 일원이었다. 생각해 보면 곡필도 상당한 재능이 있어야 할 수 있는 일이다. 어쨌든 무측전은 태종의 이 방식을 본떠서 주위에 문인을 모았다. 명목은 양서를 편집한다는 것이었으며, 정식 정부기관은 아니었지만 이 일에 종사하는 문인들은 현무문, 즉 궁성의 북문으로 출입하는 것이 허락되었다. 궁궐의 정문은 남문에 해당하는 주작문이므로, 이 사람들은 주출입문으로 드나들 수 있는 매우 친밀한 집단으로 인정받은 셈이다. 세상 사람들은 그들을 북문학사라고 불렀다.

이것은 새로운 세력의 대두였다. 당 왕조에 새로운 피가 도입되었음을 의미하는 일이다. 현대 중국에서는 태종기 정치의 중핵을 관롱(關隴, 섬서와 감숙) 집단이라고 부르고 무측천기의 신세력을 화산(華山) 동쪽, 이른바 산동의 한족(寒族, 천한 가문)으로 보면서 그 교체세력으로 파악하는 설이 유력하다. 이적이 무씨의 황후책립에 찬성한 것은 같은 산동의 한족이었기 때문이라는 설명도 있다.

무측천이 권력을 장악함으로써 이른바 '원훈(元勳)의 시대'는 끝났다고 보아도 좋을 것이다. 관롱 집단이라 부르든 원훈이라 부르든 마찬가지지만, 그 집단은 다른 곳에서 권력의 중추부로 들어오는 흐름을 막았다. 무측천은 그들을 밀어내고 이 흐름을 원활하게 한 셈이다. 그녀는 북문학사로써 낡은 세력을 누르려고 한 것이 틀림없다.

쥐로 태어나거라

당의 집안 사정은 여전히 복잡했다. 이번에는 당이라기보다 무측천 가정의 사정이라고 해야 할 것이다.

무측천이 황후가 되자 그때까지 황태자로 있던, 유씨(劉氏)가 낳은 이충(李忠)은 당연하다는 듯 폐립되었고, 무측천이 낳은 이홍(李弘)이 뒤를 이어 황태자가 되었다. 이때 이홍의 나이 겨우 다섯 살이었다. 이홍은 인효겸근(仁孝兼謹)한 인물로 성장했다. 옳다고 믿은 일은 어머니의 뜻에 어긋난다 해도 직언했기 때문에 무측천은 자기 자식이지만 거북하게 생각했던 모양이다.

상원(上元) 원년(674), 무측천은 지금까지의 황제, 황후라는 명칭을 고쳐서 천황, 천후라고 했다. 앞에서 이야기했듯이 무측천은 명칭에 집착해서 자주 그것을 고치는 버릇이 있었다. 아마 지금까지의 어감으로 볼 때 황제와 황후는 상하의 느낌이 강해서 싫었던 모양이다. '이성(二聖)'이라는 표현에서도 알 수 있지만 그녀는 대등하기를 바랐다. 당시 상복 제도는 아버지가 죽으면 3년, 어머니가 죽으면 1년으로 정해져 있었는데, 무측천은 어머니가 죽었을 때도 3년 복상하는 것으로 고쳤다. 남녀평등의 선각자라고 해야 할 것이다.

존호를 개칭한 이듬해에 황태자 이홍은 궁중에 유폐된 의양공주(義陽公主)와 선성공주(宣城公主)가 이미 30세가 넘었으므로 서둘러 강가(降嫁, 왕실의 딸이 신하에게 시집감-옮긴이)할 수 있게 고종에게 아뢰었다. 이 두 공주는 무측천에게 살해당한 소숙비가 낳은 딸로 고종에게는 친딸이다. 그는 황태자의 청을 기꺼이 허락했다. 이것이 무측천의 신경을 건드렸음은 말할 나위도 없다.

이 일이 있은 직후에 황태자 이홍은 합벽궁(合璧宮)에서 급사했다. 『구당서』 본기에는,

(4월) 기해(己亥)에 황태자 홍이 합벽궁 기운전(綺雲殿)에서 사망했다.

라고만 실려 있으나, 『신당서』 본기에는,

기해(己亥)에 천후가 황태자를 죽였다.

라고 분명하게 적고 있다.

송대(宋代)에 이용할 수 있는 사서와 문헌을 모두 섭렵한 끝에 신중하게 기록한 『자치통감』에는 다음과 같이 적혀 있다.

기해에 태자가 합벽궁에서 죽었다. 당시 사람들은 천후(天后)가 그를 독살했다고 생각했다.

무측천은 타고난 정치가였다. 어머니이기 전에 정치가였다. 무측천이 황태자를 독살했다는 혐의는 매우 짙다.

이홍이 죽음으로써 옹왕(雍王) 이현(李賢)이 새롭게 황태자로 책립되었다. 고종의 여섯째 아들이지만 무측천에게는 죽은 이홍 다음에 낳은 아들로 되어 있다.

'되어 있다'는 매우 모호한 표현을 썼는데, 여기에는 까닭이 있다. 무측천이 황후가 된 뒤, 그녀의 일족은 황실과 친밀한 관계를 맺었는데, 일찍 남편을 잃은 그녀의 언니 한국부인(韓國夫人)도 궁중에 자주 드나들었다. 그러던 중 한국부인은 고종을 만났고 둘 사이에 태어난 아이가 이현이라는 소문이 있었다. 항간에는 이 일로 한국부인이 동생인 무측천에게 살해당했다는 이야기도 떠돌았다.

이현은 그의 주위에 모여든 학자들과 함께 『후한서』의 주(注)를 만들 만큼 학식이 풍부했다. 이를 장회태자(章懷太子, 이현을 말함) 주(注)라고 하는데, 후세의 연구자들에게 큰 도움을 준 노작(勞作)이다. 그는 인품도 훌륭했는데, 자신의 출생에 관한 소문을 어디에서 들었는지 차츰 이상한 언동이 눈에 띄었다. 아니, 그렇게 단정할 일이 아닌지도 모른다. 사실은 무측천으로부터 황태자 자리를 내놓으라는 압력을 받아 불안을 느끼던 중에 모반 혐의를 받게 되었던 것이다. 그의 마구간에서 갑옷 수백 벌이 발견된 것이 그 증거라 하여 황태자 자리에서 쫓겨나 파주(巴州)로 옮겨졌고 그곳에서 자살했다.

황태자가 잇따라 죽는다는 것은 예삿일이 아니다. 아무리 남의 가정사라고 해도 우리에게 불쾌감을 준다. 이현이 폐립된 뒤 황태자로 책립된 사람은 고종의 일곱째 아들인 영왕(英王) 이현(李顯)이다. 두말할 것도 없이 무측천이 낳은 아들이다.

이현은 황태자가 된 두 형에 비하면 인간적으로 많이 부족한 인물이었다. 빈틈없는 어머니보다 심약한 아버지를 닮았던 모양이다.

홍도(弘道) 원년(683), 고종이 죽자 이현이 즉위하니 이가 바로 중종(中宗)이다. 무측천은 황태후가 되었다. 이런 유형은 역사에서 수없이 많이 볼 수 있지만, 무측천은 그때까지 역사에 나타난 예가 없는 여성이었다.

짐작하건대, 중종 이현은 자신의 어머니가 어떤 사람인지 정확히 알지 못했다. 아니면 알았어도 아버지를 닮은 공처가여서 아내의 말을 듣지 않을 수 없었는지도 모른다.

중종의 아내 위씨(韋氏)는 황후의 자리에 오르기 전부터 먼발치에서지만 시어머니인 무측천을 바라보면서 황후의 자리가 저렇게도 대단한 자리인가 하고 부러워했는지도 모른다. 그런데 지금 자신이 그 황후의 자리에 오른 것이다. 위황후는 자신도 시어머니처럼 무엇이든 할 수 있다고 생각했던지 자신의 아버지를 문하시중(門下侍中)이라는 요직에 앉히려고 했다.

무측천은 진노했다. 인사권은 모조리 그녀가 쥐고 있었다. 무측천은 황후가 되었다고 우쭐해져서 벌써 자기 일족의 영달을 생각하는 위씨에게 화가 났다. 그 이상으로 아내의 오만을 휘어잡지 못하는 자신의 아들에게 정나미가 떨어졌다. 중종 이현은 황제 자리에서 폐립되어 여릉왕(廬陵王)으로 격하되었다. 일단 화가 나면 친자식도 죽일 수 있는 무측천임을 감안하면 이 정도로 끝난 것이 그나마 다행이었다.

고종의 여덟째 아들 이단(李旦)이 예종(睿宗)으로서 제위에 올랐다. 당나라에 개원(開元)·천보(天寶)의 최전성기를 가져다준 현종 황제가 바로 이 예종의 셋째 아들이다.

예종은 54일 만에 황제 자리에서 쫓겨난 형을 보았으므로 어쨌든 가만히 있기로 했다. 그것이 가장 안전했다. 쓸데없는 짓을 했다가는 어떤 변을 당할지 알 수 없었다.

무측천은 마침내 당 왕조를 폐하고 무씨 왕조를 세우기로 결심했다. 30년에 걸친 집정 경험으로 그녀는 정치를 속속들이 안다는 자신감이 생겼던 것이다. 무씨 왕조이므로 물론 무씨 일족을 기용하는 일부터 시작했다. 조카인 무승사(武承嗣)가 먼저 재상으로 등용되었다. 이어서 낙양을 신도(神都)로 고치고 이곳을 수도로 삼았다. 사실 그녀는 장안보다 낙양에서 사는 것을 좋아했다. 장안의 궁전에서는 그녀가 죽인 왕황후와 소숙비의 원혼이 재앙을 가져왔기 때문이다. 소숙비는 죽기 전에 무측천에게 "내세에는 쥐로 태어나거라. 나는 고양이로 태어나서 네 목을 물어 뜯어 줄 테니."라고 저주했다고 한다. 그 일이 있은 후, 궁중에서 고양이를 기르는 것이 금지되었다.

사람 보는 눈이 탁월했던 정치 귀신

광택(光宅) 원년(684), 좌천당한 집단이 반란을 일으켰다. 고종이 죽은 이듬해였는데, 무측천은 정월에 연호를 사성(嗣聖)으로 고쳤다가 다시 9월에 광택으로 고쳤다. 개명은 무측천이 좋아하는 일이었다. 좌천 집단은 양주(揚州)에서 군사를 일으키고 연호를 원래의 사성으로 돌려놓고 각지에 격문을 띄웠다.

연호에 너무 집착한 것 같지만, 사성이라고 하면 고종의 사자(嗣子, 후계자)가 뒤를 이은 느낌인데, 이것을 고쳤다는 것은 무측천의 독선, 찬탈이라고 해석한 것이다.

무측천에 반대하는 거병의 주모자는 이경업(李敬業)이었다. 그는 이적의 손자로 미주자사(眉州刺史, 종3품)에서 유주사마(柳州司馬, 종5품)로 좌천되었다. 현령(정6품)에서 면직된 그의 동생 이경유(李敬猷)도 가담했다. 뛰어난 시인으로 초당(初唐) 사걸(四傑)로 손꼽히던 낙빈왕(駱賓王)도 이경업의 보좌관이 되어 무측천을 비난하는 격렬한 격문을 썼다.

성이 낙빈이고 이름이 왕이었을 뿐(다만 그는 자신을 빈왕이라 칭했다), 왕위에 있는 인물은 아니었다. 그는 장안현의 주부(主簿, 종7품)에서 임해현승(臨海縣丞, 종8품)으로 좌천된 하급관료였다. 품계로 본다면 대단한 좌천도 아닌 것 같지만 수도 장안에서 절강성까지 내려간 것이다.

낙빈왕의 격문은 '거짓으로 조정에 임하는 무씨(武氏)라는 자는 사람 됨이 온순하지 않고 출신은 실로 한미하다……'며 철저하게 무측천을 공격하고,

> 선제 무덤의 흙이 아직 채 마르지 않았는데, 6척의 고(孤)가 간 곳
> 은 어디인가.

라는 유명한 구를 써 넣었다. 고종의 능이 양산(梁山)에 만들어진 것은 그해 8월의 일인데 그 흙이 아직 마르기도 전에 6척의 고(孤, 성인이 된 고아, 곧 중종)는 어디에 있냐는 말이다. 중종은 재위에서 쫓겨나고 예종은 별궁에 연금된 상태여서 정치에 나설 수 없었다. 이 격문을 읽은 무측천은,

> 재상의 잘못이다. 이처럼 재능 있는 자를 유락(流落)시키고 대접하
> 지 않았다.

고 말했다고 전한다. 이와 같은 재능 있는 인물을 적당한 관직에 앉히지 못한 것은 재상의 과실이라는 뜻이었다.

이 좌천 집단의 반란은 무측천이 보낸 30만 대군에게 한번에 격파되었다. 낙빈왕은 행방불명되었는데, 전당(錢塘) 영은사(靈隱寺)의 중이 되었다는 전설도 있다. 1962년에 곽말약(郭沫若)이 쓴 사극 〈측천무후〉에서는 무측천이 낙빈왕을 살려 주는 줄거리로 되어 있다. 또 이 사극에서는 낙

양에 있던 재상 배염(裵炎)이 이경업과 통모한 것으로 되어 있는데, 이는 『조야첨재(朝野僉載)』(당대의 수필집)의 기사를 바탕으로 했을 것이다. 이 책은 전체 20권으로 되어 있고 그 가운데 현존하는 것은 6권뿐인데, 주관에 따라 이야기를 맞춘 느낌이 강하다는 평을 받고 있다. 하지만 양주에서 반란을 일으킨 이경업은 낙양에서 호응해 줄 세력을 기대했는지도 모른다. 배염은 이경업을 토벌하던 중에 참형을 당했다. 이경업에게 호응하는 목소리는 어디에서도 일지 않았고 그는 간단히 토벌되고 말았다.

그 무렵, 낙양의 궁궐에 설회의(薛懷義)라는 정체 모를 인물이 출입하며 무측천의 신임을 얻고 있었다. 본명이 풍소보(馮小寶)라는 약장수였는데, 고종의 고모(태종의 여동생)뻘인 천금공주(千金公主)가 무측천에게 소개했다. 풍채가 좋고 언변이 뛰어났으며 일종의 카리스마가 넘쳤던 모양이다. 집안이 좋지 않으면 궁중에 출입할 수 없으므로 무측천의 딸 태평공주(太平公主)의 시집인 설가(薛家) 일족인 승려로 둔갑시켰다. 머지않아 설회의는 백마사(白馬寺)의 지주가 되고 무측천의 명령으로 명당(明堂)을 건립한다.

명당을 세우는 일은 태종·고종 시대부터의 현안이었다. 옛날 주(周)나라의 성천자는 명당에서 정무를 보았다고 하는데, 도대체 명당이 어떻게 생겼는지 유생들 사이에서도 이론이 분분해 복원하지 못했던 것이다. 무측천은 유생들의 의론과는 상관없이 건원전(乾元殿)을 부수고 인부 수만 명을 동원하여 공사를 시작했다. 그리고 설회의를 그 공사의 총관으로 임명했다.

수공(垂拱) 4년(688), 명당이 완성되자, 무측천은 각주의 자사(刺史)인 황족들에게 의식을 치를 것이니 10일 전까지 신도(낙양)로 모이라고 명령했다.

의식이란 낙수(落水)의 신께 배례하는 것이다. 이것은 무측천의 조카인 무승사가 흰 돌에,

성모임인(聖母臨人) 영창제업(永昌帝業)(성모가 사람에게 임하여, 영원
히 제왕의 사업을 번창케 하도다).

이라는 여덟 글자를 새기게 하고 낙수에서 나왔다며 바친 것이다. 무측천은 기뻐하며 이를 '보도(寶圖)'라고 부르면서 낙수의 신을 배례하고 하늘에 감사하는 의식을 올리기로 했다.

새롭게 왕조가 일어날 때, 하늘이 그 상서로운 조짐을 보인다고 믿던 시대다. '보도'는 바로 그 상서로운 조짐이었다. 마침내 무측천이 새로운 왕조를 세운다는 것은 이제 누가 봐도 분명했다.

성천자의 집무소인 명당을 부흥한 것도 그 준비였음이 틀림없다. 무측천은 자신의 왕조를 '주(周)'라고 이름 지었다.

당 왕조의 황족들이 위기감을 느낀 것은 당연하다. 조정의 요직은 모조리 무씨 일족이 차지하고 당나라 이씨는 밀려나 있었다. 자사로서 지방에 나가 있는 이씨를 낙양에 모이게 한 것은 일망타진을 노린 것이 분명했다. 가면 붙잡히고 안 가면 명을 어겼다 하여 처형될 것이 뻔했다.

고종의 숙부뻘인 한왕(韓王) 이원가(李元嘉), 그의 아들 황국공(黃國公) 이선(李譔), 고종의 바로 위 형인 월왕(越王) 이정(李貞), 그 아들 낭야왕(琅邪王) 이충(李沖) 같은 사람들이 각지의 황족을 규합하여 무측천에 반대하는 군사를 일으켰다. 그러나 이것 역시 무측천에게 일망타진되고 말았

다. 무측천은 오히려 그들이 움직이기를 기다렸다. 신왕조를 세우려면 당의 황실 일족을 전멸시켜야 한다. 황족 연합군의 거병은 무측천에게는 좋은 기회였다. 이 패전으로 당 황실 일족은 거의 살해되거나 자살함으로써 전멸해 버렸다.

패전한 한 가지 원인은 협력하지 못한 데 있었다. 각지의 황족이 시기를 정하여 일제히 거병하면 무측천의 토벌군도 목표를 정하지 못해 작전상 애를 먹었을 터이다. 그런데 낭야왕 이충이 다른 황족과 연락을 취하지 않고 먼저 튀어 나가 버렸다. 아버지인 월왕 이정은 서둘러 호응했으나, 다른 황족들이 망설이는 바람에 일제봉기가 되지 못했던 것이다. 토벌군 측은 목표를 정해 대군을 투입할 수 있었다.

패인은 그뿐만이 아니었다. 이경업 때도 그랬지만 황족연합군의 거병 때도 백성들은 아무런 반응을 보이지 않았다. 먼젓번에는 좌천되거나 해임된 불평분자들이 무측천 타도를 외쳤고, 이번에는 궁지에 몰린 황족이 기사회생의 저항을 시도했을 뿐이었다. 일반 백성들로서는 자신들과 아무런 상관도 없는 일이었다. 일찍이 이적이 말했듯이 그것은 그쪽 집안 사정이지 다른 사람에게는 적어도 절실한 일이 아니었다.

좌천 집단과 황족 집단의 두 번에 걸친 반란 때도 모두 천하는 지극히 평온했다고 전한다.

'보도' 외에 요승(妖僧) 설회의 등은 『대운경(大雲經)』 속에 '정광천녀즉위(淨光天女卽位)'라는 글을 들고 나와 신왕조 창건을 적극 도왔다.

무측천은 이윽고 이 요승에게 싫증이 났는지 그녀의 총애는 어의(御醫)인 심남구(沈南璆)라는 인물로 옮겨 갔다. 설회의는 명당을 불태우며 심하게 반발했지만 무측천은 미련 없이 이 남자를 죽여 버렸다. 그 뒤 무측천은 젊은 장역지(張易之), 장창종(張昌宗) 형제를 총애했다.

무승사, 무삼사(武三思) 등 무씨 일족들 사이에도 세력다툼, 지위다툼이 일어났으나 이런 일은 모두 민중과 관계없는 사건이었다.

군신들의 청원에 응한다는 형태로 무측천이 제위에 올라 성신황제(聖神皇帝)를 칭하고 국호를 주(周)로 고친 것은 690년 9월이며, 연호를 천수(天授)로 정했다. 그리고 당나라 황제라는, 이름뿐인 자리에 앉아 있던 예종 이단(李旦)은 주나라의 성신황제 무측천의 황사(皇嗣, 황제의 뒤를 이을 황태자)가 되어 무씨 성을 받았다. 참으로 기묘한 이야기다.

훗날 황사는 일전에 폐립되었던 중종 이현(李顯)으로 바뀌었다. 황사 문제는 매우 미묘해서 본래 무씨인 무승사나 무삼사가 그 지위를 두고 다투었으며 늙은 무측천도 동요했던 것 같다. 하지만 재상 적인걸(狄仁傑)이 조카가 고모의 후사가 되어 제사를 모신다는 것은 고래로 들어 본 적이 없다며 반대했기 때문에 역시 자신의 친자식을 황사로 정했다고 한다.

무측천 말년의 조정은 미소년 장(張)형제의 천하였다. 황사도 무측천과 가까운 무씨 일족도 이 장씨 형제를 거스를 수 없었다.

황사의 장남 이중윤(李重潤)은 아버지가 고종의 황태자였을 때 태어나 황태손으로 책립된 인물이었다. 나이도 19세로 젊어서 거리낌 없이 궁궐을 활보하는 장형제가 아니꼬웠다. 누이동생인 영태군주(永泰郡主)는 17세로 무승사의 장남 무연기(武延基)와 결혼한 상태였다. 이중윤과 무연기 두 사람은 장씨 형제가 궁중에 드나드는 것은 좋지 않다는 말을 주고받았는데 이것이 무측천의 귀에 들어갔다.

무측천은 이중윤과 무연기 부부 세 사람을 죽여 버렸다. 세 사람 모두 무측천과 혈연관계인 젊은이들이었다. 이중윤과 영태군주는 그녀의 손자였고 무연기는 조카의 자식이었다. 다른 사람의 가정사라 하지만 이 세 사람의 죽음은 너무도 불쌍하다. 대족(大足) 원년(701)의 일로, 무측천이 죽기 4년 전이다. 복위한 중종은 그들을 불쌍히 여겨 이중윤에게 의덕태자(懿德太子), 영태군주에게는 영태공주(永泰公主)를 추증했다. 이중윤은 할머니에게 살해되었을 때 아직 독신이었다. 마침 그 무렵 국자감승(國子監丞) 배수(裵粹)라는 자의 딸이 죽어서 이 두 사람을 '명혼(冥婚)'시키기로 했다. 명혼이란 저승에서 혼례를 치르는 것으로 살아서 서로 얼굴도 본 적 없는 두 사람을 합장하는 것이다.

의덕태자와 영태공주의 묘는 조부인 고종과 조모인 무측천이 합장된 건릉(乾陵)의 배총(陪冢, 딸린 무덤-옮긴이)으로 그다지 멀지 않은 곳에 있다. 조모 곁에 묻히는 것을 과연 그들이 바랐는지는 알 수 없다. 그들의 묘에는 멋진 벽화가 그려져 있다.

신룡(神龍) 원년(705) 11월에 무측천은 죽었다. 향년 77세라는 설도 있고 83세라는 설도 있다. 말년에는 병상에 누워 있었고 장씨 형제가 낙양궁 장생전(長生殿)에 꼬박 붙어 있었다. 무측천 곁을 떠날 수 없었다고 해야 할 것이다. 어쨌든 황태자의 자식이 둘이나 그들 때문에 세상을 떠났다. 온 조정 사람들이 증오의 눈으로 그들을 보고 있었다. 그들이 있을 곳은 무측천 곁 외에는 아무 데도 없었다.

그녀의 나이를 들어 무측천이 음탕했다는 이야기를 부정하는 사람이 있다. 곽말약도 그중 하나인데, 설회의가 백마사의 주지가 된 것은 무측천이 62세 때였고, 장역지, 장창종 형제가 궁중에 들어온 것은 그녀 나이 76세 때(무측천의 향년 83세설에 따른다)이므로 음탕이라 할 만한 관계는 있을 수 없다는 주장이다. 또 언니의 아들 하란민지(賀蘭敏之)가 남녀관계

를 문란케 했다며 이를 처형하려고 한 예를 들어서 무측천이 남녀간의
윤리에 엄격했다고 주장한다.

나이는 그다지 설득력이 없다. 하란민지 건은 그 어머니인 한국부인을
무측천이 죽였다는 혐의가 거북하여 윤리 이외의 감정이 섞였을 가능성
도 있다. 어쨌든 장씨 형제를 생각하는 무측천의 애정은 정상이 아니었다.

80세의 재상 장간지(張柬之)가 마침내 일어섰다. 먼저 군대 지휘관을
자기편으로 끌어들여서 만전의 태세를 갖추었다. 그리고 황태자를 옹립
하여 영선궁(迎仙宮)의 장생전으로 향했다. 복도에서 장씨 형제를 칼로
쳐 죽이고 무측천의 병실로 들어가 장씨 형제가 모반하여 이들을 주살
했다고 아뢰었다. 사형소경(司刑少卿) 환언범(桓彦範)이 앞으로 나가 무측
천에게,

> 지난날, 천황(고종)께서 사랑하는 아들을 폐하(무측천)께 맡기셨습
> 니다. 지금 연치(年齒, 나이의 높임말—옮긴이)가 드셨는데도, 오랫동안
> 동궁에 계시니, 천의(天意)와 인심이 이씨를 생각한 지 오래되었습니
> 다. 군신들은 태종과 천황의 덕을 잊지 않고 있으며, 따라서 태자를
> 받들어 적신(賊臣)을 주살했습니다. 바라옵건대, 폐하께서는 황위를
> 태자에게 물림으로써 천인의 소망에 따르시옵소서.

라고 퇴위를 재촉했다.

반세기에 걸쳐 궁정에 군림한 여걸도 나이가 늙고 병들었다. 이제 어
쩔 도리가 없었다.

그해 정월의 일이었으며 무측천은 상양궁(上陽宮)으로 옮겨졌다. 2월에

정식으로 당의 국호가 부활됨으로써 무측천의 '주(周)'는 물거품처럼 사라졌다. 장씨 형제 편을 든 일당은 모두 주살되었고, 무측천의 공포정치를 집행하면서 밀고, 고문, 처형을 저질렀던 주흥(周興), 내준신(來俊臣), 색원례(索元禮) 일당도 산 자는 죽임을 당하고 이미 죽은 자는 그 죄가 유족에까지 미쳤다.

무측천은 자기 이름인 조(照)를 새로운 글자 '조(曌)'로 고치는 등 약 20가지의 측천문자(則天文字)를 만들었는데 이것도 폐지되었다. 측천문자는 오늘날 17자가 확인되었는데, '국(國)'자에 해당하는 측천문자 '국(圀)'자만큼은 어떤 까닭인지 일본에 남아 이름 등에 사용되었다.

무측천에게 살해당한 왕왕후, 소숙비 일족도 망(蟒, 이무기 망)이나 효(梟, 올빼미 효)라는 악의로 붙여진 성이 제거되고 원래의 성을 되찾았다. 주살과 명예회복 조치를 위해 부활한 당나라는 한동안 몹시 바빴다.

여진(餘震)

무측천은 중국 최고의 여자 황제였다

서안시(西安市) 서북쪽 건현(乾縣)에 있는 건릉(乾陵)에는 고종과 무측천이 합장되어 있다. 양산(梁山)이라고 부르는 산을 묘소로 썼는데, 고종을 이곳에 묻을 때 무측천은 당연히 자신도 이곳에 묻힐 것이라고 생각했다.

신룡(新龍) 원년(705) 정월에 장씨 형제가 죽고 무측천은 상양궁으로 옮겨져 11월에 그곳에서 죽었다. 하지만 그녀를 건릉에 장사지내는 것에 반대하는 의견이 거셌다. 급사중(給事中, 문하성의 간부)인 엄선사(嚴善思)는 상소하여 건릉의 현궁(玄宮, 묘실)은 석문으로 만든 데다가 쇠로 봉했으므로 그것을 여는 공사는 바람직하지 않다고 반대했다. 또 합장은 옛 제도가 아니라고도 했다. 분명히 한대(漢代)에는 황후를 합장한 일이 없었다. 그것은 위진(魏晉) 이후에 많아진 일이다. 이렇듯 여러 가지 이유를 들었으나, 본심은 당나라를 찬탈한 여자를 당 황제의 묘에 묻는다는 것에 거부감을 가졌을 것이다. 찬탈자라고 하나 지금 황제의 친어머니다. 중종은 엄선사의 의견을 물리치고 합장을 추진했다.

건릉 참배길에는 석인(石人)과 석수(石獸)가 늘어서 있다. 그리고 양산을 향해서 왼쪽에 무측천이 손수 쓴 고종의 현덕비(顯德碑)가 서 있다. 그리고 오른쪽에는 이와 짝을 이루는 석비가 있다. 그 유명한 무측천의 '몰자비(沒字碑)'다.

몰자비란 글자가 없는 비석이라는 뜻이다. 생각해 보면, 건릉이 만들어진 것은 고종이 죽었을 때이므로 무측천은 아직 건재했다. 고종의 덕을 기리는 말을 비석에 새길 때, 자신도 당연히 합장될 것이라 생각했던 무측천은 참배길 맞은편에 짝을 맞춰서 비석을 세우게 했다. 살아 있을 때는 거기에 글을 새길 수 없었으니 당연히 20년 동안 몰자비로 있었다. 하지만 몰자비에는 전해 내려오는 이야기가 있다. 무측천은 자신의 덕과 공적이 말로 표현할 수 없을 만큼 훌륭하기 때문에 글자를 새기게 하지 않았다는 것이다.

사실은 무측천을 그곳에 합장한 뒤 석비에 새겨야 할 말을 찾지 못해 공백으로 남겨 두었던 것 같다. 당을 찬탈하고 주(周) 왕조를 세웠다는 사실을 차마 거기에 새길 수는 없었다. 당대(唐代)의 오랜 세월 동안 그 거대한 석비는 글자가 없는 채로 남아 있었다. 그것이 이상한 느낌을 주었기 때문에 앞에서 이야기한 전설이 생겨났을 것이다. 머지않아 '몰자비'라는 말은 체격은 당당하면서도 교양이 없고 글을 모르는 인간을 의미하는 말로 쓰이게 되었다.

고종의 헌덕비는 쓰러진 적이 있어서 다시 세운 이음새가 보인다. 하지만 무측천에게 예정된 석비는 1,300년의 풍설을 견디며 적어도 쓰러진 적은 없었다. 하지만 지금은 몰자비가 아니다.

당 이후에 엄청난 사람들이 그곳에 글자를 새겨 넣어 지금은 문자로 가득하다. 금(金)나라가 이 땅을 점령했을 때 새긴 여진문자(女眞文字)까지 보인다. 대부분 닳아 없어져서 판독할 수 없지만 아마 덕을 찬양하는 내용은 드물었을 것이다. 무측천이 여기에 새겨지기를 기대했던 것과 정반대의 말이 대부분이었을 것이다.

무측천에 관한 평판은 그다지 좋지 않지만, 가끔 그녀를 변호하는 역사가도 등장한다. 또 그녀를 비난해도 일면의 장점을 잊지 않고 덧붙이는 사람도 적지 않다.

반세기에 걸친 그녀의 집정기에는 농민폭동에 관한 기록이 거의 없다. 난을 일으킨 것은 좌천 집단과 황족연합뿐이었는데, 앞에서 이야기했듯이 무측천에 반대하는 그들의 난은 민중의 지지를 받지 못했다. 그녀의 시대에 천재지변도 적지 않았으나 그때마다 적절한 구제책을 내놓았다. 그것은 실무관료들이 일을 잘했기 때문일 것이다. 『자치통감』은 무측천을,

함부로 녹위(祿位, 녹봉과 벼슬자리)를 베풀어 천하의 민심을 얻었다고 하나, 그 자리에 어울리지 않는 자는 이를 물리치거나 엄벌을 가했다. 형(刑)과 상(賞)의 근본을 두루 시행하여 천하를 뜻대로 다스리고, 정사를 스스로 펴서, 명찰(明察), 선단(善斷)하였기에 당시의 영현(英賢)들이 앞다투어 그를 섬겼다.

고 평가하고 있다. 인재등용에 열심이었던 것이다. 등용한 인재가 부적합하면 용서 없이 해임하거나 좌천시켰고, 때로는 처형시키기까지 했다. 그

녀는 사람 보는 눈이 있었기 때문에 당시의 유능한 사람들은 일할 맛이 났다. 업적이 있으면 반드시 인정받았으므로 서로 다투어서 일했던 것이다.

흔히 그녀가 공포정치를 폈다고 하지만 혹리(酷吏, 혹독하고 까다로운 관리)를 시켜 당의 황족과 귀족, 중신들을 헤아릴 수 없이 많이 죽이기는 했으나, 나중에 그 혹리들도 거의 다 죽였다. 살인의 원흉은 분명 그녀인데도 천하의 원망을 혹리들에게 집중시켜 그들을 주살함으로써 사람들이 쾌재를 부르게 하였다. 경험이 많고 교활하다 해야 하겠지만 이것은 명군에게 필요한 냉정함이다. 단지 그녀는 그 점이 약간 과했을 뿐이다.

무측천을 가장 열심히 변호한 자는 명나라 이탁오(李卓吾)일 것이다. 이 독특한 사상가는 『장서(藏書)』라는 제목의 역사 인물 평론에서 다음과 같이 이야기하고 있다.

시험 삼아 옛날과 지금의 왕을 보면, 사람 알기를 무씨(武氏)같이 한 자가 있을까? 또 오로지 인재를 애양(愛養)하는 마음을 가졌고, 백성을 편안하게 해 주고자 하기를 무씨같이 한 자가 있을까?

또 무측천은 총명한 군주였으며 전한(前漢) 유방의 아내 여후(呂后) 따위는 그 발밑에도 미치지 못한다고 단정하고,

지금 누(婁), 학(郝), 요(姚), 송(宋)의 여러 현인을 보건대, 모두 측천(則天)의 조정에 늘어세워 개원(開元)에 이르기까지 이들을 모두 활용하였다.

고 역사 속 무측천의 역할을 평가하고 있다. 머지않아 당의 황금기인 천보(天寶) 시대가 찾아오는데, 그때 활약한 사람들은 모두 무측천의 조정에 늘어선 적이 있다. 바로 무측천이 발굴한 인재다. 이탁오는 누사덕(婁師德), 학처준(郝處俊), 요숭(姚崇), 송경(宋璟) 같은 사람들의 이름을 들고 있다.

진짜와 가짜의 차이를 무측천은 정확히 판별할 줄 알았던 모양이다. 현종 황제도 아마 자기 조모의 인물 평가를 전폭적으로 신뢰하고 있었다고 생각된다.

이상한 것은 자기가 총애했던 장씨 형제를 자기의 손자들이 비방한 것을 알자 혈연관계인 그들을 죽인 일이다. 그런데 송경이 장씨 형제를 몹시 적대시하는 것을 알면서도 그는 죽이지 않았다. 송경이 화난 것을 안 무측천은 장창종더러 가서 사죄하라고 명했다. 송경은 사과하러 온 장창종을 문전박대했으며, 이 일을 두고 장씨 형제는 별의별 험담을 다했으나 무측천은 어디까지나 송경을 믿고 처벌하지 않았다.

참으로 이상한 인물이다. 무측천은 분명 정치에 빠져 정치적인 인물이 된 것이 틀림없다. 여자, 아내, 어머니이기 이전에 그녀는 정치가였다. 이쯤 되면 일종의 정치 귀신이랄 수밖에 없을 것이다. 이 정치 귀신 덕분에 인재가 양성되었고 성당(盛唐)의 현종이 그 유산을 물려받을 수 있었다.

태종에게 머리 조아린 김춘추 부자

시대적으로는 고종(高宗) 때지만 고구려와 그 동맹국인 백제를 멸망시킨 것도 무측천의 공적 중 하나라고 해도 좋다. 이것은 무측천의 힘이라기보다는 신라가 국력을 키운 것이 가장 큰 원인이었다. 고구려의 힘을 믿고 신라를 괴롭히던 백제가 오히려 신라의 공격을 받아 멸망한 것이다.

한반도의 세력 다툼에는 일본도 백제의 동맹국으로서 한몫을 했다.

신라에 김춘추라는 영걸이 나와서 역사의 흐름을 자기 쪽으로 크게 바꾸어 놓았다. 김춘추는 바로 신라 29대 왕인 무열왕이다. 당나라 태종의 다소 성급한 고구려 원정이 실패로 끝난 뒤, 신라는 곤란한 처지에 놓였다. 신라는 당의 원정에 호응할 자세를 취했기 때문이다. 한반도 남동부에 자리 잡은 작은 나라 신라가 이 곤경에서 벗어나려면 외교수단에 의지하는 수밖에 없었다.

대야성(大耶城)을 백제에 빼앗기자 김춘추는 고구려에 사자를 보내 외교적 수단으로 대야성을 수복하려 했으나 성공하지 못했다. 이어서 그는 일본에 사자를 보내 일본 정계에서 신라의 위치가 유리해지게 공작했다. 그 이듬해에 그는 아들을 데리고 당에 입조했다.

> 정관 22년(648) 12월 계미(癸未), 신라의 재상 김춘추와 그 아들 문왕(文王)이 들어와 알현했다.

라고 당의 사관이 기록했다.

태종이 죽기 직전이었다. 대자은사가 완성된 것과 같은 달이다. 김춘추의 뛰어난 점은 물론 국익이 첫째였지만, 눈앞의 국익을 위해서 우왕좌왕하지 않았다는 점이다. 그는 당, 고구려, 일본 등 넓은 세계를 보고 취해야 할 방침을 정했다.

김춘추는 그 후 대당외교에 전념했다. 자신의 아들을 자주 당에 보내

당의 문물을 배우게 하고 국정을 정비함과 동시에 당과의 관계를 긴밀하게 하고자 노력했다. 신라의 이와 같은 외교노력은 마침내 당을 움직였다.

당의 동방정책은 지금까지 오로지 고구려를 향하고 있었다. 그러던 것이 신라와의 관계가 긴밀해지면서 그 힘을 신라의 적인 백제로 향하게 되었다. 물론 이것은 신라의 외교가 성공했기 때문만은 아니다. 말할 것도 없이 당에도 외교 정책이 있었다. 무측천이 대외정책에 얼마나 관여했는지는 알 수 없지만, 먼저 백제를 공격해서 고구려를 고립시킨다는 방침이 궁정 깊숙한 곳에서 결정되었다.

당이 백제에 원정군을 파견한 것은 고종 현경(顯慶) 5년(660)의 일이다. 군웅할거시대에는 두건덕군(竇建德軍)에 속했던 소정방(蘇定方)이라는 무장이 원정군의 총사령관에 임명되었다. 신라는 오랫동안 이날을 기다려왔다.

두려움에 떨던 백제도 당에 사절을 보냈다. 하지만 그 외교 노력은 신라의 열성에 비하면 무성의해 보였다. 조공만 하면 그것으로 된다고 생각했던 모양인데 너무 안일한 태도였다. 원래 백제가 당과 가까웠던 것은 북방의 강국인 고구려의 압박을 조금이라도 약화시키기 위해서였다. 고구려와의 관계가 호전되자 당과의 관계는 그다지 중요하지 않았고 따라서 성의가 부족했다.

당나라 장군 소정방은 10세 때부터 아버지를 따라 전쟁터에 나갔다고 하니 전쟁을 위해서 태어난 인물이었다.

효한다력(驍悍多力, 날래고 사납고 힘이 셈), 담기절륜(膽氣絶倫, 담력이 대단히 뛰어남).

『구당서』는 그를 이렇게 묘사하고 있다. 그는 태종 때 고구려 원정에도 종군했으며, 현경 2년(657)에는 서돌궐을 토벌하고 그 수장인 사발라(沙鉢羅)를 석국(石國)까지 쫓아가 사로잡았다. 석국이란 오늘날 우즈베키스탄의 타슈켄트를 말한다. 천산을 넘는 대작전이었다. 현경 4년(659)에는 도만(都曼)이 소륵(疎勒, 카슈카르), 주구파(朱俱波, 카르가리크), 알반타(謁般陀, 타슈크르간) 등 3국과 더불어 반란을 일으켰는데, 이때도 그가 총사령관이 되어 평정했다. 이때 당의 세력권은 천산과 파미르를 넘어서고 있었다.

도만을 사로잡아 낙양의 건양전에 바친 것이 현경 5년 정월이고, 앉은 자리가 따뜻해질 틈도 없이 3월에는 다시 10만 백제 원정군의 대총관(大總管)에 임명되었다. 8월에는 당군이 이미 국도에 육박해 백제 의자왕(義慈王)이 항복했다. 고종은 포로로 끌려온 의자왕을 낙양의 측천문루(則天門樓)에서 석방했다.

백제는 속수무책으로 멸망했다. 소정방은 이어서 고구려를 공격했다. 쉴 새 없이 움직이는 장군이었다.

백제 의자왕의 아들인 부여풍(扶餘豊)은 볼모로 일본에 있었다. 주류성(周留城)에 틀어박혀 당나라에 저항하던 백제의 유신(遺臣) 복신(福信) 등은 일본에 사자를 파견하여 부여풍의 송환과 원군을 요청했다. 다이카 개신(大化改新, 646년에 반포한 정치 개혁—옮긴이)으로 나라의 기운이 상승하고 있던 일본은 백제에 구원군을 보내기로 결정했다. 사기를 높이기 위해 사이메이(祭明) 일왕이 친정했으나, 일왕은 츠쿠시(筑紫)의 아사쿠라궁(朝倉宮)에서 세상을 떠나고, 덴치(天智) 일왕이 즉위했다.

백제에서는 유신들 사이에 내홍(內訌)이 일어났고, 국왕으로 옹립된 부여풍이 귀실복신(鬼室福信)을 죽여 사기가 떨어졌다. 신라와 당 연합군은 동요하는 주류성을 공격했다. 당의 용삭(龍朔) 3년(663) 9월의 일로 당나라 장군은 유인원(劉仁願), 유인궤(劉仁軌), 손인사(孫仁師) 등이었다.

　주류성은 금강(錦江) 하류의 백강(白江)이라는 강가에 있었다. 원군은 바다에서 백강으로 들어와 주류성을 향하기로 되어 있었다. 당나라 쪽 기록에는,

　　왜병과 백강 입구에서 마주쳤다. 네 번 싸워서 모두 이겼다. 그 배 400척을 불살랐다. 연기와 불길이 하늘을 태우고 바닷물은 온통 붉었다.

라고 되어 있다. 『일본서기』는 이 사건이 덴치 일왕 2년 8월 기유(己酉, 28일)에 일어났다고 기록하고, 다음과 같이 기술하고 있다.

　　순식간에 관군이 패했다. 물에 뛰어들어 빠져 죽은 자가 많았고, 뱃머리를 돌려도 피할 수 없었다. 에치노 다쿠츠(朴市田來津)는 하늘을 우러러 맹세하고, 이를 악물고 분해하며, 수십 명을 죽이고 전사했다. 그때 백제의 왕 부여풍과 신하들 여럿이 배를 타고 고려로 도망쳤다.

　이 책에서는 백강이 백촌강(白村江)으로 되어 있다. 백제의 멸망으로 고구려는 고립되었다. 백제는 망국 직전에도 내홍이 일어났는데, 그 무렵 고구려서도 연개소문의 자식들이 불화를 일으켜 장남 연남생(淵南生)이 아들인 헌성(獻誠)을 당에 보내 도움을 청했다.

이쯤 되자 고구려도 예전처럼 강하지 않았다. 게다가 연이은 기근으로 요상한 이야기가 퍼져 민심이 동요했다. 역전의 명장 이적(李勣)이 총장(總章) 원년(668) 9월에 평양을 함락했으니 백강 전투가 있고 꼭 5년 뒤다. 고구려 보장왕(寶藏王)은 항복하고, 막리지(莫離支, 섭정) 연남건(淵南建, 연남생의 동생)은 자결하려다 실패하여 포로가 되었다.

보장왕은 사평대상백(司平大常伯)이라는 관직을 받았다. 이것은 장관급이지만 칭호만 있을 뿐 실무는 없었다. 연남생도 우위대장군(右衛大將軍)에 임명되었다. 다만 끝까지 저항한 연남건은 검중(黔中, 귀주)에 유배되었고, 고구려로 망명한 백제왕 부여풍은 영남(嶺南, 광동)에 유배되었다.

평양에 안동도호부(安東都護府)가 설치되고 고구려는 당의 판도에 들어갔다.

제국을 떠받친 관료 시스템

무측천은 인재를 발굴하고 양성하는 데 정평이 나 있었다. 그러나 인재를 갖추었다고 반드시 정치가 잘되는 것은 아니다. 뛰어난 인물이 그 재능을 효과적으로 발휘할 수 있는 조직과 기구가 필요하다.

당의 율령은 수의 그것을 거의 답습했다. 바로 북조계의 것이다. 흩어진 집단을 유기적으로 움직이는 것은 유목계 민족의 지혜다. 조직과 기구는 남북을 통일한 북조(北朝)의 큰 무기였다.

당의 정치 중추는 3성(省) 6부(部)다.

중서성(中書省), 문하성(門下省), 상서성(尙書省)이 3성이고 6부는 상서성 아래 설치된 기구다.

중서성은 조칙(詔勅)의 초안을 잡는 곳으로 그 장관을 중서령(中書令)이라고 불렀다. 정치는 천자의 뜻으로 이루어지므로 그 뜻을 전하는 조칙 작성은 정치의 출발점이라고 할 수 있다. 조칙 초안이 완성되면 그것을 문하성으로 보낸다.

문하성은 조칙 초안을 심의하는 곳으로 그 장관을 문하시중(門下侍中)이라고 불렀다. 신중에 신중을 거듭해야 하는 자리다. 초안에 오류가 없는지 빠진 곳은 없는지, 그보다 더 좋은 것은 없는지 시기상조는 아닌지, 여러 각도에서 초안을 검토한다.

중서성은 입안, 문하성은 심의가 그 임무다. 이렇게 해서 결정된 조칙은 상서성으로 보내져 집행된다. 상서성은 행정부인 셈이고 그 장관은 상서령(尙書令)이다. 다만 태종이 진왕(秦王) 시절에 이 상서령에 임명되었기 때문에 신하와 같은 직책에 있는 것은 불경스러운 일이라 하여 당대(唐代)에는 이 포스트가 비어 있었다.

비어 있는 상서령 아래 6부가 있는데, 이는 현재의 정부부처에 해당한다고 생각하면 될 것이다.

병부(兵部, 국방부에 상당한다)

형부(刑部, 법무부에 상당한다)

공부(工部, 건설교통부에 상당한다)

이부(吏部, 관리의 인사 등을 관할)

호부(戶部, 경제와 재무를 관할)

예부(禮部, 교육과 의례를 관할)

이상의 6부인데, 총리에 해당하는 상서령이 없기 때문에 그 대신 복야(僕射)를 두 사람 두어서 각각 3부씩 통괄하게 했다. 우복야가 병, 형,

공을, 좌복야가 이, 호, 예를 담당했다.

각 부의 장관을 상서(尙書), 차관을 시랑(侍郞)이라 불렀다.

이상의 3성 6부에는 말하자면 정무 관료가 모여 있었고, 실제 운영은 실무관료가 맡았다. 실무를 맡은 기관은 1대(臺), 9시(寺), 5감(監)이었다.

1대란 어사대(御史臺)로 관리를 감사, 감찰하는 일을 맡았으며 장관을 대부(大夫)라고 불렀다. 한대(漢代)의 어사대부는 부총리였으나, 당대(唐代)의 어사대는 공정하고 엄격한 감사를 해야 했기 때문에 내각에서 독립된 형태였다. 그 직무는 아마 이부와 중복되는 부분이 있었을 터이다.

9시의 '시(寺)'는 절이 아니라 관청을 의미하는 용어다. 다음은 관청과 그 관할 사항이다.

태상시(太常寺, 예악, 제사, 의전, 의무)

광록시(光祿寺, 주례의 상차림)

위위시(衛尉寺, 기계문물, 병기의 관리)

종정시(宗正寺, 황족 관계)

사농시(司農寺, 식량, 비축)

태복시(太僕寺, 목마, 수레와 가마)

대리시(大理寺, 형벌과 감옥)

홍려시(鴻臚寺, 빈객접대)

태부시(太府寺, 재화, 창고, 시장 관리)

이 9시의 장관을 경(卿), 차관을 소경(少卿)이라 불렀다.

5감은 다음과 같다.

국자감(國子監, 유학 교육, 태학 등을 관할한다. 장관을 제주(祭酒)라 함)

소부감(小府監, 각종 장인과 기술을 관장하며 장관을 감(監)이라 함)

군기감(軍器監, 갑옷, 투구, 궁시 같은 무기를 관리하고 정비함. 장관을 감이라 함)

장작감(將作監, 토목공사를 관장함. 장관을 감이라 함. 시대에 따라 대장(大匠)이

　　　라고도 불렀다)

도수감(都水監, 하천, 제방, 교량 등을 관장하며 장관을 사자(使者)라고 함)

이상은 이른바 외조(外朝)의 관청이다. 이에 비해 규모는 훨씬 작지만, 내조의 관청이 있다. 황제의 가정생활을 관장하는 곳으로 일본의 궁내청(宮內廳) 같은 곳이다. 외조에 3성이 있듯이 내조에도 3성이 있었다.

전중성(殿中省, 식사, 의복, 의약, 숙사, 수레 등을 관장하며 장관을 감(監)이라 함)

내시성(內侍省, 황후, 궁녀를 뒷바라지 한다. 환관의 관직이며 장관을 감이라 함)

비서성(秘書省, 궁중의 도서, 비밀기록을 관장한다. 서적 보관뿐만 아니라 사본,

　　　교정일도 맡아 봤다. 장관은 감이며 종3품에 해당한다)

지방관은 외관(外官)이라고 불렀다.

당나라는 전국을 10도(道)로 나누었는데, '도(道)'는 상당히 넓은 지역이다. 오늘날 중국 최대의 행정구역인 성(省, 자치구를 포함한다)이 27개이니, 도는 그보다 훨씬 범위가 넓었다. 너무 넓어서 여기에는 순찰사(巡察使)라는 관리를 파견했는데, 명칭대로 돌아다니며 정치가 잘 되고 있는지 관찰하는 일을 맡았다. 전한(前漢)의 자사(刺史)와 마찬가지로 실제 행정에 관여하는 것이 아니라 상황을 파악하는 것이 임무였다. 그러다 예종(睿宗) 때 '안찰사(按察使)'로 바뀌면서 돌아다닌다는 뉘앙스가 약해졌으며, 머지않아 이것이 '절도사(節度使)'로 바뀌고 넓은 지역의 정치, 군사의 권한을 쥐게 되면서 당은 멸망의 길로 접어든다. 이것은 뒤에서 다루겠

지만, 무측천 이전에는 이렇게 큰 권한을 가진 지방관이 없었다.

수나라는 주군(州郡)을 주(州)와 현(縣)으로 정리했는데, 당도 그것을 답습했다. 다만 중요한 지방은 부(府)라고 하고 장관으로 '윤(尹)'을 두었다.

수도 장안을 중심으로 한 지역을 경조부(京兆府)라 하고, 부(副) 수도에 해당하는 낙양 지방을 하남부(河南府)라 했다. 그리고 당 왕조 발상지도 동격으로 하여 이를 태원부(太原府)라 불렀다. 군대를 둔 요지는 '도독부(都督府)', 그리고 변경과 가까운 곳에는 '도호부(都護府)'를 두었다.

주와 현은 그 호수에 따라 상중하 셋으로 나누었다. 주(州)의 장관은 자사(刺史)이고, 현의 장관은 영(令)이다. 같은 현령이라도 앞에서 말한 경조, 하남, 태원 3부에 속하는 영은 정6품이고 상현(上縣, 6천 호 이상)의 영은 종6품, 중현(中縣, 3천 호 이상)은 정7품, 하현(下縣, 그 이하)은 종7품으로 정해져 있었다. 또 3부 중에서도 장안, 낙양, 태원 내의 현은 특별히 '적현(赤縣)'이라 칭했으며, 그 현령은 정5품이었다.

일본의 현(縣)과 비교하면 다소 이해하기 어려울 텐데 예를 들어 오늘날 북경특별시 안에 13개의 현이 있듯이, 중국의 현은 일본의 그것보다 급이 낮다. 국도 장안 안에 장안현과 만년현(萬年縣) 두 현이 있었다.

시대에 따라 다르지만 주(州)는 300개 이상, 현은 1천 개 이상이나 되었다.

이처럼 중앙과 지방의 관제(官制)는 매우 잘 정비되어 있어, 그 자리에 적합한 사람을 얻으면 잘 돌아가게 되어 있었다. 인물 감정의 명수였던 무측천 시대에 중앙 상층에서는 온갖 일들이 벌어졌으나, 적어도 중견 이하의 관료기구는 빈틈없이 움직이고 있었다.

'땅부자' 관료들

천하의 토지는 모두 황제의 것이라는 사고를 바탕으로 '균전제'가 확립되었다. 균전제란 나라에서 호(戶) 단위로 토지를 내려 주는 것이다. 그것은 '구분전(口分田)'과 '영업전(永業田)'으로 나뉘었는데, 구분전은 토지를 받은 사람이 나이를 먹어 60세가 되든지 아니면 죽거나 불구가 되면 반환하는 땅이다. 영업전은 반환하지 않고 상속할 수 있는 토지다. 구분전과 영업전의 비율은 8대 2였으며, 물론 둘 다 연공(年貢, 해마다 바치는 공물)을 바쳐야 했다.

급전(給田) 규칙은 무척 소상했는데, 당나라 토지법에서 주목해야 할 것이 관료를 우대한 점이다. 관료에게는 직위에 따라 주는 '직분전(職分田)'과 상속할 수 있는 '영업전'이 있었다. 직분전은 직위를 떠날 때 반환해야 하지만 영업전은 물론 그럴 필요가 없었다.

일반인은 한 사람당,

구분전 18묘(畝), 영업전 20묘

를 받았다. 그 사람이 죽거나 은퇴해도 자손에게 20묘가 남겨지는 셈이다.

이것을 최고 관료라 할 수 있는 3성(省)의 장관과 비교해 보자. 중서령이나 문하시중은 정2품관이다. 그들에게 주는 토지는,

직분법 20경(頃), 영업전 50경

이었다. 1경은 100묘다. 1묘는 약 5.5아르 정도다.

계산해 보면 정2품관이 자손에게 남겨주는 토지는 5천 묘가 된다. 이는 일반인의 250배나 되었다.

품계의 최하급은 종9품관이다. 이것은 현위(縣尉)의 직에 해당한다. 현령-현승(縣丞)-현주부(縣主簿)-현위의 서열이므로 관청의 창구쯤 되는 관리다. 그래도 그들의 직분법과 영업전은 각각 2경이나 되었다. 200묘의 땅을 자손에게 남겨 줄 수 있으니 일반인의 10배인 셈이다.

당이 위진남북조와 크게 다른 점은 관료가 되지 않으면 대지주가 될 수 없다는 것이다. 아무리 호족이라고 해도 벼슬을 하지 않는 한 20묘의 영업전밖에 얻을 수 없었다. 그것을 아무리 대대로 차곡차곡 모아 봤자 대지주는 결코 될 수 없다. 그리고 대대로 고급관료가 되면 저절로 대지주가 되는 구조였다.

관료는 황제의 직신(直臣)이다. 직신을 우대함으로써 황제는 자신의 제국을 편안하고 태평하게 유지하려고 했다. 관직에 나가는 자는 사(士)이고, 그렇지 않은 자는 서(庶)다. 사와 서는 완전히 딴 세상 사람처럼 동떨어져 있었다.

대대로 고급관료를 배출한 가문은 자동적으로 대지주가 되지만 말할 것도 없이 토지를 직접 경작하지는 않았다. 다른 사람에게 일을 시킨 것이다. 이처럼 대지주의 땅에서 일하는 사람들은 주로 급전의 혜택을 받지 못하는 이른바 천민들이었다. 그들은 국가에 세금도 내지 않고 부역도 하지 않았다. 대지주의 소유물로 호구조사에서도 빠졌다.

시간이 흐르면서 힘 있는 관료의 토지는 더욱 늘어나 '장원(莊園)'을 형성하게 되었다. 그것이 시대의 성격을 서서히 바꾸어 갔다.

고종 시대에 정부에서 받은 토지의 매매를 금하는 법령이 내려졌다. 그런 법령이 내려졌다는 것은 실제로는 매매가 성행했다는 뜻이다. 토지의 겸병(兼倂), 즉 합병과 소유가 진행되고 있었던 것이다. 이는 호족으로 변한 관료들뿐만 아니라 사원에서도 왕성하게 일어났다. 균전제로 토지를 받은 농민이 그것을 팔면 당연히 경작할 토지가 없어진다. 그들의 운명은 짐작하고도 남는다. 토지를 팔고 소작인이 되거나 떠돌이 신세가 되었을 것이다.

중종을 독살한 모녀의 행복한 착각

이쯤에서 무측천이 죽은 뒤 당나라의 정계를 되돌아보자.

중종이 복위했으나 아버지인 고종을 닮아 기가 약했던 그는 역시 아버지처럼 아내 말을 잘 듣는 남편이었다.

장간지(張柬之)의 쿠데타로 주(周)가 소멸하고 당나라가 부활했으나, 이것이 무씨(武氏)의 소멸까지 의미하는 것은 아니었다. 오랫동안 무씨는 궁정 안팎에 뿌리를 깊게 내리고 있었다.

찬탈자라 해도 무측천은 당나라 황제의 어머니인 만큼 그 일족을 숙청할 수는 없었다. 중종으로 본다면 무씨는 자신과 혈연관계가 있는 일족이었다. 장간지는 무씨를 모조리 없애 버릴 것을 끊임없이 요구했지만, 중종은 승낙하지 않았다.

중종의 황후 위씨(韋氏)만 하더라도 자신의 딸인 안락공주(安樂公主)를 무삼사(武三思)의 아들 무숭훈(武崇訓)과 결혼시킨 처지였다. 위황후는 약간 곤란한 여성이었다. 고종이 죽은 뒤에 중종이 즉위하여 54일간 제위에 있었던 적이 있다. 무측천이 이렇게 빨리 중종을 폐립한 것은 위황후가 멋대로 자신의 아버지를 요직에 앉히려 했기 때문이다.

위황후는 무측천을 본받아 여자로서 권세를 휘두를 생각이었던 모양이다. 어리석었다고 생각되지만, 위황후도 가엾은 여성이다. 친자식인 중윤(重潤)과 영태공주(永泰公主) 남매가 장씨 형제를 비방했다는 이유로 무측천에게 살해당한 것이다. 19세와 17세로 한창 젊은 나이였다. 더구나 위황후에게는 중윤 말고는 아들이 없었다. 모처럼 황후로 되살아났지만 당황제의 지위를 친자식에게 물려줄 수 없게 된 것이다. 그녀는 분했다. 권세만이 그녀가 사는 보람이었다.

우리가 상식적으로 생각할 수 없는 일이 여기에서 일어났다. 위황후와 안락공주가 남편이며 아버지인 중종을 독살한 것이다. 위황후는 제2의 무측천을 꿈꿨다. 무측천은 황후에서 황태후가 되고, 다시 황태후에서 여제가 되었다. 위황후도 그렇게 되지 말라는 법은 없었다. 남편을 죽이고 황태후가 되면 다음 단계에 여제가 될 수 있다고 자신했다. 이 일에 친딸인 안락공주가 가담하였다는 사실은 우리에게 큰 충격을 준다. 안락공주는 어머니가 황제가 되면 자신은 그 후계자, 즉 황태녀가 되어 제3의 무측천이 될 수 있다고 생각했던 것이다.

중종이 죽은 것은 경룡(景龍) 4년(710) 6월의 일이었다. 향년 55세였다. 그리고 황태자인 이중무(李重茂)가 즉위했다. 그는 물론 위황후가 낳은 아들이 아니었다. 위황후는 일단 이 16세의 소년을 제위에 앉히고 무측천이 그랬던 것처럼 당을 대신할 위씨의 새 왕조를 만들 생각이었다.

안락공주는 이 무렵 사별한 남편 무숭훈의 사촌인 무연수(武延秀)와 재혼했다. 위씨의 새 왕조를 세우는 데 무연수가 참모 역을 맡았다. 하지만 위황후를 중심으로 한 움직임은 무측천의 그것에 비하면 참으로 보잘것없는 느낌이다. 규모가 너무 작았다. 무엇보다 위황후에게는 무측천과 같은 재능이 없었다.

위씨의 새 왕조가 실패한 것은 당연하다고 해야 한다. 결국 진짜와 조금도 닮지 않은 모방자일 뿐이었다. 무측천을 변호하는 사람은 있지만 위황후를 변호하는 사람은 없다. 그저 친자식을 잃은 것이 안 되었다고 동정하는 정도다.

화장을 지우다

재주많은 여비서 상관완아

잠시 산속 저택에서 놀며,

돌아가기 아쉬워서 머뭇거린다.

안개 낀 창에는 밝은 달 가득하고,

산골짜기에 흐르는 시냇물 쪽으로 난 문에 흰 구름이 떠간다.

책은 등나무를 끌어서 서가로 삼고,

사람은 쑥으로 옷을 만들어 입는다.

이는 진정 조용히 즐기는 곳,

둘러보며 그 찬란한 빛을 즐긴다.

暫爾遊山第 淹留惜未歸 霞窗明月滿 澗戶白雲飛

書引藤爲架 人將薜作衣 此眞攀玩所 臨眺賞光輝

속세를 떠난 선경을 읊은 듯한 시다.

지은이는 상관완아(上官婉兒)로 여류시인이다.

황후 시절의 무측천을 폐립하려다 오히려 무측천에게 죽음을 당한 상관의(上官儀)의 손녀다. 조부가 모반의 문죄를 당할 때 그녀는 갓 태어난 아기였다. 무측천도 차마 갓난아기까지는 죽이지 못해서 세상과 격리시키기 위해 후궁에 들였다. 후궁에서 교육을 받은 그녀는 보기 드문 재녀(才女)로 자라 무측천의 비서가 되었다.

조부의 사건 때 조부뿐만 아니라 아버지도 살해되었다. 상관완아는 아버지와 할아버지를 죽인 인물을 섬겨야 했다. 게다가 아주 가까이서 말이다. 무측천은 정치의 중심이었고 따라서 권세의 중심이었다. 말하자면 이 세상에서 가장 피비린내 나는 곳이다. 상관완아도 그 한가운데 있었으면서도 그녀가 지은 시에서는 그와 같은 냄새가 전혀 없다. '추호도 인간연화(人間煙火, 인간세상의 영위)의 느낌이 없다'는 것이 그녀의 시에 대한 정평이다. 인간 냄새가 전혀 나지 않는다. 인간 냄새가 농후한 곳에 있었기 때문에 시를 지을 때는 가능한 그 냄새를 지우려고 했는지도 모른다.

문학을 좋아한 무측천은 자주 시제를 내어 군신들에게 시를 짓게 하고 그 우열을 정했다. 이 대회의 심사는 늘 상관완아가 보았기 때문에 그녀는 무측천이 주최하는 궁정문학 모임의 여왕 같은 느낌을 준다.

상관완아는 문학적 재능뿐만 아니라 정치적인 감각도 뛰어났다. 그녀는 무측천의 조카인 무삼사(武三思)와 사랑하는 사이였다고 한다. 그런 관계도 있어서인지 무측천은 상관완와를 정치 관계의 비서로도 이용하였다.

무측천 말년에 정치적 후각이 뛰어난 상관완아는 은밀히 중종에게도 접근했다. 이것은 외사촌 왕욱(王昱)의 권유였다고 한다. 그 때문에 장간지(張柬之)가 쿠데타를 일으킨 뒤에도 건재할 수 있었고, 중종의 총애를 받아 직위도 소용(昭容)까지 올랐다.

위황후의 딸인 안락공주(安樂公主)와 무측천의 막내딸 태평공주(太平公主)는 서로 경쟁했는데, 안락공주에게 태평공주는 아버지 중종의 누이이므로 고모뻘이다. 안락공주와 태평공주는 황족의 여성 중에서도 특별한 대우를 받았으며 누가 더 사치하는지 서로 경쟁했다. 그녀들의 사치에 관한 여러 가지 에피소드가 전해지고 있다.

안락공주는 직성군(織成裙)이니 백조모군(百鳥毛裙)이니 하는 사치스럽기 그지없는 옷을 입었다. 일본 정창원(正倉院, 나라 동대사 창고였지만, 지금은 궁내청 소관으로 고대 유물을 보관하고 있음-옮긴이)에 보관된 어물(御物, 임금이 쓰던 물건-옮긴이) 가운데서 조모입녀병풍(鳥毛立女屛風)에 그려진 여인이 입은 옷이 백조모군일 것이다.

사치하려면 돈이 든다. 특별대우를 받아도 부족하다. 그래서 벼슬을 희망하는 자에게 관직을 소개하고 금품을 받는 일까지 저질렀다. 바로 매관(賣官)을 한 것인데 그녀들이 그 창구가 되었다. 또 당시에 승려는 면세 같은 특전이 있어서 희망자가 많았는데, 승려가 되려면 국가에서 정식 도첩(度牒)을 받아야 했다. 그녀들은 그 도첩까지 팔았다.

중종이 독살당한 뒤, 재녀 상관완아는 복잡한 움직임을 보였다. 태평공주와 공모하여 중종의 유조를 조작해-황태후가 섭정하는 것이 관례지만-중종의 동생인 상왕(相王) 이단(李旦)에게 정치를 보좌하게 한다는 항목을 추가했다.

16세의 황태자가 즉위하고 황태후가 후견인으로서 정치를 돌보는 것은 물론 위황후가 바라던 일이었다. 그렇게 되면 위황후의 생각대로 안락공주도 머지않아 황태녀가 되니 매우 흡족했을 것이다.

아마 태평공주는 올케인 위황후나 그녀의 딸이자 자신과 경쟁하는 안락공주가 멋대로 하도록 놔두고 싶지는 않았을 것이다. 그녀는 상관완아와 의논해서 일종의 방해공작을 펼쳤다. 하지만 앞으로 위황후의 시대가 올 것이라고 생각한 종초객(宗楚客)과 위씨 일족인 위온(韋溫) 등은 '수숙불통문[嫂叔不通問, 시동생은 형수에게 절후(節侯)나 그 밖의 안부를 물어서는 안 됨.『예기』「곡례」에 나옴-옮긴이〕'이라는 유교의 윤리를 들고 나와 상왕 이단을 태자태사(太子太師)라는 명예직에 앉혔다.

상관완아가 태평공주에게 접근한 것은 위의 사실로도 알 수 있는데, 이것은 무엇을 의미할까? 소용(昭容)이라는 지위 높은 여관(女官)이 되어 중종의 총애를 받았던 상관완아는 중종을 독살한 위황후를 용서할 수 없었는지도 모른다. 아니면 그 날카로운 정치적 후각으로 위황후는 가망이 없다고 보았을 가능성도 있다. 무측천을 가까이서 모신 그녀는 위황후가 무측천에 비해 너무도 보잘것없으며 설령 정권을 쥐더라도 곧바로 무너질 것이라고 예상했을 것이다.

위씨 왕조가 실패하면 다음 정권을 담당할 사람은 상왕 이단뿐이다. 중종이 처음 제위에 올랐을 때, 어리석은 위황후는 남편이 꼭두각시라는 걸 모르고 아버지 위현정(韋玄貞)을 문하성 장관인 시중에 발탁하려다 무측천의 노여움을 사서 중종의 제위를 잃게 하였다. 그 뒤를 이은 것이 중종의 아우인 이단(李旦)이며, 이가 바로 예종(睿宗)이다. 그는 자신이 꼭두각시라는 것을 잘 알고 아무것도 하지 않았다. 무측천은 주(周)의 황제가 되어 새로 황태자를 세울 때, 역시 그의 형인 중종 이철(李哲)을 택했다. 꼭두각시라고는 하나 이단은 일단 제위에 오른 적이 있었다.

언젠가 누이인 태평공주가 오라비인 이단에게 '상왕 이단으로 하여금 소년 황제를 보좌하게 하라'는 유조를 상관완아가 만들었다는 말을 한 것이 틀림없다. 상관완아는 자신이 이 행위로써 위황후의 다음 시대까지 살아남을 수 있을 것이라고 생각했을 것이다. 이단에게도 미리 점수를 따 둔다는 매우 치밀한 처세법이었다.

아기 때부터 후궁이라는 감옥 안의 죄인으로서 다른 사람의 눈치만 보며 성장한 상관완아다. 줄을 타듯 삶과 죽음 사이를 오갔다. 후궁에서 재녀라는 평판이 돌기 시작한 14세 때, 무측천은 그녀를 불러 할아버지와 아버지를 죽인 자신을 원망하느냐고 물은 적이 있다. 이때도 생사의 갈림길이었다.

"원망하면 불충이고, 원망하지 않으면 불효입니다." 14세 소녀는 고작 그렇게밖에 대답할 수 없었다. 무측천은 목숨을 살려 주고 길러 준 은혜를 모른다며 화를 내고 문신의 형을 내렸다. 사람을 보는 눈을 가졌던 무측천은 형벌 담당 관리에게 되도록 문신을 작게 새기라고 명령했고, 덕분에 상관완아 얼굴에 새긴 문신은 고작 검은 사마귀로만 보였다고 한다. 다행히 검은 사마귀 하나로 끝났지만, 무측천의 기분이 좋지 않았다면 상관완아는 죽었을지도 모른다.

상관완아의 불행은 위황후 그룹을 무너뜨린 쿠데타의 주도자가 그녀가 점수를 따 둔 이단이 아니라 그의 셋째 아들 이융기(李隆基)였다는 사실이었다.

쿠데타로 황제가 된 현종

태종 이세민은 현무문 쿠데타로 형제를 죽이고 정권을 장악했다. 84년 뒤, 나중에 현종(玄宗)이 된 이융기는 궁중에 들어와 백모인 위황후와 사촌누이인 안락공주를 죽이고 정권을 손에 넣었다.

황족이 일으킨 쿠데타 가운데 위의 두 가지 성공한 예 말고 실패한 예가 하나 있다. 이융기가 쿠데타를 일으키기 3년 전의 일이다. 물론 중종은 살아 있었다. 복위했을 때 그가 처음 황태자로 세운 사람이 이중준(李重俊)이었다. 생모는 위황후가 아니다.

> 성격은 사리에 밝고 결단력이 있으나, 법도(法度)가 적다.

는 평처럼 과감하지만 약간 상식을 벗어나는 인물이었다. 쿠데타도 면밀한 계획 없이 일으킨 것이 분명하다. 그는 위황후의 자식이 아니라는 이유로 누이인 안락공주에게 무시당하고 그 남편인 무숭훈에게까지 업신여김을 당하여 분해하고 있었다.

무씨가 빼앗은 당나라 이씨의 천하를 지금 되찾으려고 하니 찬탈자인 무씨 일족은 모조리 주살해야 마땅하지 않은가. 그렇게 생각한 이중준은 당나라가 부활한 뒤에도 여전히 정치에 관여하고 있는 무숭훈의 아버지 무삼사(武三思)의 횡포가 여간 밉지 않았다. 더구나 이중준의 귀에는 안락공주가 황태자를 폐하고 스스로 황태녀가 되려고 공작한다는 이야기가 들어왔다. 그리고 그 공작을 찬탈자 무측천의 비서였던 상관완아가 돕는다는 소문도 있었다.

화를 참지 못하고 일으킨 쿠데타였다. 우림대장군(羽林大將軍) 이다조
(李多祚)를 끌어들이고 휘하의 근위병을 움직여서 무삼사, 무숭훈을 죽인
뒤, 스스로 군사를 이끌고 숙장문(肅章門)을 지나 궁중으로 들어갔다. 이
대목의 기록은 사서마다 다르지만, 『자치통감』은 『구당서』 「후비전」을 근
거로 서술하고 있다. 그것에 따르면, 궁중으로 들어간 황태자 이중준은
먼저 상관완아를 찾았다고 한다. 자신을 폐하려는 공작을 펼친 상관완
아가 너무도 미웠을 것이다.

그 뜻, 먼저 완아(婉兒)를 찾고자 하는 것을 보면, 다음은 황후를 찾
고, 그 다음에는 대가(大家, 황제)에 이를 것이다.

상관완아는 큰 소리로 이렇게 외쳤다.
황태자는 아무래도 황제 쪽 간신 제거를 쿠데타의 명목으로 내건 것
같다. 무씨 일족과 황태자 폐립의 책모자들을 없애 버리면 자신의 지위
는 안전해지고, 그것으로 걱정거리가 없어진다고 본 것이다. 마음 약한
중종이 거기에 끌려들어 가는 것을 두려워한 상관완아는 '나 다음은 황
후이고, 그다음은 황제인 당신 자신이 당할 것'이라고 협박했다. 상관완
아의 목소리에 다급해져서 황제와 황후, 안락공주는 그녀와 함께 현무
문루로 올라갔다.
자신의 아버지까지 죽일 생각은 없었으므로 이중준은 현무문루 아래
서 망설였다. 중종은 누상의 난간에서 내려다보며,

너희들은 모두 짐의 호위병들인데 어찌 이다조를 따라서 반역하느

나. 하다못해 그 역적을 벤다면, 부귀를 누리지 못할까 염려하지 않아

도 될 것이다.

반역자 이다조를 죽이면 얼마든지 상을 내리겠다고 다른 사람도 아닌 황제가 자기 입으로 여러 사람 앞에서 약속했다. 황제를 포위한 장군이 반역자인 것은 누가 봐도 분명했다. 거기에 있던 하급 장병들로서는 평생에 다시없을, 놓칠 수 없는 출세의 기회였다. 그들은 순식간에 이다조와 간부들을 덮쳐 죽였고, 이로써 쿠데타군은 궤멸했다. 황태자 이중준은 종남산(終南山)으로 도망쳤으나, 상에 눈먼 부하들에게 살해되었다.

중종은 친자식의 머리를 살해된 무삼사와 무숭훈의 관 앞에 바쳤다고 한다.

경룡(景龍) 원년(707) 7월의 일이다.

3년 뒤 6월 임오(壬午)에 중종이 죽고, 그 18일 뒤인 경자(庚子)에 이융기가 쿠데타를 일으켰다. 미리 이런 날이 올 것을 예측하고 일찍부터 준비했을지는 몰라도 실행 계획은 중종의 뜻밖의 죽음 뒤에 세워졌을 것이다. 매우 짧은 기간이었지만, 이전에 일어난 이중준의 쿠데타처럼 엉성한 계획은 아니었다. 3년 전에 실패한 쿠데타는 이융기에게 반면교사였다. 면밀한 검토를 거듭했을 것이다.

이때 이융기는 앞으로 두 달 뒤면 만으로 25세가 되는 젊은 나이였다. 이미 임치왕(臨淄王)에 봉해져 있었다.

은밀히 재주와 용기를 갖춘 인사를 규합하여, 사직(社稷)을 바로

세우고자 도모했다.

고 기록된 만큼 일찍부터 위씨 일족의 독선에 분노하고 있었다. 그리고 사촌형 이중준처럼 날뛰면 안 된다고 자신을 타일렀을 것이다.

위황후 진영에서도 위씨 왕조를 세울 때 가장 방해가 되는 사람이 즉위한 경험이 있는 예종과 태평공주라는 사실을 알고 있었다. 머지않아 이들을 제거해야 한다고 생각하고 슬슬 준비를 시작한 단계였다. 사서에 따르면, 위황후 일파와 가까웠던 병부시랑(국방부 차관) 최일용(崔日用)이 위황후 쪽 움직임을 이융기에게 전해 서둘러 거사를 일으키라고 권한 것으로 되어 있다. 일종의 배신인데 위황후를 가까이서 보니, 무측천과는 딴판이라 생각을 바꿨는지도 모른다.

쿠데타 결행의 중핵은 모두 젊고 지위가 낮은 자가 대부분이었다. 종5품의 서경원총감(西京苑摠監) 종소경(鐘紹京)과 태평공주의 아들 설숭간(薛崇簡) 등이 관직이 높은 편이었고, 왕숭엽(王崇曄), 유유구(劉幽求), 마사종(麻嗣宗) 등은 모두 하급관료였다. 갈복순(葛福順), 진현례(陳玄禮), 이선부(李仙鳧) 같은 사관들도 과의도위(果毅都尉)였으니 5품에서 6품의 청년 장교였다.

그날 밤은 별이 떨어지는 것이 마치 눈 오는 것 같았다고 한다.

하늘의 뜻이 이와 같으니 때를 놓칠 수 없다.

유유구는 동지들을 이렇게 격려했고, 갈복순은 칼을 뽑아들고 우림궁에 돌입하여 위씨 일족의 장군인 위선(韋璿), 위파(韋播) 등을 쳐 죽였다. 그것만으로도 족했다. 위씨 일족 군관은 갑자기 승진했기 때문에 자신의 위엄을 부하들에게 보여 주기 위해 오로지 엄벌주의로 일관했다. 날마다 채찍으로 때리는 벌을 준 탓에 병사들은 그들을 싫어했다. 그런 사정을 갈복순은 잘 알고 있었다.

위황후는 선제(先帝)를 독살하고, 사직을 위태롭게 하고자 도모하였다. 오늘 밤 마땅히 함께 위 일족을 주살할 것이다. 말채찍(을 가진 위 일족 자제) 이상은 모두 베어라. 상왕(相王)을 세워 천하를 안정시킬 것이다. 감히 두 마음을 품고 역당을 돕는 자는 그 죄가 삼족에 미칠 것이다.

갈복순이 이렇게 선언하자, 우림(羽林)의 병사들이 모두 쿠데타 쪽에 붙었다. 중종의 관은 아직 태극전(太極殿)에 안치되어 있었으나, 그렇다고 해도 위황후 일당은 준비가 되어 있지 않았다.

위황후는 도망치려고 우왕좌왕하다 비기영(飛騎營)으로 달아났으나 그곳 병사들에게 참수되었다. 안락공주는 마침 거울 앞에서 눈썹을 그리고 있다가 칼을 맞았다.

상관완아는 이때도 자신이 있었던 모양이다. 그녀는 촛대를 손에 들고 궁녀들을 이끌고 이융기를 맞았다. 이날을 위해 그녀는 준비해 둔 것이 있었다. 중종이 죽은 뒤, 상왕 이단에게 보정(輔政)을 명한 유조의 초고(草稿)였다. 그것을 작성한 사람이 상관완아라는 것은 상왕의 아들인 이융기도 알고 있을 터였다. 그녀는 그것을 면죄부라고 믿었다. 그 초고를 유유구가 받아서 전해 주었지만 이융기는 거들떠보지 않았다. 이 여자를 죽이겠다고 처음부터 마음먹고 있었다. 상관완아는 깃발 아래서 참수되었다.

불행한 별 아래서 태어나 권세의 가장 피비린내 나는 곳에서 이 세상 것으로는 여겨지지 않는, 인간의 냄새라고는 거의 나지 않는 시를 지은 상관완아도 마지막 목숨의 줄타기를 다 마치지 못했다. 향년 47세. 조부인 상관의(上官儀)가 고종에게 버림받고 무측천에게 살해된 후 그만큼의 세월이 흘렀다.

정치무대에서 내려온 당당한 여성들

이융기의 쿠데타는 태평공주의 지지를 받았다. 그녀의 아들 설숭간도 참여했다. 설숭간은 태평공주의 첫 번째 남편인 설소(薛紹)와의 사이에서 태어났다. 설소는 고종의 누이의 아들로 황실과 가까운 가문이었다. 하지만 앞에서 이야기한 무측천에 반대하는 황족연합에 참가했다가 옥사했다. 무측천은 사위도 용서하지 않는 인간이었다.

그 후 태평공주는 무측천 조카의 아들인 무유기(武攸暨)와 재혼했다. 무측천 50년 동안에 당나라 이씨는 무씨 일족과 몇 겹으로 뒤섞였다. 장간지의 반란은 병상에 있던 무측천을 은퇴시킬 수는 있었으나 무씨 세력을 제거하지는 못했다. 장간지는 무씨 숙청을 도모하다 나중에 오히려 실각하고 만다.

그에 비해 위씨는 당나라 황실과 거의 관계가 없었다. 따라서 그 일족은 모조리 주살되고 말았다. 갈복순이 외친 "말채찍 이상은 모두 베어라"라는 말은 말채찍보다 키가 큰 자, 다시 말해 어린 아이를 제외한 위씨는 전부 죽이라는 뜻이었다.

위씨가 망하고, 즉위한 지 얼마 안 되는 이중무(李重茂)에게 황제 자리를 물려받아 상왕 이단이 즉위한 것은 같은 6월 갑진(甲辰)일이었다. 쿠데타가 일어난 지 4일 뒤다.

이해는 6월까지는 경룡(景龍) 4년이고, 이중무가 즉위하여 연호를 당륭(唐隆)으로 고쳤다가 예종 이단이 복위하면서 다시 경운(景雲)으로 고쳤다. 이중무는 원래의 온왕(溫王)으로 돌아갔다.

쿠데타의 주역이었던 임치왕 이융기는 평왕(平王)에 봉해졌다가 이어서 황태자로 세워졌다. 그는 예종의 셋째 아들인데 장남인 이성기〔李成器, 훗날 헌(憲)으로 고침〕는 예종이 맨 처음 즉위했을 때 황태자로 세워졌으나, 동생의 공적이 크다 하여 이때 황태자를 사퇴했다.

예종 이단은 얌전한 인물이었다. 무측천 시대에 황제로 있으면서 조용히 있었던 것은 어머니도 무서웠지만 그의 성격이기도 했다. 그의 복위 무대를 마련한 것은 누이인 태평공주였다. 양위에도 형식이 있다. 그녀는 일종의 사회자 역할을 맡은 셈이다.

무측천은 언제나 태평공주가 자신을 닮았다고 말했는데, 확실히 침착하고 민첩하며 권모에 능한 점은 어머니를 닮았다. 위씨 일당 주살에도 태평공주는 모의에 참여하고 아들 설숭간을 참여시켰다. 예종의 복위에서도 그녀는 주역을 담당했다. 예종의 조정에서 태평공주는 주인 같은 존재였다. 그녀가 참내하지 않을 때는 재상이 그녀의 집까지 가서 그날 정무를 보고했다. 예종도 재상의 주상(奏上)이 있으면 "태평과 의논했는가?"라고 다짐을 받는 것이 보통이었다.

얌전한 만큼 그다지 유능하다고 할 수 없는 예종이 위에 있고, 그 아래에 태평공주와 황태자 이융기라는 두 실력자가 있었다. 궁정이 두 파로 갈린 것은 어찌 보면 당연한 일이었다. 대립은 차츰 심해졌다.

어머니의 성격을 물려받아 지는 것을 싫어한 태평공주는 이 나라의 정치를 독점하고 싶어 했다. 경쟁자가 있으면 오히려 투지가 불타오르는 법이다. 경쟁상대를 나락으로 밀어 떨어뜨리지 않으면 마음이 놓이지 않는다.

50년 가까운 무측천 시대 뒤에 그 모방자인 위황후 시대가 이어졌다. 중국은 실로 오랫동안 여성의 시대였다. 사람들은 여성의 강인함을 절실히 느꼈다.

젊은 황태자냐 그 고모냐, 어느 한쪽에 붙어야 한다면 젊은 쪽이 유리하다고 생각하는 것이 현대인의 감각이다. 황태자는 폐할 수 있으나 황제의 형제는 태평공주 단 한 사람뿐이었다. 오랫동안 여자의 시대를 경험한 사람들은 무측천을 닮은 태평공주의 힘을 실제보다 크게 보았던 모양이다. 그런 이유로 태평공주 진영은 상당히 많은 사람들을 모을 수 있었다.

황태자의 약점은 셋째 아들이면서도 장남을 제쳐 두고 황태자로 세워졌다는 것이었다. 언제, 어떤 연유로 황태자 자리에서 쫓겨날지 몰랐다. 지위의 안정성은 태평공주 쪽이 믿음직했다. 어느 쪽이 좀 더 많은 정신(廷臣)들을 자기편으로 만드느냐, 그 경쟁부터 시작되었다.

황태자의 지위가 불안정하다고 생각한 사람들이 태평공주 쪽으로 많이 붙었다.

　　　머지않아 황태자는 폐립될 것이다.

태평공주는 그런 소문을 흘렸다.

이융기의 큰형인 송왕(宋王) 이성기와 고종의 장손뻘인 빈왕(豳王) 이수례(李守禮, 무측천에게 독살되었다고 의심되는 장회태자(章懷太子) 이현(李賢)의 아들)가 후계자 후보로서 그 이름이 거론되었다.

이융기 쪽 송경(宋璟)과 요원지(姚元之)는 예종에게 이런저런 소문이 도는 송왕과 빈왕은 자사(刺史)로 임명해 지방으로 전출시키고 태평공주는 그 남편인 무유기와 함께 낙양으로 보내라고 진언했다. 이에 태평공주 쪽에서도 반격하였기 때문에 결단력이 없는 예종은 양쪽 사이에 끼어 갈피를 잡지 못했다.

태평공주 쪽에는 두회정(竇懷貞)과 승려 혜범(慧範)이라는 권력의 기생충 같은 인물이 있었다. 두회정은 위황후가 세력을 잡았을 때는 그 유모를 아내로 삼았고, 이번에는 태평공주 쪽에 붙어서 열심히 아첨했다. 이 시대에는 이런 종류의 인물이 적지 않았다. 예를 들면 조리온(趙履溫)이라는 인물은 위황후 시대에는 안락공주를 모셨고, 그녀를 위해 저택을 지었으며 체면도 없이 우차까지 끌면서 아부하다가, 위황후가 무너지자 이번에는 상왕 이단 앞으로 나가 만세를 외치며 펄쩍 뛰었다. 온순하다던 이단도 이에 격노했는지 당장 목을 베게 했다.

두 세력의 대립에 가장 괴로워한 사람은 바로 예종이었다.

인사 면에서는 태평공주 쪽이 우세했다. 무엇보다 무측천 시대부터 궁정을 잘 알았기 때문에 인맥은 풍부했다. 그에 반해 황태자 쪽은 새로운 인재를 발굴하려고 노력했다.

예종은 마침내 황태자에게 양위함으로써 이 끝없는 싸움에 종지부를 찍고자 했다.

이리하여 이융기는 즉위하고 예종은 상황(上皇)이 되었다. 경운 3년(712)의 일로 현종 이융기가 즉위함에 따라 연호는 선천(先天)으로 바뀌었다. 그전에 경운이라는 연호는 태극(太極)으로 바뀌었으나 몇 달 가지 못했다.

현종이 즉위함으로써 승부가 결정된 듯했으나 실정은 그렇게 단순하지 않았다. 재상이라 불리는 중신이 7명이었는데, 그 가운데 5명이 태평공주파였다. 태평공주는 막강한 인맥과 상황이 된 예종의 의사를 방패 삼아 반격할 기회를 엿보고 있었다.

태평공주파는 마침내 현종 암살이라는 비상수단에 호소하게 된다. 사서는 태평공주가 시종 강하고 적극적으로 움직인 것처럼 적고 있다. 하지만 현종 암살 계획이 현종파의 실력행사 구실이 아니었다면 태평공주파는 궁지에 몰려서 마지막 수단을 취했던 것이다.

현종이 즉위한 이듬해에 또다시 연호를 고쳐서 개원(開元) 원년(713)이 되었다. 그 7월, 현종은 마침내 태평공주파에 대한 공격을 개시했다.

일이 급해졌다. 서둘러 거사하지 않으면 안 된다.

현종파 사람들은 황제에게 태평공주 타도를 촉구했다. 이 골치 아픈 고모가 있는 한 현종의 제위도 이름뿐이었다. 태평공주는 상황의 이름으로 멋대로 관리를 임명하고 있었다.

태평공주파 숙청은 눈 깜짝할 사이에 끝났다.

상황은 모든 것을 황제에게 맡긴다고 선언하고 백복전(百福殿)으로 옮겨 갔다. 앞뒤 사정으로 볼 때 예종은 그 암전함 탓인지 태평공주파 쪽으로 기울고 있었다. 태평공주를 낙양으로 옮기라는 진언이 나왔을 때도 예종은 곧바로 이를 물리쳤다. 예종과 태평공주는 단 둘뿐인 오누이였다.

태평공주는 산사로 도망쳤으나 사흘 뒤에 다시 나타났다. 그녀는 집에서 사약을 받았다. 『태상황실록(太上皇實錄)』에는 태평공주가 종신 금고되었다고 나온다. 어쨌거나 정권은 이제 완전히 현종의 손안으로 들어왔다. 정치에서 여자의 냄새가 사라지게 된 것이다. 실로 50년 만의 일이었다.

정사의 근거가 되는 그 시대의 『실록』은 승리자가 남기는 것이라고 볼 때, 태평공주의 공적이 많이 빠졌다는 느낌도 든다.

태평공주는 무측천이 총애한 장역지(張易之), 장창종(張昌宗) 형제를 참수하고 무측천에게 양위를 촉구한 장간지의 반란에 관계하였으나, 『실록』은 그것을 과소평가하는 것 같다. 두 장씨를 주살한 공으로 태평공주의 식읍은 3천 호에서 5천 호로 늘었다. 오라비인 이단의 식읍도 마찬가지로 5천 호였다. 그녀의 공은 매우 컸다.

예종이 즉위하자 태평공주의 식읍은 1만 호가 되었다. 현종 이융기의 반란과 그 뒤처리에서 그녀는 문헌에 적힌 이상으로 활약한 것이 아닐까? 이융기가 황태자로서 후계자라는 것이 분명했음에도 태평공주파로 간주되는 대관들이 황태자파보다 많았던 것은 그녀의 실력이 예사롭지 않았다는 것을 말해준다.

태평공주의 죽음으로 여성의 시대는 일단 막을 내렸다. 하지만 여권은 크게 신장하여 당대(唐代)의 여성은 다른 시대의 여성에 비해 당당해 보인다. 한대(漢代)의 미인은 조비연(趙飛燕)처럼 손바닥에 올려놓을 수 있을 만큼 가볍고 가냘픈 것이 이상이었다. 반면 당대의 미인 조건은 좋은 체격이었다. 이 시대의 그림이나 당삼채(唐三彩)에 등장하는 여성을 보면 대개 통통하게 살이 쪘다. 양귀비도 체격이 좋았다. 무측천도 태평공주도 아마 체격이 좋았을 것이다. 이 시대의 여성은 다리를 벌리고 말을 탔다. 그전까지는 두 다리를 가지런히 모으고 안장에 옆으로 걸터앉았다. 이것도 이 시대 여성의 기질을 말해 주는 풍속일 것이다.

무측천이 그런 시대를 만들었는지, 아니면 그녀가 그런 시대의 소산이었는지, 어쩌면 그 양쪽 면을 모두 가지고 있었는지 알 수는 없다.

무측천의 글씨는 '승선태자비(昇仙太子碑)'에 남아 있다. 장창종이 주(周)의 왕자 진(晉)의 후예라고 칭했으므로, 무측천은 비를 세우게 하고 스스로 붓을 들었다. 왕자 진은 선인이라는 소리를 들은 인물로 승선태자라고 불렸다. 비문은 이른바 '비백(飛白, 비로 글씨를 쓴 것처럼 붓끝이 잘게 갈라지게 쓰는 필법-옮긴이)'이라는 서법인데, 필세가 참으로 웅혼하다.

승선태자 신앙은 도교 계통이지만, 무측천은 오히려 불교 쪽으로 기울었던 점이 눈에 띈다. 당나라 황실은 이씨 성이고 노자(老子, 이담)를 선조라 칭했기 때문에 궁중의식 등에서도 도사의 처지나 장소가 승려보다 앞섰다. 이른바 '도선불후(道先佛後)'다. 무측천은 이것을 '불선도후'로 바꾸었다. 주(周)라는 자신의 왕조를 세운 이상 이제 당 왕조의 조상을 그렇게 중요시할 필요가 없었던 것이다.

낙양 여러 절의 승려들은 무측천이 주의 황제가 되는 것을 상당히 적극적으로 지지했다고 한다. 요승 설회의(薛懷義)가 바쁘게 뛰어다니기도 했지만, 무측천의 신앙이 승려들을 움직였던 모양이다. 그렇다고 무측천에게 반도교적인 언행이 있었다는 뜻은 아니다. 의봉(儀鳳) 연간(676~679)에 토번(吐蕃, 티베트)이 태평공주를 며느리로 맞고 싶다고 청했을 때, 무측천은 딸을 여도사(女道士)로 만들어 이를 구실로 화친 혼담을 거절했다.

그것이 사실인지는 의심스럽지만, 사람들은 무측천이 감업사(感業寺)의 비구니였다는 사실은 믿고 있다. 지어낸 이야기라고 해도 그녀의 신앙심이 널리 알려져 그런 이야기가 생긴 것인지도 모른다.

당나라 불교역사에서 무측천의 영향은 상당히 크다 하겠다.

꽃향기 가득한 장안

불교시인 왕유

위수(渭水)는 진(秦)의 성새를 돌아 굽어들고,

황산(黃山)은 예부터 한(漢)의 궁궐을 둘러쳐서 기울었다.

난여(鑾輿)는 멀리 선문(仙門)의 수양버들 사이로 나가,

각도(閣道)에 머물러 상원(上苑)의 꽃을 둘러본다.

구름 속에 치솟은 제왕의 성, 두 마리 봉황 같은 궁궐의 문,

비에 젖는 봄 나무 사이로 온 백성의 집이 묻혔구나.

봄기운에 응하여 시의(時宜)의 정령(政令)을 펴려는 것뿐,

물화(物華)를 즐기려는 신유가 아니다.

- 왕유(王維)

渭水自縈秦塞曲 黃山舊遶漢宮斜 鑾輿廻出千門柳 閣道回看上苑花

雲裡帝城雙鳳闕 雨中春樹萬人家 爲乘陽氣行時令 不是宸游玩物華

장안성지(長安城址) 조사는 1957년부터 시작되었으며, 『장안성지기초보탐측(長安城地基初步探測)』이라는 보고서도 발표되었다. 실측에 따르면, 당나라 장안성의 규모는 동서로 9.721킬로미터, 남북으로 8.651킬로미터에 이른다고 한다. 이 숫자는 신구 『당서』의 치수보다 약간 길다. 실측은 성벽의 두께까지 포함하므로 이것이 문헌의 숫자와 차이가 나는 하나의 원인일지도 모른다. 아무튼 장안성지는 엄청나게 큰 도성이었다. 장안을 모델로 했다는 일본의 헤이조쿄(平城京, 교토 소재)는 동서로 3.5킬로미터, 남북으로 5킬로미터나 되므로, 넓이로 치면 장안성이 4배에서 5배나 크다.

당나라 수도 장안은 수나라가 국도로 조영한 대흥성(大興城)을 물려받은 것이다. 앞에서도 이야기했지만, 당나라의 장안은 전한(前漢)의 장안에서 동남쪽으로 조금 떨어진 곳에 조영되었다. 따라서 거의 위수(渭水)에 면해 있던 전한의 장안에 비해 당나라의 그것은 강에서 조금 떨어져 있다. 위수 건너편은 진(秦)이 수도로 정한 함양(咸陽)이다.

지금 우리가 지난날 장안의 일부인 서안시(西安市)에 가면 당나라의 역사를 회상할 수 있듯이, 당대(唐代) 사람들은 장안에 가서 진(秦)과 한(漢)의 옛날을 그리워했다.

한나라 고조 유방이 죽고 얼마 안 되어 장안 서북쪽 황산(黃山)이라는 언덕에 궁전이 세워졌는데, 이를 황산궁이라고 불렀다. 한무제가 몰래 이곳에 왔다가 도적을 만났다는 이야기도 있다.

위수와 황산이 짝을 이루고 진(秦)의 요새와 한(漢)의 궁전도 대구(對句)를 이룬다. 장안에 있을 때나 거기에서 조금 나가거나 당나라 사람들은 분명 이곳을 '나라에서 빼어나게 아름다운 곳'이라고 느꼈을 것이다.

수에서 당초(唐初)에 걸친 도읍 만들기는 아직 완성되지 않았다. 계획이 너무 장대해서 여전히 궁전이나 가옥이 적어 황량한 느낌을 주었다. 수나라는 이 도읍을 대흥(大興)이라 이름짓고, 황궁을 대흥궁이라고 불렀다. 당은 이곳을 수도로 삼으면서 이름을 장안으로 고치고 궁전도 태극궁(太極宮)으로 바꾸었다.

당의 고조(高祖) 이연(李淵)은 차남 이세민의 공적이 크다는 이유로 성 밖에 그가 살 굉의궁(宏義宮)을 지어주었다. 앞에서 이야기했듯이 진짜 목적은 장남인 건성과의 대립이 심해져 두 사람을 갈라놓기 위해서였다. 하지만 퇴위한 이연이 이곳에서 은거하게 되었고 이름도 태안궁(太安宮)으로 고쳤다. 하지만 그다지 훌륭한 건물이 아니어서 태종도 아버지를 그런 곳에서 살게 하는 것이 마음에 걸렸다. 또 마주(馬周) 등도 시끄럽게 진언했기 때문에 좀 더 쾌적한 은거처를 성 밖 북쪽에서 약간 동쪽으로 간 용수원(龍首原)에 세웠다. 지대가 조금 높아서 전망도 좋았고 태안궁처럼 땅에 습기도 많지 않았다. 피서지로서 안성맞춤이었는데 고조는 완성을 보지 못하고 죽었다. '영안궁(永安宮, 영원히 편안하라)'이라는 이름까지 준비했으나, 아버지의 죽음으로 태종은 그것을 대명궁(大明宮)으로 고쳤다.

고종 때는 원래 은거처로 만든 이 대명궁을 병약한 황제의 주거로 삼았다. 태극궁에서 건강에 좀 더 좋은 이곳 대명궁으로 옮겨 온 고종은 정무도 이곳에서 보았다. 그 후 이곳이 실질적인 황제의 궁이 되었고 태극궁은 의식만 거행하는 장소가 되었다.

황제의 궁이 되자 좀 더 충실해야 했다. 궁을 수리하고 명칭도 봉래궁(蓬萊宮)으로 고쳤다. 그 후 함원전(含元殿)으로 개명했다가 또다시 원래의 명칭인 대명궁으로 돌아가곤 했다.

앞부분에 든 시에는,

어제(御製), 봉래궁에서 흥경(興慶)으로 향하는 각도(閣道)에서 지으신 시에 화답하는 응제(應制).

라는 긴 제목이 붙어 있다.

현종은 황자 시절, 동시(東市) 북쪽에 있던 흥경궁(興慶宮)이라는 곳에 살았다. 지금은 서안시의 흥경 공원이 되어, 아베노 나카마로(阿倍仲麻呂, 698~770, 일본 나라 시대 견당 유학생-옮긴이)의 비가 세워져 있고, 일본에서 선물한 벚나무가 심어져 있다. 즉위한 현종은 당연히 황제가 기거하는 대명궁(大明宮), 즉 봉래궁(蓬萊宮)으로 들어갔지만, 그는 예전에 살던 흥경궁이 그리워 자주 그곳을 찾았다. 나중에는 흥경궁이 황제가 기거하는 궁이 되었다.

장안에는 각도(閣道)라고 부르는 고가도로를 세워 황실전용으로 사용했다. 봉래궁에서 흥경궁이나 또는 유람지인 곡수(曲水) 등에 각도가 설치되어 있었는데, 현종은 그 각도에서 기분이 좋으면 시를 짓기도 했다. 그리고 이 시의 운에 맞추어 신하들에게도 시를 지으라고 명했다. 황제의 명령으로 시를 짓는 것을 '응제(應制)'라고 한다.

난여(鑾輿)는 천자의 수레를 말한다. 아득히 멀리, 수양버들이 늘어선 선문(仙門, 봉래궁의 문)에서 천자의 수레가 나오더니 지금 각도에서 상원(上苑, 천자의 사냥터)의 꽃을 둘러보고 있다. 구름을 뚫고 솟아오른 제왕의 성에는 봉황을 아로새긴 큰 궁문 두 개가 보인다. 비에 젖은 봄나무 사이로 수많은 민가가 묻혀 있는 것처럼 펼쳐져 있다. 이번 신유(宸遊, 제왕의 행차)는 양기(陽氣, 봄기운)를 타고 그에 어울리는 정령(政令)을 펼치기 위해서지 결코 물화(物華, 계절의 경치)를 즐기기 위한 것이 아니다.

왕유가 우습유(右拾遺)에 발탁된 것은 개원(開元) 22년(734)의 일이었다. 이 시는 그 무렵에 지은 것이다.

이때가 현종 시대, 그러니까 당나라를 통틀어 가장 화려했던 시기였다.

왕유는 젊어서 시명(詩名)이 높았던 인물이다. 같은 시대에 이백(李白)과 두보(杜甫)라는 위대한 시인이 있어 그 그늘에 가려졌지만, 같은 나이 또래인 이백보다 빨리 세상에 나왔고, 시의 작풍도 달랐다.

왕유는 오로지 자연의 아름다움만을 읊었다. 조용하고 차분하며 법도에 맞고 아담한 정취가 그의 시의 특징이다. 화가로서도 이름이 높았는데 남화(南畵) 사람들은 그를 시조로 받들고 있다. 왕유의 그림으로 알려진 것이 여러 점 있으나, 진품인지는 알 수 없다. 그의 별장인 '망천장(輞川莊)'을 그린 그림은 특히 세상 사람들에게 칭찬을 받았다.

왕유는 무측천 성력(聖曆) 2년(699)에 태어났다. 일설에는 2년 뒤인 장안(長安) 원년(701)이라고도 한다. 만일 후자가 맞다면 이백과 나이가 같은 셈이다.

아베노 나카마로가 일본으로 돌아갈 때, 왕유는 송별시를 지어 주었다고 한다. 견당사(遣唐使) 배를 타고 당에 온 아베노 나카마로의 중국 이름은 조형(晁衡)이며 당 조정에서 일하며 비서감(秘書監)까지 올랐다. 조(晁)는 '朝'의 옛 글자여서 아베노 나카마로는 '조정의 신하(朝臣)'가 될 생각이었던 것 같다.

다음은 〈일본국으로 돌아가는 비서 조감을 보냄(送祕書晁監還日本國)〉이라는 제목의 시다.

큰 바다는 끝이 없는데,

어찌 이 바다의 동쪽을 알 수 있으리오.

천하에서 어디가 가장 먼지,

만리 길 하늘을 나는 듯 멀기도 하여라.

나라를 향하는데 오직 해를 보고,

돌아가는 배는 오직 바람에 몸을 맡긴다.

큰 바다거북의 몸은 하늘을 검게 비추고,

물고기 눈동자는 파도를 비추어 붉게 물들인다.

고향 나무는 부상(扶桑, 동쪽 해가 떠오르는 바다 밑에 있는 신비의 나무) 바깥에 있고,

주인은 외로운 섬 안에 있다.

헤어지면 정말로 이국땅이니,

소식을 어찌 전할 수 있을까.

積水不可極 安知滄海東 九州何處遠 萬里若乘空

向國唯看日 歸帆但信風 鰲身映天黑 魚眼射波紅

鄕樹扶桑外 主人孤島中 別離方異域 音信若爲通

이 시에 화답해 아베노 나카마로는 다음과 같이 시를 읊었다.

명을 받아 지금 나라를 떠나려 하는데,

재능이 없음에도 황공하게도 시신(侍臣)이 되었다.

황제는 천하에 명주(明主, 총명한 임금)로 존경받고,

해외에서도 자비로운 부모처럼 따른다.

엎드려 부탁하여 궁궐을 나가게 되었고,

비참(騑驂, 곁마)은 옥진(玉津, 멋진 나루터)에서 여행을 떠난다.

봉래, 고향 가는 길은 멀고,

어린 나무는 오래된 정원 옆에 있다.

서쪽을 바라보며 은혜를 그리워할 날이 있고,

동쪽으로 돌아가 의를 느낄 날이 있다.

평생 지녔던 보검(寶劍) 하나를,

친하게 지내던 벗에게 선물한다.

銜命將辭國 非才忝侍臣 天中戀明主 海外憶慈親

伏奏違金闕 騑驂去玉津 蓬萊鄉路遠 若木故園鄰

西望懷恩日 東歸感義辰 平生一寶劍 留贈結交人

　　아베노 나카마로는 문무(文武) 일왕 대보(大寶) 원년(701)에 태어났다. 견당사가 가져온 율령을 연구해 일본에서도 대보율령(大寶律令)을 완성한 해다. 이는 무측천 장안(長安) 원년에 해당하므로 기묘하게도 이백이 태어난 해와 같다. 그리고 왕유와도 같을 가능성이 크다. 그가 유학생으로서 당나라에 들어간 것은 현종 개원 5년(717)의 일이었다. 그리고 천보(天寶) 12재(載) (753)에 일본으로 돌아왔다. 17세 소년 무렵에 당나라에 건너가서, 53세의 나이에 36년 동안이나 머문 당나라를 뒤로하게 되었다.

기우는 세상을 예감한 시인들

아베노 나카마로는 일본으로 돌아가지는 못했다. 가던 길에 소주(蘇州)인지 명주(明州)인지에서 지었다고 하는 망향의 노래는 몹시 애처롭다.

하늘에 높이 걸린 저 달은 카스가(春日)의 미카사(三笠) 산에 떠오른 그 달인가.

바다에서 폭풍을 만난 그는 베트남으로 떠밀려가 온갖 어려움을 겪은 끝에 겨우 장안으로 돌아올 수 있었다. 한때는 그가 죽었다는 소문이 돌아 이백이 그의 죽음을 슬퍼하는 시를 지었다. 〈조형을 통곡함(哭晁卿衡)〉이라는 제목의 칠언절구다.

일본 친구 조형(晁衡)이 장안을 떠나,
작은 돛단배를 타고 동해의 봉호(蓬壺)를 돌아갔네.
명월은 푸른 바다로 사라져 돌아오지 않고,
흰 구름은 수심의 빛을 띠고 창오(蒼梧) 땅에 가득하다.

日本晁衡辭帝都 征帆一片繞蓬壺 明月不歸沈碧海 白雲愁色滿蒼梧

봉호(蓬壺)는 동해에 있다고 전하던 전설의 섬으로 봉래(蓬萊)라고도 한다. 창오(蒼梧)는 동남 연안의 지명이다. 이백이 아베노 나카마로의 조난 소식을 들은 것은 이듬해인 천보 13재(754) 5월, 광릉(廣陵)에서 위만

(魏萬)을 만났을 때였다. 마침 그때 이백은 나카마로에게 기념으로 받은 일본 옷감으로 지은 옷을 입고 있었다. 위만에게 준 긴 시 안에서,

몸에 일본 갖옷(裘)을 걸치니,
앙장(昂藏, 풍모가 당당하고 기개와 도량 장대한 모습)이 그야말로 속
세를 떠나 선인이라도 된 듯한 분위기가 난다

라는 구절이 있는데, 이백은 여기에 스스로 다음과 같은 주를 달았다.

갖옷(裘)은 말하자면, 조형이 선물한 것으로, 일본포(日本布)로 이를
지었다.

그 무렵 이백은 장강(長江) 부근을 방랑하다 광릉에서 만난 위만과 함께 금릉(金陵, 남경)을 거쳐 다시 선성(宣城)으로 간 다음 추포(秋浦)에 이르러 해를 보냈다. 유명한 〈추포가(秋浦歌)〉 17수는 이때 지은 것이다.

백발 삼천 장
시름으로 이렇듯 길어졌네.
거울을 들여다봐도 모르겠구나.
어디서 이 서리를 맞았는지.

白髮三千丈 離愁似箇長 不知明鏡裡 何處蒼秋霜

이 시는 과장의 견본으로 사람들의 입에 오르내리지만, 실로 이백다운 형용이다. 그가 장안의 궁정에서 추방된 지도 벌써 10년이 지났다. 아직 돌아오라는 허가가 없었기 때문에 그만큼 장안을 그리워하는 마음이 컸을 것이다. 언덕에 올라 추포강(秋浦江)을 보고 있노라면, 강줄기가 한 줄기 하얀 선이 되어 아득히 멀리까지 이어져 있다. 장안은 그 끝에 있다.

이미 55세가 된 이백은 거울을 들여다보다 문득 백발이 는 것을 깨닫고 깜짝 놀랐다. 마치 가을 서리가 내린 것 같다. 머리가 세는 것은 수심 때문이다. 수심 중에는 장안을 그리워하는 마음도 있다. 그 장안이 눈 아래 희고 긴 추포의 물줄기와 이어져 있다. 호방하기로 알려진 이백의 상상력은 아무래도 백발 3천 장이라는 형용을 만들어 내지 않을 수 없었다.

이백의 수심은 어쩌면 불안한 예감을 포함하고 있었는지도 모른다. 세상이 기울고 있다는 느낌이 들었던 것이다. 추포를 바라보는 동안에 그의 머릿속에는 11년 전의 일이 떠올랐을 것이다.

천보 3재(744), 한창 모란꽃이 필 무렵이었다. 이백은 평소처럼 술에 취해 있었다. 그때 사자가 와서 입궐하라는 현종황제의 명을 전했다. 가끔 그런 일이 있었다. 이백이 부름을 받은 것은 물론 시문 때문이다. 직위가 한림공봉(翰林供奉)인 만큼 황제가 그를 필요로 할 때는 곧바로 달려가야 한다. 한림공봉은 시대에 따라 한림학사나 한림대조(翰林待詔)라고도 불렀다. 다른 학사는 모두 문하성이나 중서성에 속해 있었지만, 한림학사만큼은 무소속이었다. 「백관지(百官志)」에도 이 직위는 실려 있지 않다. 학사이므로 조칙이나 시문을 작성해야 하지만, 정해진 일은 없고 아마 출근도 자유로웠던 것 같다. 특이한 재능을 가진 사람에게 봉록을 주어 무슨 일이 있을 때, 그 재능을 이용하고자 설치한 특수한 자리였다.

현종도 시인이다. 그의 작품은 꽤 많이 남아 있다. 자신도 시를 짓기 때문에 시인의 가치를 잘 알았다. 목련꽃을 즐겨 구경하고 양귀비의 시중을 받으며, 아름다운 음악을 듣고 멋진 춤을 보았다. 현종은 다재다능한 인물이지만 특히 음악적 재능이 뛰어났다. 궁중 가무단을 위해 직접 곡을 만들고 손수 지도했다. 현종은 이원(梨園)이라는 금원(禁苑, 황제의 정원)에 가무학교를 만들어서 음악과 연극에 재능 있는 인재들을 양성했다. 그 후 '이원의 제자'라는 말은 가수, 배우를 의미하게 되었다.

꽃도 여자도 음악도 춤도 최상이었다. 하지만 현종은 뭔가 부족하다고 느꼈다. 곡은 좋은데 어딘가 가사가 조금 부족했다. 현종은 그래서 이백을 불러 시를 짓게 할 생각이었다. 이런 식으로 현종이 이백을 부르는 것이 처음은 아니었다. 두보는 〈음중팔선가(飮中八仙歌)〉 안에서 이백을 다음과 같이 노래하고 있다.

> 이백은 술 한 말에 시(詩) 백 수.
> 장안 저잣거리 술집에서 곯아떨어져 잔다.
> 천자가 불러도 배에 오르지 않고,
> 스스로 술 취한 신선이라 부르네.

李白一斗詩百篇 長安市上酒家眠 天子呼來不上船 自稱臣是酒中仙

이날도 입궐한 이백은 아직 술이 깨지 않았다. 그는 환관 고역사(高力士)에게 발을 내밀어 신발을 벗기게 했다.

고역사는 현종의 신임이 두터운 인물로 측근 제1호라고 해도 좋을 정도였다. 궁정 안에서의 발언력이 매우 컸다. 그런 고역사를 욕보였으므로 이백의 추방은 당연했는지도 모른다. 실각시키고자 마음먹으면 구실은 얼마든지 만들 수 있었다. 이백이 양귀비를 노래한 구절 중에 그녀를 조비연(趙飛燕)에 비유한 부분이 있었다. 조비연은 한나라 황후로 비명에 죽은 여인이었다. 비교해도 그런 여자에게 비교한 것은 불경하다, 이렇게 된 것이었다. 이것은 소설 같은 이야기지만, 신구『당서』에도 실려 있으니 아마 사실일 것이다.

추포에서 장안을 그리워하는 이백은 자신의 불운함보다 시대가 기울어가는 것을 걱정하고, 그것을 불안하게 느끼는 기분이 더 강했을 것이다. 시인은 그 날카로운 감성으로 시대를 읽을 수 있다.

이제 당의 전성 시대가 끝난 게 아닐까 하는 느낌은 아무리 떨치려 해도 집요하게 시인의 가슴속을 파고들었다. '백발삼천장'은 그와 같은 심상을 배경으로 한다.

백성만 가난해진 개원의 치

45년에 걸친 현종 이융기의 치세는 당의 최전성기에서 전락기로 가는 과정이었다. 온갖 꽃이 일제히 만발하여 향기를 내뿜는 성당(盛唐)의 봄을 맞이한 공적보다 그것을 유지하지 못한 책임이 무거울 것이다.

현종에게 약간 가혹한 평일지 모르나, 그의 초기 치적은 분명 뛰어났지만 당의 최전성기는 그의 힘만으로 이룬 것이 아니다. 궁정의 권력투쟁은 음습했어도 무측천 시대의 정치는 높이 평가해야 한다. 현종은 큰 유산을 물려받은 셈이다.

말년의 무측천에게도 실정은 있었다. 그것을 이어받은 중종, 위황후 시대는 실정은 고사하고 정치를 망각한 느낌이다. 현종이 물려받은 위대한 유산은 여기저기 상처투성이였다. 현종의 초기 정치는 그것을 수복하고, 또 민심을 새롭게 하여 전국적으로 의기양양한 분위기를 만드는 것이었다. 무엇보다 그때까지는 여성의 계절이었다. 분 냄새가 가시고 산뜻한 느낌이었음은 당연하다. 새로운 기분이 된다는 것은 모든 면을 활성화시킨다. 현종이 아니더라도 표준 이상의 남자 황제라면 누구나 어느 정도는 그렇게 할 수 있었을 것이다.

현종이 먼저 손댄 것은 국부적인 수선이다. 예를 들면 태평공주(太平公主)와 안락공주(安樂公主)가 남발한 승려의 도첩을 재검토했다. 면세와 그 밖의 특권을 취소한 것이 재정에 얼마나 도움이 되었는지는 모르지만, 백성의 마음을 어루만지는 효과는 컸다.

현종 즉위 초기, 요숭(姚崇)과 송경(宋璟) 두 명신이 그를 보좌했다. 앞에서도 이야기했지만 두 사람 모두 무측천이 발굴한 유능한 인물이었다. 현종이 조모인 무측천에게 받은 가장 큰 유산이 이 두 재상이었다고 해도 지나치지 않다.

요(姚)와 송(宋)은 잇따라 재상이 되었으며, 요는 변에 잘 응하여 임무를 다하고, 송은 법을 잘 지켜 정의를 유지했다. 두 사람의 뜻은 같지 않았으나, 서로 마음을 합하여 보좌하였고, 부역(賦役)은 관대, 공평하고 형벌을 맑게 살피어 백성을 풍족히 살게 했다. 당대(唐代)의 어진 재상으로 전에는 방(방현령)과 두(두여회)를 꼽고, 후에는 요와 송을 꼽으니, 이들과 견줄 자가 달리 없다. 두 사람이 뵈러 들어갈 때마다 상(현종)은 번번이 일어서서 맞이하고, 물러갈 때는 난간까지 나가서 배웅했다.

이것은 『자치통감』에 보이는 말이다. 부역의 부담을 줄일 뿐만 아니라 그것을 공평하게 하는 것이 중요했다.

요숭은 개원(開元) 4년(716)에 재상의 자리에서 물러났다. 그의 아들이 잘나지 못했고, 또 호인(胡人)에게 뇌물을 받은 조회(趙誨)라는 인물을 요숭이 감싸는 바람에 현종이 불쾌하게 생각했던 것이다. 황제의 마음을 읽은 요숭은 재상 자리를 사임하고 후임으로 송경을 추천했다.

맑고 산뜻한 기풍만이 아니라 정계에도 긴장된 분위기가 감돌고 있었다.

요, 송 시대에 이어서 소정(蘇頲), 장열(張說), 장구령(張九齡) 같은 문인들이 재상으로서 활약했다. 이들 역시 모두 무측천 시절에 인정받은 사람들로, 우리에게는 『당시선』에 오른 시인으로 친숙하다. 장열은 무측천 때 앞에서 이야기한 장씨 형제에 반대하다가 흠주(欽州, 광서)로 유배 간 적이 있고, 돌아와서는 현종의 조정에서 요숭과 대립하여 상주(相州), 악주(岳州), 유주(幽州, 북경지방)의 장관으로 좌천되었다가 요숭이 죽은 뒤 다시 복귀했으나, 우문융(宇文融)과 이임보(李林甫)에게 탄핵되어 실각하는 등 파란에 찬 삶을 살았다.

　　파릉(巴陵)을 들러보니 동정호(洞庭湖)에 가을빛이 깃들고,
　　낮에 보니 외로운 봉우리 수면에 떠 있구나.
　　듣건대 신선(神仙)을 접하지 말라 하였으니,

마음은 호수를 따라 더불어 유유하리라.

巴陵一望洞庭秋 日見孤峰水上浮 聞道神仙不可接 心隨湖水共悠悠

이것은 장열이 악주로 좌천되었을 때 지은 작품인데, '유유하리라' 하고 읊으면서도 그의 마음은 결코 유유하지 않았다. 실각과 복귀를 되풀이하면서 어디까지나 정치에 집념을 불태웠다. 문인은 정치가이기도 해야 한다는 것이 이 시대의 상식이었다.

장열의 정적이었던 우문융은 천하의 호구(戶口)에 거짓이 많다고 지적하고 '괄호제(括弧制)'를 주장했다. 호적을 다시 조사하는 것이다. 호적을 속인 자는 100일 이내에 자수하면 용서하지만, 그 기일을 넘기면 유형(流刑)에 처하는 엄격한 조치였다. 본인뿐만 아니라 그것을 숨겨준 자도 벌을 받았다. 이 괄호제로 80만여 호가 호구를 숨기고 있었다는 것이 밝혀졌다. 그만큼 탈세가 있었던 것이다.

언제부터 그랬는지는 분명하지 않지만 무측천 말기부터 정치가 느슨해졌다는 것을 상상할 수 있다.

장열은 이 '괄호제'가 가혹한 증세법이라고 반대하다 실각했다. 현실에서는 80만 호 분량의 세금이 들어와 국가 재정이 윤택했는데, 이는 그만큼 민간의 생활이 피폐해졌다는 말이 된다. 남아도는 것을 들킨 것이 아니다. 정부 몰래 숨겼기 때문에 겨우 살 수 있었던 사람들이 많았다는 이야기다. 이것은 개원 초년의 일이었다. 국고는 차고 백성의 호주머니는 가벼워지는 현상이 이미 이때부터 나타났다.

그 후에도 호구를 숨기는 일은 은밀히 계속되었다. 호수와 인구가 신고된 것보다 실제로는 더 많았다는 말은 앞에서 이미 이야기했다. 여성 인구가 남성보다 많았고, 적지 않은 남성 인구 중에서도 특히 장정의 수가 이상하리만치 적었다. 납세, 병역, 부역은 모두 장정이 중심이 된다. 그 장정이 호적에서 사라진 것인데, 이는 전국적인 현상이었던 모양이다. 오타니(大谷) 탐험대(1902~1914년까지 세 차례에 걸쳐 오타니 고즈이가 이끈 서역조사대-옮긴이)가 투루판에서 입수한 호적부가 있는데, 그것을 보아도 비율로 치면 남성 인구, 특히 장정의 수가 여성에 비해 이상하리만치 적다.

개원의 치라고 하지만 구석구석 장밋빛은 아니었다. 이미 어두운 그림자가 스며들고 있었다.

격렬하게 저항한 고구려 유민

수도 장안은 당초에 비하면 훨씬 충실해졌다. 가옥이 즐비하게 늘어서고 대저택과 큰 사원이 잇따라 세워졌으며, 동서의 시장은 성황을 이루었다.

당의 국력은 천산과 파미르 너머까지 미쳤고, 안서도호부(安西都護府)는 투루판 분지의 교하성(交河城)에서 더 서쪽인 구자(쿠차)로 옮겨갔다. 서돌궐도 평정되어 서역 교역로인 이른바 실크로드도 안전히 왕래할 수 있게 되었다. 그곳을 지나 많은 서역 사람들이 장안으로 찾아왔다. 서역인들은 특히 음악에 재능이 뛰어나 음악을 좋아하는 현종은 그들을 궁정 가무단으로 채용했다. 태종에서 고종에 걸친 시기에도 구자 출신의 백명달(白明達)이라는 악부영공(樂府伶工)이 있었다고 한다.

당시 서역의 신앙은 불교가 주류였으나 이란의 국교였던 조로아스터교 신자도 있었다. 또 사마르칸트[강국(康國)] 주변에는 마니교도도 많았다. 네스토리우스파 기독교도도 서역에서 장안을 찾아 왔다. 그들은 장안에 자신들의 사원을 세웠다. 조로아스터교의 사원은 파사호사(波斯胡寺)나 현사(祆祠)라고 불렀다. 마니교는 소리 나는 대로 마니(摩尼)라고 불렀고 네스토리우스파 기독교는 경교(景敎)라고 했다. 그 사원은 대진사(大秦寺)라고 불렀는데 대진이란 바로 로마를 말한다.

현사(祆祠)는 포정방(布政坊), 예천방(禮泉坊), 보녕방(普寧坊) 등에 있었다. 모두 장안의 서반부에 해당하는 동네다. 동반부에는 정공방(靖恭坊)에 있는 것이 유일한 현사였다. 장안을 동서로 나누어 각각 드넓은 한 지역을 시장으로 삼았는데 특히 서시(西市)는 서역의 색채가 강했다. 당대(唐代)의 물품 매매는 두 시 외에는 허용되지 않았다. 시장에서의 영업은 물론 과세되었다. 서시를 금시(金市)라고 부르기도 했다. 이백의 〈소년행(少年行)〉이라는 시는 당시의 분위기를 잘 나타낸다.

> 오릉의 소년들이 금시의 동쪽에서
> 은 안장 백마 타고 봄바람에 으스댄다.
> 낙화를 짓밟고 어디에 가는가.
> 시시덕대며 페르시아 미인의 술집에 드네.
> 五陵年少金市東 銀鞍白馬度春風 落花踏盡遊何處 笑入胡姬酒肆中

오릉은 장안 교외에 있는 한나라 역대 황제의 능묘지역으로 당나라 때는 그곳에 협객의 두목이 살았다고 한다. 그곳의 젊은 무리가 은 안장을 얹은 흰말을 탄 화려한 모습으로 봄바람 속을 의기양양하게 지나간다. 낙화를 짓밟고 어디로 납시나 했더니 페르시아 미인이 있는 술집이었다는 것이다.

양귀비가 궁중에 들어간 뒤로는 궁정도 한 시대 전에 비해 훨씬 화려해졌다. 그곳에는 그렇게도 정치에 열심이었던 현종이 정무에 싫증을 내고 음악과 술, 그리고 양귀비에 빠진 모습이 눈에 띈다. 이백은 궁정시인이던 시절에 〈궁중행락사(宮中行樂詞)〉를 몇 수 지었다.

> 옥수(玉樹)에 봄이 다시 찾아온 날에
> 천자의 궁궐에는 즐거운 일도 많아라.
> 후궁에는 아직 아침이 밝지 않았고,
> 가벼운 손수레가 더불어 밤을 새우는구나.
> 웃음은 꽃 사이에서 재잘거리다가 나오고,
> 교태는 촛불 아래서 부르는 노래 속에 넘치네.
> 밝은 달을 지지 못하게 하라.
> 머물러 있게 하여 항아를 취하게 하리라.

> 玉樹春歸日 金宮樂事多 後庭朝未入 輕輦夜相過
> 笑出花間語 嬌來竹下歌 莫教明月去 留著醉嫦娥

천하태평이다. 서돌궐과 고구려를 평정한 뒤, 변경도 옛날에 비하면 조용해졌다. 토번(吐藩, 티베트)과의 분쟁이 가끔 일어나는 정도였다.

북조 이후의 부병제(府兵制)는 도호(逃戶, 호적 이탈)가 심해져 새로운 징병제(徵兵制)로 바뀌었다. 이때도 우문융의 징병파와 장열의 모병파가 대립했는데, 결국 징병을 원칙으로 한 새로운 군대가 만들어지게 되었다.

토번은 오늘날 티베트 고원뿐만 아니라 서역남도까지 세력권을 넓히고 있었다. 카슈미르 북쪽에 있던 소발률국(小勃律國, 오늘날 길기트)은 소국이지만 교통의 요충으로, 중앙아시아 서부와 천산남로에 있는 당의 안서도호부를 잇는 중요한 교차로였다. 그 나라는 당에 복속해 있었는데 일찍부터 토번이 이곳을 노리고 있었다. 오늘날 러시아령 실크로드는 소무구성(昭武九姓)이라고 부르는 조로아스터교도와 마니교도가 많은 지방으로 강국(康國), 안국(安國), 석국(石國), 미국(米國), 사국(史國), 조국(曹國) 등 20여 나라가 당에 공물을 바치고 있었다.

토번이 소발률국을 노린 것은 그곳을 차지하면 서역 20여 나라의 공물이 당으로 가지 않고 토번으로 흘러들어 오기 때문이다. 토번왕은 자신의 딸을 소발률국의 왕비로 주어 그 나라를 속국으로 삼는 데 성공했다.

서역 20여 나라의 공물이 들어오지 않자, 당은 원흉인 토번을 토벌하기 위해 여러 번 원정군을 보냈으나 번번이 실패했다. 토번이 강했다기보다는 서역의 험준한 지형과 기후가 원정군을 괴롭혔던 것이다.

그런데 천보 6재(747), 서역 정벌 길에 오른 안서부도호(安西副都護) 고선지(高仙芝)가 구자에서 소륵(疎勒)을 거쳐 총령(蔥嶺, 파미르)을 넘고 호밀도(護密道, 와한 협곡)에서 연운채(連雲砦, 사르하드)로 나가, 험준한 자연을 믿고 방심하던 토번군을 격파했다. 나아가 7천 용사를 이끌고 다르코트의 빙하 언덕을 단숨에 달려 내려가 소발률국을 제패하고, 토번과 간부들을 숙청한 다음 왕과 왕비를 포로로 잡아 개선했다.

천보 9재(750), 석국(타슈켄트)이 속국의 예를 취하지 않았기 때문에 고선지는 다시 원정군을 이끌고 가서 이를 격파하고 국왕을 장안으로 끌고 와 참수했다.

국경을 침범했다든지 하는 중대한 일이 아니었다. 공물을 갖다 바치는 길을 차단하거나 속국의 예를 취하지 않았다는, 생각하기에 따라서는 사소한 것을 문제 삼은 출병이었다. 파미르 전투는 상대가 토번이라는 강국이었으나, 타슈켄트 공격은 상대가 약국이기도 했고 항복하면 용서해 준다고 속였다가 나중에 이를 죽였으니, 약자를 괴롭히는 불의(不義)의 싸움이었다. 석국 원정은 당나라 중앙의 의사가 아니라 고선지가 열심히 원정 계획을 진언하여 허락을 받았다는 내막이 있다.

고선지 장군은 한족(漢族)이 아니다. 멸망한 고구려 사람이었다. 고구려가 멸망한 지 이미 80년이나 지났으니, 고선지는 당연히 망국 후에 태어났다.

고구려는 당에 병탄된 뒤에도 각지에서 격렬한 저항이 일어나 당도 무척 애를 먹었던 모양이다.『자치통감』의 총장(總章) 2년(669)에 다음과 같은 기사가 있다.

> 고구려 백성이 많이 이반했다. 칙령을 내려 고구려의 3만 8,200호를 양자강, 회수(淮水)의 남쪽과 산남(山南), 경서(京西) 여러 주의 황무지로 옮겼다. 그중 빈약한 자를 남겨 안동(安東)을 지키게 했다.

건강한 자들은 미개의 황무지로 분산시키고 약한 무리만 남겼다는 말이니 과감한 조치였다고 해야 하겠다. 고구려 유민들의 저항이 얼마나 격렬했는지 말해 주는 내용이다.

고선지의 아버지는 하서(河西, 감숙성 서부)에서 오랫동안 군무에 종사했다고 하니, 아마도 고씨는 그 선대쯤 전에 이 경서의 황무지로 옮겨 온 고구려 유민이었을 것이다.

국경 수비를 책임진 외국인 절도사들

무훈이 혁혁한 명장 고선지는 절도사(節度使)로 임명되었다.

절도사를 처음 설치한 것은 예종 경운(景雲) 연간(710~712)이지만, 이미 현종 시대라고 해도 될 것이다. 이것이 그의 실정 중 하나로 꼽힌다.

당나라는 전국을 10도(十道, 나중에 15도)로 나누고 직접 군사와 행정을 다스리는 장관을 두는 대신 순찰사(巡察使)만 임명했다고 앞에서 이야기했다. 넓은 지역에서 군정의 대권을 쥔 장관이 할거하여 반(半) 독립국이 되는 것을 두려워했기 때문이다.

그와 같은 위험이 있다는 것을 알면서도 지역적으로 군사정치 재결권을 가진 절도사를 설치한 것은 그만큼 필요했기 때문이다. 첫째로, 부병제도가 무너졌기 때문에 특히 변경에서는 군대를 재편하는 데는 강력한 권한을 가진 장관이 필요했다. 이어서 긴급사태가 예상되는 변경에서는 군대 지휘자가 행정권을 함께 갖는 것이 바람직했다. 근대 제국주의시대의 식민지 총독과 비슷하다. 모든 것을 독재할 수 있는 인물이 있어야 비로소 비상사태에 효과적으로 대처할 수 있기 때문이다.

안녹산(安祿山)의 난이 있은 뒤 절도사의 수는 늘었으나, 고선지가 임명된 무렵에는 변경에 절도사 10명이 있을 뿐이었다. 『자치통감』에 따르면, 그 10명 절도사와 치소(治所, 주재지), 그들이 지휘한 병력은 다음과 같다.

안서(安西) 절도사	구자(龜玆)	2만 4천
북정(北庭) 절도사	정주(庭州, 우루무치의 북쪽)	2만
하서(河西) 절도사	양주(凉州)	7만 3천
삭방(朔方) 절도사	영주(靈州)	6만 4,700
하동(河東) 절도사	태원(太原)	5만 5천
범양(范陽) 절도사	유주(幽州)	9만 1,400
평로(平盧) 절도사	영주(營州)	3만 7,500
농우(隴右) 절도사	선주(鄯州)	7만 5천
검남(劍南) 절도사	성도(成都)	3만 900
영남오부(嶺南五府) 절도사	광주(廣州)	1만 5,400

이 가운데 고선지가 임명된 곳이 안서절도사였다.

안녹산은 하동, 범양, 평로의 세 절도사를 겸했다. 위험하기는 해도 가능하다면 1인 1절도사라는 원칙을 지켜야 했다. 현종의 실정은 한 사람에게 세 절도사를 겸하게 한 데 있었다고 해야 할 것이다.

안녹산은 잡호(雜胡)였다고 한다. 잡호란 외국인끼리의 혼혈을 뜻한다. 아버지인 안연언(安延偃)은 아마도 중앙아시아의 안국(安國, 안식(安息)) 출신일 것이다. 『신당서』에는 본래 성이 강(康)이라고 하는데, 그렇다면 사마르칸트 출신일지도 모른다. 어머니는 돌궐의 아사덕씨(阿史德氏) 출신이라고 하니 그런 의미에서 잡호다. 이와 같은 환경에서 자라면 다양한 언어를 구사할 수 있어 안녹산도 6가지 언어를 말할 줄 알았다. 그는 이 특기를 살려서 호시아랑(互市牙郞)이라는 관직에 앉았다. 아마도 교역을 알선하는 등의 직책이었던 것 같다. 그것을 발판으로 유주절도사 밑으로 들어가 전공을 세우기도 하고, 때로는 뇌물로 승진하기도 하여 마침내 현종에게 인정을 받았다.

고선지의 전임자는 부몽영찰(夫蒙靈詧)이었다. 이 인물은 티베트계 서강(西羌) 부족 출신이었다.

이처럼 변경의 군사를 다루는 요직에 있는 절도사가 외국 출신자였다는 것은 이상한 일이다. 당시 당나라는 세계 제국이었고 민족적인 편견이 없어 유능하다면 출신을 따지지 않고 중용했기 때문이기도 하다. 일본의 견당유학생 아베노 나카마로가 비서성의 장관에 임명된 것도 그 일례라고 할 수 있다. 절도사에 외국 출신 장군이 많았던 이유는 이것 말고도 있는데, 그것은 나중에 이야기하기로 한다. 민족적 편견이 없었다는 것은 이 시대를 조금은 지나치게 이상화하는 말일 뿐이다.

앞에서 이야기한 부몽영찰은 자신이 안서절도사로 있을 때 부도호였던 고선지가 파미르 승전보를 자신을 통하지 않고 장안에 직접 보고한 것에 격노했다. 공적을 혼자 차지하려는 것이냐며 화를 냈는데 『구당서』에는 부몽영찰이 고선지를 비난한 말을 기록하고 있다. 원문은 다음과 같다.

啖狗腸高(句)麗奴, 啖狗尿高(句)麗奴 (감구장고[구]려노, 감구뇨고[구]려노)!

직역하면 개의 내장을 처먹는 고구려 놈아, 개의 오줌을 마시는 고구려 놈아, 라는 뜻으로 민족적인 편견이 얼마나 심했는지를 말해 주는 대목이다. 고선지를 고구려 놈이라고 욕한 부몽영찰 역시 서강인(西羌人)이었다.

현종 시대의 당나라 정계에는 과거(科擧), 특히 진사과(進士科)에 합격한 관료와 문벌로 등용된 관료 사이에서 파벌싸움이 벌어졌다. 가령 진사파라고 이름 붙인다면 장열(張說)과 장구령(張九齡) 등이 이에 속한다. 그에 반해 문벌파의 대표는 이임보(李林甫)였다. 이임보는 그 증조부가 고조 이연(李淵)의 조카였기 때문에 황족의 일원이었다. 그가 예부상서(禮部尚書)와 겸임으로 재상의 일원인 중서문하삼품(中書門下三品)이 된 것은 개원 22년(734)의 일이며, 그로부터 2년 뒤에는 장구령을 실각시키고 중서령(中書令)이 되어 재상의 최고 자리에 올랐다.

입에 꿀이 있고, 뱃속에 칼이 있다(口蜜腹劍).

이임보는 이렇게 형용되는 인물이었다. 겉으로는 대인관계가 원만했으나 정적에게는 용서가 없었다. 그는 20년 가까이 당나라 정계의 최고 자리에 앉아 있었다. 경쟁자는 반드시 그의 손에 실각되었다.

이임보의 공작으로 실각한 중신들의 명단은 길어졌다. 그는 그렇게 해서 20년 가까운 세월 동안 우두머리 재상이 되었고 독재자의 지위를 지켰다.

다른 사람이 대두하여 자기와 어깨를 나란히 하는 것을 이임보는 가장 경계했다. 이 시대에 이례적으로 승진한 사람은 고선지처럼 전공을 세운 사람뿐이었다. 그는 변경 전투에서 큰 승리를 거둬 그 공으로 중앙의 요직에 앉는 인간이 나타날까 두려워했다.

절도사에 외국 출신자가 많았던 이유 중 하나는 인사에 이임보의 의사가 반영되었기 때문이다. 이족 출신자라면 군계에서 아무리 입신해도 중앙정계에서 자신의 경쟁자가 될 수 없다는 것이 그의 계산이었다.

이임보는 문벌파, 특히 준황족이라는 신분이었다. 그래도 필두 재상까지 승진하려면 현종이 몹시도 총애했던 무혜비(武惠妃)나 현종의 최측근인 고역사(高力士)에게 접근하여 비위를 맞추어야 했다.

지방 군단에서 영달한 안녹산도, 중앙 장기정권의 재상인 이임보도 같은 방법으로 승진한 점에 문제가 있다. 특별히 진사파의 역성을 드는 것은 아니지만, 과거에 합격해서 관료가 된 사람들에게는 경세제민(經世濟民)이라는 포부가 있었다. 적어도 원칙은 그랬다. 문벌파는 단지 권세욕만 있는 느낌이다.

당의 국운이 기운 책임은 안녹산이나 이임보에게 있었던 것이 분명하다. 하지만 그들을 국가 요직에 앉힌 현종에게 훨씬 더 큰 책임이 있다.

남을 잘 챙긴 재상 이임보

안녹산과 이임보는 역사의 무대에서 악역을 맡았다. 흑백을 분명히 해야만 직성이 풀리는 사람들로 인해 흑은 더욱 검게, 백은 더욱 희게 만들어진다.

이 두 사람도 훌륭한 인물은 아니었지만, 사서에 기록된 것처럼 그렇게 악인은 아니었을 것이다.

정적을 대할 때 이임보는 참으로 무서운 인물이었다. 하지만 집안에서 편하게 있을 때는 한낱 미술가가 되어 멋진 산수를 그렸다. 그의 가계에는 예술가의 피가 짙게 흘렀다. 이사훈(李思訓)의 아들, 다시 말해 이임보의 조카 이소도(李昭道)도 뛰어난 화가여서 당 말기 『역대명화기(歷代名畫

記)』의 작가인 장언원(張彦遠)은,

　　　산수의 변화는 오(吳)에서 시작되어 두 이(李)로 완성된다.

고 말했다. 당대(唐代) 산수화의 새로운 중심을 창조한 변혁자는 오도현
(吳道玄)이고, 그것을 완성한 사람은 이사훈, 이소도 부자라는 뜻이다.

　자신의 지위를 지키기 위해서 수단을 가리지 않았다는 이유로 이임보
는 후세에 비판을 받고 있다. 하지만 자신의 지위를 지키는 것은 누구나
하는 일이며, 그것 자체는 당연한 일이다. 정치적인 포부가 있고 그것이
국가를 위하고 백성을 위하는 일이라는 확신만 있으면, 자신의 지위를
지키는 것이 곧 국익이다.

　양귀비의 조카인 양국충(楊國忠)은 이임보가 죽은 뒤, 그가 돌궐과 손
잡고 역모를 꾸몄다고 무고했고, 그 유족은 박해를 받았다. 이는 천하의
양국충도 이임보가 살아 있는 동안에는 손을 쓰지 못했다는 것을 의미
한다. 양국충의 무고로 이임보는 많은 죄를 뒤집어썼고, 심지어 안녹산의
난으로 나라가 어지러워진 죄까지 뒤집어쓰고 말았다. 특정인에게 모든
죄를 덮어씌우면 역사가 이해하기 쉬워지므로 자주 그런 일이 일어난다.

　하지만 이임보가 20년 가까이 정권을 유지할 수 있었던 것이 '음험한
수단' 하나만으로는 불가능하다. 이임보에게도 분명 어딘가 좋은 점이 있
었다. 그는 적잖이 남을 잘 챙겼다.

　양주(楊洲) 대명사(大明寺)의 고승 감진(鑑眞)이 유학 온 승려들의 청에
따라 여러 번 좌절한 끝에 실명하면서까지 일본으로 건너간 이야기는 유
명하다. 감진화상(鑑眞和尙)이 세운 당초제사(唐招提寺)는 일본에서 계율

의 중심이었다. 하지만 그의 일본행은 당에서 보면 현장의 인도행과 마찬가지로 밀출국이었다. 그의 일본도항에는 이임보가 상당히 큰 힘이 되어 주었다.

감진의 제자 도항(道抗)은 이임보의 형 이임종(李林宗)과 친해 그 집에 자주 드나들었다. 이임종은 관료로서 제법 출세했으나 동생만큼은 아니었다. 이임종의 출세는 아우의 위광(威光)이라는 소문까지 있었다. 승려 도항의 부탁을 받은 이임종은 감진이 일본에 가는 문제를 최고 실력자인 아우 이임보와 의논했다. 이임종의 소개로 일본의 견당승 요에이(榮叡)와 후쇼(普照)는 재상 이임보를 면회할 수 있었고 감진의 일본행에 도움을 받았다.

아무리 견줄 자가 없는 대단한 권세를 누리는 재상이라도 국법을 어길 수는 없다. 다만 참으로 이임보답게 빠져나갈 방법을 가르쳐 주었다. 이임보는 그들에게 절강성의 천태산(天台山) 국청사(國淸寺)에 바칠 물품을 가지고 간다고 말하면 된다고 편법을 일러 주었다. 짐을 운반하는 데 육지는 곤란하므로 장강(長江)에서 해로로 가는 걸로 해 두고 순풍을 만나면 그대로 일본으로 가면 된다는 것이었다. 만일 순풍을 만나지 못해 뒤로 밀려오더라도 천태산에 간다고 쓴 공문서가 있으면 문책을 당하는 일은 없다.

이임종은 양주에서 창조참군사(倉曹參軍事, 주로 창고관리를 맡은 정8품관)로 있는 일족인 이주(李湊) 앞으로 소개장을 써서 그들에게 배를 주선해 주라고 부탁한다.

감진의 첫 번째 일본 밀항 계획이 제자 여해(如海)의 밀고로 실패했을 때, 처벌이 비교적 가벼웠던 것은 아마 이임보의 지시가 있었기 때문일 것이다. 오히려 밀고자 여해가 심한 벌을 받았다.

감진의 일본 밀항에 편의를 봐준 것은 결코 돈 때문이 아니었다. 유학승 요에이 등이 그렇게 큰돈을 가졌을 리 없다. 이임보, 이임종 형제가 한 일은 오로지 호의에서 나왔다고밖에 생각할 수 없다. 신앙심 때문이었는지 아니면 감진의 뜻에 공감해서였는지, 어쨌든 공리를 떠난 원조였음은 분명하다. 역사의 문맥에서 볼 때 이임보는 역시 검은 인물이었던 것 같지만, 하나에서 열까지 모조리 검었던 것은 아니다.

당나라의 국운이 기운 것은 이임보가 죽은 뒤였다. 이임보는 말년에 양국충과 안녹산이라는 현종의 두 총신에게 배척당했다. 천보 11재(752), 이임보가 죽은 뒤, 양국충의 무고가 있었다는 사실은 앞에서 이야기한 대로다.

당을 대혼란에 빠뜨린 것은 안녹산과 양국충이지만, 이 두 사람 모두 이임보 반대파였다는 사실을 우리는 깊이 음미해야 한다.

> 현인(賢人, 탁주의 속칭)을 피하여 처음으로 승상(丞相)을 그만두고,
> 성인(聖人, 청주의 속칭)을 즐기며 잠시 술을 마신다.
> 그래서 묻노니 문전의 손님은
> 오늘 아침 몇이나 찾아왔더냐?

避賢初罷相 樂聖且銜杯 爲問門前客 今朝幾箇來

이것은 이임보에게 미움을 산 이적지(李適之)가 그 독수(毒手)가 미칠까 두려워 천보 6재(747)에 좌승상 자리에서 물러나 지은 〈재상을 그만두고

〈罷相作〉라는 제목의 시다. 이임보에게 밉보인 사람의 집은 감히 아무도 가까이 하려고 하지 않았다. 이임보의 눈 밖에 날까 저어했기 때문이다. '손님이 몇이나 찾아왔더냐?' 이 구절에는 이적지의 울분이 담겨 있다. 역시 이임보는 지나치게 변호해서는 안 될 인물인 것 같다.

지는 꽃

60세 시아버지가 지명한 '경국미인'

한나라 황제는 미색을 중히 여겨 경국의 미인을 생각했으나,

황제에 오른 후 오랫동안 찾았어도 구하지 못하였다.

양씨 가문의 딸이 갓 장성하였는데,

깊은 규방에서 자라 사람들이 알지 못했다.

타고난 아름다움은 그대로 묻힐 리 없어,

어느 날 아침 뽑혀서 군주 곁에 있게 되었다.

눈동자를 굴려 한 번 웃으면 백가지 애교가 생겨나니,

곱게 단장한 육궁의 미녀들은 얼굴빛을 잃었다.

漢皇重色思傾國 御宇多年求 楊家有女初長成 養在深閨人未識

天生麗質難自棄 一朝選在君 回眸一笑百媚生 六宮粉黛無顏色

백거이(白居易)의 유명한 〈장한가(長恨歌)〉는 위와 같이 시작된다. 백거이가 태어난 것은 양귀비가 비명의 최후를 맞은 지 16년이 지난 대력(大曆) 7년(772)이다. 당나라 시대를 산 사람이라 현종 황제의 체면을 생각해서 주인공을 한나라 황제라고 했지만, 이것이 현종을 가리킨다는 것은 누구나 알 수 있다.

색을 중히 여긴다는 말은 호색(好色)과 다름없다. 한나라 무제(武帝)가 사랑한 이부인(李夫人)을,

한 번 돌아보면 사람의 성(城)을 기울게 하고, 두 번 돌아보면 사람의 나라를 기울게 한다.

고 읊은 데서 '경성(傾城)'이나 '경국(傾國)'은 절세의 미인을 뜻하게 되었다. 이 시는 여자를 물색하다 겨우 바라던 대로 절세미인 양귀비를 얻은 이야기를 서술하고 있다. 하지만 사실 현종이 양귀비를 손에 넣은 경위를 한 단계 생략하고 있다.

양귀비의 본명은 옥환(玉環)으로 원래 현종의 18번째 아들인 수왕(壽王) 이모(李瑁)의 비였다.

현종의 황후는 왕씨(王氏)였으나 자식을 낳지 못했고, 또 현종도 황후를 사랑하지 않았기 때문에 그녀는 폐립되었다. 다재다능하다는 소리를 듣던 현종은 다정다한(多情多恨)한 남자였다. 그가 가장 사랑한 사람은 무혜비(武惠妃)였는데, 그녀를 황후로 세우고 싶었으나, 군신들의 반대로 뜻을 이루지 못했다. 당나라를 찬탈한 무측천 집안의 여자였기 때문에 비(妃)라는 신분이면 몰라도, 황후로 앉히는 데는 조정 안에서 크나큰 저

항이 있었다. 왕황후를 폐한 뒤 황후 자리는 비어 있었다.

무혜비는 개원(開元) 25년(737)에 죽었다. 크게 낙담한 현종은 측근인 고역사(高力士)에게 '경국'을 찾아오라고 명하고, 자신의 며느리인 양귀비를 지목했다. 무측천과는 정반대다. 고종은 아버지의 애인인 무측천을 자신의 황후로 앉혔는데, 현종은 아들의 부인을 귀비(貴妃)로 삼았다. 역시 끝까지 황후로 세우지는 못했지만 후궁들 가운데 가장 총애했다. 무측천은 일단 비구니가 되었으나, 양귀비는 일단 여도사가 되었다.

양귀비는 고아 신분으로 양씨 가문의 양녀로 들어갔기 때문에 혈연으로 맺어진 친척은 없었지만, 현종은 그녀의 환심을 얻고자 양씨 집안 사람들에게 특별한 은혜를 베풀었다. 재종형제 양소(楊釗)는 소행이 그다지 좋지 않았음에도 민첩하고 요령 있게 움직여서 차츰 중용되어 현종에게 국충(國忠)이라는 이름을 받았다. 훗날 이임보와 대립하고 안녹산과도 대립한 바로 그 양국충이다.

> 봄추위에 목욕을 허락한 화청지,
> 온천수 매끄럽게 흰 살결을 씻는다.
> 시녀들이 부축해 일으키니 요염하고 힘이 없다.
> 이것이 처음으로 승은을 입게 된 때이니.

春寒賜浴華淸 溫泉水滑洗凝脂 侍兒扶起嬌無力 始是新承恩澤時

양옥환이 궁중에 불려 들어간 것은 천보(天寶) 3재(744)이고, 이듬해에 귀비가 되었다. 그리고 〈장한가〉에서도 읊었듯이 '후궁의 아리따운 3천

명, 3천의 총애를 한 몸에 받은' 상태가 되었고, 현종은 '이후로 군왕은 아침 일찍 일어나지 않는' 몸이 되었다. 그녀가 25세의 나이로 궁중에 들어왔을 때, 현종은 이미 60세였다.

안녹산은 천보 원년(742)에 새롭게 설치된 평노(平盧)절도사가 되었고, 3재(천보는 이 해부터 '년'을 '재(載)'로 고쳤다)에는 범양(范陽)절도사를 겸했다. 나아가 하동(河東)절도사를 겸한 것은 2년 뒤의 일이다. 재치 있고 붙임성 좋은 그는 230근이나 나가는 거구였다고 한다. 거의 200킬로그램이나 나가는 초비만에 불룩한 배는 축 쳐져서 무릎까지 내려왔다고 한다. 대체 그 안에 무엇이 들었느냐고 현종이 묻자 "오직 폐하를 향한 일편단심 뿐"이라고 대답했다는 유명한 일화가 있다.

양귀비는 이 안녹산이 마음에 들었다. 익살꾼에다 숨기는 것이 없으며 남에게 경계심을 품게 하지 않는 안녹산은 점점 현종과 양귀비의 마음을 사로잡았다. 양귀비의 양자가 되고 싶다고 말했으며, 입궐하면 제일 먼저 양귀비에게 인사를 하고는 "야만인은 어머니를 먼저 챙기고, 아버지는 그 뒤입니다"라고 말해 사람들을 웃겼다. 현종도 양귀비도 이 어릿광대짓이 가면이라는 것을 깨닫지 못했다.

천보 4재, 안녹산은 거란을 격파하는 큰 전공을 세웠다. 이리하여 한 단계씩 올라간 안녹산은 양귀비의 일가라는 사실만으로 출세한 양국충과 손잡고 최고 실력자인 이임보 배척운동을 펼쳤다. 그런데 이임보가 죽자 그때까지 손을 잡았던 안녹산과 양국충은 서로 대립하게 된다.

양국충은 수도에 있었기 때문에 언제나 황제를 곁에서 모셨다. 그에 비해 안녹산은 외지에 있다는 것이 약점이었다. 황제가 제대로 된 판단을 내릴 줄 안다면 몰라도 현종은 적잖이 노화현상을 보이고 있어 끊임없이 그 귀에 무엇인가를 불어넣으면 결국은 믿어 버리고 말았다.

안녹산은 안녹산대로 할 말이 있었을 것이다. 양국충은 현종에게 안녹산이 역모를 꾀하고 있다고 거듭 간했다. 궁정의 상황은 안녹산의 귀에도 들어가므로 그는 자신의 처지가 차츰 불리해진다는 것을 알았다. 입궐했다가는 어떤 구실을 붙여서 구속될지 몰랐다. 생명의 위험을 느껴 우선은 장안에 가지 않기로 했다 하더라도 언제까지나 그럴 수는 없었다.

안녹산이 거병한 것은 궁지에 몰린 결과라고 보는 견해도 있다. 세 절도사를 겸하고 있었으므로 병력은 있었다. 징병제를 기초로 하고 있었으나 변경에서는 모병이 더 많았고, 그것은 완전히 절도사의 사병(私兵)이나 마찬가지였다.

어양에서 전쟁의 북소리가 땅을 울리며 들려오니,
예상우의곡(霓裳羽衣曲)은 놀라서 중단되었다.

漁陽鼙鼓動地來 驚破霓裳羽衣曲

〈장한가〉는 이렇게 읊고 있다. 어양은 오늘날 북경시 부근인데 안녹산은 그곳에서 군사를 일으켰다. 말 위에서 울려 대는 공격을 알리는 북소리는 대지를 뒤흔들듯 서쪽을 향해 다가간다. 그 우렁찬 소리는 양귀비가 즐겨 부른 〈예상우의곡(霓裳羽衣曲)〉을 흩날려 버렸다. 이 곡은 인도의 바라문 계통의 음악을 현종이 양귀비를 위해 편곡한 것이라고 한다. 이제 음악 따위는 없었다.

천보 14재(755) 11월, 안녹산은 군대를 움직였다. 15만 병력을 20만이라고 부풀려서 말했다.

밀조(密詔)를 받들어 양국충을 친다.

이것이 거병의 이유였다. 안녹산은 그해 안에 낙양을 함락시켰고, 이 듬해 정월에는 스스로 웅무(雄武) 황제를 칭했으며, 국호를 '연(燕)'이라 하고 국호를 '건무(建武)'라고 정했다.

안사의 난

당나라의 낙양쪽 예비군은 고선지의 참모로서 파미르 작전에 종군한 적 있는 봉상청(封常淸)이 지휘했다. 고선지도 그를 지원하기 위해 장안을 떠났다. 그는 섬주(陝州)라는 곳에 이르렀을 때, 패주해 온 봉상청을 만나 반란군의 상황을 들었다. 안녹산 휘하에서 중핵을 이루는 부대는 막북 (漠北)에서 거란군과 싸운 경험이 많은 정예군이었다. 고선지는 그들과 평 지에서 싸우는 것은 불리하다고 판단하고, 서쪽으로 퇴각해 동관(潼關) 의 요충지에서 막기로 했다. 안녹산군에게 이용당하지 않게 퇴각 전에 섬주의 관청 창고를 모조리 열어 저장해 두었던 물품을 부하들에게 나 눠 주고 나머지는 불태워 버렸다.

고선지가 밀운군공(密雲郡公)에 봉해진 지 얼마 되지 않았을 때다. 사 실은 석국을 토벌한 이듬해인 천보 10재(751)에 그는 대식(大食, 아바스 왕 조)과 타라스(오늘날 키르기스 공화국 내)에서 싸워 패했다. 적에게 속아서 국왕을 잃게 된 석국 사람들이 아라비아의 이슬람 제국에 구원을 요청한 것이다. 당시 이슬람 세력은 아바스 왕조와 우마이야 왕조로 분열되어 있었는데, 중국의 사서는 전자를 '흑의대식(黑衣大食)', 후자를 '백의대식(白衣大食)'이라고 불렀다. 이 패전이 당에 그렇게 큰 고통은 아니었던 모양이다. 『신당서』 본기에는,

고선지와 대식, 타라스 성(怛羅斯城)에서 싸워 패했다.

라고 나오는데, 『구당서』 본기는 이 전투 이야기를 전혀 언급하지 않았다. 장안으로 돌아온 고선지는 우림군대장군(羽林軍大將軍)이 되어 정2품의 군공(郡公)까지 승진했다. 패전의 책임을 진 흔적은 전혀 찾아볼 수 없다. 고선지는 이 전투에 3만 병력을 이끌고 타라스성으로 쳐들어갔는데, 당나라 군대 내 터키계 갈라록족(葛邏祿族) 군단이 아랍 쪽에 붙었기 때문에 서전(緖戰)에서 진 뒤, 그대로 철수해 버렸다. 사라센의 사서 『이브누르 아시르 연대기』에는 당군 5만을 죽이고 2만을 포로로 사로잡았다고 기록되어 있다.

이 타라스 전투는 문화사적으로 중요한 사건이다. 아랍 쪽 포로가 된 당나라 병사 중에 종이를 뜨는 기술자가 있어 채륜이 발명한 제지법이 6백수십 년 만에 처음으로 중국 밖으로 전해진 것이다. 제지법의 전래가 사라센 문화, 나아가 그것을 이어받은 유럽 문화에 얼마나 큰 공헌을 했는지는 헤아릴 수도 없다.

같은 해에 당은 운남(雲南)에서도 참패를 맛보았다. 운남 남조(南詔)의 오랑캐를 8만 대군으로 무찔렀으나, 노남(瀘南)에서 대패하여 전사자 6만을 내고 패주했다. 더구나 이 원정의 최고 책임자는 지절도사(知節度事)

양국충이었다. 남조의 수장인 각라봉(閣羅鳳)은 당의 출병 소식을 듣고 사죄했으나, 양국충은 그것을 받아주지 않았다. 이 원정은 군사적으로 공적이 없는 양국충이 관록을 붙이기 위해서 계획했다는 소문이 있었다. 그는 장안의 조정에 패배한 사실을 숨기고 있지도 않은 전공을 늘어놓았다.

백거이가 지은 〈팔을 부러뜨린 신풍의 노인(新豐折臂翁)〉이라는 칠언고시가 있다. 이것은 신풍에 사는 80세 노인의 일을 읊은 시다. 이 노인은 24세 때 소집되어 운남에 가게 되었는데, 깊은 밤에 큰 돌로 자기 팔을 부러뜨려 징병을 기피한 사연을 술회하고 있다.

팔이 부러진 지 어언 60년,
사지는 하나 잃었어도 일신은 온전하네.
지금도 비바람 불고 으스스 추운 밤이면,
날이 새도록 너무 아파 잠 못 이루네.
아파서 잠 못 들어도 끝내 후회한 적 없고,
늙은 몸 지금까지 살아 있음을 기뻐하네.
그렇지 않았던들 그때 노수(瀘水)가에서,
몸은 죽고 혼은 외롭고 뼈는 수습되지 않아.
아마도 운남에서 망향의 귀신이 되어,
만인의 무덤 위에 떠돌며 구슬피 곡하고 있겠지.

此臂折來六十年 一肢雖廢一身全 至今風雨陰寒夜 直到天明痛不眠
痛不眠 終不悔 且喜老身今獨在 不然當時瀘水頭 身死魂孤骨不收

應作雲南望鄉鬼 萬人塚上哭呦呦

위는 그 시의 일부다. 징병 통지가 왔을 때는 '온 마을이 슬픈 곡소리로 가득했다'고 했다. 타라스의 패전도 노수의 패전도 불의(不義)의 싸움이었다. 석국왕을 속여서 죽인 일, 남조의 항복을 받아들이지 않은 것이 전쟁의 원인이었다. 이 두 전쟁도 군공을 세우려는 인간이 일으킨 것이었다. 이를 '독무(黷武, 함부로 전쟁을 하여 무덕을 더럽히는 것)'라고 한다.

이것이 조국 방위 전쟁이라면 젊은이들은 사랑하는 사람을 지키기 위해 기꺼이 무기를 들었을 것이다. 장안과 가까운 신풍 지역에 사는 사람들에게 타라스나 남조는 그때까지 들어 본 적도 없는 지명이었을 터이다.

그 타라스의 패장(敗將) 고선지가 지금 천무군(天武軍) 부원수(副元帥)로서 안녹산군을 막으려고 하고 있었다. 원수(元帥)는 현종의 여섯째 아들인 영왕(榮王) 이완(李琬)이었으나 사실상 총사령관은 고선지였다. 하지만 실제로는 그 위에 감군(監軍)이라고 부르는 것이 하나 더 있었다. 감군이란 군대를 지휘하지는 않으면서 황제 직속으로 군인들을 감찰하는 환관을 말한다. 이때의 감군인 변영성(邊令誠)은 봉상청과 고선지를 '적군 앞에서 도망갔으며 관고를 무단으로 개방했다'고 탄핵했다. 진노한 현종은 두 사람을 군중(軍中)에서 참수하라고 명령했다.

이런 상태로는 동관(潼關)에서 안녹산을 막을 수 없었다. 천보 15재 6월, 동관은 안녹산의 손에 떨어졌다. 고선지의 후임인 하서(河西)와 농우(隴右) 절도사 가서한(哥舒翰)은 안녹산에게 항복해 버렸다.

이미 장안은 위험했다. 현종은 마침내 장안에서 탈출하지 않을 수 없었다. 위황후 일당을 주살한 반란 때, 현종의 한쪽 팔이었던 진현례(陳玄

禮)가 용무대장군(龍武大將軍)으로서 육군(六軍)을 이끌고 촉(蜀, 사천)을 향해 떠났다.

6월 을미일(乙未日) 새벽에 현종 일행은 몰래 장안을 탈출했다. 다음 날인 병신(丙申)일에 일행은 장안의 다음 역참인 마외역(馬嵬驛)에 도착했으나, 장병은 굶주림과 피로로 모두 화가 나 있었다. 이런 일이 벌어진 것은 모두 양국충 탓이 아니냐며 불만을 터뜨리기 일보 직전이었다. 저 무모한 운남 원정으로 친척과 지인을 잃은 사람도 많았을 것이다. 양국충은 원망과 한탄의 표적이 되었다.

마침 마외를 지나던 토번의 사절 일행을 양국충이 대접하고 있었다. 이때 누군가가 "양국충이 호로(胡虜)들과 반역을 논의하고 있다!"고 소리쳤다. 이것이 폭발 직전이던 장병들의 분노에 불을 지폈다. 병사들은 순식간에 양국충을 죽이고 그 목을 창끝에 꽂아 역참 문에 내걸었다.

동행했던 아들 양훤(楊暄)과 자매들도 눈 깜짝할 사이에 살해되었다. 왜 재상을 죽였냐고 꾸짖는 어사대부 위방진(魏方進)도 죽였다.

이쯤 되자 현종도 양국충이 반역자로 죽었다는 것을 인정하지 않을 수 없었다. 그는 역참문으로 나가 장병들을 위로하고 부대로 돌아가 출발하라고 명령했다. 하지만 장병들은 움직이려고 하지 않았다. 양귀비의 처분을 촉구한 것이다.

어쩔 수 없었다. 명령을 받은 고역사가 불당에서 양귀비를 목 졸라 죽였다.

> 육군(六軍)이 출발하지 않으니 어쩔 수 없이,
> 갸름한 눈썹의 양귀비는 말 앞에서 죽었다.

꽃 비녀 땅에 버려졌으나 줍는 사람도 없고,

물총새 깃털, 공작모양 황금 머리장식에 옥비녀.

천자는 손으로 얼굴을 가리고 그녀를 구하지 못하니,

돌아보니 얼굴에 피눈물이 흐른다.

六軍不發無奈何 宛轉蛾眉馬前死 花鈿委地無人收

翠翹金雀玉搔頭 君王掩面救不得 回看血淚相和流

이 장면을 〈장한가〉는 이렇게 노래했다. 양귀비의 나이 38세였다.

환관 손에 놀아나는 꼭두각시 황제

이때 현종은 만으로 71세였다.

촉으로 피난하는 도중에 그는 황태자에게 제위를 물려주었다. 이가
바로 숙종(肅宗) 이향(李亨)이다. 현종의 셋째 아들로 어머니는 양씨(楊氏)
인데 물론 양귀비와는 다른 인물이다. 현종은 촉으로 피신했으나, 숙종
은 북서의 영무(靈武, 영하)에서 즉위한 뒤 위구르를 비롯한 주변 외국 민
족의 구원병을 모아서 이듬해 수도인 장안과 낙양을 수복했다.

안녹산은 그 전에 아들 안경서(安慶緖)에게 살해되었다. 장안을 점령했
을 무렵, 안녹산은 실명 직전에다 병에 걸려서 성격이 손을 쓸 수 없을
만큼 매우 광포해져 있었다. 그는 젊은 단부인(段夫人)이 낳은 안경은(安
慶恩)을 태자로 세우려다 아들 안경서의 불만을 샀다. 안경서는 술주정뱅
이에다 망나니였다.

각지에서 당나라 의군(義軍)이 궐기하고 안녹산 진영에서도 자괴작용(自塊作用)이 일어났다. 숙종이 의외로 빨리 수도를 수복할 수 있었던 것은 그의 능력만이 아니었다.

숙종이 영무에 있을 때, 안녹산 군중에 붙잡혀 있던 지난날의 군감 변영성이 탈출하여 돌아왔다. 숙종은 그 자를 참수했다. 그토록 중대한 시기에 고선지와 봉상청을 처형한 것은 누가 보아도 잘못한 일이었다.

무측천이나 위황후, 양귀비를 당의 여화(女禍, 여성으로 인한 재앙)라고 꼽는데, 당나라 후기에는 환관의 폐해가 훨씬 컸다.

현종의 신변에는 고역사라는, 황제의 절대 신임을 얻은 환관이 있었다. 이임보조차도 고역사의 환심을 사서 권세를 얻었을 정도니, 현종시대 권세의 정점은 이 고역사였다고 해도 과언이 아니다.

감진화상(鑑眞和尙)은 다섯 번째 도항에서 실패했을 때, 해남도(海南島)로 떠밀려 와 풍숭채(馮崇債)라는 진주(振州) 별가(別駕, 지방 차관)의 도움을 받았다. 영남(嶺南) 풍씨(馮氏)는 북연(北燕) 출신으로 그 지방 수장 일족과 혼인관계를 맺고 이 일대를 세력권으로 거두어들였다. 수나라 때 풍앙(馮盎)은 조정을 위해 요족(僚族)의 반란을 진압했다.『신당서』에 따르면, 고역사는 이 풍앙의 증손이며 어릴 때 거세되어 궁정에 들어와 환관 고연복(高延福)의 양자가 되었다고 한다. 위씨 일파를 쓰러뜨리는 반란에 참여했으므로 문자 그대로 현종이 젊어서부터 기른 가신이다.

절대 권력을 쥐고 있었음에도 고역사 자신은 정계의 표면에 그다지 떠오르고 싶어 하지 않았던 모양이다. 어디까지나 흑막으로서 오로지 현종만을 섬겼다. 재산을 모았다든지, 환관인데도 여자관계가 있었다는 이야기가 전한다.

당나라 때 환관이 일으킨 재난은 고역사에서 비롯되었다고 할 수 있다. 당의 멸망이 환관화(宦官禍) 때문이라면 고역사는 주목해야 할 인물이다. 하지만 나중에 나타난 실력파 환관들에 비하면 고역사는 매우 온건한 편이었다. 현종이 시종 그에게만 의지했던 것은 그만큼 능력이 뛰어났기 때문이다.

당나라 초기 환관이 하는 일은 궁중에서 잡무를 보는 정도였다. 고역사가 나타나면서 비로소 환관이 한 세력을 이루게 되었다. 그리고 그는 환관 집단이 목표로 삼아야 할 존재가 되었다. 환관이 된 이상 누구나 고역사처럼 되고 싶어 했다. 숙종도 황태자 때는 고역사를 형으로 대접했다고 한다.

즉위한 뒤 숙종에게는 이보국(李輔國)이라는, 고역사보다 질이 떨어지는 환관이 붙었다. 환관집단에서 최고가 된 그는 당연하다는 듯이 고역사를 추방했다.

장안으로 돌아온 현종은 상황(上皇)이라는 아무런 권한도 없는 자리에 앉았다. 그의 실정이 초래한 일이므로 어쩔 도리가 없었다. 주정뱅이 안경서가 부장(部將) 사사명(史思明)에게 살해되면서 안녹산의 반역집단은 그에게 인계되었다. 대연(大燕) 황제가 된 사사명은 한때 낙양을 탈회할 정도의 세력을 보였지만 그 역시 아들인 사조의(史朝義)에게 살해당했다. 이리하여 반역단은 힘을 잃다가 광덕(廣德) 원년(763)에 사조의가 안녹산의 부하였던 이회선(李懷仙)에게 살해되면서 9년에 걸친 '안사(安史)의 난'도 마침내 막을 내렸다. 그때는 현종도 숙종도 고역사도, 그리고 시인 이백도 이 세상 사람이 아니었다. 이 네 사람은 모두 그 전해에 죽었다.

그 전해란 숙종 보응(寶應) 원년(762)을 말한다. 4월에 연호를 고쳤으므로 그때까지는 상원(上元) 3년이었다. 상황이 된 현종이 죽은 것이 4월 갑인(甲寅)일이고 개원은 그 직후였다. 현종은 향년 78세, 그 말년은 불행했다. 악질 환관 이보국이 숙종과 현종의 부자 사이를 이간질해, 현종은 황자 시절부터 살아서 정든, 그가 무척이나 좋아하던 흥경궁(興慶宮)을 떠나 서내(西內)로 옮겨야 했고, 신룡전(神龍殿)에서 죽었다. 또 죽기 2년 전에는 오랫동안 측근이었던 고역사가 호남(湖南)으로 유배되었다. 현종에게는 이제 이 총애하는 신하를 구할 힘이 없었다.

현종이 죽었을 때, 숙종도 병상에 누워 있었다. 그것도 상당히 중한 병이었다. 숙종은 장안을 수복한 무렵만 해도 상당히 늠름했으나, 이보국과 장황후(張皇后)의 권력다툼 사이에 끼어서 고민에 찬 날들을 보냈다. 숙종이 죽은 것은 같은 달 정묘(丁卯)일이라고 하니, 아버지가 죽고 13일 뒤에 세상을 떠난 셈이다. 그의 나이 52세였다.

숙종이 병상에 있을 때, 장황후는 황태자 이예(李豫)에게 너무 늦기 전에 이보국, 정원진(程元振) 등 환관들을 주살해야 한다고 권했다. 우유부단한 이예가 황후의 권유에 차마 따르지 못하고 있을 때, 이보국 등이 선수를 쳐서 황후를 유폐하고 살해해 버렸다. 숙종이 죽은 뒤에 황후가 죽은 것으로 되어 있지만, 어느 쪽이 먼저인지 정확한 내막은 알 수 없다.

황태자 이예가 즉위하여 대종(代宗)이 되지만, 이보국에게 옹립된 처지라 그에게 고개를 들지 못했다. 대종은 또 다른 환관 정원진을 이용하여 이보국을 암살하게 했다. 하지만 정원진은 이보국보다 더욱 질이 나쁜 환관이어서 대종은 끝내 환관에게서 자유롭지 못했다.

호남 무주(巫州)에 유배되어 있던 고역사는 이해에 은사를 받아 설레는 마음으로 북상했다. 연로한 현종 곁을 떠난 지 2년이나 흘렀다. 고역사도 나이를 먹었으나 더할 나위 없이 충성스러운 그는 현종만을 생각했다. 낭주(朗州)라는 곳에 이르렀을 때, 그는 현종이 죽었다는 소식을 들었다.

상황이 붕어하셨다는 소식을 듣고, 통곡하며 피를 토하고 죽었다.

『자치통감』에는 그의 마지막을 이렇게 적었다. 고역사의 향년은 『구당서』에 따르면, 79세이므로 현종보다 한 살 위인 셈이다.

난세를 헤쳐 간 성당 시인

안사의 난은 시인들을 그 파도 속으로 휩쓸어 넣었다.

장안에서 급사중(給事中)으로 있던 왕유(王維)는 미처 달아나지 못해 안녹산군에게 사로잡혔다. 현종의 장안 탈출은 비밀리에 이루어져서 양귀비와 황족, 고역사 같은 측근만이 그를 따랐다. 출근 시간에 백관이 궁중에 들어와서야 비로소 황제의 출분(出奔)을 알고 허둥댔다.

왕유는 장안 평강방(平康坊)의 보리사(菩提寺)에 감금되었다. 안녹산 정권에 봉사하라는 강요를 받았던 것이다. 그는 설사약을 먹고 벙어리가 되었다며 저항했으나 통하지 않았다. 마찬가지로 급사중의 관직을 강요했던 모양이다.

안녹산은 음악을 좋아해서 장안을 점령하자 현종이 양성한 이원(梨園)의 제자들을 끌어내어 곧잘 연주를 시켰다. 뇌해청(雷海靑)이라는 음악가는 연주를 강요당하자 악기를 땅바닥에 내동댕이치고 서쪽을 향해 통곡했다. 안녹산은 그를 묶어 지해(支解)라는, 수족을 자르는 잔인한 형벌을 내렸다.

장안에는 피비린내가 진동했다. 장안에 있던 안녹산의 아들 안경종은 아버지의 반역 때문에 살해되었는데, 안녹산은 장안을 점령한 뒤 철저하게 보복했다. 장안에 남아 있던 황족은 남녀를 불문하고 학살되었다. 보통 사람이 안녹산의 강요를 거절한다는 것은 불가능한 일이었다.

보리사에 갇혀 있던 무렵 왕유는 친구인 배적(裵廸)에게 안녹산이 낙양의 응벽지(凝碧池)에서 음악회를 열었을 때, 참가한 사람들이 울었다는 이야기를 듣고 다음과 같은 시를 지어 말로 퍼뜨렸다.

> 수많은 집 애타는 마음, 들판의 안개로 피어오르고,
> 백관들 언제나 다시 천자를 뵈올꼬?
> 가을 홰나무 잎은 떨어져서 빈 궁전 뜰 적막한데,
> 응벽(凝碧) 연못가에 풍악 소리 높아라.

萬戶傷心生野煙 百官何日再朝天 秋槐落葉空宮裏 凝碧池頭奏管弦

이 시는 안녹산에게 점령당하지 않은 지역에서 많이 불렸다. 누구나 이 반항의 노래를 알고 있었던 것이다.

장안이 회복된 뒤 안녹산을 받든 관리들은 이른바 '전범재판'에 휘말렸다. 왕유도 강요된 것이기는 하나 안녹산의 '대연제국'을 위해 급사중으로서 일한 과거가 있었다. 하지만 그는 강등당하는 정도로 끝났다. 숙종의 망명 정권에서 일한 그의 동생 왕진(王縉)이 자신의 관직을 깎아서라도 형을 구하고 싶다고 청원한 것도 사면의 한 이유였다. 하지만 사면

의 결정적인 이유는 만인이 애송한 그의 저항시 덕이었다. 왕유가 지은 시라고 널리 알려진 데다 이런 저항시를 쓴 시인이 영혼까지 팔았을 리 없다고 믿었던 것이다. 예술가가 그 작품 덕분에 위기를 모면한 드문 예라고 하겠다.

그 무렵 이백은 어떻게 지냈을까? 고역사를 능멸했다 하여 장안의 조정에서 추방된 그는 하남에서 장강 유역을 떠돌고 있었다. 안녹산이 반기를 들었을 때, 그는 '백발삼천장'의 추포(秋浦)에서 장강으로 내려가 거점으로 삼았던 당도(當塗)로 돌아갔다. 그곳에서 안녹산의 난 소식을 듣고 금릉(金陵, 남경)을 거쳐 여산(廬山)으로 들어갔다.

> 햇빛 비친 향로봉에 자줏빛 안개 피어나고,
> 멀리 폭포를 바라보니 긴 강을 매단 듯.
> 내리 쏟아지는 물줄기 삼천 자,
> 혹시 하늘에서 은하수 쏟아지는가.

日照香爐生紫煙 遙看瀑布掛前川 飛流直下三千尺 疑是銀河落九天

참으로 이백다운 이 시는 이 무렵에 지은 것이다.

마침 이곳에서 영왕(永王) 이린(李璘)이 황제에 충성하는 의병을 일으켰다. 이린은 현종의 아들로 어머니 곽씨가 일찍 세상을 떠났기 때문에 숙종이 이 아우를 어렸을 때부터 돌보아 주었다. 이와 같은 관계는 심리적으로 복잡한 점이 있다. 숙종이 즉위한 사실을 안 이린은 형에게 어리광을 부리고 싶었는지도 모른다. 장강 변의 풍요로운 지방을 돌아보고 이곳에서 독립할 수 있다고 생각했던 것일까?

영무에서 강남의 정보를 들은 숙종은 영왕 이린에게 촉으로 가서 아버지를 뵈라고 명령했다. 하지만 이린은 그 명령을 따르지 않았다. 황제의 명령을 어기면 반역자가 된다. 이리하여 숙종은 영왕 이린에게 토벌군을 보냈다.

영왕은 여산에 있던 이백을 맞이했다. 그의 문명(文名)이 세상에 높았던 것이다. 이백은 안녹산을 토벌하는 의병에 가담할 생각이었는데, 하루아침에 자신이 속한 영왕군이 황제의 명령을 어긴 반란군이 되어 있었다.

이백은 〈영왕동순가(永王東巡歌)〉라는 시를 몇 수 지었다. 그 시의 첫 번째는 다음과 같다.

> 영왕이 정월에 동쪽으로 군대를 움직이니,
> 천자의 용호기(龍虎旗)가 멀리서 선명하다.
> 누선(樓船) 한 번에 풍파가 가라앉고,
> 양자강과 한수(漢水)가 물새 노는 연못으로 변한다.

永王正月東出師 天子遙分龍虎旗 樓船一擧風波靜 江漢翻爲雁鶩池

이로써 이백이 기꺼이 의병에 참가했다는 사실을 알 수 있다. 하지만 영왕의 장강(長江) 수군은 역적이 되어 버렸다. 어렸을 때부터 따랐던 형이라 숙종의 말을 조금 어겨도 괜찮겠지 했던 것은 영왕의 오산이었다.

황제가 된 숙종은 단호한 조치를 취해 토벌군을 파견했다. 영왕은 화살을 맞고 사로잡혀 황보신(皇甫侁)에게 살해되었다. 부상한 이린을 촉으로 보내지 않고 멋대로 죽인 일로 황보신은 그 후 숙종에게 냉대를 받아 기용되지 않았다. 어렸을 때부터 돌봐 준 아우는 역시 귀여웠던 것이다.

이백은 역적의 참모였다는 이유로 대역죄로 투옥되었으나, 이백의 재능을 아끼는 사람들이 열심히 구명운동을 벌인 끝에 겨우 죽음만 면하고 서남(西南)의 야랑(夜郎)으로 유배되었다. 구명운동을 벌인 사람들 중에는 안녹산 토벌에 큰 공을 거둔 곽자의(郭子儀)도 포함되어 있었다.

건원(乾元) 2년(759) 3월, 은사령이 내려졌다. 이백은 야랑으로 향하던 도중이었는데, 석방 통지를 받은 곳은 백제성(百帝城)에 있을 때였다. 이곳은 삼국 시대에 촉한의 유비가 죽은 곳이기도 하다. 자유의 몸이 된 이백은 마음도 가볍게 장강의 하류를 향했다. 그곳에는 그의 시재를 기다리는 세계가 있었다. 『당시선』에도 수록된 〈아침 일찍 백제성을 떠나다(早發白帝城)〉라는 제목의 칠언절구는 이때의 설레는 이백의 마음을 잘 표현하고 있다.

> 아침에 고운 구름 걸쳐진 백제성을 떠나,
> 천리 길 강릉으로 하루 만에 돌아왔네.
> 강가의 잔나비 울음소리 귓가에 아련하건만,
> 일엽편주는 벌써 첩첩산중을 지났구나.

> 朝辭白帝彩雲間 千里江陵一日還 兩岸猿聲啼不住 輕舟已過萬重山

안녹산과 안경서는 이미 죽었으나 사사명이 아직 대연제국 황제를 칭하고 있었다. 그것을 토벌하기 위해 이광필(李光弼)이 파견되었다. 이백은 이미 60세가 되었음에도 씩씩한 마음이 용솟음쳐서 동정군(東征軍)에 참가하려고 길을 나섰으나 병에 걸렸다. 상원(上元) 2년(761)의 일이다. 왕유도 이해에 죽었다고 한다.

이듬해 4월, 현종, 숙종, 장황후가 죽고 고역사도 죽었다. 이백이 죽은 것은 같은 해 11월이었다. 그는 결국 장안으로 돌아오지 못했다.

이백의 죽음으로 성당(盛唐)의 시는 사라졌다고 해도 좋을 것이다. 성당시의 배경이 된 시대는 지나가고 뒤에는 상처투성이의 산하만이 남았다.

왕유는 미처 달아나지 못했지만, 두보는 도망가던 도중에 안록산군에게 붙잡혀 장안에 연금되었다. 머지않아 그는 그곳에서 다시 탈출해 황제의 행궁이 있는 봉상(鳳翔)에 도달한다. 다음에 실은 〈춘망(春望)〉이라는 제목의 오언율시는 그가 연금 중에 지은 너무나도 유명한 작품이다.

나라는 망했으나 산하는 남아서,
성 안에 봄이 오니 초목이 무성하구나.
시절에 감동하여 꽃에도 눈물을 뿌리고,
이별이 한스러워 새 소리에도 마음 놀라네.
봉화는 석 달이나 이어지고,
집의 소식은 만금보다 값지도다.
흰 머리를 긁으니 더욱 짧아져,
다 모은들 비녀를 이기지 못할 것 같구나.

國破山河在 城春草木深 感時花濺淚 恨別鳥驚心
烽火連三月 家書抵萬金 白頭搔更短 渾欲不勝簪

두보는 이백과 나란히 성당의 2대 시인으로 불린다. 이백은 확실히 성당의 시인이었을지 모르지만, 두보의 뛰어난 시는 대부분 안사의 난 이후의 것이라 역시 성당의 사람은 아니다.

두보는 오히려 다음 시대를 연 시인이라고 할 수 있다.

당의 국운이 계속 기울고 있었다. 이후에 중흥이라고 부르는 시대도 있기는 했으나, 무측천 시대부터 개원(開元)에 이르는 그때의 전성기로 다시 돌아간 적은 없었다. 상처투성이의 산하를 직시하는 내용으로 시작되는 두보 이후의 시에서는 일종의 사회파(社會派) 같은 요소가 느껴진다. 그런 느낌이 가장 농후했던 사람이 백거이(白居易)다. 앞에 든 〈장한가〉도 황제의 호색이 빚어낸 비극이 주제다. 〈팔을 부러뜨린 신풍의 노인〉은 확실히 사회시(社會詩) 그 자체라고 해야 할 것이다.

> 천보(天寶)의 재상 양국충,
> 은행(恩幸)을 얻고자 변경에서 공을 세우려 한다.
> 아직 공도 이루지 못했는데 사람들의 원한을 샀으니,
> 청컨대 물어보라! 팔을 부러뜨린 신풍의 노인에게.

又不聞天寶宰相楊國忠 欲求恩幸立邊功 邊功未立生人怨 請問新豊折臂翁

그다지 시적이라고는 할 수 없는 직설적인 표현으로 이 시는 끝을 맺고 있다.

송파 그 즉변

견당사 이야기

사그라진 당나라 열풍

일본 불교 역사상 2대 거봉이라고 할 수 있는 구카이(空海, 774~835, 헤이안 시대의 승려로 진언종 개조-옮긴이)와 사이초(最澄, 767~822, 천태종 개조-옮긴이)는 804년 당나라에 건너왔다. 일본에서는 칸무(桓武) 일왕 연력(延曆) 23년, 당에서는 덕종(德宗) 정원(貞元) 20년에 해당한다. 이때 견당사를 실은 배 4척이 폭풍을 만나 사방으로 흩어져서 제1선에 탄 구카이는 복건성 해안에 도착했고, 제2선에 탄 사이초는 절강 명주(明州)에 도착했다.

견당사를 수행하는 학자와 승려는 장기유학과 단기체류의 두 종류가 있었다. 전자를 유학생, 후자를 환학생(還學生)이라고 불렀는데, 환학생은 이를테면 기성인(既成人)으로 시찰이 주목적이어서 일본에 부족한 것을 배워서 돌아오는 임무를 띠었다. 무엇이 부족한지 알려면 상당한 소양을 갖추어야 한다. 이에 반해 유학생은 20년이라는 오랜 기간 동안 연수하기 때문에 능력 있고 발전 가능성 있는 사람들이 임명되었다. 16세에 당에 들어간 아베노 나카마로(阿倍仲麻呂)가 대표적인 유학생이다.

　신분으로도 환학생이 유학생보다 위였다. 귀국한 뒤에는 그 지위가 역전되었지만 당나라에 들어갈 때 사이초는 환학생이고, 구카이는 유학생이었다. 사이초가 장안으로 가지 않고 천태산(天台山)에 들어갔다가 1년도 되지 않아 귀국한 것은 환학생으로서 당연했다. 하지만 20년 동안 유학할 예정이었던 구카이가 겨우 2년 만에 귀국한 것은 이상한 일이다. 엄밀히 말하면 위반행위였다. 대재부(大宰府, 나라, 헤이안 시대에 큐슈에 설치된 행정기관-옮긴이)에 도착한 구카이는 조정에,

　　기간을 어긴 죄 죽고도 남습니다.

라고 써서 보냈다.

　20년 예정이었는데, 왜 2년만 있다가 돌아갔는지 그 이유는 여러 가지로 추측할 수 있다.

　천재 구카이는 2년 동안 진언밀교(眞言密敎)를 배우고, 이것을 일본에 포교하는 것이 자신의 사명이라고 느껴 서둘러 귀국했을 것이라고 한다. 젊은 나이에 당으로 간 아베노 나카마로와 달리 구카이가 당으로 건너갔을 때는 그의 나이 이미 31세였다. 20년이나 머무른다면 50세가 넘어버린다. 평균 수명이 짧은 시대였으니, 그렇게 되면 앞으로 일할 날이 얼마 되지 않는다.

　동기 유학생인 다치바나노 하야나리(橘逸勢, 782?~842, 헤이안 시대의 관리·서예가-옮긴이)도 구카이와 마찬가지로 20년 예정을 2년으로 끝냈다. 구카이와 달리 그는 아직 중국어도 완벽하게 끝내지 못했으므로 학업을

마쳤다고 할 수 없었다. 20년치 학자금을 2년 만에 다 써 버렸다는 설도 있다. 다치바나노 하야나리의 생년 월일은 불분명하므로, 당나라에 건너 갔을 때의 나이도 알 수 없다.

『구당서』「일본전」에 다음과 같은 내용이 있다.

정원 20년(804)에 사신을 파견해 내조(來朝)했다. 유학생 다치바나 노 하야나리와 학문승(學問僧) 구카이다. 원화(元和) 원년(806), 일본 국 사신 판관 다카시나노 마히토(高階眞人)는 앞의 두 학생이 학업을 어느 정도 이루어 본국으로 가고자 하여 신과 동행할 것을 청한다고 이를 상언(上言)했다. 이에 따랐다. 개성(開成) 4년(839), 다시 사신을 파견해 조공했다.

구카이 일행이 당나라에 왔을 때의 견당대사는 후지와라노 카도노마 로(藤原葛野麻呂, 755~818, 나라시대의 귀족·정치가-옮긴이)였으며, 임무를 마치 고 곧바로 돌아갔다. 2년 뒤에 온 다카시나노 마히토는 정식 견당사가 아 니다.

정원 21년 정월에 덕종이 죽고 황태자가 즉위하였으므로, 아마 그 경 축 사절로서 다카시나노 마히토를 파견한 것 같다. 구카이와 다카시나노 마히토는 이 임시사절이 귀국하는 배편으로 돌아갔다.

당나라 조정에는 '학업을 어느 정도 이루어'라고 귀국 이유를 설명했 지만, 다카시나노 마히토의 경우는 그것도 조금 의심스럽다.

이것은 추측이지만 구카이 등은 일본에서 온 다카시나노 마히토에게 고국의 상황을 듣고 견당사 폐지론이 거세지고 있다는 사실을 알았을 것이다. 구카이가 일본에 있을 때도 견당사를 계속하느냐 마느냐를 놓고 논의가 분분했던 모양이다.

만일 견당사가 폐지된다면 귀국이 매우 곤란해진다. 그래서 서둘러 유학을 중지하고 귀국했을 것이라고 생각한다.

그 증거로 『구당서』의 기록처럼 일본에서 보낸 다음 견당사는 당나라 개성 4년(839, 일본 닌묘(仁明) 일왕 승화(承和) 6년)에 문종을 알현했다. 구카이 등이 귀국한 뒤 32년 동안, 일본은 견당사를 파견하지 않았던 것이다.

그리고 이 승화 6년 때의 견당사가 사실상 마지막 견당사였다. 상세한 기록을 남긴 엔닌(圓仁, 794~864, 헤이안 시대 천태종 승려-옮긴이)은 이때의 견당선을 타고 당나라에 왔다. 견당대사 후지와라노 츠네츠구(藤原常嗣)는 구카이가 당에 왔을 때의 대사 후지와라노 카도노마로의 아들이다. 부사(副使)인 오노노 타카무라(小野篁, 802~853, 헤이안 시대의 학자-옮긴이)는 쇼토쿠 태자가 파견한 견당사 오노노 이모코의 5세손에 해당하며, 일족으로는 견신라대사(遣新羅大使), 견당부사, 견당판관 등에 임명된 자가 많은 가문이다. 대사, 부사 모두 대외관계와 인연이 깊은 명문이었다.

그런데 승화 견당사에게 좋지 않은 일이 잇따라 일어났다. 먼저 견당부사 오노노 타카무라가 승선을 거부한 것이다. 칙명을 따르지 않았으므로 대죄에 해당한다. 율법으로는 이런 종류의 죄는 교수형으로 정해져 있었다. 하지만 오노노 타카무라는 죽음을 면하고 오키(隱岐)로 유배되었다.

그 밖에도 도키노 오사다(刀岐雄貞), 사에키노 야스미치(佐伯安道), 시히노 나가요(志斐永世) 등 천문학자들이 유학 명령을 거역하고 도망쳤다. 물론 죽음에 해당하는 죄였으나 그들은 사도(佐渡)에 유배되었다.

하여튼 30년 만의 견당사 파견은 이런저런 문제를 안고 있었던 모양이다. 구카이 시대부터 이미 견당사 불필요론이 있었고 그 목소리는 점점 높아졌다.

안녹산의 난이 일어난 뒤 당나라의 국력은 눈에 띄게 쇠약해졌다. 10여 차례에 걸친 대규모 견당사 파견으로 율령국가로서의 당나라에 배워야 할 것은 거의 다 배웠다고 할 수 있다. 견당사는 선진국의 문물제도를 배우는 것 외에 세계의 중심인 장안에 가서 그곳의 공기를 마시고 세계정세의 지식을 얻는다는 목적도 있었다. 그러나 당시 일의대수(一衣帶水, 옷의 띠와 같은 물이라는 뜻으로 그처럼 좁은 강을 사이에 두고 가까이 접함을 뜻함-옮긴이)인 신라와의 왕래가 잦아져 그쪽에서도 해외 정보가 빠짐없이 들어오고 있었다.

막대한 경비에다 난파될 위험까지 무릅쓰고 당나라에 갈 필요는 없다는 소리가 높았던 것은 당연하다. 견당사선 조선(造船)과 수리로 민력(民力)은 피폐해지고 그 때문에 면세 칙명이 내려왔다. 당의 조정에 보내는 선물을 마련하는 것도 큰일이었다.

오노노 타카무라의 승선 거부는 결코 목숨이 아까워서가 아니었을 것이다. 왜냐하면 칙명 거역 역시 사형이기 때문이다. 필시 항의 의사표시였다고 생각한다. 사형만은 면한 것은 그것이 비겁이나 미련의 행위가 아닌 신념의 표명이라는 것을 인정했기 때문이다.

넓은 바다 섬들을 향해 배를 저어 나갔다고
사람들에게 전해 주오. 어부의 낚시 배를 탄 사람이여.

오키로 유배 갈 때 그가 부른 이 노래는 『백인일수(百人一首)』에도 수록되어 많은 사람들에게 친숙하다. 그는 이른바 확신범이었기 때문에 사람들에게 호소하고 싶은 신념이 있었다.

견당사 파견에 반대한 사람이 오노노 타카무라만은 아니었다. 그렇기 때문에 그의 뒤를 이어서 승선 거부자가 속출했다. 궁정인들 사이에도 오노노 타카무라의 의견에 동조하는 자가 많았다. 그들의 동정이 죽음만은 면하는 결정을 내리게 했을 것이다.

오노노 타카무라가 몸을 던져 반대했음에도 승화 연간의 견당사는 결행되었다. 아마 이때 견당사 파견에 가장 열심이었던 사람은 진언(眞言)과 천태종(天台宗) 계통의 종교인이었다고 생각된다. 구카이가 죽은 직후이므로 밀교는 아직 당에서 배울 것이 많았을 것이다.

율령은 이미 배웠고 당나라 물건은 신라 상인에게 입수할 수 있었다. 하지만 비밀 전수를 원칙으로 하는 밀교는 역시 사람이 가서 배워 와야 한다. 아무리 돈이 많아도 살 수 없는 것이다. 승화 시대의 견당사 강행은 그 이면에 종교인들의 활발한 움직임이 있었다.

신라와 자리싸움 벌인 왜 사신

오노노 이모코가 견당사와 동행했고, 그곳에 남은 유학생들은 수나라의 몰락과 당나라의 흥망이라는 역사의 전환기를 목격했다. 그중에서 의학을 배운 에니치(惠日) 등은 일본으로 돌아와,

그 대당국(大唐國)은 법제가 갖춰졌고 안정된 귀한 나라다. 그러므

로 항상 왕래해야 한다.

고 진언했다. 이 진언으로 죠메이(舒明) 일왕 2년(630)에 제1차 견당사가 파견되었다. 그리고 앞에서 이야기한 승화 견당사가 제17차에 해당하며, 이것이 사실상 마지막 파견이었다. 형식적으로는 그로부터 50년 뒤, 우다(宇多) 일왕 관평(寬平) 6년(894)에 스가와라노 미치자네(菅原道眞, 845~903, 헤이안 시대의 학자-옮긴이)가 견당대사에 임명되었으나, 실제로는 도항한 일이 없어 견당사 자체가 폐지되었다.

그전까지 반세기 남짓 일본과 당나라 사이의 왕래는 오로지 신라인과 당나라인의 배로 행해졌다. 승화의 견당사선으로 갔던 사람들도 돌아올 때는 신라선 9척을 이용했다. 또 9년 동안 유학한 엔닌은 신라인 금진(金珍)의 배를 타고 귀국했다. 그 6년 뒤에는 엔친(圓珍, 814~891, 천태종 승려-옮긴이)이 마찬가지로 신라인 흠량휘(欽良暉)의 배로 당나라에 가서 5년간 체류하고, 돌아올 때는 당나라인 이연효(李延孝)의 배로 귀국했다. 이연효는 세이와(淸和) 일왕 정관(貞觀) 7년(865)에도 일본에 온 기록이 남아 있다.

이렇듯 견당사는 파견하지 않았지만 일본과 당의 왕래는 상당히 왕성했다. 당나라인 선주로는 앞에서 이야기한 이연효 외에 이인덕(李隣德), 장지신(張支信), 백지정(柏志貞), 최탁(崔鐸), 왕초(王超) 등의 이름이 사서에 보인다. 신라인으로서는 장공정(張公靖), 진빈장(珍賓長) 등이 알려져 있다. 당에 체재한 일본인이 고국과 통신하는 것은 그다지 어렵지 않았다.

당나라에 유학중인 승려 주칸(中瓛)이 당나라 장사꾼인 왕눌(王訥)에게 부탁하여 고국에 보낸 편지 속에,

당나라는 쇠퇴하고 있다.

라는 부분이 있어 아무래도 견당사 제도가 막을 내릴 시기가 다가온 느낌이다. 승려 주칸의 편지는 관평(寬平) 5년(893) 3월에 도착했다.

　이듬해인 관평 6년 8월 21일에 스가와라노 미치자네(菅原道眞)가 견당대사로 임명되었고, 9월 14일에는 역시 스가와라노 미치자네가 견당사 파견 정지를 논의할 것을 청했다. 이 날짜로 볼 때 스가와라노 미치자네가 견당대사가 된 것은 견당대사 폐지를 정식으로 결정하기 위해서였다고 생각해도 좋을 것이다. 의논한다고 했으나 아마 사전 협의가 있어 견당사 폐지는 이미 정해진 일이었을 터이다.

　당은 이후 10여 년 뒤에 멸망했다. 승려 주칸의 편지뿐만 아니라 여러 방면에서 일본 정부도 당이 쇠락하고 있다는 사실을 눈치 챘을 것이다. 견당사 폐지는 동란 중인 당나라에 사절을 보내는 것이 무의미하다고 인정했기 때문인데, 실은 쇠락하는 것이 당나라만은 아니었다. 일본 역시 쇠락하고 있었다. 승화 때와 같은 대규모 견당사 파견은 재정적으로도 부담이 컸다. 상대국의 쇠락과 항해의 어려움을 들어 적당히 견당사 제도에 마지막을 고했다는 느낌이다.

　당나라 천보 12재(753) 신년 하례 때, 일본의 사절이 자리싸움으로 국위를 드높였다는 것은 오토모노 코마로(大伴古麻呂, ?~757, 나라 시대 관리-옮긴이)가 귀국한 뒤 조정에 아룀으로써 유명해진 이야기다. 당나라 조정은 외국 사신의 자리를 동서로 나누어 동쪽 제1석은 신라, 제2석은 대식(大食, 아라비아)으로 하고, 서쪽 제1석은 토번(吐藩, 티베트), 제2석은 일본으로 했다. 오토모노 코마로는 신라가 일본에 조공을 바치는 나라인데도 일본보다 상석에 있는 것은 부당하다고 항의해 두 나라의 자리를 바꾸는 데 성공했다고 한다.

아마 몹시 사나운 태도로 항의했기 때문에 담당자가 적절히 임시로 조치를 취해 자리를 바꿨을 것이다. 하지만 당나라에 가장 중요한 외국이 신라와 토번이었음은 분명하다.

신라는 예부터 당의 동맹국이었다. 일본도 백촌강(白村江, 오늘날 금강 부근-옮긴이)에서 당·신라 연합군에게 패했다. 신라는 친당정책으로 한반도에서의 경쟁자였던 백제와 고구려를 소멸시키고 통일신라의 꿈을 이루었다. 당나라에 사절단을 파견하는 것도 일본보다 잦았음은 말할 나위도 없다.

승화의 일본 견당사 일행이 고국으로 돌아올 때, 신라의 배를 이용했다는 사실은 앞에서 이야기했다. 당시 조선기술은 신라가 훨씬 앞섰다. 일설에 따르면, 일본의 견당사선은 너무 크고 고장도 잦았다고 한다. 승화 연간의 견당사선은 3척으로 갔으며, 병사하거나 잔류한 자를 제외하고 돌아올 때는 신라의 배 9척에 나누어 탔다.

신라의 배는 작아서 좀 더 기능적이고 훨씬 안전했을 것이다. 게다가 이때 당나라에 들어간 엔닌의 『입당구법순례행기(入唐求法巡禮行記)』를 보면, 당으로 가는 제1선에 김정남(金正南), 제2선에 박정장(朴正長)이라는 신라 통역사가 타고 있었다. 분명히 일본 말과 당나라 말을 모두 할 줄 아는 신라인이었을 것이다. 또 엔닌의 일기에는 당에서 종종 신라 사람을 만났다는 내용이 적혀 있다. 상인으로서, 학생으로서, 승려로서, 신라인들은 당에서 크게 활약했다.

토번은 당나라 공주를 며느리로 들였으나 그렇다고 마음을 터놓은 우호국은 아니었다. 두려운 상대인 만큼 정책적으로 혼인관계를 맺었을 뿐이었다. 안녹산의 난으로 당나라의 힘이 약해지자, 토번은 장안 가까이까지 군대를 배치했다. 곧바로 병력을 물리기는 했으나 하서지방(河西, 감숙성 서부)을 점거했다. 돈황이 토번의 손에 함락된 것은 덕종 건중(建中) 2년(781)의 일이다. 60년 뒤 토번의 본국에서 내홍이 일어나 하서의 호족 장의조(張議潮)가 봉기해서 하서 지방을 회복했다. 당은 돈황에 '귀의군(歸義軍)'을 설치하고 장의조를 귀의군 절도사로 임명했다. 형식적으로는 당의 판도로 복귀한 것이지만, 실은 지방호족의 반독립 정권이 그곳에 생긴 것과 다름없었다.

구카이가 당에 들어왔을 때도, 엔닌이 당에 들어왔을 때도(다시 말해 승화 견당사) 돈황은 토번 지배하에 있었고 당의 세력은 그곳에 미치지 못했다.

환관이 가려 뽑은 7명의 황제들

구카이와 다치바나노 하야나리는 임시사절인 다카시나노 마히토와 함께 귀국했다고 앞에서 이야기했다. 다카시나노 마히토는 아마 순종(順宗) 즉위를 축하하는 사절이었던 것 같은데, 그가 당에 도착한 무렵에 순종은 이미 죽었다.

순종은 덕종의 장남으로 황태자로 책립되었다. 현종 5세손에 해당한다.

현종 – 숙종(肅宗) – 대종(代宗) – 덕종 – 순종

이와 같은 부자 상속이 이어졌다. 대종은 숙종의 장남이고 덕종은 대종의 장남이며, 그리고 순종은 덕종의 장남이므로 3대에 걸친 장자상속

은 상당히 순조로웠다. 하지만 순종 이송(李誦)은 정원(貞元) 20년 9월에 풍질(風疾)을 얻어 말을 못하게 되었다. 풍질이라는 것이 어떤 병이었는지 자세히는 알 수 없지만 순종은 폐인이 되었다.

넉 달 뒤인 정원 21년 정월에 덕종이 64세로 세상을 떠났는데, 아들의 병을 걱정하며 눈물로 비통해하던 끝에 병이 들었다고 한다. 순종은 산송장처럼 지내다 이해 8월에 장남인 이순(李純)에게 황제 자리를 물려주니 이가 바로 헌종(憲宗)이다. 헌종은 연호를 영정(永貞)으로 고쳤다가 이듬해 정월, 다시 원화(元和)로 고쳤다.

원화 원년(806) 정월 갑신(甲申)일에 헌종에게 양위하고 상황이 된 순종이 죽었다. 향년 46세였다. 자연사는 아니었는지도 모른다. 폐인이라고는 하나 황제의 아버지가 살아 있다는 것은 거북한 일이었을 것이다.

다카시나노 마히토가 일본에서 온 것은 이처럼 혼란한 시기였다. 그의 입장도 약간 이상했다.

다카시나노 마히토가 구카이와 함께 당나라를 떠난 뒤, 승화 견당사까지 32년간의 공백이 생긴다. 그동안에 당나라 황제는,

헌종 - 목종(穆宗)-경종(敬宗)-문종(文宗)

으로 바뀌었다. 이 가운데 경종과 문종은 형제다. 또 엔닌이 체류하는 중에 무종(武宗)이 즉위했는데, 이 역시 경종과 문종의 동생이었다.

헌종은 당나라 중흥의 영주라고 일컫는 인물이지만, 그의 업적은 조부인 덕종의 그것을 이어받았다고 할 수 있다.

현종의 증손뻘인 덕종 이괄(李适)은 안녹산의 난 뒤처리에 노력했다. 즉위하자마자 재정을 재건하기 위해 획기적인 세제 개혁을 추진했다. 건중원년(780)에 재상 양염(楊炎)의 진언에 따라 '양세법(兩稅法)'을 제정했다. 그

리고 그때까지의 전통적인 조용조(租庸調), 잡요(雜徭) 등을 폐지했다.

양세법이란 세금을 여름과 가을 두 번에 나누어 징수한 데서 부른 이름이다. 안녹산의 난으로 국가재정은 위기를 맞았다. 그래서 우선 탈세를 방지하기 위해 현주지주의(現住地主義) 징세를 실시하기로 한 것이다. 그때까지는 본적지주의(本籍地主義)였기 때문에 본적을 떠나면 추적징세가 불가능했다. 현주지주의로 하기 위해서는 물론 호적을 다시 만들어야 했다. 까다로운 일이었지만, 이로써 이제까지 납세하지 못했던 180만 호에서 세금을 걷을 수 있게 되었다.

곡물로 내는 지세(地稅)는 전년도 경지면적을 기준으로 하고, 화폐로 내는 호세(戶稅)는 자산액에 노동력을 더해서 등급을 매겨 징수했다. 또 상거래에도 30분의 1의 세금을 매겼다.

덕종 때의 이 제도는 일단 성과를 거두었다. 필요한 세출에 맞추어 세액을 정했기 때문에 이전보다 탄력성이 있었다. 하지만 이것은 대토지 사유를 승인하는 결과가 되었고, 또 상업자본이 농촌에 침투하는 폐해도 낳았다. 군비가 늘자 세액도 올라서 일반인에 대한 주구(誅求)도 심해졌다.

안녹산의 난 이후 당나라의 또 한 가지 커다란 과제는 군벌로 변한 지방의 번진(藩鎭), 다시 말해 절도사의 힘을 약화시키는 문제였다. 절도사는 세습이 상식이 되었다. 그래서 세습을 폐지하려 하자 격렬한 저항이 일어났다. 국도 장안에서조차 절도사의 군대가 반란을 일으켜 덕종은 한때 근교 봉천(奉天)이라는 곳으로 피난을 가야 하는 상황이었다. '자신을 책벌(責罰)하는 조서', 다시 말해 자기를 비판하고 악세(惡稅)를 폐지하여 민심이 떠나는 것을 막아 겨우 수도의 난을 평정했다.

그 뒤로 번진과 타협하여 소강상태를 유지했으나 문제는 해결되지 않은 채였다. 헌종은 조부인 덕종 뒤를 이어서 진번 문제를 어느 정도 해결했다. 이것은 덕종이 그것에 대비해 충분한 재력을 남겨 준 덕분이었다. 조부의 비축으로 금군(禁軍, 황제 직속 부대)을 증강해 지방의 군벌을 압도할 힘을 갖게 된 것이다. 헌종은 복종하지 않는 각지의 절도사를 토벌하여 마침내 조정의 위광을 먼 지방 구석구석까지 미치게 했다.

번진 그 자체는 존속했으나 병력은 대폭 삭감되었고 징세도 1주(州)에만 한정했으며, 조정에서 감군(監軍)이라는 감시군을 파견했다. 감군으로는 환관을 임명해 환관의 세력이 점점 커졌다.

지방군벌 세력은 헌종으로 인해 약해졌으나, 이것은 훗날 지방에 반란이 일어났을 때 평정할 힘을 약화시킨 결과도 되었다. 당나라가 멸망한 이유 중 하나가 지방군의 약체화라는 것을 생각할 때 정책이란 참으로 어렵다는 것을 통감한다.

지방군벌은 약해졌으나, 그 대신 환관의 세력이 강해졌다. 헌종의 다음 과제는 환관을 억누르는 일이었다. 궁정에 만연한 한 세력을 약화시키기 위해서는 끈기 있게 손을 써야 한다. 번진 문제는 어느 정도 무력으로 해결할 수 있지만, 환관 문제는 그럴 수 없다. 그런데도 헌종은 조급해했다. 거기에는 이유가 있었다. 바로 약(藥) 때문이었다.

불로장생을 꿈꾸던 헌종은 금단(金丹)을 복용했는데, 이 광물성 약은 매우 위험했다. 기거사인(起居舍人, 중서성에 속한 종6품관. 문하성의 기거랑은 사건을 기록하고, 기거사인은 천자의 말을 기록한다) 배린(裵潾)은 헌종의 복약을 간했다가 황제의 노여움을 사서 강릉현령(江陵縣令)으로 좌천되었다.

헌종은 말년에 툭하면 화를 내었는데, 측근 사람들은 배린처럼 자신도 좌천되거나 죽지 않을까 전전긍긍했다. 측근 중에는 환관이 많아 희생자는 주로 환관이었다. 복약으로 인한 성격이상도 있겠지만, 환관의 세력을 억누르려는 의식 때문에 필요 이상으로 심하게 대했을 수도 있다. 어쩌면 환관 숙청을 서두르려고 약을 핑계로 과격한 행동을 했는지도 모른다.

환관은 자신이 언제 죽을지 몰라 밤낮으로 두려움에 떨었다. 그럴 바에는 차라리 먼저 황제를 죽여 버리자는 말까지 나왔다. 원화 15년(820) 정월, 환관 진홍지(陳弘志)가 헌종을 죽였다고 한다.

사실은 일이 그렇게 간단하지는 않았을 것이다. 황위 계승 문제가 걸려 있었다.

황태자로 세워진 장남 등왕(鄧王) 이녕(李寧)이 19세라는 젊은 나이로 죽은 것이 문제를 복잡하게 만들었다. 43세로 죽은 헌종에게는 아들이 20명이나 있었다. 황위계승으로 문제가 된 것은 장성한 아들들이다. 둘째인 예왕(澧王) 이운(李惲)과 셋째인 수왕(遂王) 이항(李恒)이 유력한 후보자였다.

헌종이 신임했던 환관 토돌승최(吐突承璀)는 이운을 추대했고, 또 다른 환관 집단인 양수겸(梁守謙)과 왕수징(王守澄)은 이항을 추대했다. 셋째 이항은 곽귀비(郭貴妃)가 낳은 자식이지만, 차남인 이운의 생모는 후궁에서 신분이 낮은 여인이었기 때문에 헌종은 이항을 황태자로 세웠다. 그런데 일단 중앙에서 밀려났던 토돌승최가 조정으로 돌아온 뒤, 은밀히 이운 옹립 운동이 진행되었다.

황태자파 환관들은 약 때문에 성격이 이상해진 헌종이 장차 토돌승최의 말에 동요해서 황태자를 폐립하지 않을까 의구심을 품었다. 그렇다면 황태자의 지위가 안전할 때 황제를 죽이는 것이 상책이다.

헌종이 급사한 뒤, 토돌승최와 예왕 이운도 곧바로 살해되었다.

그 후, 당나라의 황제는 환관에게 옹립되는 존재가 되었다.

감로의 변

환관에게 옹립된 목종(穆宗) 이항은 그저 사치하고 재미있게 지낼 궁리만 했지 정치적인 포부는 전혀 없는 황제였다. 하북의 삼진(三鎭)이 다시 할거했으나 그것을 막을 기력도 없었다. 목종도 장수하며 인생을 향락하고자 예의 위험한 금단을 복용했는데, 그것이 원인이 되어 재위 4년 만에 죽고 말았다.

이어서 목종의 장남 이담(李湛)이 즉위하고, 다음해에 연호를 보력(寶曆)으로 고쳤다. 이가 15세의 나이로 즉위한 경종(敬宗)이다. 그는 일찍이 노는 데 열중했는데, 특히 격구(擊毬)와 수박(手搏)을 좋아했다. 격구는 말을 타고 공을 치는 경기로 폴로의 일종이다. 이는 분명 페르시아에서 전해진 놀이로 '월장(月杖)'으로 공을 때렸다고 하니, 그 타장(打杖, 볼을 치는 나무 망치, 마레트-옮긴이)은 반월형으로 굽었거나 탄력이 있어 잘 휘었을 것이다. 오늘날 폴로와 모양이 흡사했다. 수박이라는 것은 레슬링을 말한다.

스포츠를 좋아해도 정도가 있지 경종은 도가 지나쳤다. 자주 밤늦게까지 즐겼고 맹렬한 것을 좋아했다. 선수 중에는 목이 부러지거나 팔이 부러지는 자가 속출했다. 격구의 명인이라는 사실만으로 이례적으로 출세한 사람도 있었다. 각지에서는 역사(力士)를 헌상하여 수박을 좋아하는 경종의 비위를 맞추려고 했다. 경종은 그들을 가까이했지만, 마음에 들지 않으면 유배 보내거나 제멋대로 벌을 주었다. 측근에게 이런 군주는 위험하기 짝이 없다. 조금만 기분이 나빠도 목이 잘리는 형편이었다.

환관 이극명(李克明)이라는 자가 목종의 동생인 강왕(絳王) 이오(李悟)를 제위에 올리고자, 이 위험한 경종을 죽이는 사건이 일어났다. 경종의 나이 18세였다. 그런데 목종이 즉위할 때와 마찬가지로 환관들 사이에 파벌이 있었다. 경종의 동생인 강왕(江王) 이함(李涵, 나중에 앙(昻)으로 고침)을 옹립하려는 파가 있었던 것이다. 목종을 옹립했던 왕수징 등이다. 그들은 강왕 이오와 이극명을 죽이고 이함을 즉위시켰다. 이가 바로 문종(文宗)이다. 이쯤 되니 황제의 지위가 폴로 경기의 공과 같았다.

이렇게 해서 환관 덕분에 제위에 오른 문종은 걸핏하면 자신의 공을 내세우는 환관의 존재가 지겨워져, 자신이 자유로워지려면 환관 세력을 일소해야 한다고 생각했다. 문종은 이훈(李訓)과 정주(鄭注) 등과 손잡고 환관 토벌을 계획했다.

이것이 태화(太和) 9년(835) 11월에 일어난 '감로(甘露)의 변'이라고 부르는 사건이다. 당시 환관 실력자는 구사량(仇士良)이었다. 이훈과 정주는 구사량을 비롯한 유력 환관을 단번에 소탕하고자, 그들을 같은 장소에 모이게 할 계획을 세웠다.

일본에서는 이해가 승화(承和) 2년에 해당한다. 30여 년 만에 견당사 파견이 결정되어 후지와라노 츠네츠구와 오노노 타카무라가 전해에 대사와 부사로 임명되었고, 이해 정월에는 견당사 관계에게 위계(位階)가 내려졌다. 그리고 3월에는 구카이가 고야(高野) 산에서 열반에 들었다.

한편, 당나라 장안에서의 환관 토멸 계획은 이훈의 공명심 때문에 실패로 돌아갔다. 원래 이훈은 자신을 천거해 준 정주와 공동으로 환관을 토멸하기로 했다. 그러나 이 공동작전이 성공하면, 그 공로가 모두 정주의 것이 될 것 같아서 자신이 앞질러 공을 세우려고 생각한 것이다.

　　궁중의 석류나무에 감로(甘露)가 내렸습니다.

　이훈은 이렇게 아뢰었다. 석류는 열매가 많아 자손 번영을 상징하고 감로도 길조를 뜻하므로 이는 매우 경사스러운 일이다.

　모두 한자리에 모아서 이 드문 길조를 보여 준다는 계획이었다. 황제의 측근인 환관을 한곳에 모으기에 매우 그럴듯한 구실이었다. 장막을 치고 감로 구경이 행해졌다. 이훈은 그 장막 뒤에 복병을 배치해 만전을 기했다. 사실 정주 쪽에서는 환관의 장로였던 왕수징의 장례식에 환관을 모두 모아서 몰살시킬 계획을 세웠다. 사소한 공로 다툼으로 이도저도 아닌 허사가 되어 버린 것이다.

　이훈과 공모한 좌금오위대장군(左金吾衛大將軍) 한약(韓約)은 감로를 구경할 때, 안색이 변하고 식은땀을 흘려 구사량이 이를 이상하게 여겼다. 게다가 마침 바람이 불면서 장막이 치켜 올라가 장막 뒤에서 무기를 들고 대기하고 있던 병사들이 눈에 띄고 말았다. 구사량은 반란을 눈치 채고 재빨리 도망쳐 문종에게 달려갔다. 이럴 때는 황제를 받든 쪽이 이긴다.

　게다가 당시의 금군은 환관 지배하에 있었다. 금군의 출동으로 반란은 미수에 그쳤고, 이훈과 정주는 참수되었다.

　이 사건이 있은 뒤, 환관의 횡포는 더욱 심해졌다. 환관 쪽에서는 문종도 이 사건의 공모자라는 사실을 알고 있었다. 그렇기 때문에 황제도 환관에게 머리를 들 수가 없었다.

이와 같은 사건을 결행하려면 사람을 잘 골라야 한다. 문종의 실패는 정주나 이훈 같은 소인배를 공모자로 선택한 데 있었다. 그들은 환관 왕수징 덕분에 관직에 오른 인물이었다. 정작 중요할 때 공명을 다투어 실패했으니 자업자득이라 해야 할 것이다.

당쟁과 폐불

당을 무너뜨린 우이의 당쟁

견당대사 후지와라노 츠네츠구와 같은 배를 탄 엔닌은 그『순례행기
(巡禮行記)』에,

> 오시(午時, 12시)에 강어귀에 도착하다. 미시(未時, 14시)에 양주(楊
> 州) 해릉현(海陵縣) 백조진(白潮鎭) 상전향(桑田鄕) 동량풍촌(東梁豊村)
> 에 당도하다. 일본국 승화(承和) 5년(838) 7월 2일, 즉 대당(大唐) 개성
> (開成) 3년 7월 2일이다. 연호는 다르지만 월일은 같다.

고 적혀 있다. 그리고 8월 1일 항에,

> 아침 일찍 대사는 주아(州衙)에 이르러 양부(楊府)의 도독(都督) 이
> 상공(李相公)을 만나다.

라는 내용도 나온다. 아(衙)란 관청을 말한다. 도독은 절도사이며 여기에 나오는 이상공은 훗날 재상이 된 이덕유(李德裕)를 뜻한다. 이덕유는 하북 조군(趙郡)의 명문출신으로 아버지는 헌종(憲宗) 때 재상을 지낸 이길보(李吉甫)이고, 조부는 대종(代宗) 때 어사대부를 지낸 이서균(李栖筠)이다.

이덕유야말로 당나라가 멸망하는 데 크나큰 책임이 있는 인물이었다. 당나라가 멸망한 원인 중 하나는 지나친 파벌항쟁으로 국가가 활력을 잃은 것이다. 두 파로 나뉘어서 싸운 도당의 한쪽 총수가 바로 이덕유였다. 상대 파벌의 총수는 우승유(牛僧孺)라는 인물이었는데, 역사가들은 이 두 파의 정권쟁탈을 '우이의 당쟁'이라고 부른다. 이 당쟁의 배경은 과거를 통해 관계에 등장하여 차츰 세력을 넓힌 이른바 신관료였다.

당나라 초기는 남북조 귀족사회의 연속으로 보아야 한다. 정치를 담당한 것은 귀족이었다. 이적(李勣) 같은 도적떼 출신의 원훈도 있었지만, 그들은 일찌감치 귀족으로 자리 잡았다. 과거는 수나라 때부터 시작되었는데 당나라도 그 제도를 이어받았다. 하지만 과거에 급제한 사람의 수가 적어 관계에서는 가문에 따라 지위를 얻은 사람에 비해 방계(傍系)에 속한 시기가 오래 이어졌다.

당나라의 학제는 국자학(國子學), 태학(太學), 사문학(四門學), 율학(律學), 서학(書學), 산학(算學), 이렇게 여섯 가지였다. 이 중에서 율학·서학·산학은 전문직을 양성하기 위한 것이지만, 나머지 셋은 부모의 지위에 따라 입학자격이 달랐다. 국자학은 3품관 이상의 자제, 태학은 5품관 이상, 사문학은 7품관 이상의 자제가 배우는 학교다. 귀족 사회에서는 이와 같은 학교의 분류도 당연시되었다. 그 밖에 별격으로서 황제, 황후, 황태후와 재상의 자제만 배울 수 있는 정원 20명의 숭문관(崇文館)과 30명 정원의 홍문관(弘文館)도 있었다.

주로 이런 학교에서 배운 사람들이 그 등급에 맞추어 관직에 올랐고, 시험에 합격한 자는 오히려 보조적인 것으로 생각했다. '과거'라는 말은 여러 가지 과(科)로 나누었다는 데서 온 이름인데, 가장 어려운 것은 진사과(進士科)이고 명경과(明經科)가 그 뒤를 이었다. 시험에 합격해서 요직에 오르는 것은 거의 진사과에 합격한 사람들이었다.

문벌로 관직에 오른 자들 중에는 무능한 인물도 있었다. 그에 비하면 진사 출신자들은 어느 정도 수준 높은 학문을 지닌 실력자가 많았다. 정관계에는 이처럼 귀족 출신과 진사 출신의 두 흐름이 있었다. 그리고 오랫동안 전자가 주류였다. 실력을 가진 진사 출신자가 불만을 품은 것은 당연한 일이었다. 모두 그렇다고 할 수는 없지만 귀족 관료는 보수적이고 진사 출신 관료는 현상을 변혁하고자 하는 경향이 있었다.

진사 출신 관료의 수가 늘자 그 세력을 배경으로 현상 타파를 부르짖는 진사 출신자가 나타났다. 수석으로 급제한 우승유 같은 사람은 정부의 실정을 지적하며 통렬한 공격을 가했다. 우승유에게는 이종민(李宗閔)이라는 동지가 있었다. 그들이 정부 요인에게 미움을 산 것은 당연한 일이었다. 헌종 때의 재상 이길보는 귀족관료였기 때문에 특히 우승유 등을 꺼려 요직에 앉히지 않았다.

아버지의 영향을 이어받은 이덕유(李德裕)도 목종(穆宗) 때 한림학사(翰林學士)로 있을 적에 이종민을 검주자사(劍州刺史)로 좌천시켰다. 그렇지만 그의 동지인 우승유가 대두하여 재상이 되었으므로, 이번에는 반대로 이덕유가 지방으로 추방되었다. 무종(武宗)이 즉위하여 이덕유가 다시 재상으로 복귀하자 또다시 우승유 일당이 추방, 좌천되었다. 이런 일이 되풀이 되었으니 국가의 활력이 떨어지는 것은 당연한 일이었다. 정권이 바뀔 때마다 그때까지의 방법을 파기했으며, 인사 면에서도 대신에서부터 말단에 이르기까지 모조리 갈아치웠기 때문에 정치는 늘 하다 만 채여서 정정(政情)도 매우 불안정했다.

더구나 이 당쟁 뒤에는 환관이 개입하고 있었다. 황제 옹립 부분에서도 이야기했지만, 환관 내에도 파벌이 있어 그것이 조정신하의 파벌과 복잡하게 뒤얽혀 있었다. 우당(牛黨)인 이종민은 특히 환관과 강하게 결탁했던 모양이다. 환관이 개입하면 다툼은 음습해진다. 정치에 관한 포부, 주의, 주장이 다르기 때문에 싸우는 것이 아니라, 단지 그 파벌에 속하느냐 아니냐를 두고 싸웠기 때문에 쓸데없는 짓이라 하겠다. 진사 관료라고 하나 우승유의 가문도 수나라 때 재상을 배출한 명문이었다. 그가 귀족 관료에 속한다고 해도 조금도 이상할 게 없었다. 또 이덕유는 명문 출신이지만, 당시 명문가 자제 중에도 나서서 과거에 응시하는 자가 있었다. 그는 문벌로 관직에 올랐으나 진사과에 급제해서 관계에 나갈 방법도 있었다. 어느 쪽이든 반대편에 속해도 이상하지 않은 인물이 많았는데, 마침 그 파벌에 속했다는 이유만으로 상대를 뿌리째 뽑아 버려야 한다는 격심한 투쟁이 펼쳐졌다.

후지와라노 츠네츠구가 양주(楊州)에서 만난 이덕유는 마침 회남(淮南) 절도사라는 요직에 있다가 중앙에서 쫓겨나 있었다. 그가 중앙으로 복귀한 것은 일본의 견당대사를 만나고 2년 뒤의 일이다.

'감로의 변'으로 환관 숙청에 실패한 문종은 환관집단에게 '위험인물'로 찍혀 그 뒤로는 사실상 환관들의 포로와 같은 신세가 되었다. 감로의 변이 일어나고 4년 뒤인 개성(開成) 4년(839) 11월, 병으로 사정전(思政殿)에 칩거하던 문종은 당직학사(當直學士)인 주지(周墀)를 불러 자기는 역사상 어느 황제와 비교할 수 있냐고 물었다. 주지는 당연하다는 듯이 고대의 요와 순 임금과 비슷하다고 대답했다. 그랬더니 문종은 주나라의 난왕(赧王)이나 후한의 헌제(獻帝)를 닮지 않았냐고 거듭 물었다. 난왕은 기원전 256년에 진(秦)나라에 멸망당한 주나라의 마지막 왕이고, 헌제는 위(魏)에게 나라를 빼앗긴 후한의 마지막 황제였다. 주지는 놀라서 그들은 망국의 주인공이며 폐하의 성덕에 비할 바가 못 된다고 말했다. 문제는 그에 대하여,

> 난왕과 헌제는 강력한 제후(諸侯)에게 제압되었고, 지금 짐은 가노
> (家奴)의 제압을 받는다. 그것이나 이것이나 짐은 거의 같다.

라고 말하고 눈물로 옷깃을 적셨고, 주지는 바닥에 엎드려 울었다. 가노(家奴)란 환관을 이른다. 환관은 원래 황제의 집안에서 잡일을 보던 노비였다. 그런데 이제는 그 가노에게 속박되어 꼼짝도 못하게 되었다고 한탄한 것이다.

이 일이 있은 후, 문종은 더는 조정에 나가지 않았다. 그리고 이듬해 정월에 세상을 떠났다. 향년 33세였으나 자식이 없었다. 형인 경종(敬宗) 이담(李湛)의 아들 성미(成美)를 황태자로 삼았으나 아직 어리고 병약했다.

환관 구사량 등은 문종이 임종하기 전에 조서를 고쳐 영왕(潁王) 이전〔李瀍, 시호는 (염炎)〕을 황태제(皇太弟)로 세웠다. 황태자가 어리고 병약하다는 것은 구실에 지나지 않았다. 황태자가 즉위하면 이는 저절로 제위에

오른 것이므로 공로를 세운 사람이 없다. 하지만 황태자를 폐하고 황태제로 세운 자가 즉위하면 옹립한 사람들은 큰 공적을 올리는 것이다.

경종 이담, 문종 이함, 무종 이전(李瀍)으로 형제 계승이 3대나 이어졌다. 삼수변(氵)의 이름을 지닌 세 형제는 각각 목종 이항(李恒)의 장남과 셋째, 다섯째 아들이었다.

회창의 폐불

무종(武宗) 이전은 이렇게 해서 환관에게 옹립되었다. 환관에게 옹립된 형 문종 이함이 환관 숙청을 꾀하다 실패하고 그로 인해 말년을 연금 상태로 지낸 것을 그는 두 눈으로 똑똑히 보았다. 환관들은 천하의 주인인 황제에게 무언의 교훈을 주고 있었다.

무종은 침착하고 강직하며 결단력이 뛰어난 인물이었다. 사서는 그가 기쁨과 분노를 드러내지 않는 성격이었다고 묘사한다. 이와 같은 인물은 본래 꼭두각시에는 적합하지 않지만, 환관들은 오히려 그를 세운 것이다. 환관들은 아무리 횡포를 부려도 그 왕좌가 있어야 비로소 권세를 얻을 수 있는 존재다. 일종의 기생충이다. 거세되었기 때문에 자손을 둘 수 없다. 그들은 결코 자신의 왕조를 만드는 일 따위는 생각할 수 없다. 찬탈의 위험이 없기 때문에 군주에게 신임받고 권세를 장악한다. 환관은 권세를 유지하고, 그리고 가능하면 확장하려 하기 때문에 그 왕조가 번영하기를 바란다. 기생충은 빌붙어 사는 숙주를 먹어 치우면 자신도 죽을 수밖에 없다. 그 때문에 영명한 군주를 세우기를 바란다. 하지만 너무 영명해서 환관이 숙청될 일이 생겨도 곤란하니 이 점이 어렵다. 무종이 즉위할 때처럼 유능하지만 황위 계승의 지위에 있지 않은 인물을 옹립해서 은혜를 베풀어 두는 것이 이상적인 형태였다.

무종은 환관의 옹립으로 즉위했으나 재상들의 반대가 심했다. 이미 황태자가 정해져 있으니 그것을 폐하는 것은 옳지 않다는 정론이었다. 그런데도 무종의 즉위는 실현되었다. 환관의 힘은 재상들보다 강했다. 제위에 오른 무종은 자신의 즉위에 반대한 재상, 즉 양사복(楊嗣復)과 이각(李珏)을 해임했다. 그리고 회남절도사 이덕유가 중앙의 부름을 받고 올라와 재상으로서 정무를 담당하게 되었다. 중앙으로 돌아온 이덕유는 자신의 정적을 중앙에서 추방했다. 첫 번째 희생자는 시인 백거이(白居易)의 사촌 동생뻘인 백민중(白敏中)이다. 급사중(給事中)이라는 중앙 요직에 있던 백민중은 무주자사(婺州刺史)로 전출되었다.

무종이 즉위한 해에 백거이는 69세였는데, 불교로 귀의해 '재가출가(在家出家, 출가하지 않은 채 몸을 정결히 하고 불도를 수행하는 것-옮긴이)'하고 있었다. 중풍에 걸려 오른쪽 다리가 자유롭지 않아 낙양에 은둔하고 있던 것이다. 그가 더없이 사랑한 것은 낙양 교외에 자리한 이수(伊水) 근처의 향산(香山)이었다. 이수가 양쪽 산으로 좁아져 문처럼 된 곳을 '이궐(伊闕)'이라 일컬었고, 그 동쪽과 서쪽 산에 수많은 석굴사(石窟寺)가 있었다. 북위(北魏)가 낙양으로 천도한 494년부터 이 조영이 시작되었다. 서산에는 가장 오래된 고양동(古陽洞)과 가장 유명한 봉선사(奉先寺) 등 많은 석굴이 있고, 동산에는 당나라 현종 이후에 석굴이 만들어져 그 수는 많지 않다. 그 동산을 향산이라고도 불렀는데, 백거이는 그곳 향산사(香山寺)의 스님과 사귀며 경장(經藏, 절에서 대장경을 넣어두는 집)의 증축과 개수를 도왔다.

백거이가 정식으로 은퇴한 것은 무종이 즉위한 2년 뒤로 형부상서(刑部尙書, 법무부 장관)에 제수되고 나서였고 그 4년 뒤에 죽어 상서우복야(尙書右僕射)를 추증했다. 좌우복야는 재상이므로 그는 죽어서 재상이 된 셈이다. 말년의 그는 신앙생활에 몰두해 불교적인 분위기에 빠져 있었다. 이것은 우리에게는 약간 이상하게 느껴진다. 그의 집안은 대대로 하급관료를 배출했으나 결코 명문이라고는 할 수 없었다. 그 자신도,

서글프다. 소장(小壯) 시절은 오직 빈곤한 시기로구나.

라고 말했듯이 명문이 아닌 집안에, 그것도 몰락하는 시기에 태어났다. 그의 시 가운데 사회파 분위기가 강한 것이 많은 이유를 이로써 이해할 수 있다. 그는 현실사회의 모순, 부정에 맞서 붓을 들었다. 그만큼 현세에 관심이 많았던 백거이가 왜 말년에는 현세를 공(空)으로 보는 불교에 귀의했을까? 다음은 그의 시 〈재가출가(在家出家)〉다.

의식은 대충 해결할 수 있고 자식들 혼사도 마쳤다.
이제부터는 집안에 큰 일도 없을 것이다.
밤에 잠드는 몸은 무릇 숲에 의지하는 새,
아침밥 먹는 마음은 끼니를 동냥하는 중과 같다.
맑은 울음소리 몇몇은 소나무 아래의 학 소리,
차가운 불빛 한 점은 죽간(竹間)의 등불.
한밤중 선정(禪定)에 들고자 가부좌하니,
딸과 아내를 불러도 모두 대답이 없구나.

衣食支吾婚嫁畢 從今家事不相仍 夜眠身是投林鳥 朝飯心同乞食僧

清唳數聲松下鶴 寒光一點竹間燈 中宵入定跏趺坐 女喚妻呼多不應

이 시를 읽으면 신앙생활을 한다고 해도 자식들 혼사 등 속세의 책임을 다한 뒤라 절박한 구법(求法)의 열기는 느껴지지 않는다. 오히려 취미의 성격이 농후한 신앙생활처럼 보이기도 한다. 아마 그 당시 지식인들 사이에서는 이런 기분이 보편적이었을 것이다.

현세의 책임을 다했거나 다하는 중인 사람이 취미로 하는 신앙생활은 종교의 타락이라고는 할 수 없지만, 일종의 이완(弛緩)이라고도 생각할 수 있다. 그리고 이 무렵 전문 종교인들 사이에는 타락이 제법 진행되고 있었다.

승려가 되려면 정부에서 도첩(度牒)을 받아야만 했다. 이른바 국가시험에 합격해서 면허를 얻은 자만 정식 승려로 간주했다. 그들은 국가가 먹여 살리는 존재였다. 납세, 부역을 면제받았고 사원의 장원도 면세였다.

불교의 타락은 정부에도 책임이 있었다. 안사(安史)의 난을 치르는 데 드는 돈을 염출하기 위해 도첩을 팔았던 것이다. 도첩 한 장을 얻으면 평생 세금을 내지 않아도 되었다. 돈 있는 사람들은 도첩을 여러 장 사들였다. 조정뿐만 아니라 지방 절도사도 똑같은 짓을 저질렀다. 상황이 이런데도 불교가 타락하지 않았다면 오히려 그것이 이상할 지경이었다. 모처럼 양세법(兩稅法)을 제정했지만, 합법적 탈세자가 늘어 국가재정이라는 면에서도 문제가 되었다.

무종은 즉위한 이듬해(841)에 연호를 회창(會昌)으로 바꾸었는데 회창 6년(846)에 세상을 떠났다. 그의 치적에는 상당히 눈에 띄는 일이 많은

데, 그중에서도 불교 탄압이 가장 뚜렷이 기억에 남는다. 세상 사람들은 이를 '회창의 폐불(廢佛)'이라 부르고, 불교계에서는 '삼무일종(三武一宗)의 법난(法難)'이라고 표현한다. 삼무일종이란 북위(北魏)의 태무제(太武帝), 북주(北周)의 무제(武帝), 당의 무종(武宗), 그리고 후주(後周)의 세종(世宗) 등 이렇게 네 군주를 말하며 이들은 모두 폐불을 실행했다.

무종은 회창 2년(842)에 불량승려, 다시 말해 범죄를 저질렀거나 계율을 지키지 않은 자들의 도첩을 취소하고 환속시키는 일을 시작했다. 이 해에 장안에서만 환속처분을 받은 승려가 3,459명에 달했다고 한다. 그들은 승려의 특권을 잃었을 뿐만 아니라 재산도 몰수당했다. 애초에 출가한 사람이 재산을 소유한다는 것이 말도 안 되는 일이었다. 무종은 이 불교탄압을 차츰 확대하여 회창 5년(845)에 끝을 맺었다.

이 해에 폐쇄된 절이 4,600곳이나 되었다. 이것은 큰 관사(官寺)의 수이고, 그 밖에 초제(招提)나 난야(蘭若)라고 불렸던 작은 사사(私寺) 4만 곳도 파괴되었다. 환속된 승려는 26만 400명이었다. 절이 관리하던 양전 수천만 경(頃)이 몰수되었으며, 절에 속한 노비 15만 명도 관(官)에 몰수되었다. 파괴된 절의 목재로 태묘(太廟)를 짓고 범종과 금동불은 녹여서 동화 주조와 농기구를 만드는 재료로 썼다. 불교뿐만 아니라 당시 당에 들어와 있던 조로아스터교(배화교), 마니교, 네스토리우스파의 기독교(경교)도 같은 처분을 받아 2천여 명의 종교인이 환속되었다.

세계주의를 버리고 국수주의로

그렇다고 회창의 폐불이 불교의 숨통을 완전히 끊어 놓은 것은 아니었다. 장안과 낙양에 각각 네 절씩 남기고, 각 절에 30명의 승려가 머무는 것을 허락했다. 장안에서 남은 절은 현장(玄奘)과 인연이 깊은 자은사(慈恩寺), 천복사(薦福寺), 일본 유학승에게 친숙한 서명사(西明寺)와 장엄사(莊嚴寺)였다. 각 도에도 절이 조금 남았지만 승려의 수는 크게 줄었다. 낙양의 절도 처음에는 30명이었지만 20명으로 삭감되었다. 각 도에 남겨진 절에는 등급을 매겼는데, 10명이 남는 것을 허락받은 곳은 후에 3명으로 줄었고, 5명을 허가받은 곳은 승려가 없는 절이 되어 버렸다.

무종 회창의 폐불 원인은 우선 불교 측의 타락을 들 수 있고, 다음으로는 국가재정을 재건하는 문제가 얽혀 있다. 화폐경제의 발달로 동전 부족이 심각해지자 범종이나 불상에 눈독을 들였다는 설도 있다. 양전(良田) 수천만 경과 노비 15만 명은 양세법의 대상이 되어 정부 측에는 세금 증수로 이어졌을 것이다.

경제적인 효과를 노렸다고 하지만, 아무리 전제정치 체제라고 해도 어느 정도 설득력이 없으면 이와 같은 단호한 결단은 내릴 수 없다. 여기에서는 불교의 타락이라는 주지의 사실이 무종에게 폐불에 대한 자신감을 갖게 했을 것이다.

삼무일종 법란의 시작인 북위 태무제 때는 구겸지(寇謙之)라는 도사(道士)와 도교 신자이며 재상인 최호(崔浩)가 강력하게 설득했다. 무종 때도 도사 조귀진(趙歸眞)이 황제의 신임을 얻어 도교 쪽에서의 폐불 공작이 극심했다.

당나라 왕조는 노자 이담(李耼)이 원조(遠祖)라 하여 처음에는 도교를 우선했다. 무측천 때가 되어서 비로소 '불선도후(佛先道後)'로 역전했다. 하지만 현종은 도교를 좋아해서 도교를 우대했다. 백거이의 〈장한가〉에 양귀비를 잃고 슬퍼하는 현종을 위해 '임공(臨邛, 사천)의 도사'가 제자 방사(方士)에게 선계(仙界)에 사는 그녀를 찾게 했다는 대목이 있다. 이는 현종이 도교에 심취했다는 사실을 말해 주는 일화다. 그런데 무종의 조부인 헌종은 열렬한 불교신자여서 궁중에서 불사리공양(佛舍利供養)을 거행했다. 시인으로 유명한 형부시랑(刑部侍郎, 법무부 차관) 한유(韓愈)가 '불골(佛骨)을 논하는 표'를 올려 그에 반대하자, 격노한 헌종이 그를 광동(廣東)의 조주(潮州)로 유배 보낸 이야기는 유명하다.

> 아침에 상주문 한 통('불골을 논하는 표'를 말함)을 올렸다가,
> 저녁에 조주(潮州) 8천 리 길 유배 가노라.

> 一封朝奏九重天 夕貶潮州路八千

한유가 쓴 시의 한 구절인데, 이는 전제 군주 아래서는 정부 고관의 지위가 얼마나 불안정한지를 잘 나타낸다. 천자가 제멋대로인 데다 중신들 사이에 심한 파벌싸움까지 일어나면 불안은 더욱 심해지는 법이다.

무종 때는 목종(穆宗) 무렵부터 들끓던 우이(牛李)의 당쟁이 계속되었고 거기에 폐불운동까지 추가되어 결코 안정되었다고 말할 수 없다.

폐불운동이 일어난 한 가지 원인으로 당 왕조가 이미 세계제국의 지위를 잃어버렸다는 점도 들 수 있다. 안사의 난으로 당나라는 서역을 잃었다. 그뿐만 아니라 감숙 서부를 토번에게 빼앗겼다. 대종(代宗) 광덕(廣德) 원년(763)은 사조의(史朝義)가 부하 이회선(李懷仙)에게 살해됨으로써 그토록 시끄럽던 안사의 난이 종지부를 찍은 해다. 그런데 이해에 토번

군이 장안을 공격해 잠시나마 이곳을 점령하고 약탈하는 사건이 일어났다. 당나라 장수 곽자의(郭子儀)는 위구르(回紇)의 군사를 빌려 와 토번을 격퇴했다. 이때만이 아니었다. 안사의 난이 일어났을 때도 당나라는 위구르에 원군을 청했다. 이런 상태로는 당나라의 위령(威令)이 변경까지 미치지 못한다. 국내에서도 국도에서 멀리 떨어진 지방은 절도사의 할거로 골머리를 앓고 있었다.

이제 당나라는 세계제국이라고 부를 만한 자격이 없었다. 이것은 일종의 전락이었다. 전락하면서 사람들의 마음도 좁아졌는지 국제성을 잃어, 굳이 좋은 말로 표현하자면 국수적인 분위기가 강해졌다. 한유의 '불골(佛骨)을 논하는 표'는 원화 14년(819)에 쓰여졌는데, 그 안에,

불교는 이적(夷狄)의 법일 뿐입니다. 후한 때부터 중국에 흘러들어 왔으나, 상고(上古)에는 이것이 없었습니다.

그 불(佛)은 원래 이적 사람으로 중국과는 말이 통하지 않았고, 의복도 달랐으며, 입으로 선왕(先王)의 법을 말하지 않았습니다. 몸에 선왕의 법복을 입지 않았고, 군신의 의(義), 부자(父子)의 정을 모릅니다.

는 내용을 볼 수 있다. 불교에 반대하는 가장 큰 이유가 중국 고유의 것이 아니라는 데 있었다. 이와 같은 국수주의는 당나라가 세계 제국의 자리를 잃으면서부터 농후해졌다.

무종은 즉위한 이듬해에 도사 조귀진(趙歸眞)등 81명에게 구천도장(九

天道場)을 짓게 하고 스스로 법록(法錄)을 받고 귀의했다. 법록이란 도교의 비문(秘文)을 말한다. 좌습유(左拾遺) 왕철(王哲)이라는 자가 상서해서 간했으나, 오히려 하남부의 사조(士曹)라는 낮은 자리로 좌천되었다.

조귀진은 경종 때도 궁중에 출입하며 괴상한 신선(神仙)을 주장했고, 보력(寶曆) 2년(826)에 경종이 죽은 뒤에는 영남으로 유배된 적이 있었다. 어려서부터 신선을 좋아한 무종이 즉위하자 조귀진은 다시 복귀했다. 무종은 그에게 우가도문(右街道門) 교수선생(敎授先生)이라는 칭호를 주고 자주 궁중으로 불러들였다. 보다 못한 재상 이덕유가 간언했으나, 무종은 "궁중에서 한가할 때 조귀진과 신선 이야기를 나눌 뿐, 정사는 반드시 경들에게 물을 테니 조귀진 100명이 있어도 걱정할 것 없다"며 상대하지 않았다.

소인(小人)은 세리(勢利)가 있는 곳을 보면, 즉시 그리로 달려가는 것이 마치 하루살이가 등불에 몸을 던지는 것과 같습니다. 듣자 하니, 요즘 조귀진의 문전에 거마가 폭주한다고 합니다. 원컨대, 폐하께서는 이를 깊이 삼가십시오.

이덕유는 이렇게 간언했다.

회창(會昌) 5년(845) 정월, 무종은 남쪽 교외에 망선대(望仙臺)를 쌓게 했다. 도사는 정사에 관여시키지 않는다고 말했으나, 도사의 진언에 따라 이와 같은 엄청난 낭비를 했다.

북주 무제의 폐불 때는 도사와 승려가 토론했는데, 당나라 무종 때도 도사 조귀진과 승려 지현(智玄)이 인덕전(麟德殿)에서 대결했다. 치밀한 이론으로 무장한 학승을 상대로 한 논쟁에서 정체불명의 도사가 이길 수는 없었다. 이 대결에서 진 도교는 위기감을 느끼고, 무종에게 강하게 폐불을 권했다.

재상 이덕유는 조귀진을 못마땅하게 여겼지만, 불교에는 처음부터 반감을 가지고 있었다. 유가로서의 반불교 사상을 가졌기 때문에 이것은 한유의 처지와 비슷했다고 할 수 있다. 따라서 조귀진이 무종을 꼬드겨서 실행하게 한 폐불에 이덕유는 반대하지 않았다. 현실적인 정치가로서 폐불로 경제효과를 생각했음이 틀림없다.

회창의 폐불은 삼무일종의 법란 중에서 가장 규모가 크고 철저했다. 일본에서 온 유학승 엔닌(圓仁)은 운 나쁘게도 이 폐불 시기에 그곳에 있었다. 그리고 상세한 기록을 남겼다. 『수당오대불교대사연표(隋唐五代佛教大事年表)』를 보면, 이 시기에 관한 엔닌의 『입당구법순례행기(入唐求法巡禮行記)』가 주요 문헌으로 기록되어 있다.

그물을 피한 하얀 박쥐

폐불 다음 해인 회창 6년(486) 3월에 무종이 죽었다. 또다시 도사가 조제한 금단을 과다 복용한 탓이었다. 지난해 8월에 폐불령을 내린 직후부터 병상에 누웠으니 마치 불벌(佛罰)이라도 받은 것 같았다. 당나라는 토덕(土德)으로 천하에 군림한다는 것이 도가의 주장이었는데, 무종의 이름인 전(瀍)은 물이고, 물은 흙에 지므로 좋지 않다 하여 염(炎)으로 개명했다. 불은 흙을 이긴다고 믿었던 것이다. 그렇게 한다고 병이 나을 리 없었다. 무종이 중병으로 자리에 누울 때부터 환관들은 남몰래 다음 황제를 선택하는 일에 착수했다.

무종에게는 아들이 있었지만 아직 어렸다. 또다시 자동적으로 승계한다면 환관의 공적이 될 수 없으므로, 환관들은 자기들이 무리해서 옹립했다는 구실로 새로운 황제에게 생색을 낼 필요가 있었다.

환관들이 선택한 사람은 광왕(光王) 이이(李怡)였다. 이 사람은 헌종의 열두 번째 아들로, 경종, 문종, 무종 3대로 이어진 형제 황제에게는 숙부가 된다. 참고로 이 세 황제의 아버지인 목종은 헌종의 셋째 아들이다.

이 계승은 조금 이상하다. 아버지에서 아들, 형에서 아우로 이어지는 것이 보통인데 조카에서 숙부로 이어지는 비정상적인 계승이었던 것이다.

광왕 이이(즉위하기 전에 이름을 침(忱)으로 고쳤다)는 어리석다는 소리를 듣는 인물이었다. 하지만 그는 단지 우둔함을 가장했을 뿐이었다. 황족으로서 조금이라도 유능해 보이면 위험인물로 찍히기 때문이다. 실력 있는 매는 발톱을 숨긴다는데 선종(宣宗) 광왕 이이는 가능하면 눈에 띄지 않으려고 노력한 인물이었다.

당나라 말기는 암군(暗君)이 계속된 시대지만, 그중에서도 선종은 예외적으로 뛰어난 군주였다. 무종도 도사와 금단에 빠지지 않았다면 훌륭한 황제라는 소리를 들었을 것이다. 무종도 형과 마찬가지로 33세에 죽었다.

선종은 즉위한 그날로 이덕유를 해임했다. 이번에는 귀족관료파 이당(李黨)이 실각하고, 진사관료파인 우당(牛黨)의 세상이 되었다. 선종은 폐불령을 취소했다. 폐불령에 정력적으로 움직였던 조귀진은 불쌍하게도 장살(杖殺)되었다. 장살은 매로 쳐서 죽음에 이르게 하는 매우 가혹한 형벌이다. 다른 도사들, 예를 들면 나부산인(羅浮山人), 헌원집(軒轅集) 등은 멀리 영남 땅으로 유배되었다.

잘못된 규칙을 개정하는 것은 나쁜 일이 아니다. 하지만 일반 사람에게는 '조령모개(朝令暮改)'라는 인상을 준다. 이덕유 일파가 모두 중앙에서 쫓겨나고, 우승유 일파가 모조리 중앙으로 복귀한 것도 백성에게 정치 불신의 감정을 심어 준 것이 틀림없다.

이덕유는 먼저 형남(荊南) 절도사로 좌천되었다가, 이어서 조주사마(潮州司馬)로 내려가고, 다시 애주(崖州)의 사호참군(司戶參軍)으로 좌천되었다. 애주는 지금의 해남도(海南島)를 말한다. 사호참군은 지방관청의 속리(屬吏)로 호적이나 숙사(宿舍)를 관할하는 종7품 밑의 관리에 지나지 않는다. 정2품의 재상으로 위국공(衛國公)에 봉해져 최고 자리에 있던 이덕유에게 이런 조치는 좌천이라기보다는 분명한 유배였다. 대중(大中) 3년(849), 이덕유는 63세로 해남도에서 죽었다.

이덕유도 정권의 자리에 있을 때는 우당에게 냉혹했다. 회창 4년(844), 동도유수(東都留守)의 우승유는 순주장사(循州長史, 종5품)로 좌천되었고, 이종민(李宗閔)은 봉주(封州)로 유배되었다. 백민중(白敏中)은 일단 무주(婺州刺史)로 내려갔다가 2년 뒤에 한림학사(翰林學士)로서 중앙으로 돌아왔다.

우이의 당쟁은 마지막 단계에서는 우승유 쪽이 상대방 탄압에 더욱 가혹했다. 이덕유는 집정 시절에 우당을 많이 추방했지만 무종의 재상으로서는 번진(藩鎭) 문제를 어느 정도 해결했고, 그 밖의 치적도 볼만한 것이 있었다. 그러나 당쟁의 소용돌이 속에서는 그와 같은 업적은 거의 평가받지 못한다.

이 당쟁 시절에는 하급 속리는 별도로 하고 중견 이상의 엘리트 관료는 자신의 의사와 상관없이 당쟁 밖으로 나가는 일이 무척 어려웠다.

시인 백거이는 항주(杭州)와 소주(蘇州) 자사를 역임하고 태화(太和) 2년 (828) 형부시랑(법무부 차관)으로서 중앙으로 복귀했지만, 머지않아 하남 윤(河南尹)으로서 낙양의 장관이 되었고, 그 후에는 인사이동이 있어도 병이라 칭하고 낙양에서 움직이지 않았다. 장안의 조정을 중심으로 한 당쟁의 마당에서 가능한 자신을 떼어 놓았다. 다음은 그가 쓴 〈동굴 속 의 박쥐(洞中蝙蝠)〉라는 시다.

> 천년을 산 쥐는 하얀 박쥐로 변하여,
> 어두운 동굴에 깊이 숨어 그물을 피한다.
> 위해에서 멀리 있어 몸이 안전함은 실로 다행이나
> 평생을 어둠 속에서 지내야 하니 이를 어찌할까.

千年鼠化白蝙蝠 黑洞深藏避網羅 遠害全身誠得計 一生幽暗又如何

천년을 산 쥐는 하얀 박쥐로 변한다는 전설이 있었던 모양이다. 영겁 의 세월을 보낸 흰 박쥐는 어두운 동굴 속에 숨어 있기 때문에 인간이 쳐 놓은 그물에 걸리지 않는다. 붙잡히지 않고 몸을 보전한 것은 다행스 러운 일일지 모르나 평생을 어둠 속에서 지내야 하니 그것이 도대체 무 슨 일이냐는 의미다.

하얀 박쥐의 '백(白)'이라는 글자에서 독자는 당연히 백거이를 연상한 다. 만만찮은 백거이는 낙양이라는 동굴 속에서 은둔함으로써 장안에서 일어나는 당쟁의 소용돌이로부터 자기 몸을 지켰다. 사형도 되지 않았고 풍토병의 땅으로 유배되는 일도 없이 무사히 지낸 것은 다행이라 하겠다.

하지만 남아로 태어나 자신의 이상과 포부를 정치판에서 실천해야 하는데 그것에 등을 돌린 것이다.

이 시는 백거이의 만족감 뒤에 채워지지 않은 깊은 생각이 있었음을 말해 주는 것 같다. 백주 대낮에 하늘 높이 날아오르는 즐거움을 평생 모르고 지낸 것이나 마찬가지라 할 수 있다.

백거이는 회창 6년(846) 10월에 죽었다. 같은 해 3월에 무종도 죽었다. 불교로 귀의한 백거이는 그 말년에 가공할 만한 폐불운동을 눈으로 보고 마음이 아팠을 것이다. 하지만 죽기 전에 무종의 죽음으로 폐불령은 폐지되었다. 거사(居士)였던 그는 안도했으리라고 생각된다. 그런데 수많은 백거이의 작품 중에서 폐불 문제와 관련이 있다고 단정할 만한 시는 한 수도 없다. 중국문학에 조예가 깊었던 영국의 아서 웰리(Arthur Waley, 1889~1966)는 백거이의 〈금충(禽蟲)〉이라는 제목의 시가 그것에 해당할지도 모른다고 추리했다.

> 짐승은 창칼에 맞으면 대부분 크게 울부짖고,
> 새는 그물에 걸리면 모두가 슬피 운다.
> 어린 양은 왜 입이 있으면서도,
> 몰래 도살장에서 소리도 없이 죽을까?

獸中刀槍多怒吼 鳥遭羅弋盡哀鳴 羔羊口在緣何事 暗死屠門無一聲

짐승이나 새는 죽게 되면 울부짖거나 소리를 지르는데, 새끼양은 입이 있는데도 왜 소리를 내지 않고 죽을까? 폐불령과 같은 광기 어린 명령에 재상 이덕유를 비롯한 정부의 문무고관들은 입을 다문 채 소리 내어 반대하려고 하지 않았다. 엔닌의 『순례행기』에 따르면, 진주(鎭州), 유주(幽州), 위주(魏州), 노주(路州) 등 네 명의 절도사만이 폐불령에 반대했다고 한다.

폐불령에 반대하는 목소리를 내지 않은 것을 비난하는 시라고도 해석할 수 있지만, 당쟁의 희생이 된 관료가 항의도 못하고 죽음을 당하는 현실을 슬퍼하는 시라고도 해석할 수 있다. 『시경(詩經)』 「소남(召南)」편에 〈고양(羔羊)〉이라는 제목의 시가 있는데, 이 시에서는 새끼 양의 가죽을 입은 관리의 침착한 모습을 찬양한다. 고양이라는 말은 반사적으로 뛰어난 관리를 연상시킨다.

지는 해는 한없이 아름답구나

당나라 말기의 시인 두목(杜牧)은 덕종, 순종, 헌종 3대에 걸쳐 재상을 지냈으며, 『통전(通典)』을 편찬한 것으로도 알려진 두우(杜佑)의 손자다. 두목의 사촌형인 두종(杜悰)은 헌종의 황녀 기양공주(岐陽公主)를 아내로 맞았다. 명문 출신임에 틀림없지만 두목은 우·이의 당쟁에 그다지 깊이 개입하지 않았던 모양이다. 그는 우승유가 회남절도사로 있던 무렵 그의 참모가 되었다. 〈우상공에게 올림(寄牛相公)〉이라는 시도 있어 우당(牛黨) 쪽 사람으로 보기도 하지만, 회창 연간의 이당 전성기에는 황주자사(黃州 刺史)로 임명되어 재상 이덕유에게 자주 정책을 상서했다. 또 그의 아우 두의(杜顗)는 이덕유가 진해(鎭海)절도사가 되었을 때 부름을 받아 참모가 되었다. 이런 식으로 형제가 소속을 달리한 경우도 적지 않았다.

두목이 당쟁에 깊이 관여하지 않았던 것은 그 지위가 아직 당쟁의 중심 주변에까지 오르지 않았기 때문일지도 모른다. 아니면 일족 가운데 두종처럼 황녀를 아내로 삼은 자가 있어 양쪽 파에서 멀리한 사정도 생각할 수 있다.

두목이 지은 시 가운데 〈화주절구(和州絶句)〉가 있다. 화주는 오늘날 안휘성 화현(和縣) 부근으로 양자강의 북쪽 기슭 일대다. 맞은편인 남쪽 기슭은 당도현(當塗縣, 남경의 서남쪽)으로 그곳에 우저산(牛渚山)이 있다. 화주를 지명으로는 역양군(歷陽郡)이라고 부른다.

강호에 취해서 살아온 10년 봄,

우저산 기슭에서 나루터를 찾은 지 여섯 번이라.

역양의 고사를 안다 한들 무슨 소용이랴.

고위(高位)에서 잇달아 모함받는 사람.

江湖醉度十年春 牛渚山邊六問津 歷陽前事知何實 高位紛紛見陷人

지난 10년 동안 우저산 기슭에서 양자강을 건너는 나루터를 찾은 것이 6번이나 된다고 했다. 이것은 전근이 잦았다는 뜻이다. 두목은 눈이 나쁜 동생을 치료하기 위해서도 여러 번 여행했다.

역양의 고사란 땅이 하루아침에 호수가 되었다는 전설이다. 전한의 『회남자』나 동진의 『수신기(搜神記)』 등에 나오는 이야기로, 후자에서는 절강성 유권현(由拳縣)의 이야기라고 되어 있다. 어느 날 서생에게 "성문에 피가 묻으면 이 지방은 호수로 변한다"는 말을 들은 노파는 날마다 성문을 보러 갔다. 이를 수상히 여긴 관원이 노파를 붙잡아 심문하자, 노파는 자신이 들은 이야기를 관원에게 해 주었다. 노파의 이야기를 들은 관원은 노파를 놀려 주기 위해 닭의 피(『수신기』에서는 개의 피)를 문에 발랐다. 노파는 그것을 보고 당황해서 산 위로 뛰어 올라갔고 장난을 친 무리들은 큰 소리로 웃었는데, 진짜로 물이 범람하여 그 지방이 호수가 되었다는 전설이다. 일본에서는 『곤쟈쿠모노가타리(今昔物語)』와 『우지슈이모노가타리(宇治拾遺物語)』에 성문이 불탑으로 바뀐, 거의 비슷한 이야기가 실려 있다. 아쿠타가와 류노스케(芥川竜之介, 1892~1927, 일본의 소설가-옮긴이)의 『용(龍)』은 이것을 환골탈태한 소설이다.

두목은 그처럼 땅이 사라지는 전설은 있을 수 없다는 것을 알면서도 고위고관들이 잇따라 무너지는 것은 눈앞에서 목격한 틀림없는 사실이라고 말하는 것이다.

이 시에 나오는 우저산은 실제 지명으로 이백(李白)의 작품 중에도 〈밤에 우저에 묵으며 옛일을 생각하다(夜泊牛猪懷古)〉라는 시가 있다. 지명의 우(牛)가 우승유를 암시하고 역양의 역(歷)은 이덕유를 암시하는 것 같다. 역(歷)과 이(李)는 중국어로 음은 같고 성조만 다르다.

당나라 말기 시인으로 두목과 나란히 꼽히는 이상은(李商隱)은 하급관료 집안 출신으로, 조부가 재상을 지냈고 종형이 임금의 사위인 두목과는 큰 차이가 있었다. 당쟁의 물결에 흔들린 것도 두목보다 심했다.

이상은은 그의 재능을 발굴한 영호초(令狐楚)라는 재상의 도움을 받았다. 영호초는 우승유당 사람이었다. 하지만 개성(開成) 2년(837)에 영호초가 죽자, 이상은은 경원(涇原) 절도사 왕무원(王茂元)의 보호를 받았다. 가난한 가문 출신인 그는 두목과는 달리 보호해 줄 사람이 있어야 했다.

하지만 왕무원이 이덕유파 사람이었으므로 영호초의 아들인 영호도(令狐綯)는 그를 배신자라 하여 미워했다.

영호도는 아버지의 훈공으로 승진했고, 특히 이덕유가 실각한 뒤에는 한림학사에서 병부시랑(국방부 차관), 예부상서(교육부 장관)로 권력의 중추에 들어갔다. 영호도는 이상은과는 죽마교우였던 모양인데 그만큼 미움도 더 컸을 것이다. 이상은은 관계(官界)에서 어디로 가든 영호도의 미움을 받아 출세하지 못했다.

줄곧 지방장관의 속리라는 하찮은 직책으로 있다가, 대중 5년(851)에 장안으로 돌아와 창피를 무릅쓰고 영호도에게 매달려 태학박사라는 낮은 지위를 얻었다. 그때 이상은은 이미 40세였다.

이상은은 당쟁의 영향도 크게 받아서인지 그 문학 작풍에서는 당나라 말기의 정신을 두목보다 뚜렷하게 표현하고 있다. 이상은의 시는 난해하기로 유명하다. 사람들은 그를,

달제어(獺祭漁)

라고 평했다. 달(獺, 수달)은 물고기를 잡으면 먹기 전에 그것을 강가에 늘어놓는 습성이 있다고 한다. 이상은이 시를 지을 때 많은 서적을 주위에 늘어놓아서 그런 닉네임이 붙여졌다. 이는 그의 시에 전례와 고사에 얽힌 어구가 많아서이기도 했다. 더구나 인용 범위가 고전만이 아니라 육조(六朝)의 괴담 등 소설이나 패사(稗史, 패관이 소설과 같은 형식으로 꾸며서 쓴 역사 이야기), 야사에까지 이른다. 또 그의 작풍은 상징성이 풍부해 이해하기 더욱 어렵다.

몽롱체(朦朧體)라고 해도 좋을 정도다. 이것은 일종의 도회(韜晦, 재능이나 학식 따위를 숨겨 감춤)와 같다. 시에 제목을 달지 않는 예가 많은 것도

그가 나타내고자 하는 뜻을 숨기고자 함이라고 볼 수 있다. 노골적으로 표현할 수 없는 어떤 복잡한 정치상황, 인간관계가 그 찬란한 시체(詩體) 속에서 번뜩인다. 다음에 실은 〈비오는 밤에 북으로 부치다(夜雨寄北)〉이라는 제목의 시는 『당시선』에도 수록되어 있다.

> 그대는 돌아올 때를 물었으나 아직 그날을 알 수 없고,
> 파산(巴山)의 밤비는 가을 연못을 점점 가득 채우네.
> 언제 들이서 서창(西窓)의 촛불 심지 자르며,
> 돌이켜 파산의 밤 비 오던 날을 이야기할까.

君問歸期未有期 巴山夜雨漲秋池 何當共剪西窗燭 卻話巴山夜雨時

여기에서 말하는 '그대'란 장안에 있는 아내일 것이다. 애인이라는 설도 있다. 언제 돌아오느냐는 물음을 받고 아직 그 시기를 알 수 없다고 대답했다. 파산이라 하면 사천(四川)의 산이므로, 그가 절도사 유중영(柳仲郢) 밑에 있을 무렵이거나, 아니면 그전 계주자사(桂州刺史) 정아(鄭亞)의 참모로 있다가 그만둔 뒤에 사천에 머물 무렵의 작품일 것이다. 28자밖에 안 되는 칠언절구 안에서 '파산야우(巴山夜雨)'라는 네 글자가 두 번이나 나오는 것이 인상적이다. 지금 파산의 밤비 오는 소리를 쓸쓸히 듣고 있다. 언젠가는 이 힘든 시간을 그대와 서쪽으로 난 창에 촛불을 밝히고 회상할 수 있을 것이다. 지금을 과거로 회상할 날을 생각하면서 지금을 대하는 자세가 특이하다. 하지만 이 굴절은 연애시를 심오한 것으로 만든다. 엄격하게 말하면, 이것은 현실을 현실로 받아들이지 않고 회피하

는 태도일 수도 있다. 이상은은 그 예민한 시인의 감각으로 한 시대가 종말에 가까웠음을 예감했던 것일까? 다음의 〈악유원에 올라(登樂遊原)〉라는 오언절구에서도 그런 점을 느낄 수 있다.

날 저무니 마음이 울적하여,
수레를 몰아 옛 언덕 위에 올라본다.
지는 해는 한없이 아름다운데,
다만 아쉽나니 황혼이 너무 가까워라.

向晩意不適 驅車登古原 夕陽無限好 只是近黃昏

당나라가 기울어가는 시대를 감각적으로 파악하고자 한다면 수많은 문헌을 읽기보다 이상은의 시를 읽는 편이 훨씬 효과적일 수 있다. 나아가 이상은보다 한층 퇴폐한 온정균(溫庭筠)의 사(詞)를 함께 읽으면, 당나라 말기의 기풍을 잘 느낄 수 있을 것이다.

깊은 한은
하늘 끝까지 닿았는데,
산달은 내 마음속을 몰라 주네.
물위의 바람은 헛되이 눈앞의 꽃잎을 떨어뜨리고,
느릿느릿 움직이는 푸른 구름은 기우네.

千萬恨 恨極在天涯 山月不知心裏事 水風空落眼前花 搖曳碧雲斜

이것은 〈강남을 꿈꾸며(夢江南)〉이라는 곡으로 노래를 부르기 위해 만들어진 가사다. 곡이 주(主)이고 그 곡에 맞추어 부를 가사를 곡명에 따라 여럿 만든 것이 사(詞)다.

당나라 뒤에 오는 송나라는 시에 관한 한 당시(唐詩)를 능가하지 못했다. 하지만 시여(詩餘, 시를 짓고 아직도 남은 정을 노래한 것)라고 부르는 '사'는 송대 문학의 꽃이라 부를 만했다. 음곡에 맞추어 노래하는 것이므로 시보다 훨씬 대중적인 성격을 지녔다. 그것이 송이라는 시대의 두드러진 특징이다.

이제부터 붓을 송나라 시대로 향할 텐데, 물론 그전에 당나라가 멸망한 경위를 기록해야 한다. 이상은과 온정균이 빚어낸 시대의 풍조 안에서 당나라는 멸망으로 치닫고 있었다.

병란과 민란

선흡 번진의 반란

굴절된 이상은의 시 중에도 매우 이해하기 쉬운 것은 있다. 예를 들면 그가 26세 때 두보(杜甫)의 시사(詩史)를 잇고자 만든 〈멀리 서교에 머물며, 일백 운(行次西郊作, 一百韻)〉은 몽롱한 부분이 적은 작품이다. 그 가운데 다음과 같은 대목이 있다.

위엄 있게 서 있는 정사당,
재상은 산해진미에 물리다.
감히 하집사에게 묻노니,
지금은 누가 그 권세를 장악하는가.
종기와 부스럼이 몇십 년,
굳이 그 뿌리를 뽑지 않아도,
국가는 쇠하고 부역은 무겁다.

사람은 드문데 부역은 더욱 잦구나.

巍巍政事堂 宰相厭八珍 敢問下執事 今誰掌其權
瘡疽幾十載 不敢抉其根 國蹙賦更重 人稀役彌繁

종기와 부스럼은 이미 몇십 년이 되었는데, 그 근본적인 치료를 하지
않아 국토는 좁아지고 세금과 부역만 점점 더 무거워지고 있다.

당나라 말기의 병든 상태를 정확히 지적하고 있다. 감로(甘露)의 변이
있은 지 2년 뒤의 일이다.

이상은은 대중(大中) 12년(858)에 47세의 나이로 죽었다. 선종(宣宗) 말
년으로 당나라 말기의 소강 시기가 끝나가는 때였다. 이상은이 죽은 해
에 선주(宣州)에서 반란이 일어났다.

안녹산 무렵의 절도사는 광대한 지역에 할거하며 그 지위를 세습했
다. 그 폐해를 제거하고자 여러 가지 방책을 시도하여 일단 절도사의 성
격을 바꾸는 데 성공했다. 전에는 세습했던 절도사가 2, 3년마다 경질되
는 단기 직책으로 바뀐 것이다. 지방에 절도사나 자사로서 나간 자는 그
것을 발판으로 더욱 승진하기를 바랐다. 따라서 일단 지방에 나가서 큰
돈을 벌어 군자금을 만든 다음 중앙으로 복귀하는 것이 당시 관료들의
전형적인 과정이었다.

중앙으로 돌아와서 승진하려면 지방에 근무할 때의 성적이 좋아야
했는데, 절도사의 근무 평가는 거의 '선여(羨餘)'와 '진봉(進奉)' 액수에 따
라 정해졌다고 해도 과언이 아니었다. 지방에서는 중앙으로 반드시 세수
(稅收)의 일정액을 보내지 않으면 안되었다. 그것을 '상공(上供)'이라고 했

는데, 이것만은 당연히 보내야 했다.

세수가 50인 곳에서 70을 징수하면, 그 차액인 20이 이른바 '선여'다. 선여가 많을수록 지방관의 성적이 좋아진다. 그리고 그 선여 중에서 상공 이외에 보내는 것을 '진봉'이라고 한다. 이 제도는 지방관에게 가능한 세금을 쥐어짜라고 독촉하는 것과 다름없었다. 선여 중에서 진봉하고 남은 것은 절도사와 지방관의 주머니로 들어갔다.

절도사는 원래 변경을 수비하는 군대의 사령관이다. 천보(天寶) 초년에는 10명의 절도사가 배치되었는데, 안녹산은 이 중 세 곳의 절도사를 겸함으로써 당 왕조에 큰 위협을 가했다. 안사의 난 이후에는 변경뿐만 아니라 이른바 내지(內地)에도 잇따라 절도사를 설치하였으며, 절도사는 보통 관찰사를 겸했기 때문에 군사령관과 민정장관을 아우르는 강력한 권한을 가지게 되었다. 이처럼 절도사를 최고권력자로 한 지방 지배체제를 '번진(藩鎭)'이라고 불렀다.

당나라는 행정상의 필요로 번진을 늘렸다. 당나라 중기부터 말기에 걸쳐 번진의 수는 4, 50 전후였다. 당나라의 행정은 중앙에서 직접 주(州)에 미쳤는데 주의 수가 3백수십 개나 되어 파악이 어려웠다. 수개 주나 10여 개 주를 하나로 묶을, 좀 더 큰 행정구가 필요했기 때문에 번진의 존재는 어떤 의미에서는 편리했을 것이다.

헌종(憲宗) 원화(元和) 원년 연간이 되자, 문관이나 금군(禁軍, 근위대)의 고급군관이 절도사로 임명되었고, 임기도 짧아졌다. 하북을 제외하면 반독립적인 성격도 옅어져 절도사의 관료화에는 성공했으나 관료의 점수주의(点数主義)로 말미암아 서민들은 고통을 받아야 했다.

서민만이 아니다. 절도사는 선여를 늘이고자 병사에게 줄 급여를 가능하면 삭감하려고 했고, 열악한 처우에 불만을 품은 병사들은 곳곳에서 반란을 일으켰다. 빈털터리가 된 무뢰배들이 마지막 선택으로 번진의 병사가 되는 예도 많아 병사의 질은 그다지 좋지 않았다. 마음에 들지 않으면 소동을 일으켜서 중앙에서 임명한 절도사를 추방하는 일도 있었다.

이상은이 죽은 대중 12년(858)에 선흡(宣歙) 번진에서 일어난 반란이 한 예다. 반란 지도자는 강전태(康全泰)라는 무뢰배 출신의 부장(部將)이었다. 부장이란 번진의 하급 장교다. 이 반란은 회남(淮南)절도사 최현(崔鉉)이 즉각 진압했다. 난이 일어난 것은 7월이었는데, 최현은 10월에 강전태와 그 일당 400여 명을 참수했다.

이 병란(兵亂)의 지도자로 부상(富商)인 이유진(李惟眞)과 여웅(余雄)이라는 인물이 가담했다는 점은 주목해야 한다. 그들은 상인, 실업가이면서 번진의 장교이기도 했다. 그 같은 신분으로 있는 편이 번진과 결탁하여 사업을 하는 데 도움이 되었을 것이다. 그런데 가끔 청렴하고 의지가 강한 절도사가 오면 그들에게 단물을 먹일 수 없었다. 이 무렵 선흡 번진에는 절도사가 아닌 단련(團練, 향촌의 무장방위대)의 지휘를 겸한 관찰사가 파견되었는데, 그가 바로 정훈(鄭薰)이라는 심지 굳은 인물이었다. 좀 더 말이 잘 통하는 관찰사를 보내 달라는 것이 반란의 동기였다.

이처럼 군대 내부만의 '병란(兵亂)'으로 끝난 것은 당 왕조에 그나마 다행이었다. 선흡의 반란군이 좀 더 현명했다면 불만을 품은 민중을 끌어들여 이것을 '민란(民亂)'으로 이끌 수도 있었다. 아마도 이 반란군은 동기도 뚜렷하지 않고 질도 낮았다고 생각된다.

당 왕조는 단지 병란으로 그친 것에 분명히 안도의 숨을 쉬었을 것이다. 선주(宣州, 오늘날 안휘성 무호(蕪湖) 지역)라는 강남땅에서 반란이 일어난 것은 충격이었다. 강남이야말로 당 왕조가 재정상 가장 믿고 의지하는 지방이었다.

소금과 차. 그 무렵 당 왕조는 이 두 가지 물품의 전매로 곳간을 채우고 있었다. 소금과 차 모두 강회(江淮) 땅이 주산지였다.

당 왕조가 안사의 대란에서 그럭저럭 벗어날 수 있었던 것도 그 난의 여파가 남쪽까지 미치지 않았던 것도 한 원인이라고 한다. 예전에는 풍토병의 땅으로 여겨졌던 강회가 지금은 풍요의 땅이 된 것이다. 상공과 진봉도 이 지방의 것이 북쪽의 그것보다 훨씬 많았다. 북쪽의 대번진(大藩鎭), 즉 하북 3진(위박(魏博), 성덕(成德), 노룡(盧龍)] 같은 곳은 중앙으로 상공을 전혀 하지 않았다. 그뿐만 아니라 관습에 따라 번진의 인사에 중앙이 개입할 수 없었다. 이것을 '하북의 구사(舊事)'라고 한다. 이 하북 3진은 안서의 난 때 항복한 장수가 절도사로 임명된 곳으로, 처음부터 중앙과의 관계가 약했다. 종종 문제를 일으켜도 반란만 일어나지 않으면 되기 때문에 중앙으로서는 세수까지는 기대하지도 않았다.

그런 만큼 당 왕조는 더욱 강회를 의지하였다. 그런 의미에서 선흡 번진의 반란은 섬뜩한 그림자를 던졌다.

계책을 망친 '파란 벌레들'

강전태의 실패는 민중에게 호소하지 않았다는 데 있었다. 열악한 처우에 불평만 하던 병졸을 자기편으로 만든 것은 좋았지만, 번진과 결탁해서 돈을 벌려다 그것이 잘 안 되어서 불평을 가진 세력과도 손을 잡았던 것이다. 부패 분자와 결탁하면 민중의 지지를 얻을 수 없다. 어쩌면 강전태가 민중에게 호소했을지도 모른다. 그러나 그는 이미 이유진, 여웅 같은 사람들과 연합하고 있었다. 여웅은 수문을 만들어서 농민 130호에 관개용수를 공급하던 수로를 막고 물을 혼자서 독점했다. 아니면 돈을 내는 농민에게만 물을 공급했는지도 모른다. 착취와 다름없는 행동이었다. 이래서는 병사는 몰라도 민중은 움직일 수 없다.

그때까지 북쪽의 번진에서는 종종 병란이 일어났다. 그들을 '기병(騎兵)'이라 불렀는데, 불만이 있으면 무기를 들고 궐기하여 절도사를 추방하고 자신들 입맛에 맞는 인물을 옹립하는 것이 다반사였다. 원래 북쪽 번진에서는 절도사가 장병에게 옹립되는 형식을 취하는 경우가 많았다. 안서의 난 이후에 투항한 장수 역시 부하에게 옹립되고 당 왕조가 그것을 추인(追認)한 절도사와 다름없었다. 그곳에는 당 왕조의 세력이 실제로 미치지 않았기 때문에 하북 번진의 반(半) 독립적 성격을 묵인할 수밖에 없었다.

강전태의 난은 유형으로 치면 옹립하기 위한 병란과 비슷했지만, 하북과 달리 당 왕조의 실력이 미치는 땅이었다. 미친다기보다는 미치지 않으면 국가가 위태로워진다. 당 왕조는 단호한 수단으로 이를 진압할 수밖에 없었다.

이것을 순수한 병란이라고 한다면 이듬해(859)에 일어난 구보(裘甫)의 난은 순수한 민란이라고 할 수 있다.

구보라는 인물의 경력은 잘 모른다. 성(姓)이 '구(仇)'라는 문헌도 있다. 절강 동부 출신이라고 하는데, 이해 12월에 겨우 100명의 무리를 이끌고 상산현성(象山縣城)을 함락했다. 필시 번진의 착취로 궁핍에 몰린 농민들이 일어난 것으로 보인다. 이해 8월에 선종이 죽었는데, 구보는 이때가 궐기할 기회라고 생각했을 것이다.

선종은 '소태종(小太宗)'이라는 소리를 들었을 만큼 명군이었다. 그는 환관과 조종대신들의 교류를 금지했다. 강기숙청(剛氣肅淸)을 기한 것이다. 재상인 마식(馬植)은 환관 마원지(馬元贄)에게 보석이 박힌 띠를 선물받은 것이 탄로나 그날로 당장 지방의 자사로 쫓겨났다. 선종은 관찰력이 뛰어났으며 결단력도 있었다. 간언에 따르기가 물 흐르는 것과 같다고 할 정도였다. 향년 50세였는데 그의 죽음도 도사가 권한 약 때문이라고 한다. 장남인 이최(李漼)가 즉위했으니 이가 바로 의종(懿宗)이다.

절동(浙東)의 반란군은 상산현을 함락하고 이어서 월주(越州)에 속한 섬현(剡縣)으로 향했다. 겨우 100명이 현성 하나를 함락한다는 것은 보통으로는 생각할 수 없는 일이었다. 정부군이 어지간히 약했던 모양이다. 여기에는 절동군이라는 번진이 있었지만 병력은 매우 적었던 것 같다. 예의 선여를 늘리려면 장병의 급여를 줄이는 것 외에 인원수도 줄여야 한다. 절동군의 병력은 정원보다 크게 모자랐던 것이다.

절동 번진은 선흡과 마찬가지로 절도사가 아닌 관찰사가 도단련사(都團練使)를 겸하여 군대 지휘권을 쥐고 있었다. 이때의 관찰사는 정지덕(鄭祗德)이었다. 그는 유경(劉勍)과 범거식(范居植)에게 병사 300을 주어 반란군 토벌에 내보냈다. 그리고 근처의 태주(台州) 번진의 군대에도 구원을 요청했다. 하지만 이 정부군은 천태산의 동백관(桐柏觀)이라는 도교의 절 앞에서 반란군에게 대패했다. 범거식은 전사하고 유경은 목숨만 건져 탈출했다.

이 무렵 1천여 명으로 늘어난 반란군은 그 기세를 몰아 섬현을 함락했다. 이곳에는 막대한 '선여' 물자가 들어 있는 부고(府庫)가 있었다. 구보는 그것으로 장정을 모집해 순식간에 병력 수천을 얻었다.

절강은 오랫동안 전란이 없어 번진 병사들의 사기는 크게 떨어졌고, 그 수도 300명이 되지 않았다. 정지덕은 마구잡이로 병사를 모았다. 강제징병이었으나 뇌물로 병역을 면할 수 있었기 때문에 결국 모여든 자는 아무 쓸모도 없는 약졸들뿐이었다.

관찰사는 자장(子將) 심군종(沈君縱), 부장(副將) 장공서(張公署), 진장(鎭將) 이규(李珪)에게 군사 500을 주어 반란군을 격파하게 했다. 전투는 삼계(三溪)라는 곳의 남쪽에서 승부가 결정되었다. 싸움터는 반란군이 선택했다. 삼계는 세 강이 합류하는 곳이다. 반란군은 미리 강물을 막아 두었다. 그리고 섬현의 서쪽에서 정부의 신병들과 싸우는 척하면서 삼계의 남쪽으로 적을 유인했다. 물을 막아 두었기 때문에 강을 걸어서 건널 수 있었다. 정부군이 강바닥에 다다르자 일제히 수문을 열어 그들 위로 거대한 물결이 덮치게 했다. 세 장교가 모두 이곳에서 죽고 정부군은 전멸에 가까운 타격을 입었다.

당 왕조는 여기서 예전의 안남도호(安南都護)였던 왕식(王式)을 등용했다. 조정의 부름을 받은 왕식은 대군을 이끌고 이 난을 진압하라는 요청을 받았다. 황제 곁에 있던 환관이,

병력을 출동시키면 경비가 막대합니다.

며 경비 문제를 들먹였다. 이에 왕식은 다음과 같이 말했다.

신(臣)도 국가를 위해서 비용을 아끼지만, 이는 그렇지 않습니다. 병

력이 많으면 적을 속히 격파할 수 있어, 오히려 비용을 아낄 수 있습니다. 만일 병력이 적어 적을 이기지 못하고, 시간만 끌면, 적은 더욱 커져서 마침내 강회(江淮)의 도적떼까지 봉기하여 이에 응할 것입니다. 지금 국가의 비용은 모두 강회에서 충당합니다. 만일 이를 막지 못하면, 곧 위로는 구묘(九廟)에서부터 아래로는 십군(十軍)에 이르기까지 모두 공급이 끊길 것입니다. 그 비용을 어찌 계산할 수 있겠습니까.

일시적으로 막대한 국비를 쓰는 것일지 모르나 속히 진압하지 않으면 더욱 심해질 것이라고 주장한 것이다. 왕식의 말에서도 당 왕조가 재정적으로 강(江, 양자강) 회(淮, 회하) 지방에 의존하고 있다는 것을 알 수 있다. 강회를 잃으면 군대 비용은커녕 선조의 제사조차 지내지 못한다고 말한 것이다.

황제는 대군으로 토벌하기로 결정하고 충무(忠武), 의성(義成), 회남(淮南) 등 여러 번진의 병사를 동원하기로 했다.

한편 삼계의 대승으로 더욱 기세가 등등해진 구보 밑으로 천지의 도적떼와 망명한 무뢰배들이 사방에서 모여들어 병력이 3만에 이르렀다. 구보는 그들을 32대로 나누고 연호를 나평(羅平)이라 하고, 자신을 천하의 도지병마사(都知兵馬使)라고 칭했다. 반란군은 각지에서 약탈을 저질렀고, 여요(余姚)와 영해(寧海)에서는 현의 장관을 살해했다. 그리고 장정을 징발하고 노약자는 죽이는 극악무도한 짓을 저질렀다.

반란군의 간부 유왕(劉旺)은 먼저 월주(越州)를 함락하고 절서(浙西)에서 양자강을 건너 양주를 취하여 남경성(南京城)을 손에 넣고 할거하면, 선흡과 강서에서 반드시 호응하는 세력이 있을 것이라고 적극적인 대책을 주장했다. 1개 군을 바다를 따라 복건(福建)으로 보내는 것도 헌책했다.

> 이와 같이 하면 국가공부(國家貢賦)의 땅은 모두 우리 손에 들어올
> 것이다.

그런데 총수인 구보는 그다지 적극적이지 않았던 것 같다. 일이 커지는 것을 보고 당황했다고 생각된다. 객분(客分, 손님 신분)으로 반란군 안에 있던 진사(進士) 왕로(王輅)는 유왕의 주장을 비평하며 삼국 시대의 손권(孫權)은 난세였기 때문에 강동에 할거할 수 있었지만, 지금은 중국이 평온하기 때문에 그 같은 일을 해도 잘되지 않을 것이라고 말했다. 그보다는 사람들을 모아 요해(要害)를 지키며 땅을 갈고 바다에 나가 물고기를 잡다가 위험이 닥치면 해도(海島)로 도망가는 것이 만전의 계책이라고 주장했다.

구보는 유왕의 계책도 왕로의 계책도 받아들이지 않고 어중간한 자세로 있다가 왕식의 대군을 맞았다. 왕식은 반란군의 퇴로를 차단했다. 특히 바다로 피하면 곤란하다고 보고 바다로 통하는 출구를 막았다. 포위당한 반란군은 자포자기 상태에 빠졌다. 유왕은,

> 내 계책을 문란케 한 것은 이 파란 벌레다.

라며 군중(軍中)에 있던 왕로를 비롯하여 객분으로 와 있던 유생(儒生)을 전부 참수했다. 유생들이 초록색 옷을 걸치고 있었기 때문에 파란 벌레라고 부른 것이다.

왕식의 정부군은 군율이 매우 엄하고 정연했다. 반란군이 남진관(南陳館)이라는 곳에서 패주했을 때 도로에 비단 따위를 흩뿌렸다. 정부군 병사가 그것을 주우려고 다투느라 퇴격 속도가 떨어질 것이라고 기대했다. 하지만 "돌아보는 자는 목을 친다"는 군명이 떨어져 누구 하나 그것을 주우려 하는 자가 없었다.

반란군은 마지막으로 섬현에서 농성하며 3일 동안 83전(戰)이라는 격렬한 공방전을 펼쳤다. 함통(咸通) 원년(860) 6월에 구보 이하 반란군 간부는 마침내 항복했다. 유왕 등은 현지에서 참수되었고, 구보는 장안으로 연행되어 동시(東市)에서 참수되었다.

악명높은 서주 교병

구보의 난이 일어나고 8년 뒤에 방훈(龐勛)의 난이 일어났다. 강전태의 난이 순수한 병란이고, 구보의 난이 순수한 민란이라면 방훈의 난은 병란과 민란을 합친 성격을 띠었다고 할 수 있다. 이 반란극은 구보의 난이 평정되고 2년 뒤에 그 주역이었던 왕식이 무녕(武寧) 절도사로 임명되면서부터 시작되었다.

무녕은 악명 높은 꼬리표가 붙은 번진이었다. 절도사는 서주(徐州)의 팽성(彭城)에 주재하며 서주, 사주(泗州), 호주(濠州), 숙주(宿州) 이렇게 네 주를 관할로 두었다. 왜 무녕 번진이 악명 높았느냐 하면 서주라는 땅이 가진 중요성 때문이었다. 앞에서 때때로 이야기했듯이, 당나라의 생명선은 강회(江淮)였다. 만일 대부분 자립한 데다 대군까지 거느린 하북 3진이 반란을 일으켜서 남하하면 큰일이었다. 서주는 그들 북방 군벌의 남하를 막는 중요한 거점이었다. 그렇게 중요한 곳이라 하여 그곳 병사들의 비위를 지나치게 맞춰 주다 보니 그들을 완전히 응석받이로 만들어 버렸다.

일찍이 왕지홍(王智興)이라는 절도사는 서주에 부임한 뒤 용감한 병사 2천 명을 모아 이들을 7개 군(軍)으로 나눈 다음 각각 은도(銀刀), 조기(彫旗), 문창(門槍), 협마(挾馬) 같은 용감한 이름을 붙였다. 그리고 그들에게 여러 가지 특전을 주었다. 마음껏 마시고 배불리 먹는 팔자 좋은 신분이 보장되었으며, 이 군의 장병은 세습하는 것이 상례였다. 군중(軍中)에 쓸데없이 고급 집단을 만든 셈이다. 그들이 교병(驕兵, 무례한 병사)이 된 것은 당연한 일이었다.

그 후로 중앙에서 파견되어 오는 절도사는 그들을 종기 다루듯 조심스럽게 다루었고 그들은 더욱더 거만해졌다. 전모(田牟)라는 절도사는 함께 술을 마시고 노래를 불러서 비위를 맞추었다. 교병들이 먹고 마시는 비용만 해도 하루에 1만 전(錢)이 넘었다고 한다. 마음에 들지 않는 절도사는 몇 번이나 쫓아냈다.

함통 3년(862) 7월, 서주의 교병들은 새로 부임한 절도사 온장(溫璋)을 쫓아내 버렸다. 온장이 엄격한 관리라는 평판이 있어 건방진 절도사라면 한번 혼쭐을 내 주자는 마음이 있었던 모양이다. 갓 부임한 온장이 교병들에게 술과 음식을 대접하려 했으나 그들은 입도 대지 않았다. 일부러 못되게 군 것이다. 그리고 어느 날 소동을 일으켜서 온장을 쫓아냈다.

온장의 후임으로, 문제의 무녕군 절도사로 임명된 사람이 왕식이었다. 절동(浙東)에서 일어난 구보의 난을 평정한 직후인데, 그때 구원군으로 파견된 충무(忠武)와 의성(義成) 등 두 진의 군대를 이끌고 있었다.

충무 번진은 허주(許州) 일대, 의성 번진은 활주(滑州) 일대이므로 모두 하남의 병사다. 절동에서 철수할 때 서주는 길목에 해당한다. 왕식이 두 번진의 군대를 이끈 것은 별로 부자연스런 일이 아니었다.

부임한 지 3일 째 되던 날, 왕식은 두 번진의 장병을 위로하고 각각 고향으로 돌아갈 것을 허락했다. 두 번진의 병사들이 귀향하기 위해 무장을 갖추자 왕식은 그들에게 무녕 번진의 교병을 모두 죽이라고 명령했다.

매우 과감하고 거친 방법이었다. 은도군(銀刀軍)의 도장(都將)인 소택(邵澤) 등 수천 명이 이때 살해되었다. 하지만 역시 모두 죽였다고는 할 수 없었다. 도망간 자도 상당수였다. 제멋대로 도식(徒食)에 젖어 있던 그들에게 도망 생활은 힘든 일이었을 터이다. 또 그들이 일하려고 해도 그럴 만한 곳이 없었다. 정해진 과정대로 비적(匪賊)이 되는 수밖에 없었다. 이 사건 후 비적이 갑자기 늘었다.

무녕 번진에 관한 당나라 왕조의 조치는 기구 개혁으로 문제의 번진을 해체하는 것이었다. 서주는 연해(兗海) 절도사에게 귀속시키고, 호주(濠州)는 회남에, 그리고 숙주(宿州)에는 새롭게 관찰사를 두기로 하여 악명 높았던 번진도 산산조각 나고 말았다. 무녕을 해체할 수 있었던 것도 왕식의 단호한 조치 덕분이었다.

도망쳐서 비적이 된 '교병(驕兵)'에게는 한 달 내에 자수하면 그 죄를 일체 묻지 않겠다는 포고를 내렸다.

함통 5년(864) 5월, 서주에서 군사 3천을 모집하여 옹주(邕州, 광서)로 보내 방위를 담당하게 하고, 영외(嶺外)가 안녕을 회복하기를 기다려서 교대로 귀향시킨다는 결정이 내렸다. 이 조칙 안에,

서주는 토풍(土風)이 웅경(雄勁, 씩씩하고 힘이 있음)하고 갑사(甲士)
는 정강(精强, 정력있고 강함)하다. 요즈음 절도사의 파면으로 매우 많
은 자가 도피한다.

라는 표현이 있다. 틀림없이 비적이 된 교병을 불러들여 영외에서 불온한
움직임이 있는 남조(南詔)에 대비하려는 1석 2조를 노린 정책이다.

남조는 운남(雲南) 지방에 있던 나라로 당으로부터 운남왕에 봉해졌으
나 당의 세력이 약해지자 자립하려는 움직임을 보였다. 이 나라는 당과
토번 사이에 끼어 있었는데, 이 시기에 토번에는 내홍이 있었고, 당도 옛
날의 세력이 다했기 때문에 남조로서는 세력을 펼칠 좋은 기회였다.

남조의 그런 움직임에 대비하기 위해 도망간 서주의 교병을 이용하려
는 것이었다. 평화가 회복될 때까지라고 했지만 그 기한은 3년이었다.

서주의 교병 일부 중 800명은 계주(桂州, 오늘날 계림(桂林))에 주둔했는
데, 기한인 3년이 지나도 교대한다는 이야기가 나오지 않았다. 그렇게 질
질 끌다가 6년이나 지났다. 교대를 탄원했으나 다시 1년을 연장한다고 하
여 계주의 서주의 교병들은 마침내 분통을 터뜨렸다.

함통 9년(868) 7월, 그들은 행동을 일으켰다. 마침 계주 지구의 관찰사
이총(李叢)이 호남으로 전근 가고, 아직 신임 관찰사가 부임하지 않은 시
기를 노렸다. 허길(許佶), 조가립(趙可立), 요주(姚周), 장행실(張行實) 등 일
찍이 비적이 된 적 있는 서주 교병들은 도장(都將) 왕중보(王仲甫)를 죽이
고 요량판관(料糧判官) 방훈(龐勛)을 맹주로 옹립했다. 요량판관은 아마도
경리를 맡아 보던 장교였으리라 생각된다.

그들은 병기고의 무기를 약탈해 북으로 귀환하기 시작했다. 귀환하는

도중에 있는 주현(州縣)들은 북으로 가는 군대를 모른 척하고 저항도 하지 않았다. 북행군은 도장(都將)을 죽였으니 죽기 아니면 까무러치기라는 막다른 심정이었다.

중앙정부 쪽에도 잘못은 있었다. 3년에 한 번 교대한다면서 6년이나 광서(廣西)에 잡아 놓았으니 약속을 어긴 것이다. 그래서 내시성(內侍省)의 환관을 파견해서 그 죄를 사한다는 조정의 뜻을 전하게 했다. 이로써 방훈 부대의 약탈은 겨우 수습되었다.

호남으로 들어간 북행군 800명은 그곳에서 감군(監軍)의 계략에 말려들어 들고 있던 무기를 빼앗겼다. 감군이란 조정에서 각지의 군대에 파견한 감시관으로 환관이 임명되었다. 음모로 밤을 지새우는 궁정의 이면을 보아 온 사람들이라 서주의 교병을 속이는 일 따위는 식은 죽 먹기였다.

호남에서 북으로 가면 산남동도(山南東道)의 번진으로 들어가는데, 그곳의 절도사는 강전태가 일으킨 선주(宣州)의 병란을 진압한 최현(崔鉉)이었다. 만만찮은 상대인 줄 알았기 때문에 북행군은 수로(水路)로 양자강을 내려가기로 했다.

감군에게 속은 뒤로 그들은 약간 똑똑해졌다. 조정이 사자를 파견해서 용서한다고 전해 왔지만 아무래도 속임수 같았다. 행군 도중에 약탈을 막기 위해서 은사를 베풀었을 뿐, 그 말을 믿고 서주로 돌아가면 붙잡혀서 죽을 것이다. 원래 3년 뒤에는 교대해 준다는 약속을 했으면서도 6년이나 광서에 붙잡아 둔 조정이었다. 북행군은 경계심이 커졌다. 그들은 사재를 털어 무기와 깃발을 마련하고 마침내 회남으로 들어갔다.

회남절도사로서 양주(揚州)에 있던 사람은 영호도(令狐綯)였다. 이상은이 이당(李黨) 쪽에 붙은 일로 끈질기게 그의 승진을 방해한 인물이다.

영호도는 서주의 교병을 정중히 맞이하고 식량을 공급했다.

영호도의 참모 중에는 지금이야말로 서주의 교병들을 일망타진해야 한다고 주장하는 사람도 있었다. 하지만 영호도는 그들을 토벌하라는 칙서가 내려오지 않았다는 이유로 그의 주장에 따르지 않았다.

경계심이 커진 북행군은 고향이 가까워짐에 따라 그 부근에서 비적질을 하던 옛 동료들을 배 안으로 맞이했는데, 그 수가 1천 명에 이르렀다고 한다. 사주(泗州)에 들어가자 그곳의 자사인 두도(杜慆)가 구장(毬場, 폴로 경기장)에서 그들을 환영했다. 환영회에는 음악과 연극이 마련되었다. 배우가 무대 위에서 인사말을 했는데, 그 말에 그들을 조롱하는 표현이 있었다. 그들은 화가 나서 배우를 잡아 목을 베려고 했으나 구장 주위에 군사가 배치된 것을 보고 마음을 돌렸다. 사주 자사 두도는 두목(杜牧)의 사촌으로 공주를 아내로 맞이한 두종(杜悰)의 친동생이다.

방훈 일당의 모반

이런 식으로 방훈을 옹립한 북행군 서주의 교병은 정부군도 아니고 반란군도 아닌 신분으로 마침내 고향에 가까워졌다. 영호도가 식량을 공급하고 두도가 환영회를 베풀기도 했으나 그런 일로 안심할 수는 없었다. 그 증거로 사주의 환영회장 주위가 엄중히 경비되고 있었다. 배우의 사소한 말에 서주의 교병이 격분한 것은 그들도 정신적으로 불안정하여 곧바로 흥분했기 때문이다.

무녕의 번진은 이미 해체되었고, 이 무렵 서주(徐州)와 사주(泗州)에는 관찰사가 배치되었다. 당시 서사(徐泗) 관찰사는 최언증(崔彦曾)이었다. 멀리 계림으로 6년이나 출장 주둔하고 있었는데, 방훈 등 분주대(分駐隊) 800명이 서사관찰사에 속해 있었다. 교대 기간 약속을 위반한 것도, 그리고 1년이나 더 연장한 것도 모두 최언증의 결정에 따른 것이었다.

방훈과 최언증 사이를 사자가 오갔으며, 관찰사 최언증은 조정의 사면 의사는 확실하다고 보증했고, 방훈 쪽의 문서도 예를 다하여 공손했다.

하지만 방훈 쪽에서는 정부의 말을 전적으로 믿지 않았다. 관찰사 쪽에서도 이렇게 난폭하게 굴던 무리를 그냥 용서해도 되는 걸까 망설였다. 사자가 평화로운 문서를 전달하는 동안 양쪽 모두 의구심이 생겼다.

방훈의 머릿속에는 일찍이 무녕 번진 시절의 좋았던 시절이 떠올랐다. 제2의 왕지흥(王智興)이 되고 싶었다. 왕지흥은 목종 때 무녕절도부사가 되었으나, 절도사 최군(崔群)을 추방하고 그 자리를 대신한 인물이다. 그 무렵부터 조정에 진봉(進奉)되는 물품을 약탈하거나 자사를 내쫓는 등 멋대로 행세했지만, 조정은 손을 쓰지 못했다. 비옥한 토지에서 거둬들인 수입은 자신의 것으로 하고, 그 일부로 군정의 유력자를 매수하여 자기의 지위를 유지했다.

조정에서조차 손을 쓰지 못하는 교병은 왕지흥이 키운 것이나 다름없었다. 교병의 한 사람으로서 모든 특권을 쥐었던 좋은 시절의 과거를 기억하는 방훈은 스스로 그것을 재현하고자 했다. 그는 반독립국인 번진의 주인공이 되고자 했던 것이 분명하다.

조정이 번진의 반독립성을 인정하게 하려면, 왕지흥이 한 것처럼 강병을 모집하여 무력을 과시하고 재물을 쌓아 그것으로 위세를 보여 줘야 했다.

조정이 정말로 용서해 준다고 해도 '고맙습니다' 하고 머리를 숙이고 끝낸다면, 무녕 번진의 재현은 불가능하다. 무력행사가 필요했다. 방훈의 용기를 더욱 북돋운 것은 이 지방의 관찰사 최언증의 인기가 나빴다는 점이다. 최언증은 성격이 급하기로 소문난 인물이었고, 더구나 그가 신임하여 채용한 윤감(尹戡)이나 서행검(徐行儉) 같은 자들이 탐욕스러워서 그의 인기는 더욱 떨어졌다.

서사 관찰사의 관청은 서주 팽성현(彭城縣)에 있었다. 팽성을 눈앞에 두고 방훈은 부하를 모아 놓고 무력행사 결의를 피력했다.

우리가 마음대로 돌아온 것은 오로지 처자를 보고 싶다는 생각뿐이다. 지금 듣자 하니 이미 밀칙(密勅)이 우리 군에 떨어졌다. 그것을 따르면, 우리는 산산이 부서지고 일족은 몰살당할 것이다. 대장부로서 스스로 그 망에 걸려들어 천하의 웃음거리가 되기보다는 서로 협심하여 물불을 가리지 않는 기개가 있어야 하지 않겠는가. 이는 오직 화를 면할 뿐만 아니라 아울러 부귀를 구할 수도 있다. 하물며 성중(城中)의 장병은 모두 우리의 부친이며 형제다. 우리가 한마디 소리치면 그들은 반드시 내응하리라. 그런 연후에 왕시중(王侍中, 왕지흥)의 고사를 따르면, 50만의 상금이 우리를 기다릴 것이다.

부하에 대한 이 호소는 매우 격이 낮다. 이 시점에서 멸족(滅族)한다는 밀서 따위는 아직 확인되지 않았다. 하지만 계림에서 도장 왕중보를 죽인 일로 북행군들은 두려움에 벌벌 떨었다. 그 심리를 이용해서 기왕 죽을 거면 여기에서 궐기하자고 설득한 것이다.

궐기 결과는 예의 왕지흥처럼 이 지방의 세금을 자기들이 갖고 중앙에는 보내지 않아도 된다, 그러면 자기들은 또다시 옛날처럼 편안하게 생활할 수 있다는 식이었다.

이는 틀림없는 모반이다. 모두들 호응하여 '좋다'고 소리쳤으나, 조무(趙武) 등 12명은 사건의 중대성에 겁을 집어먹고 달아나려 했으므로, 방훈은 그들을 참수하고 그 목을 최언증에게 보냈다.

　　이 자들은 모반을 꾀하였으므로 주살했다.

상대를 안심시키려 한 말이겠지만, 그 후 팽성으로 간 사자가 심한 문초를 받고 마침내 그 수급(首級)에 얽힌 내력을 자백했다.

팽성에서도 주전론이 대세였다.

방훈 일당의 모반은 왕조를 전복시키려는 것이 아니었다. 왕조에 칼을 들이대고 자신들의 처지를 좋게 하려는, 이른바 비루한 근성이 그 밑바닥에 깔려 있었다. 그러나 어쨌든 서주 주역(州城)으로 들어가 팽성을 공격할 단계가 되자 많은 백성이 가담했다. 이것은 강제로 가담시킨 면도 있지만 자주적으로 가담한 자도 있었다.

방훈은 수비병이 모두 나간 숙주를 공격해 그곳에서 약탈한 재화를 쌓아 놓고 근처 주민들에게 가지러 오라고 명령했다. 그리고 찾아온 자를 군인으로 뽑고 이를 거절한 자는 그 자리에서 목을 베었다.

정부 기록에 이렇게 나와 있으니 이는 강제징병으로 수천 명을 모은 것이다. 하지만 그런 시골의 재화 따위는 욕심내지 않을 사람들도 참가했다. 예를 들어 하비현(下邳縣)의 호족 정일(鄭鎰)은 군중 3천을 이끌고 참가했다. 더구나 그는 3천 군중의 식량과 무기를 직접 부담했다. 이런 일은 강제한다고 되는 일이 아니다. 마찬가지로 기현(蘄縣)의 호족인 이곤(李袞)도 참가했다.

승리자 쪽인 정부쪽 문헌에서도 최언증과 그 부하들이 서사 지방에서 많은 백성에게 몹시 심한 짓을 했다는 기록을 볼 수 있다. 적(賊)에게 강요당해서 그랬다는 것은 나중에 말을 맞추기 위해서 한 소리였고, 실상은 자주적으로 참가한 자가 많았던 것이 아닐까?

계림에서 800명으로 시작된 병란은 서주에 들어갈 무렵에는 갑자기 민란(民亂) 성격을 띠었다.

서주의 함락은 『구당서』에는 함통 9년 9월, 『신당서』에는 10월로 기록되어 있다.

> 적(賊)이 성 아래 이르렀다. 민중 6, 7천 명의 고함소리가 천지를 뒤흔들었다. 성 밖에 있는 백성은 적이 모두 위무(慰撫)하여 소요를 일으키는 자가 없었다. 이로 인해 백성은 앞 다투어 적에 귀순했다.

이것은 정부쪽 문헌에 기초한 『자치통감』의 기록이다. 방훈군은 이 시점에서 주민들에게 어떤 폐도 끼치지 않아 인심을 얻었다는 것을 알 수 있다.

최언증, 윤감, 서행검 같은 무리는 모두 붙잡혀서 목이 잘리고 일족 모두가 살해되었다.

반란군에 등돌린 서주 민심

병란만으로는 제아무리 방훈이라고 해도 서주를 함락시킬 수 없었다. 민란의 성격을 띰으로써 비로소 서주를 손에 넣을 수 있었다. 계림에서 800명, 도중에 비적이 된 옛 동료를 모아도 1천 명에 지나지 않았다. 최언증의 정치가 민심을 얻지 못한 것이 방훈에게는 행운이 되어 민란으로 발전할 수 있었던 것이다.

서주를 손에 넣은 방훈은 조정을 향해 자기를 절도사로 임명하라고 요청했다. 자기는 10만 군대를 타파하고 4주(州) 땅을 영유했다고 자랑하며,

신(臣)이 듣건대, 이(利)를 보고 그때를 잡음은 제왕의 자질이라 합니다. 신은 이를 보고 실기하지 않으며 때를 만나 의심치 않습니다. 엎드려 성자(聖慈)를 빌며, 또 정절(旌節, 절도사 임명 때 내리는 물건)을 내려 주시기 바랍니다. 그렇지 않으면 무기를 들고 궁궐 문에 다가가는 것을 지체하지 않을 것입니다.

라고 상주했다. 마지막 부분은 협박과 다름없었다.

방훈이 떠들어 댄 것도 있지만, 서주 근방의 백성들은 모두 조정에서 절도사 임명 통지가 내려올 것이라고 믿었다. 이럴 때 방훈의 비위를 맞추려고 갑자기 충실히 근무에 힘쓴 자가 속출한 것은 치사하기 짝이 없는 일이었다.

각지의 도적떼와 무뢰패들도 꿀 냄새를 맡고 줄줄이 서주로 몰려왔다. 서주의 인구가 급격히 늘어 쌀값이 폭등했다고 전해질 정도다.

아무리 기울어 가는 당 왕조라도 그렇게 호락호락하지 않았다. 조정의 기본 방침은 역시 토벌이었다. 다만 그러기 위해서는 시간을 벌어야 했다. 우선 칙사가 서주로 향했다. 방훈은 틀림없이 정절(旌節, 의장(儀仗)의 하나)이 온다고 생각해 부하들에게 경하(慶賀)를 받는 형편이었다. 그런데 그때의 칙사는 최언증과 감군의 죄를 묻고 항복할 것을 전하러 왔을 뿐

이었다. 실망한 방훈은 그 칙사를 억류했다. 하지만 죄가 있음을 조정이 정식으로 인정한 것은 그를 격멸한 방훈 등에게 은상을 내린다는 전제일지 모른다. 방훈은 그때까지도 그런 식으로 희망을 품었던 모양이다.

조정에서는 우금오대장군(右金吾大將軍) 강승훈(康承訓), 신무대장군(神武大將軍) 왕안권(王晏權), 우림장군(羽林將軍) 대가사(戴可師) 등을 사령관으로 임명하고, 여러 도의 병사에게 동원령을 내렸다. 이때 강승훈은 사타족(沙陀族), 토곡혼(吐谷渾), 달단(達靼), 계필(契苾) 등 여러 부족의 수장에게 각각의 무리를 이끌고 토벌군에 참가할 것을 진언하여 허락을 받았다. 기마전에 강한 용맹스러운 이들 소수민족은 당시 당나라의 내지(內地)라고 부르는 지방에 다수 이주해 살고 있었다.

이렇게 되자 방훈도 결사적으로 싸워야 했다. 특히 사주의 공방전은 치열했다. 그런데도 방훈은 아직 절도사에 미련이 남았다. 전투는 처음에는 방훈 쪽에 유리하게 진행되었다. 그해가 저물 무렵, 예의 영호도가 그에게 사자를 보내 '당신이 절도사로 임명되도록 내가 뭔가 노력하겠다'는 의향을 전했다. 희망을 버리지 못한 방훈은 전투를 일단 정지시켰다.

정부군은 그 사이에 시간을 벌어 대군을 송주(宋州)에 집결시켰다. 서주는 비로소 사태의 심각성을 알아차리고 그것에 대비하기 위해 서둘러 군사를 모으고자 했다. 병사뿐만 아니라 물자도 모아야 했다. 그러기 위해서는 군자금도 필요했다.

여기에서 서주군의 약점이 드러났다. 민란의 성격을 띠었다고는 해도 이것은 기본적으로는 병란이었다. 더구나 그 근간은 악명 높은 교병이다. 교병이 누리는 특권의 꿈을 좇아 군사를 일으켰으니 서민의 처지와는 상당히 거리가 멀었다.

다가오는 정부군을 맞아 서주도 병력을 모았으나 그 방법이 온당치 않았다.

> 그 일당들을 향촌에 침입시켜 사람들을 모아서 병사로 삼았다.

이런 기록으로 볼 때 강제연행이었다. 이렇게 하여 수만의 병사를 모은 것까지는 좋았으나, 이번에는 군량이 문제였다. 그래서 부호와 상인들에게서 강제로 징발하였다.

> 열에서 칠, 팔을 빼앗다.

라고 했으니, 거의 뿌리째 약탈한 셈이다. 재산을 은닉했다고 판명된 자는 일족을 모두 죽이겠다고 협박했다. 이런 식으로 수백 집이 벌을 받았다고 한다.

계림에서 북으로 돌아간 800명이 가장 악질이었다. 사재를 털어 무기와 깃발을 조달한 초기의 정신은 이제 사라졌다. 북행한 패들은 무슨 일에나 특권을 갖고 좋은 지위에 앉았다. 그들이 약탈과 부녀자 유괴를 자행해도 방훈조차 이를 말리지 못했다.

정일과 이곤 같은 호족이 이 반란에 가담한 것은 최언증의 학정에 반발해서였지만, 방훈이 떠들어 댄 것처럼 그가 절도사로 임명될 줄로 기대했기 때문이기도 하다. 부호나 상인들도 이런 가혹한 징발이라면 차라리 최언증이 낫다고 생각했다. 서주에서 이 계층이 먼저 이반했다. 그들은 정부군에게 항복했지만 일단 적(賊)에 속해 있었으므로, 그것을 보충하기 위해 공훈을 세워야 했다. 이곤은 서주군의 수장을 죽이고 그것을 선물로 들고 정부군에 투항했다.

강승훈은 투항을 받는 작전을 써서 싸우지도 않고 차례로 서주군을 소멸시켰다. 방훈은 사면초가였다.

> 방훈은 우려하여 어찌할지를 몰랐다. 오직 신께 빌고 승려에게 공
> 양할 뿐.

신께 빌고 승려에게 보시하는 것으로 그 어려운 처지를 벗어나려고 했으나, 이미 상황은 끝나 있었다.

함통 10년(869) 9월, 2만 병사를 이끌고 석산(石山)에서 서쪽으로 나아간 방훈은 강승훈이 이끄는 보기(步騎) 8만에 쫓겨 일단 송주의 남성(南城)을 함락했으나, 그곳을 버리고 변하(汴河)를 건넜다. 그곳에서 사타족의 공격을 받아 다시 제수(濟水)를 건너 도망치려 했으나, 일찍이 그에게 속했던 호족 이곤이 다리를 끊고 기다리고 있었다.

정부군이 그곳으로 쇄도했다. 살해된 자가 1만쯤 되었고 나머지는 익사한 자가 많아 투항한 자는 겨우 1천여 명에 지나지 않았다. 난리 통에 방훈의 생사를 알지 못했으나, 며칠 뒤에 겨우 그의 유해를 확인했다고 한다.

계림에서 북행한 지 1년 2개월 만에 방훈은 죽었고, 그 후 호주에 있던 오회(吳廻)가 정부군의 공격을 받아 죽으면서 이 대란은 겨우 막을 내렸다.

천하대란

소금장수 황소

강전태(康全泰), 구보(裘甫), 방훈(龐勛) 등 일련의 반란은 점차 확대되었으나 그것은 다음에 일어날 대반란의 전주곡일 뿐이었다. 대반란이란 일반적으로 '황소(黃巢)의 난'이라고 일컫는 난을 말한다.

이는 성은 황(黃), 이름은 소(巢)라는 인물이 지휘한 반란인데, 사실은 그보다 먼저 왕선지(王仙芝)가 거병했다. 황소는 이에 호응하여 궐기했을 뿐이지만, 반란전투 중에 왕선지가 죽고 황소가 그 뒤를 이었기 때문에 난의 명칭도 '황소의 난'이라고 부르게 되었다.

방훈의 난이 평정되고 4년 뒤인 함통(咸通) 14년(873) 7월에 의종(懿宗)이 죽었다. 향년 41세였다. 의종의 다섯째 아들 이엄(李儼)이 12살의 나이로 환관들의 추대를 받아 즉위했으니 그가 희종(僖宗)이다. 이해는 심한 가뭄과 대홍수로 일기가 매우 불순했다. 보리 수확이 평년작의 절반에 지나지 않았다는 기록이 있다. 일기는 다음 해에도 여전히 좋지 않았다.

백성의 대부분을 차지하는 농민은 궁핍했으나, 지방관은 변함없이 점수 따기 근성을 노골적으로 드러냈다. 상주(商州, 섬서성)의 자사 왕추(王樞)는 성적을 올리기 위해 곡물의 매입 가격을 부당하게 낮추어 정했다. 그렇게 되면 농민은 그만큼 많이 납입했다. 이숙문(李叔汶)을 비롯한 농민단은 분격한 나머지 주의 관청에 몰려가 관리 둘을 맨손으로 때려죽였다. 조정은 이에 새로 이고(李誥)라는 자를 자사로 임명하고, 이숙문을 포함해 30명을 붙잡아 목을 베었다.

생각해 보면 이숙문은 조세를 바칠 의사가 있었기 때문에 곡물 가격평가에 분개해서 관청으로 몰려갔던 것이다. 이 무렵에는 세를 낼 의사가 없는 유민(流民)이 곳곳에 있었다. 그들은 떼를 지어 약탈행위를 저질렀다. 그런데 관할 지역에서 이런 일이 벌어져도 지방관은 이를 조정에 보고하지 않았다. 근무평가 때 감점을 받는 것이 두려웠기 때문이다.

예를 들면 메뚜기 피해가 있어도 지방관은 이를 속였다. 장안과 가까운 지방에서는 메뚜기 떼가 태양을 가릴 만큼 날아왔는데, 이것은 궁궐에서도 보였다. 그때 경조윤(京兆尹) 직책에 있던 양지지(楊知至)는 그때,

메뚜기가 경기(京畿)로 들어왔으나, 작물은 먹지 않고 모두 가시를
안고 죽었다.

고 보고했다. 사실 메뚜기가 지나간 자리에는 푸른 것은 하나도 남지 않고 온통 붉은 토지만 드러나 있었다. 양지지의 거짓 보고에 재상들은 서로 경하했다고 하니, 조정은 정보의 흐름이 완전히 막혀 있었다는 말이 된다.

그런 까닭으로 왕선지의 거병도 언제 시작되었는지 정확하지 않다. 정부 기록을 바탕으로 한 『구당서』 본기에는 희종 건부(乾符) 2년(875) 항에,

> 5월, 복주(濮州)의 적수(賊首, 도적의 우두머리) 왕선지가 장원현(長
> 垣縣)에 그의 무리 3천 명을 모아 여정(閭井)을 협박하여 빼앗고, 나아
> 가 복주를 함락시켜, 장정 1만 명을 포로로 삼았다. 운주(鄆州) 절도
> 사 이종(李種)은 병력을 출동시켜 이를 공격했으나, 적에게 패했다.

는 대목이 있고, 이 사실이 처음 등장하는 것이지만, 좀 더 일찍부터 반란활동이 있었는지도 모른다. 『자치통감』은 건부 원년(874) 항에,

> 이해에 복주 사람 왕선지가 비로소 무리 수천 명을 모아 장원(長
> 垣)에서 궐기했다.

라고 나온다. 황소는 아마 왕선지의 거병 소식을 듣고 곧바로 호응했을 것이다. 황소는 조주(曹州) 원구현(冤句縣) 출신이라고 한다. 『자치통감』은,

> 황소는 젊어서 왕선지와 함께 사염(私鹽) 판매를 업으로 삼았다.

며, 두 사람이 이전부터 관계가 있다는 식으로 적고 있다. 조주와 복주는 이웃이다. 양쪽 모두 산동성 서쪽 끝, 하남성과 가까운 곳에 있다. 운주는 복주에서 동쪽으로 약 40킬로미터 떨어진 곳이며, 그곳에서 동북쪽으로 역시 40킬로미터쯤 가면 양산(梁山)이 있다. 이 부근은 무법자들

이 활약하기 쉬운 곳으로 『수호전』으로 친숙한 무대이기도 하다. 『구당서』에서는 황소와 왕선지가 동향인인 것처럼 적고 있을 정도다. 동향인이었는지 이웃한 주 출신이었는지는 알 수 없지만, 똑같이 사염을 팔았다. 거병 전부터 알던 사이였다는 쪽이 자연스럽다.

당나라에서 소금이 정부의 전매 상품이 된 것은 안사의 난 이후의 일이었다. 국가재정이 여의치 않자 세수를 늘릴 방법으로서 실시했다. 마찬가지로 차(茶) 역시 전매상품이었으나, 소금의 경우는 생활필수품이었기 때문에 문제는 더욱 심각했다.

현종시대까지 소금 값은 한 말에 10전이었다. 당나라 때의 한 말이 약 5.9리터이므로 요즘 한 말의 약 3분의 1이다. 전매제가 된 당초에는 세수로서 한 말에 100전을 더했으니, 일반 사람들은 그때까지 10전에 사던 소금을 110전을 줘야 살 수 있었다. 덕종(德宗) 시대의 소금 값은 마침내 한 말에 370전까지 치솟아 국가 세입의 절반을 소금에 부과한 세금으로 충당했다.

궁중 비용도 군비도 관리의 급료도 대부분 소금에 의존했다고 해도 좋을 정도였다. 당시 중국의 주요 소금 산지는 강회(江淮) 지방이었다. 그런 의미에서도 강회는 당나라 왕조의 심장부였다고 할 수 있다.

정부는 폭리를 취했다. 소금은 모두 정부의 손을 거쳐야만 유통되었는데, 이익이 많이 남는 물품이라 암거래가 생긴 것은 당연한 일이었다. 정부의 손을 거치지 않은 소금을 '사염'이라고 불렀으며, 사염 판매는 말할 것도 없이 불법이었다.

소금 전매제가 붕괴되면 당나라 왕조도 무너지므로, 사염 거래는 단속이 엄격했다. 한 섬(10말) 이상의 사염을 판 자는 사형, 한 말 이상 판

자는 장형(杖刑)으로 정해져 있었다.

단속이 심해지자 사염 판매인들도 그것에 대항하려고 했다. 관헌의 습격을 받더라도 그들을 격퇴할 수 있을 만큼의 무력을 갖추게 되었다. 목숨이 달린 일이었으므로 무장은 당연했다. 또 관헌의 단속 정보를 가능한 빨리 알아내야 했으므로 각지의 사염업자들은 서로 연락을 취하고 있었다. 황소와 왕선지는 둘 다 사염판매인이었으니, 거병 전에 만난 적은 없다고 해도 서로 연락은 취하고 있었을 것이다.

거병이라고 해도 사염 판매인은 무리지어 무장했기 때문에 처음부터 준비할 필요는 없었다. 또 각지의 동업자와 긴밀하게 연락하고 있었으므로 거병하면 각지에서 호응하는 자가 반드시 나타났다.

천보평균대장군(天補平均大將軍) 겸 해내제호도통(海內諸豪都統)

이것이 거병할 때 왕선지가 붙인 칭호였다.

병사를 모으는 일은 그다지 어렵지 않았다. 해마다 계속된 가뭄과 수해, 메뚜기 떼의 피해로 고향을 떠나 유랑하는 자가 많았다. 고향에 있으면 연공(年貢) 징수가 심하고, 납입하지 못하면 체포되어 투옥되었다. 그럴 바에야 차라리 도망가는 편이 현명했다. 받아 준다는 곳만 있으면 도망자는 기꺼이 참여했다.

황소가 거병했을 때는 피붙이 8명만 참가했지만, 일단 참가를 호소하자 순식간에 군중 수천 명이 모여들었다. 그리고 하남의 15주(州)를 휩쓰는 동안 그 수는 수만 명에 달했다.

황소에게 얻어터진 '작은 도적'

지방관은 지방에서 난이 일어났다는 이야기가 가능한 황제의 귀에 들어가지 않도록 조치했기 때문에 어린 희종(僖宗)은 천하가 태평한 줄 알고 있었을 것이다. 하지만 숨기는 것도 한계가 있어 더는 숨길 수 없게 되었다.

왕선지와 황소는 거점을 정해 놓고 그곳에서 사방으로 출격한 것이 아니다. 그들의 군단은 끊임없이 이동했다. 본거지가 없었기 때문에 토벌하는 쪽에서는 적을 포착하기 어려웠다.

15주(州)나 차례로 휩쓸리자 더는 숨길 수도 없게 되었다. 마침내 조정에 보고하게 되었고, 조정은 운주(鄆州, 산동)에 있던 평로절도사(平盧節度使) 송위(宋威)에게 초적(草賊) 토벌을 명했다. '초'는 풀이 우거진 곳, 다시 말해 중앙에 비해 궁벽한 지방이라는 뜻이다. 따라서 초적이란 지방에서 준동하는 시시한 도적을 의미했다. 또 당시 성 안 시장에 대해서 성 밖에 서는 시장을 초시(草市)라고 불렀는데 이는 매우 번창했다. 이른바 노천시장이었을 것이다. 그것을 습격하는 도적을 초적이라고 불렀다. 실은 왕선지 스스로 자신의 군대를 '초군(草軍)이라고 불렀다.

평로절도사는 천보(天寶) 무렵 절도사가 10명뿐이던 시절부터 있던 번진으로, 말하자면 명문이다. 삼국시대, 조조(曹操)에 속했던 청주(青州) 황건군이 강하다고 알려졌는데, 평로번진의 군사는 그 후예였다. 지금도 산동성 사람은 체격이 크고 힘이 세다고 한다.

반란이 일어난 지방과 가까운 탓도 있었지만 평로군은 정력 있고 강한 부대였다. 하지만 절도사 송위는 나이도 많았고 그다지 유능한 지휘관이 아니었다. 그는 여러 도의 병사를 이끌고 기주〔沂州, 산동성 임기(臨沂州)〕성 아래서 왕선지군과 싸워 이들을 크게 격파했다.

본거지도 없는 왕선지군은 강적이 나타나자 이들을 피해서 이동했을 뿐이었다. 그런데 송위는 장안에다 왕선지가 이미 죽었다고 보고했다. 백관이 입궐하여 경하의 말을 올리는 등 소란을 피웠다. 하지만 3일 뒤, 놀랍게도 왕선지군이 다시 나타났다는 보고가 올라왔다. 건부 3년(876) 7월의 일이다. 송위는 이미 여러 도의 군대를 해산시켰다. 일단 해산된 군대를 다시 소집하기란 지극히 어려운 일이다. 조서에 따라 재동원령이 내려졌으나 병사들의 마음은 이미 전쟁터에 있지 않았다.

아마도 절주의 패전은 왕선지가 꾸민 연극이었던 것 같다. 조정에 왕선지가 죽었다고 보고할 때는 어떤 근거가 있었을 것이다. 왕선지 사망설은 초군 쪽에서 고의로 흘렸는지도 모른다.

일설에 따르면, 송위는 사정을 고려해서 일부러 왕선지를 도망가게 했다고도 한다. 토벌에 성공한 장군에게는 재상, 궁정 신하, 환관들의 질투가 집중된다. 방훈의 난을 평정한 강승훈(康承訓)도 전투 방법이 의심스럽고 전리품을 횡령했다는 이유로 은주(恩州, 광동) 사마(司馬)로 좌천되었다.

이 무렵 당나라 왕조의 고관들 사이에도 이 왕조가 그리 오래가지 못할 것임을 예감하는 사람이 적지 않았다. 가령 왕선지가 천하를 차지하면 사정을 보아준 공적은 인정될 것이다. 지나치게 넘겨짚은 생각일지 모르지만, 『신당서』의 「황소전」에는 그렇게 기록되어 있다.

왕선지는 양택(陽翟)을 함락한 뒤 9월에 다시 동쪽으로 나아가 여주(汝州)를 함락하고 자사(刺史) 왕요(王鐐)를 포로로 삼았다. 여주는 낙양에서 동남쪽으로 80킬로미터쯤 떨어진 곳이었기 때문에 여주의 함락 소식은 낙양을 뒤흔들어 놓았다.

왕선지의 초군은 전례에 따라 한곳에 머물지 않고 신주(申州), 광주(光州), 여주(廬州), 수주(壽州), 서주(舒州) 등 여러 주를 공격했다가는 곧바로 철수했다. 기주(蘄州, 호북)를 공격했을 때, 그곳의 자사는 배악(裵偓)이라는 인물이었다. 배악은 여주에서 초군 포로가 된 왕요의 형 왕탁(王鐸)이 시험관으로 있을 때 진사가 되었다. 당나라 때뿐만 아니라 과거가 폐지된 청나라 말까지 진사는 자신이 급제한 해의 시험관을 스승으로 모시는 관습이 있었다. 왕요는 그런 관계를 이용해서 왕선지에게 배악을 통해 조정에서 관직을 받을 수 있게 손써 보겠다고 제의했다.

왕선지는 대장군을 칭하고 있었으나, 물론 스스로 그렇게 부를 뿐 세상은 그를 초적 우두머리로만 취급했다. 그는 지나친 사염 판매 단속 때문에 반란을 일으켰을 뿐, 뚜렷한 반란 이념은 없었다. 그래서 왕요의 제안에 넘어가 버렸다.

배악이 이 일을 조정에 전했다. 조정에서는 찬반양론이 분분했고, 대세는 관작 수여를 반대하는 쪽으로 기울어졌다.

> 선제(先帝)는 방훈을 용서하지 않다가 시기를 봐서 마침내 이를
> 주살하였다. 지금 왕선지는 작은 도적(小賊)으로서 방훈과 비교할 수
> 없다. 죄를 용서하고 관직에 임하면 더욱 악행을 조장할 것이다.

이것이 재상의 반대론이었다. 사실 왕선지나 황소의 반란 세력은 방훈의 그것보다 훨씬 위험했다. 방훈의 난은 처음에는 병란이었다가 말기가 되어서 민란의 양상을 띠었지만, 반란의 본질을 따지자면 병란의 성격이

더 강했다고 할 수 있다. 그런데 조정에서는 방훈이 무녕 번진의 장교였다는 것을 지나치게 중시한 나머지, 무위무관(無位無官)인 초적 왕선지 따위는 방훈과 비교도 되지 않을 만큼 낮다고 생각했다. 관존민천(官尊民卑)의 사고방식이 조정 신하들의 머릿속에 박혀 있었다. 그러므로 방훈조차도 용서하지 않았는데, 초적인 주제에 무슨 건방진 소리냐 하는 생각이 있었던 것이다.

하지만 동생이 포로로 잡혀 있는 왕택은 열심히 변론하여 마침내 왕선지에게,

　　　　좌신책군압아(左神策軍押牙) 겸 감찰어사(監察御使)

라는 관직을 주기로 했다. 압아(押牙)는 원래 번진의 군인으로, 자주 절도사를 대신하는 자가 나올 정도의 직책이었다. 하지만 감찰어사는 정8품이므로 대단한 것은 못 되었다.

하지만 초야에 묻힌 사람으로서 관직이라고는 가져 본 적 없는 왕선지로서는 기쁘기 그지없었다. 그런데 그것이 황소의 마음에 들지 않았다.

　　　　황소는 관직이 자신에게 미치지 않아 크게 화를 내고…….

라고 사서에 기록되었지만, 아마 자신이 임관되지 못했기 때문이 아니라 왕선지의 뜻이 너무 낮았다는 데 화가 났을 것이다.

황소의 집안은 대대로 소금을 취급해서 유복했다고 한다. 격검(擊劍)과 기사(騎射)를 잘했고 학문도 있었다. 또 망명해 온 자를 기꺼이 숨겨 주고 먹여 주는 용감한 사람이기도 했다. 따라서 정8품의 관직을 받고 기뻐하는 왕선지의 모습에 분통이 치밀었을 것이다.

처음에 들어서 굳게 맹세하고, 천하를 활보했음에도 지금 혼자 관위를 받아 다른 곳으로 가려 한다. 이 5천여 무리는 어디로 가야 하는가.

황소는 그 자리에서 왕선지를 때려눕혔다. 왕선지는 그 일로 부상을 입었다. 따지고 보면 그도 그럴 것이 관직을 받은 자는 왕선지 한 사람뿐이다. 부임한다면 부하를 두고 가야 하므로 버림받은 부하는 화가 날 것이다. 설령 도망치듯 장안으로 가 보았자 그의 배후에는 이미 조정을 두렵게 할 대군세가 없다. 무서운 존재가 아닌 옛 초적이 어떤 꼴을 당할지 알 수 없었다. 그 점을 알아차린 왕선지는 관작을 포기했다. 초군은 기주성으로 쳐들어가서 약탈을 감행했고, 자사인 배악은 악주(鄂州)로, 관작을 주러 온 칙사는 양주(襄州)로 각각 도망쳤다.

봇물처럼 터진 민란

그 뒤 '초군'은 둘로 나뉘었다. 왕선지가 3천여 명을 이끌고, 황소가 2천여 명을 이끌었다. 거병한 뒤 수만의 무리가 모였다고 하나 여기서는 합계 5천밖에 되지 않았다. 각지에 따로 분지대(分支隊)가 있었는지, 아니면 오합지졸이 되어 탈락자가 많았는지 둘 중 하나일 것이다. 하지만 초군이 이동을 시작하자 다시 수만 명으로 늘어났다.

이듬해인 건부 4년(877) 정월, 왕선지는 악주를 함락하고, 황소는 운주를 함락하고 절도사인 설숭(薛崇)을 살해했다. 왕선지의 부장(部將) 유언장(柳彦璋)은 강서(江西)를 휩쓸었다. 그들은 둘로 나뉘어서 작전을 하는가 하면 다시 합류해서 싸우기도 했다. 관작 일로 왕선지와 황소의 사이가 틀어진 것은 아니었다. 이해 7월에는 왕선지와 황소가 군을 합쳐서 송주를 에워쌌다. 하지만 좌위위상장군(左威衛上將軍) 장자면(張自勉)이 구원차 달려왔으므로 초군은 포위를 풀고 달아났다.

그 뒤 왕선지는 수주(隨州)를 함락하고 호북(湖北)으로 들어갔고, 황소는 광성(匡城)과 복주를 함락했다.

어수선한 이 시절에 난을 일으킨 자가 왕선지, 황소만은 아니었다.

절서(浙西) 낭산진(狼山鎭)의 장교 왕영(王郢)은 논공행상에 불만을 품고 난을 일으켜, 1만에 가까운 무리를 모아서 소주(蘇州), 상주(常州)를 공격하고 절강 각지를 어지럽혔으며 남쪽으로는 복건까지 출몰했다. 그는 온주자사(溫州刺史)를 통해서 조정에 망해진사(望海鎭使)에 임명되게 해달라고 요청했으나, 조정은 그것을 거절하고 우솔부솔(右率府率)에 임명하기로 했다. 솔부(率府)란 황태자에게 딸린 부대를 말하는데, 당나라에서는 10개의 솔부가 있었고 그 장관인 솔(率)은 정4품관이었다. 지위는 높은 편이지만 의장적(儀仗的)인 군대의 장이므로 실권은 없었다. 왕영은 마음에 들지 않아 온주자사를 사로잡고, 또한 절강 서부를 약탈했다. 진해절도사인 배거(裴璩)가 왕영군의 간부인 주실(朱實)을 금오장군(金吾將軍, 종3품)이라는 관직을 미끼로 유인하니, 그토록 대단하던 왕영군도 흩어졌다. 왕영은 명주(明州)에서 화살을 맞고 죽었다.

이것은 병란으로 시작되었다. 논공행상에 불만을 품었던 장군 69명이 난을 일으킨 것인데, 곧바로 1만 가까운 무리를 모았다. 병란은 즉시 민란으로 이어졌다. 궁지에 몰린 곤궁한 백성들이 반란을 생각했다.

건부 4년에는 이 밖에 섬주(陝州), 염주(鹽州), 하중(河中) 등에서도 병란이 일어나 절도사와 자사가 추방되었다. 조정도 그것을 추인했다. 섬주

관찰사 최갈(崔碣)은 회주사마(懷州司馬)로, 염주자사인 왕승안(王承顔)은 상주사호(象州司戶)로 각각 좌천되었다. 그런데 두 사람은 그다지 실정(失政)하지는 않았다. 오히려 매우 유능한 관리였던 모양이다.

왕승안과 최갈은 원래 명성이 높았다. 엄격함으로 교졸(驕卒)을 축출하였다. 조정은 탐욕, 음란한 무리와 동일시하여 비방하였다. 당시 사람들은 이를 애석하게 여겼다.

고 했다. 보통 장관은 교병의 비위를 맞추었지만, 두 사람은 의연한 자세로 엄격했던 것이다. 그 때문에 좌천되었으니 조정의 상벌도 온당함을 잃었다고 해야 할 것이다.

안사의 난이 일어난 뒤 투항한 반란군 부장이 절도사로 임명된 전례도 있으므로, 왕선지가 조정에 투항하여 고관에 임명되고자 한 것은 결코 비상식적인 일이 아니었다. 감찰어사 임명 통지가 내려왔을 때는 황소에게 매를 맞고 단념했지만, 1년 뒤에 초토부도감(招討副都監) 양복광(楊復光)이 권유했을 때는 신임하는 부하 상군장(尙君長)을 파견해 타협도록 했다. 그런데 앞에서 이야기한 평로절도사 송위가 도중에서 상군장을 붙잡고, 조정에다가는 영주(潁州) 서남쪽에서 상군장군과 싸워 이를 포로로 잡았다고 보고했다. 그런데 초토부도감 환관 양복광은 양복광대로 자신이 투항 권유 공작을 펼친 결과 상군장이 그것에 응했다는 상주문을 올렸다. 조정은 시어사(侍御史) 귀인소(歸仁紹)를 파견해서 조사하게 했지만 결과는 '불명(不明)'이라고 나왔다. 귀인소는 분명 양쪽의 체면을 세워 주고자 했던 것이다.

상군장만 불쌍하게 되었다. 결론은 불명으로 났지만 초적의 간부였다는 것만은 틀림없었기 때문에 구배령(狗背嶺)이라는 곳에서 참수되었다.

화가 난 왕선지는 형남(荊南, 호북 남부)을 휩쓸었고, 이듬해 건부 5년 (878)에는 강릉을 불태웠다. 강릉성 내 30만 호 주민 가운데 2, 3할에서 4할 가까이 살해되었다. 격분한 나머지 왕선지가 이성을 잃었던 모양이다. 용맹한 사타족(沙陀族) 기병대가 온다는 말에 강릉에 불을 질렀지만, 실로 엄청난 재난을 무고한 주민에게 끼쳤다.

초토부사(招討副使) 증원유(曾元裕)는 신주(申州) 동쪽에서 왕선지군을 대파했다. 1만 명이 죽고 1만 명이 포로가 되었다고 한다. 왕선지군은 신주에서 동남쪽으로 달아나 황매(黃梅)에 이르렀다. 호북성 동쪽 끝, 원호 (源湖) 가까운 곳에 지금도 같은 이름의 황매현이 있는데, 그곳이 왕선지의 묏자리가 되었다.

당나라에서는 병든 송위를 대신해서 그 무렵 증원유를 초토사로 승격시켰다. 증원유는 황매에서 왕선지군에게 마지막 일격을 가했고, 왕선지군 5만이 이곳에서 죽었다. 왕선지는 사로잡혀 참수되었고 그 수급은 장안으로 보내졌다.

왕선지군은 하남에서 호북으로 몰려가면서도 각지에서 장정을 징발했는데,『구당서』에는 그 무리가 30만이라고 자랑했다고 한다. 자랑했다고 할 때는 실제는 그 절반이라고 보면 된다. 그렇더라도 15만은 대군이다. 신주와 황매현에서 모두 7만 정도를 잃었다고 해도 아직 10만 가까운 병사가 남아 있었다.

예의 상군장의 동생 상양(尙讓)은 왕선지의 잔당을 이끌고 박주(亳州)를 포위하고 있던 황소군과 합류했다. 황소는 여기에서 무리에게 추대되

어 맹주가 되었으며 자신을,

충천대장군(衝天大將軍)

이라고 불렀다. 그리고 '왕패(王霸)'라는 이름으로 개국(開國)했는데, 황제라는 칭호를 쓰지 않은 것은 귀순해서 고위고관에 임명될 가능성을 염두에 두었기 때문일 것이다. 황제를 칭해 버리면 조정으로서도 귀순을 받아들이기 곤란하다.

황소는 다시 서쪽으로 향해 낙양을 공격하려고 했으나, 과연 천하의 부도(副都)인지라 그 방비가 탄탄했고, 게다가 정부군의 증원부대가 각지에서 속속 도착하고 있었기 때문에 황소는 단념하고 절강 쪽으로 군대를 돌렸다.

이 무렵 황소가 천평(天平) 절도사 장양(張楊)에게 귀순 희망 문서를 보냈다는 기록이 있다. 사료에 따라 이것을 낙양공격 이전으로 보기도 하고 그 후로 보기도 한다.

조정은 황소를 우위장군(右衛將軍, 종3품관)에 임명할 테니 운주로 가서 군의 무장을 해제하라고 요구했다. 황소는 그 말에 따를 수 없었다. 무력으로 천하를 누볐기에 조정에서도 그를 인정한 것이다. 무력을 잃은 황소는 하루아침에 요리될 것이 뻔했다.

『자치통감』은 황소가 조정의 의향을 알고 낙양을 공격하러 간 것으로 되어 있다. 『신당서』의 「황소전」에는 낙양 공격에 실패하고 절강에서 유력한 부장을 잃어 의기소침해진 황소가 귀순을 생각한 것으로 실려 있다.

낙양공격을 단념한 황소는 남하해서 장강을 건너 건주(虔州), 길주(吉州), 요주(饒州), 신주(信州) 등 강서 여러 지방을 공격했다. 황소가 귀순할 뜻을 전한 상대는 천평군(天平軍)의 절도사였는데, 이 절도사는 운주(鄆

州), 제주(齊州), 조주(曹州), 체주(棣州) 등을 관할했으므로 장강을 건너 버리면 이들 산동에서 하남에 걸친 여러 지방과 연락이 잘되지 않는다. 황소의 귀순 제의는 역시 낙양 공격 전으로 보는 편이 자연스럽다.

군기 잡힌 해방군

황소는 마침내 강남으로 들어갔다. 일찍이 순지(順地)라 하여 절도사 따위는 없던 지방이다. 그 무렵 번진은 강남에도 많이 설치되었으나 유력한 것은 아니었다. 강남의 각 번진은 병력도 약했다.

황소군이 장강을 건넌 것은 그해(878) 3월이었다. 8월에 선주(宣州)를 공격했지만, 이곳의 관찰사 왕응(王凝)이 굳건히 지키고 있어 함락하지 못했다. 선주는 강전태의 병란이 일어났던 고장으로, 그때의 반성으로 군기가 엄격했다. 황소군은 이동하는 군단인 만큼 토지 점거는 이차적인 문제였다. 선주를 함락하지 못하면 앞으로 전진할 뿐이었다.

황소군은 강서(江西)에서 절동(浙東)으로 향했는데, 인해전술로 산속에 700리 길을 개척하여 복건으로 쳐들어갔다. 12월에는 복주(福州)를 함락했고 관찰사 위수(韋岫)는 성을 버리고 도망쳤다.

다음 해인 건부 6년(879) 6월에 황소는 영남동도(嶺南東道) 절도사 이초(李迢)와 절동관찰사 최구(崔璆)에게 편지를 보내 천평절도사로 임명해 달라는 요구를 전했다. 천평 번진은 황소의 고향인 조주(曹州)도 관리하고 있었다. 그는 금의환향하고 싶었던 것일까? 하지만 조정은 이를 거부했다.

안사의 난 때 투항한 장군들을 절도사로 임명한 일이 있으나, 그것은 장안에서 멀리 떨어진 변경 땅 하북이었다. 천평과 같은 중원 지방은 무리였는지도 모른다. 그렇게 생각한 황소는 다시 광주절도사를 요구했다. 정식으로는 영남동도절도사다. 그러나 이것도 허락되지 않았다. 재상인 우종(于琮)은,

> 광주는 시가(市街)와 선박, 보화가 모이는 곳이다. 어찌 적(賊)으로 하여금 이를 얻게 할 수 있겠는가.

라며 반대했다.

당시의 동서교역이라 하면, 이른바 실크로드의 서역이 지나치게 각광받지만 바닷길을 이용한 교역도 활발했다. 아라비아인이나 페르시아인 교역상은 대부분 광주에서 장사를 했다. 100여 년 전에 감진화상(鑑眞和尙)이 동도(東渡)에 실패하여 해남도(海南島)에 표착했을 때 이 지방에도 들렀는데, 『당대화상동정전(唐大和上東征傳)』은 당시의 광주를 다음과 같이 묘사하고 있다.

> 강 가운데 바라문(婆羅門, 인도), 파사(波斯, 페르시아), 곤륜(崑崙, 동남아시아) 등의 배가 있어 그 수를 헤아릴 수 없다. 아울러 향약진보(香藥珍寶)를 실은 것이 산더미 같고 배의 깊이는 6, 7척이나 된다. 사자국(師子國), 대석국(大石國), 골당국(骨唐國), 백만(白蠻), 적만(赤蠻) 등 왕래하고 거주하는 자의 종류도 지극히 다양하다.

당이 서역을 제압하던 무렵에도 바다의 교역로는 이렇게 번화했다. 하물며 서역이 당나라에서 이탈하고 실크로드는 토번과 위구르(回紇) 등 무

장집단이 배회하는 위험한 시대였으니, 광주는 교역으로 더욱 번창했다.

항복한 반란군 장군에게 그렇게 중요한 땅을 맡길 수는 없었다. 재력을 모아서 그것을 군자금으로 쓰면 제2, 제3의 반란이 일어날 것이다. 거부는 당연한 일이었다.

조정은 또다시 솔부(率府)의 '솔'이라는 의례적인 관직을 주기로 했다. 격분한 황소는 광주를 공격하여 그날로 함락하고, 절도사 이초를 포로로 붙잡았으며 이어서 영남 각 현을 초토화시켰다.

그런데 북방출신인 황소군의 장병은 영남의 풍토에 적응하지 못해 병사하는 자가 속출하여 군은 공황상태에 빠졌다. 풍토병에 걸렸는지 열에 서넛은 죽었다고 한다. 황소는 부하들의 권유에 따라 북으로 돌아가기로 했다.

북으로 돌아가서 큰일을 도모하리라.

큰일을 도모한다는 것은 절도사가 된다는 것이 아니라 새로운 정권을 수립한다는 뜻이었다. 이렇게 해서 북벌이 시작되었다.

그런데 황소가 광주를 함락했을 때, 그곳에 살던 외국인 12만 명을 죽였다는 내용이 아라비아인 아브 자이드(Abu Zayd, ?~950년경, 이란의 지리학자, 저서에 『시나 인도기』가 있음-옮긴이)의 저술에 나온다. 하지만 아브 자이드가 중국에 온 것은 아니며 모두 전해서 들은 이야기를 적은 것이다. 황소를 황초(Huang Chao)라고 쓰고, 사건은 회력(回曆) 264년에 일어났다고 기록했다. 이것을 중국의 음력으로 고치면, 건부 4년 8월 2일부터 건부 5년 8월 1일이 된다. 쿠라바라 지츠조(桑原隲藏, 1871~1931, 교토대 동양사 교수-옮긴이)는 이것을 근거로 광주 함락을 통설보다 1년 앞선 건부(乾符) 5년이라고 추측했다.

이런 식으로 정사 기록의 연대가 의심스러운 것은 당 말기의 기록이 전란 속에서 잃어버린 것이 많고, 기사 속에서 모순이 많기 때문이다. 그러나 아브 자이드가 전해서 들은 이야기를 바탕으로 기술한 내용을 온전히 신뢰할 수는 없다. 특히 12만이나 되는 외국인을 죽였다는 기사는 과장된 것이 분명하다.

중국 정통 사관에 따르면, 황소는 대악당이다. 『신당서』는 그를 「역신전(逆臣傳)」에 기록하고 있다. 그에 관한 나쁜 이야기가 있으면 대소를 막론하고 기재했을 것임이 틀림없다. 12만 명의 외국인을 죽인 것이 사실이라면 황소를 끔찍이 미워하던 당시의 사가(史家)가 그것을 빠뜨렸을 리가 없다. 전쟁이 나면 으레 벌어지는 약간의 난폭은 있었을지는 몰라도, 아브 자이드가 전한 것과 같은 대규모 학살은 없었다고 생각된다.

가능한 황소를 나쁘게 쓰려고 한 『신당서』의 사가조차 황소의 군중(軍中)에서는 유자(儒者)를 만나면 죽여서는 안 된다, 죽이면 전군이 망한다는 노래를 불렀고, 그것이 실행되고 있었다고 적고 있다. 모여든 병사들을 교육하기 위해 간부가 그런 노래를 지어서 부르게 했던 것이다.

대사를 도모한다고 했으니 군율이 엄격해야 했다. 북벌군은 큰 뗏목을 만들어서 계림에서 상강(湘江)의 물줄기를 타고 형주(衡州), 영주(永州)를 지나 담주(潭州)를 격파했다. 마치 1천 년 뒤 태평천국의 과정과 흡사하다. 이때 정부군 10만을 소멸시켰으며, 산더미 같은 시체로 말미암아 강물이 흐르지 못했다고 한다. 『신당서』는,

관군은 난을 이용해 함부로 약탈했다. 마침 눈이 내려 많은 사람
이 계곡에 빠져 죽었다.

고 정부군의 무도함을 기술하고 있다.

장강을 건너고 다시 회하(淮河)를 건넌 무렵에는 황소는 자신을 '솔토
대장군(率土大將軍)'이라 불렀다.

무리를 단속하여 약탈하지 않고 지나는 곳마다 오직 장정을 뽑아
병력을 늘릴 뿐이다

라고 『신당서』에 기록된 것으로 볼 때, 정부군에 비해 황소의 북벌군은
해방군 같은 성격을 지녔다고 짐작된다.

정부군에게도 황소군을 추격해서 큰 타격을 줄 기회는 있었다. 하지
만 산남도(山南道) 절도사 유거용(劉巨容)은,

국가는 백성을 쉽게 배반한다. 긴급한 사변이 있으면 즉시 장병을
위무하고 관상(官賞)을 아끼지 않으나, 사태가 평정되면 이를 포기하
거나 죄를 묻는다. 차라리 적(賊)을 남겨 두어 부귀의 재료로 삼느니
만 못하다.

고 말하고 있다. 적(賊)이 있기 때문에 조정은 장병에게 이것저것 비위를
맞춰 주고 은상을 내리기도 하는 것이다. 그렇다면 적을 그냥 두어서 돈
벌이와 입신출세의 재료로 삼는 편이 낫지 않겠냐는 사고방식이다.

각지의 번진에서 장병이 동원되었지만, 회남절도사 고변(高騈)은 공적을 혼자 자치하기 위해서 조정에 적이 곧 평정된다고 상주하고 각지에 대기하고 있던 다른 번진의 병사를 철수시켰다.

이러한 일이 황소에게 도움이 되었음은 말할 나위도 없다. 황소의 가장 큰 적은 당나라 정부군이라기보다는 몹쓸 돌림병이었다.

희종(僖宗) 광명(廣明) 원년(880) 11월 정묘일(丁卯日)에 그렇게도 공격하기 힘들었던 낙양을 마침내 함락했다. 동도(東都, 낙양) 유수(留守) 유윤장(劉允章)은 모든 벼슬아치들을 이끌고 황소를 맞이했다.

군기가 엄하고 올바른 해방군이라는 소문은 이미 낙양 백성들 사이에 퍼져 있었다. 황소를 맞이한 낙양의 표정은 매우 차분했다고 전해진다.

당의 멸망

대제 황제에 오른 황소

낙양을 점령한 다음 달인 12월, 황소군(黃巢軍)은 서둘러 동관(潼關)을 돌파했다. 동관으로 향한 황소군은 60만 대군이었다고 한다. 124년 전 안녹산의 군대는 15만을 20만이라고 하고 군사를 출동시켰는데, 낙양과 그 밖의 점령지를 수비하고자 군사를 남겨 두었기 때문인지 동관을 공격한 군대는 5만이었다고 한다. 병력으로 치면 안녹산의 난보다 황소의 난 쪽이 당나라 조정에는 더 힘겨운 상대였다고 할 수 있다. 안녹산 때는 현종이 가서한(歌舒翰)에게 15만의 병력을 주어서 지키게 했으나 동관은 함락되었다.

황소군 60만에 대항하기 위해 장안에서는 증원군으로 신책군(神策軍) 2천여 명을 보냈다. 원래 동관 관내에 있던 수비병도 1만 안팎이었다. 신책군이라고 하면 근위군의 핵심이라 할 만한 엘리트 부대일 텐데도 그 출병을 바라보는 백성들의 눈은 냉담했다. 그도 그럴 것이 동관으로 향하는 신책군 중에는 노인과 병자로 보이는 병사가 많았다.

신책군은 안녹산의 난 이후 대종(代宗) 무렵에 새롭게 설치한 근위군단이었다. 이 신책군도 이미 세력을 키운 환관이 장악하고 있었다. 신책군의 병사가 되면 다양한 특권을 누릴 수 있었다. 세금 면제는 물론 때에 따라 황실에서 하사품도 받았다. 장안의 부잣집 자제들은 환관에게 뇌물을 주어 신책군의 군적을 얻었다. 선흡(宣歙) 번진의 난을 다룬 대목에서도 호상(豪商)과 호농(豪農)이 군적에 들어 있어 단물을 받아먹었다고 이야기했다. 수도 장안의 신책군은 자산가의 자제가 단지,

　　　　화려한 옷을 입고 말을 꾸짖음(華衣怒馬)

하고 있을 뿐 군사훈련 따위는 받지 않았다. 좋은 옷을 입고 말에 채찍을 휘둘러 거리를 질주하는 그들과 마주치면 백성들은 길을 피해야 했다. 신책군은 황실을 수호하는 것이 임무이므로 전쟁에 동원될 일은 절대로 없을 것이라고 생각했다. 그런데 생각지도 않은 동원령이 내려왔고, 당황한 그들은 가족과 상의한 끝에 결국 누군가를 대신 내보내기로 결정했다.

장안에는 비전병방(悲田病房)이라는 것이 있었다. 의지할 데 없는 거지나 부랑자들이 병에 걸리면 그곳에 수용되었다. 물론 그곳에서의 생활은 최저 수준이었다. 조금이라도 돈을 얻을 수 있다면 무슨 짓이라도 하려는 패들이 있었다. 신책군의 군적을 가진 부잣집 자제들은 병방에서 몸이 조금 성한 남자를 데려와 자기 대신으로 삼았다. 병방에서 조금 성한 자라고 해야 일반 수준으로 치면 장애투성이 인간이다. 아무런 도움도 될 것 같지 않는 신책군의 출진에 장안 시민은 당연히 냉담했을 것이다. 시민들은 이때 이미 장안은 끝났다고 생각했다.

이 군대는 황소군을 동관에서 장안까지 안내하는 일을 맡았을 뿐이다. 그들이 패잔병이 되어 장안으로 돌아오자 희종은 그만 장안을 버렸다. 패잔병 뒤로 곧이어 황소군이 들이닥칠 것은 뻔했다. 환관인 전령자(田令孜)가 지휘하는 신책병 500명의 호위를 받으며, 희종 일행은 근소한 인원으로 밤낮으로 걸어서 서쪽으로 서쪽으로 도망쳤다. 12월 갑신일(甲申日)의 일이다.

오후에 황소의 선봉장인 시존(柴存)이 마침내 장안으로 들어왔다. 금오대장군 장직방(張直方)이 문무관료 수십 명을 이끌고 패수(覇水) 근처까지 황소를 마중 나갔다.

황소는 장안에 남아 있던 당나라 황족 전원을 죽이고, 12월 임진일(壬辰日)에 함원전(含元殿)에서 즉위식을 거행했다. 국호를 대제(大齊)라 하고 연호를 금통(金統)으로 고쳤다. 당나라의 연호는 광명(廣明) 원년이었는데, 황소 쪽에서는 '당(唐)'이라는 글자의 '广(엄호, 家)'는 남기고 그 밑을 제거한 다음 거기에 '黃(황)'을 넣으니 '광(廣)'이 되었고, 명(明)을 분해해서 일월(日月)로 하면 '황가(黃家)의 일월(日月)'이 된다고 풀이했다.

황소를 황제로 하는 대제는 당의 3품 이상 관료는 피하고 4품 이하는 그대로 유임시켰다. 병력은 연도(沿道) 각지에서 모았으나, 관리는 모을 수 없어 그대로 유용(留用)한 것이다.

당나라 말기 시인으로 유명한 피일휴(皮日休)는 이때 종7품관 태상박사(太常博士)였는데, 글재주를 인정받아 황소의 한림학사가 되었다고 한다.

앞에서 이야기했듯이 당나라 말기의 기록은 모호한 구석이 많아 피일휴의 운명에 관한 설도 무척 다양하다. 한림학사로서 황소를 가까이서 받들었으나 피일휴가 쓴 문장에 불손한 표현이 있어 그 때문에 살해되었다는 설이 유력하다. 황소는 소금 장사꾼 집안에서 태어나 유복하게 자라 교육을 받았다. 여러 번 진사시험에 도전했으나 번번이 낙방했다고 한다. 진사에 급제하지 못했어도, 원래 소양은 있었기 때문에 문장에 숨겨놓은 속뜻을 간파할 수 있었을 것이다

그밖에도 황소의 난이 실패하고 당나라가 장안을 회복한 뒤에 피일휴는 적(賊)을 섬긴 죄로 살해되었다는 설도 있다.

증손에 해당하는 피자량(皮子良)의 묘지가 전하는데, 그에 따르면 피일휴는 광명(廣明)의 난을 피해 회계(會稽, 절강)로 옮겨 가 그곳에 생긴 지방정권 전씨(錢氏)를 모셨다고 되어 있다.

다만, 피일휴는 현실사회의 모순을 비판하는 정신이 강했기 때문에 개혁을 제창한 황소를 섬길 만하다고 생각했는지도 모른다. 그는 사회파 백거이를 사숙하여 백거이의 신악부(新樂府)에 대하여 정악부(正樂府)라 칭하는 시를 지었다.

피일휴의 정악부 10수 가운데 〈농민을 슬퍼함(哀隴民)〉을 인용해 보자. 농(隴)은 장안에서 서쪽으로 감숙에 걸친 지방이다. 아마도 농의 백성은 조정에 앵무새를 바치는 의무가 있었던 모양인데, 그 때문에 대단한 희생을 치른 것 같다. 이 시는 조정의 그와 같은 사치를 비난한 것이 틀림없다.

> 농산(隴山) 천만 길
> 앵무는 그 꼭대기에 둥지를 튼다.
> 지극히 위험하고 더없이 험준하여,
> 그 산은 가히 오르지 못한다.
> 순박한 농의 백성은

밧줄을 걸어 하늘에 오른다.

공중에서 그 둥지를 엿보다가,

떨어지는 자는 다투어 분연(紛然)한다.

백금(百禽)은 하나도 얻지 못하고,

열에 아홉은 죽는다.

농천(隴天)에 수졸(戍卒)이 있어,

수졸 역시 바쁘다.

명을 받아 조각한 조롱(鳥籠)을 들고,

즉시 궁전 앞으로 간다.

앵무의 털은 스스로 진귀하지 않고,

그 혀는 스스로 말하지 않는다.

어찌 목숨을 걸고,

이 애완물을 바치는가.

나는 듣노니, 옛적 어진 임금은

진금(珍禽)을 모두 버렸다.

지금 이 농민(隴民)의 족속들,

해마다 눈물 그치지 않는다.

隴山千萬仞 鸚鵡巢 其巔 窮危又極嶮 其山猶不全
蚩蚩隴之民 懸度如登天 空中覘其巢 墮者爭紛然
百禽不得一 十人九死焉 隴川有戍卒 戍卒亦不閑
將命提雕籠 直到金台前 彼毛不自珍 彼舌不自言
胡爲輕人命 奉此玩好端 吾聞古聖王 珍禽皆舍㫋

今此隴民屬 每歲啼漣漣

환관이 지배하는 사회에서는 사치가 즐거움이 된다. 다른 즐거움을 빼앗긴 그들에게는 사치가 그나마 사는 보람이었을 것이다. 그것이 황제나 조정대신을 유혹했다. 재정난으로 염세(鹽稅)를 계속 늘리다 마침내 황소처럼 무장한 사염단의 봉기를 초래했다. 증세해서 짜낸 만큼을 사치에 사용한 것이다.

환관의 발호와 정실인사, 오직(汚職) 등에 반대하는 구호를 내건 황소에게 사회파인 피일휴가 공명했다고 해도 이상할 것은 없다.

황소에게 실망한 주온의 배신

장안으로 들어간 황소군은 가난한 사람들을 보면 적선도 했지만, 며칠 뒤에는 약탈을 시작으로 상점을 불 지르고 사람을 죽였다고 한다. 특히 관리에게 증오심이 커서 관리를 죽이는 장병들은 황소조차 제지할 수 없었다.

빈민에게는 동정적이었지만 관리나 상점 주인에게는 본능적인 적개심을 품었던 모양이다.

사천(四川)으로 도망간 희종은 성도(成都)를 임시 국도로 삼았다. 현종 때도 그랬지만 사천은 대군이 공격하기 어려운 곳이어서 망명 정권의 거점으로서는 안성맞춤이었다.

황소가 장안을 유지할 수 있었던 기간은 24개월에 지나지 않았다. 갑자기 불어난 이 집단은 다양한 생각을 가진 사람들을 포함했다. 내홍이 생기는 것은 당연했다.

황소군은 지금까지 끊임없이 이동했다. 남하했을 때도 선흡 번진에서 강한 저항을 받자 그곳을 그대로 지나가 버렸다. 한곳을 오래 점거한 경험이 없다. 돌아다니는 군단은 당나라로서도 포착하기 힘든 상대였다. 하지만 장안을 수도로 정하고 새로운 나라를 세운 황소는 잡기 쉬운 표적이 되었다.

국가 행정이라는 것도 떠돌이 군단이던 황소 집단에게는 서툰 일이었다. 당나라의 4품관 이하는 그대로 임용한다고 포고했지만 그것에 응하는 자는 극히 적었다. 그 때문에 집을 뒤져 찾아낼 정도였다.

서툰 일에 황소가 쩔쩔매고 있는 동안, 당나라 왕조 쪽에서는 차츰 태도를 고쳐 잡고 있었다. 역시 썩어도 준치인 것일까. 오랫동안 움직이던 기구는 망명정권 아래서도 여전히 타성적이나마 작동하고 있었다.

근대적인 중앙집권국가에서는 수도를 제압해 버리면 그 나라의 생사 절반은 손에 쥐었다고 할 수 있다. 하지만 이 시대의 당은 지방의 번진을 완전히 장악하지 못했다. 하북의 번진은 일단 당나라를 종주로 삼기는 했으나 사실은 독립국가라고 해야 옳았다.

황소는 장안을 빼앗았지만, 단지 그것만으로 당나라의 유산을 고스란히 넘겨받은 것은 아니었다. 지방의 번진에서 당나라를 대신한 황소의 종주권을 인정하려는 움직임은 없었다. 여전히 당나라를 종주로 인정했기 때문에 본래라면 황소를 공격해야 했고, 또 그 같은 자세를 보인 진번도 있었다. 실제로 전투도 일어났지만, 다가올 약육강식 시대에 대비해서 자신의 병력을 가능한 손상시키지 않으려는 생각이 앞섰던 것 같다.

당 왕조는 믿을 수 없다. 다시 말해, 황소의 장안 잠령을 지켜본 여러 번진은 그런 기분이 한층 강해졌을 것이다. 당 왕조의 힘이 없어지면 번진은 자기 힘으로 자신을 지켜야 한다. 황소의 난은 번진의 독립을 촉진하는 계기가 되었다.

성도로 옮긴 희종은 이제 막 20세가 되었는데,

> 희종은 주야로 환관과 동처(同處)하며, 천하의 일을 의논했다. 외신(外臣, 궁중의 신하)과 같이 하는 일은 매우 드물었다.

고 하는 형편이었다. 또 황실에서 내리는 하사품은 장안에서 수행하는 군대에게만 지급되었고, 현지의 촉군(蜀軍)은 받지 못했다. 촉군의 간부 곽기(郭琪)는 그것에 불만을 품고 난을 일으켜 성도의 도시에 불을 지르고 그곳을 뛰쳐나갔다.

장안의 주인이 된 황소에게도 문제가 있었다. 60만 대군을 거느렸다고 하지만 대부분 낙양 주변에서 모은 장병이었다. 그들은 마지막 단계에 참가한 사람들이라 힘든 시절을 겪은 황소군을 제대로 알지 못했다. 그리고 군대도 잡다한 생각을 하는 무리들로 구성되어 있었다.

황소의 난은 정확히 1천 년 뒤에 일어난 태평천국의 난과 비슷한 점이 많았다. 황소는 진사에 낙방한 서생 출신인데, 태평천국의 홍수전(洪秀全)도 과거에 급제하지 못한 진사 출신이었다. 또 태평천국이 무창(武昌)에서 남경(南京)을 함락했을 때 백만 대군을 이끌고 있었는데, 그중에 무창에서 참가한 군사가 많았던 것도 황소의 난과 비슷하다.

태평천국은 내홍으로 실패했는데, 황소의 난도 마찬가지였다. 황소의 유력 부장인 주온(朱溫)의 배신이 황소에게는 치명적이었다.

주온은 오대(五代)의 하나인 후량(後梁)의 태조가 되는 인물이다. 『오대사(五代史)』「양서(梁書)」의 〈태조기(太祖紀)〉를 보면, 주온이 당에 귀순한 계기는 당나라 하중(河中)절도사 왕중영(王重榮)의 공격을 받은 주온이 구원을 요청했지만, 황소의 좌군사(左軍使)인 맹개(孟楷)가 이를 묵살해버린 것에 불만을 품었기 때문이라고 한다.

> 다시 황소군의 세력이 쇠퇴하고, 제교(諸校, 여러 부족의 수장)의 마음이 떠났다는 말을 들은 제(帝, 주온)는 그가 반드시 실패할 것을 알고, 9월에 마침내 좌우 부하와 계략을 꾸며, 황소의 감군사(監軍使) 엄실(嚴實)을 베고, 전군이 왕중영에게 항복했다

다시 말해 주온은 황소의 앞길이 가망 없다고 단념한 것이다. 주온의 배신은 당 왕조를 상당히 기쁘게 했다고 볼 수 있다. 즉시 그에게 당나라의 좌금오위대장군, 하중행영(河中行營) 부초토사(副招討使)라는 자리를 주었을 뿐만 아니라, 전충(全忠)이라는 이름을 하사했다. 이때부터 주온을 주전충이라고 부르게 되었다.

황소를 궁지로 몰아넣은 것이 주온의 배신만은 아니었다. 안문(雁門)절도사 이극용(李克用)은 번진 중에서 가장 적극적으로 황소 토벌에 힘을 쏟았다. 이극용에게는 꼭 그럴 만한 이유도 있었다.

이극용이라는 한인(漢人)식 이름을 썼지만, 사실 그는 터키계 사타족(沙陀族)의 수장이었다. 원래의 성은 주사(朱邪)이고, 그의 아버지 주사적심(朱邪赤心)은 방훈(龐勛)의 난을 평정하는 데 큰 공을 세워 당나라에서 이씨(李氏)를 하사받아 이국창(李國昌)이라고 불렸다.

황소의 난으로 천하가 어지러워졌을 때, 이극용은 운주(雲州) 사타 쪽의 장병에게 옹립되어 당나라의 삭주(朔州)를 공격했다가 실패하고 초원 깊숙이 달아났다. 용맹한 사타기병의 힘을 빌리고 싶었던 당나라는 황소를 토벌하기 위해 이극용을 용서했다. 이극용은 한번 당나라를 배신하고 당나라의 삭주를 공격했으니, 그 죄를 씻기 위해서도 큰 공훈을 세우고 싶었을 것이다.

이극용의 군대는 모두 검은 옷을 입고 있었기 때문에 사람들은 그들을 '까마귀 군대'라고 불렀다. 이극용은 체격이 장대하고 게다가 한쪽 눈이 매우 작았기 때문에 독안용(獨眼龍)이라고도 불린 참으로 기분 나쁜 인상이었다.

그 무렵, 황소군은 상양(尙讓, 상군장(尙君長)의 동생)이 이끄는 15만 대군을 양전파(梁田陂)에 주둔시켰다. 이극용은 그것을 격파하고 장안을 향해 진격했다. 황소군이 장안에서 철퇴한 것은 양전파 전투가 있은 지 2개월 뒤인 중화(中和) 3년(883) 3월이었다. 퇴각할 때 진기한 보물을 길바닥에 흩뿌렸기 때문에 정부군은 그것을 줍느라 적을 쫓는다는 사실을 잊어버렸다. 정부군은 보물을 주웠을 뿐만 아니라 약탈까지 자행했다.

> 관군의 횡포와 약탈은 적(賊)과 다름없다. 장안의 가옥과 백성에게
> 남은 것이 얼마 없다.

고 관청의 기록에는 적혀 있다.

이렇게 해서 당 왕조가 장안을 회복할 수 있었던 것은 배신한 주온(전충)과 사면된 이극용의 힘 덕분이라고 생각해도 좋다.

주전충은 선무(宣武) 절도사로 임명되었고, 이극용은 하동(河東) 절도사로 임명되었다. 이때 이극용의 나이 28세였다.

군벌이 지배하는 무력 시대

장안을 탈출한 뒤에도 황소는 각지에서 1년 넘게 당군과 싸웠다. 그 전투는 비참함 그 자체였다. 배고픔 속의 전쟁이었다.

초근목피(草根木皮)도 다 떨어졌다.

그것은 그렇다 치더라도 사람까지 먹었다는 기사도 사서에 보인다.

황소를 그의 고향으로 몰아넣은 것도 주전충과 이극용이었다. 황소는 태산 동남쪽 낭호산(狼虎山)에서 스스로 목을 베었다. 곁에서 조카인 임언(林言)이 도왔다.

난을 피해 사천에 있던 희종은 중화(中和) 5년(885, 3월부터 광계(光啓)로 고침) 정월, 성도를 출발해 귀환길에 올랐다. 하지만 황소가 죽었다고 해서 난이 수습된 것은 아니었다. 황소가 장안을 탈출하여 동쪽으로 진격했을 때, 채주(蔡州)를 지키고 있던 절도사 진종권(秦宗權)이 이들과 손잡고 반란을 일으켰다. 황소가 멸망한 뒤에도 그 지방에 할거하다 희종이 장안으로 귀환할 무렵 황제를 칭했다.

그런데 당나라의 절도사 진종권을 공격해서 평정한 사람이 얄궂게도 원래 황소의 핵심간부였던 주전충이었다.

이 주전충과 사타족의 이극용은 사이가 좋지 않았다. 한 번은 연회 술

자리에서 술에 취한 이극용이 주전충의 심기를 건드리는 말을 했는지, 화가 난 주전충이 그를 죽이려고 한 적이 있었다. 이극용은 그때 요행히 도망쳤지만 물론 원한은 잊지 않았다.

한편, 장안 회복에 공을 세운 하중(河中) 절도사 왕중영은 환관인 전령자(田令孜) 때문에 태녕(泰寧) 절도사로 옮기게 되었다. 하지만 왕중영은 임지로 부임하려고 하지 않았다. 태녕으로 간다는 것은 하중에 있는 소금 산지를 환관에게 빼앗긴다는 의미였기 때문이다. 그래서 이극용에게 구원을 요청했다. 이극용은 "먼저 주전충을 멸망시킨 다음에 쥐새끼 무리(환관을 말함)들을 일소하자"고 했지만, 왕중영은 "그렇게 되면 당신이 관동에서 돌아올 때까지 나는 포로가 될 것이다. 임금 가까이 있는 악을 먼저 제거하면 주전충을 잡는 것은 간단하다"며 먼저 전령자를 토벌할 것을 권했다.

마침내 이극용은 군사를 일으켜 장안으로 쳐들어왔다. 전령자는 희종을 모시고 봉상(鳳翔)이란 곳으로 피난했다. 이극용과 왕중영은 희종에게 장안으로 돌아올 것과 전령자를 처단할 것을 함께 요구했다. 하지만 전령자는 희종 곁에 꼭 붙어 있었다. 전령자는 다시 희종을 옹립하고 보계(寶鷄)까지 갔다.

이 시기에 다양한 정쟁이 있었는데, 크게 나누면 다음의 세 가지 계통이다.

첫째는 군벌 간의 다툼이다. 다시 말해 이극용과 주전충의 반목이다.

둘째는 조정신하와 군벌의 다툼이다.

셋째는 군벌, 조정신하 대 환관의 다툼이다.

이들이 미묘하게 얽혀서 당 말기의 정쟁은 매우 복잡한 양상을 띠었다. 그것은 일일이 설명할 필요도 없을 것이다.

전령자 때문에 희종이 한중(漢中)으로 끌려가 있는 동안에 주매(朱玫) 등이 황족의 한 사람인 양왕(襄王) 이온(李熅)을 세웠으나 왕중영이 이를 죽여 버렸다.

문덕(文德) 원년(888), 희종은 겨우 장안으로 돌아왔지만, 봉상을 출발할 무렵에 병에 걸렸는지 2월에 장안에 도착하고 3월에 세상을 떠났다. 향년 27세였다.

희종의 아우인 수왕(壽王) 이걸(李傑)이 옹립되었으니 이가 소종(昭宗)이다. 소종은 형인 희종보다는 훨씬 영명했지만, 이미 뒤틀린 궁정 관계 속에서 제대로 재능을 발휘하기란 지극히 어려운 일이었다.

희종을 졸졸 따라다니던 환관 전령자는 병 치료를 빙자하여 사천에 그대로 머물렀다. 소종을 옹립하는 데 공이 컸던 십군관군용사(十軍觀軍容使) 양복공(楊復恭)이 환관의 제일인자가 되어 전령자의 뒤를 이었다. 소종은 걸(傑)이라는 이름을 민(敏)으로 고쳤다.

주전충과 이극용의 다툼은 주전충이 우세한 가운데 진행되었다. 주전충은 조정에 밀착해서 힘을 기른 데 반해, 이극용은 멋대로 태원(太原)으로 철수하여 '조적(朝敵, 조정에 반역하는 적-옮긴이)'이라는 위치에 섰기 때문이었다.

하지만 이 무렵이 되자 이제 누구도 '조적'이 되는 것을 두려워하지 않았다. 소종 대순(大順) 원년(890)에 조적이 된 이극용은 출동한 정부군을 격퇴했다. 이듬해 조정은 이극용의 강력한 요청으로 일단 낮추었던 그의 관작을 원래대로 되돌리고 아울러 중서령(中書令)이라는 칭호도 내려 주었다. 아무래도 힘이 모든 것을 말해 주는 시대가 된 것이다.

소종의 장인인 왕괴(王瓌)가 절도사가 되기를 바랐기 때문에 소종은 인사를 관장하는 환관 양복공에게 이를 부탁했으나 "안 된다"는 말을 들었다. 양복공은 사천에서 돌아오지 않는 전령자를 대신해 이제 환관의 최고 영수가 되어 있었다. 그의 가자(假子)는 모두 절도사나 자사가 되었다. 가자란 글자 그대로 가짜 아들, 다시 말해 양자를 뜻한다. 환관은 자식을 낳지 못하므로 이런 식으로 가자를 만들었다. 자신의 가자에게 줄 절도사 자리도 없는데 황후의 아버지에게 귀중한 자리를 줄 리가 없었다.

하지만 왕괴는 자꾸만 궁중에 출입했다. 그래서 양복공은 먼저 왕괴를 검남(黔南) 절도사로 추천하고, 산남서도(山南西道) 절도사인 양수량(楊守亮)을 시켜서 부임하러가는 왕괴 일행을 죽이게 했다. 양수량도 양복공의 가자 중 한 사람이었다. 이 일로 격분한 소종은 양복공을 봉상감군으로 임명하여 중앙에서 추방하려고 했다. 하지만 양복공은 이 인사에 불만을 품고 병을 핑계로 부임하지 않았다. 소종은 병을 이유로 양복공을 파면했다.

양복공은 소종을 옹립한 인물이다. 원래 희종의 아우 중에서 후계자로서 가장 하마평이 높았던 사람은 길왕(吉王) 이보(李保)였다. 그를 물리치고 소종을 추대했으니, 양복공은 자신이 황제의 은인이라고 생각했던 것이다. 그런데 소종은 주저 없이 그를 파면해 버렸다.

이것은 소종이 영명했다기보다는 환관의 힘이 차츰 쇠퇴하고 있음을 보여 주는 증거다. 그토록 한 세대를 풍미했던 전령자도 사천에 틀어박혀 지낼 수밖에 없었다. 환관은 많은 가자를 만들었는데, 이것 역시 환관의 힘이 약해졌음을 보여 주는 또 다른 증거라고 할 수 있다. 가자를 많이 만들어서 유사시를 대비하려는 것이기 때문이다. 양복공은 한중으로 도망쳐서 조정에 반항했다.

봉상절도사 이무정(李茂貞)은 양복공 토벌이라는 명목으로 산남서도 초토사를 겸했다. 한중이 함락되고 양복공이 오지로 달아남으로써 사건 이 거의 마무리되자, 소종은 이무정의 겸직을 해제하려고 했다. 한 사람 의 손안에 너무도 큰 권력이 집중했기 때문이다. 그런데 이무정은 그 뜻 을 거역했다.

황실의 권위를 회복하는 데 전력을 쏟던 소종은 이무정 토벌을 결의 했다. 이 무렵 가장 신임을 얻고 있던 재상은 두양능(杜讓能)이었는데, 그 에게는 또 다른 재상인 최소위(崔昭緯)라는 정적이 있었다. 최소위는 두 양능을 실각시키기 위해 이무정에게 두양능이 토벌을 진언했다고 몰래 알려 주었다.

조정이 파견한 황족의 장군은 토벌은 고사하고 이무정군에게 여지없 이 짓밟혔다. 이무정군은 패주하는 '토벌군' 뒤를 쫓아 장안으로 들어갔 다. 이무정은 협박하듯 두양능을 주살할 것을 황제에게 요구했다.

이무정 토벌은 황제의 뜻이었고 두양능은 오히려 그것을 말렸으나, 이 무정에게는 엉뚱한 이야기로 전해졌다. 두양능을 아낀 소종은 양복공을 대신하여 환관의 우두머리가 된 서문군수(西門君遂) 등 3명을 참수하고,

과인을 미혹케 한 것은 이 세 사람이다. 두양능은 아무 죄도 없다.

며 이무정에게 전했다. 하지만 이무정은 듣지 않았다. 소종은 어쩔 수 없 이 가장 신임하는 두양능을 죽일 수밖에 없었다.

황실의 위신을 회복하려고 손을 쓴 일이 오히려 그것을 저하시키는

꼴이 되었다. 너무도 큰 권력이 한 사람에게 집중되지 않게 하려고 했지만, 이무정은 봉상, 산남서도, 무정(武定), 천웅(天雄) 이렇게 4개 번진의 절도사를 겸하게 되었다.

하지만 이 사건에서 분명히 깨달은 것은 권력투쟁의 무대에서 환관이 차츰 탈락하고 있다는 사실이다. 이제 힘의 시대가 되었다. 단순한 권력이 아닌 무력을 배경으로 한 실력만이 도움이 되었다. 황실조차 무력 앞에서는 죽이고 싶지 않은 총신(寵臣)까지 죽여야 했다. 환관들이 잘하는 음습한 음모는 이미 통하지 않았다. 생각하기에 따라서는 깨끗하게 힘과 힘이 맞서서 일을 결정하는 시대가 온 것이다.

허무하게 무너진 세계 제국

실력의 시대였다. 그것은 남북조 이후 이어져 온 귀족사회가 붕괴되었음을 의미했다. 무엇보다 문벌을 중시하던 시대는 지나갔다. 성당(盛唐) 이후, 문벌이 없는 인물이라도 진사에 합격하면 관계에서 활약할 수 있게 되었다. 하지만 그것에 반발하는 감정이 '우이(牛李) 당쟁'을 낳았다. 진사라고 해도 그렇게 어려운 시험에 합격하려면, 드물게 예외는 있지만 여유 있는 집안에서 자란 사람이어야 했다. 당나라 초기, 건국의 원훈 가운데도 도적떼 출신자가 재빨리 귀족화했듯이 진사 출신 고관도 귀족화했다. 하지만 당나라 말기는 문자 그대로 실력주의의 시대다. 실력이란 무력을 말하므로 '군벌의 시대'라고 바꿔 말해도 좋을 것이다.

이극용은 터키계로 볼 수 있는 사타족의 수장이었다. 주전충은 원래 황소의 핵심 간부였다. 이 막강한 두 군벌 사이에서 무럭무럭 힘을 키운 이무정은 일개 병졸에서 장군으로 출세한 인물이다. 이무정은 이극용과 주전충보다 힘은 약간 뒤졌지만, 봉상을 중심으로 한 그의 세력권이 장안과 가깝다는 지리상의 이점을 충분히 살려서 힘을 길렀다.

장안에서는 소종 혼자서 초조해했다. 당 왕조의 위신을 회복하려고 노력했으나, 손을 쓰는 일마다 역효과를 낳아 위신만 떨어질 뿐이었다.

세 실력자는 각각 대리인을 재상에게 보내 자신의 입지를 굳히기 위해 공작을 펼쳤다. 환관들도 파벌이 나뉘어 음모를 꾀했으나 그들은 이미 힘이 없었다. 소종은 군대 지휘를 황족에게 맡기려고 했다. 육친 말고는 신임하지 못하는 것이 이미 말기적인 증상이라고 할 수 있다. 20세기 초, 청나라가 멸망하기 직전에도 '친귀내각(親貴內閣)'이라고 부르는 정권이 탄생했다. 정권을 황족으로 구성했으나 왕조의 멸망을 막지는 못했다.

불꽃은 꺼지기 직전에 마지막으로 한 번 거세게 타오르는 법이다. 당나라의 환관도 전멸 직전에 잠시 기세가 올랐던 시기가 있었다.

최사입(崔四入)이라는 재상이 있었다. 본명은 최윤(崔胤)이고 명문 출신이었다. 네 번이나 궁중에 들어가 재상이 되었기 때문에 사입(四入)이라는 별명이 붙었다. 실각했다가 다시 복귀하기를 되풀이했는데, 복귀할 수 있었던 것은 그의 배후에 주전충의 힘이 있었기 때문이었다.

최윤의 아버지 최신유(崔愼由)도 선종 때 재상을 지냈다. 그가 원래 황소의 간부였던 주전충과 손잡은 것은 일종의 방편에 지나지 않았다. 그가 이상으로 삼은 것은 옛날 그 좋았던 귀족사회의 부활이었다. 그의 첫 번째 목적은 역대 황제를 주물러 온 환관세력을 멸망시키는 것이었다. 그는 봉상의 이무정에게 군사 3천을 파견해서 장안에 주둔할 것을 요청했다. 그 목적은 아직 환관 한전회(韓全誨), 장언홍(張彦弘) 등의 수중에 있는 장안의 신책군(神策軍)을 제압하기 위해서였다. 하지만 한전회 등은 일찍이 봉상 감군사(監軍使)로서 이무정과 관계가 있던 인물이다. 하지만 최윤의 목적은 빗나가고 봉상에서 온 3천 병력은 오히려 환관의 힘을 키워주는 결과를 낳았다.

환관에게 가장 농락당한 사람은 다름 아닌 황제였다. 소종은 환관을 매우 증오했다. 최윤은 소종과 남몰래 환관 주멸 작전을 짰지만, 그것이 환관 쪽에 누설되었다. 이때가 봉상 3천 우군(友軍)을 얻은 환관의 힘이 스러지기 직전의 불꽃처럼 일시적으로 커진 시기에 해당한다.

황제와의 계획이 누설된 것을 안 최윤은 위험을 느끼고 주전충에게 도움을 요청했다.

주전충이 움직인 것을 안 환관들은 황제를 봉상으로 모셔 갔다. 주전충이 장안으로 군사를 진격시켰을 때, 소종은 이미 없었고 최윤 같은 관료만 있었을 뿐이다. 주전충은 관료들을 자신의 세력권인 화주(華州)로 옮겼다. 이것이 천복(天復) 원년(901)의 일이다.

이듬해 천복 2년(902), 주전충은 맹렬하게 봉상을 공격했다. 봉상의 이무정은 주전충의 맹공을 견디지 못하고 마침내 항복했다. 소종의 인도와 환관 주멸이 그 조건이었다.

이무정은 10도(道) 12주(州)를 지배하고 소종을 옹립하여 천하를 호령하고 머지않아 선양으로 제위에 오르려고 했다. 하지만 그의 야망은 주전충으로 인해 무너지고 말았다.

사귀(四貴)라고 불린 환관 한전회, 장언홍, 원역간(袁易簡), 주경용(周敬容)을 비롯해 이계균(李繼筠) 등 간부 환관 16명이 살해되어 그 목이 주전충에게 보내졌다. 주전충과 최윤은 봉상성에 들어가 다시 환관 70여 명을 붙잡아 죽였다. 장안에 남아 있던 환관도 모조리 살해되었고, 각지의 군에 감군(監軍)으로서 파견된 환관도 대부분 살해되었다.

당나라 중기 이후 조정에 어두운 그림자를 드리웠던 환관 문제는 이로써 단번에 해결되었다. 황제도 귀족도 번진도 모두 환관을 증오했다. 그 때문일까? 환관주멸은 큰 문제없이 물 흐르듯 진행되었다.

귀족 최윤은 일단 첫 번째 목적을 이루었다. 최윤은 황제의 가노(家奴)에 지나지 않던 환관이 이제껏 귀족을 능가하는 위세를 떨친 것이 참기 어려웠다. 최윤의 다음 계획은 스스로 힘을 키우는 것이었다. 실력시대이므로 아무래도 무력을 갖춰야 했다. 최윤은 새로운 군대를 만들고자 했다.

봉상 작전 뒤, 주전충은 그 본거지인 대량(大梁)으로 돌아가고, 장안에는 조카인 주우륜(朱友倫)을 남겨 두었다. 천복 3년(903) 10월, 주우륜이 격구 경기를 하다 말에서 떨어져 죽었다. 주전충은 이 소식을 듣고 격노하여 함께 격구를 했던 10여 명을 죽여 버렸다. 말도 안 되는 재난이었다. 게다가 주전충은 조카의 죽음이 계획된 것이라고 의심했다. 그리고 계획한 주모자는 틀림없이 재상 최윤이라고 생각했다.

그 무렵 최윤은 6군(좌우용무, 우림, 신책)이 유명무실해진 것을 이유로 새롭게 군사 6,600명을 모집하여 그들을 훈련시켰다. 주전충은 부하도 응모하게 하여 신군(新軍) 속에 잠입시켰다. 선양으로 당 왕조를 찬탈할 계획을 세운 주전충은 이를 방해하는 세력은 서둘러 제거하고자 했다. 자신에게 동조하면서도 실은 과거 성당(盛唐)의 시절로 되돌리려는 최윤은 선양을 반대하는 큰 세력이 될 것이었다. 새로운 군사 훈련도 그런 생각에서 나왔다는 점을 간파했다.

천복(天復) 4년(904, 4월에 천우(天祐)라고 고침) 정월, 주전충은 마침내 군사를 움직여서 최윤의 집을 에워싸고 그 일당을 죽여 버렸다.

주전충은 이어서 소종과 관료, 거민(居民)들을 강제로 낙양으로 이주시켰다. 마침내 선양극을 연기하게 된 것이다. 소종은 도중에 살그머니 여러 번진에 도움을 요청하는 밀칙을 보냈다.

봉상의 이무정, 하동의 이극용, 회남의 양행밀(楊行密), 서천(사천)의 왕건(王建), 그리고 조광응(趙匡凝), 양숭본(楊崇本) 같은 유력한 절도사가 밀칙을 받고 열심히 주전충 타도의 목소리를 높였다. 하지만 다들 소리만 낼 뿐이었다. 섣불리 움직였다가는 자신의 본거지를 누군가에게 빼앗길 위험이 있었다. 각 번진도 당 왕조에 그다지 충성심을 갖지는 않았다.

목소리를 높인 절도사 중에 양숭본은 이계휘(李繼徽)라고도 불렀다. 왜냐하면 그는 이무정의 가자였기 때문이다. 가자를 만드는 것은 환관만이 아니었다. 번진의 군인들도 부하의 충성을 보증하기 위해 가자 관계를 맺는 경우가 있었다.

다만 귀족만큼은 끝까지 가자를 만들지 않았다. 혈통을 지나치게 중시한 그들은 가자 따위를 만들면 그 문벌이 불명료해진다고 생각했던 것이다.

각지에서 주전충 토벌의 목소리가 일어난 것은 소종에게 불행한 일이었다. 일이 시끄러워지자 주전충은 소종을 깨끗하게 죽여 버렸다. 어린 왕에게 선양을 받는 편이 낫다고 생각한 모양이었다. 소종은 향년 38세였다.

휘왕(輝王) 이조(李祚)가 13세의 나이로 즉위하고 이름을 축(祝)으로 고쳤다. 이가 바로 소선제(昭宣帝)라고 부르는 당나라 마지막 황제다. 후사를 이을 자식이 없었기 때문에 역대 황제와 같은 종묘호(宗廟號)가 없다. 소선제는 천우 원년(904) 4월에 즉위했다.

소선제가 주전충에게 선양한 것은 3년 뒤인 천우 4년(907)의 일이다. 이로써 당 왕조는 멸망했다. 마지막 수년 동안은 이미 당의 천하라고 할 수 없었다. 황소의 난으로 당은 실질적으로 천하를 잃었다고 봐야 한다. 그 위령(威令)은 장안 부근에만 겨우 미쳤으니 지방 정권의 하나였던 셈이다.

각지의 번진은 황소의 난으로 더욱 자립성을 키워 갔다.

당이 멸망하고 주전충이 국호를 대량(大梁)이라 칭하고 제위에 올랐으나, 그의 정권도 천하를 다스리지 못했다. 역시 지방정권의 하나였을 뿐이었다.

역사가들은 주전충의 왕조를 '후량(後梁)'이라고 부른다. 각지에 그것과 어깨를 나란히 할 정도의 실력자가 할거했다. 그들은 주전충의 왕조를 인정하지 않았다.

아무도 세계제국이라 칭송하던 당 왕조가 그렇게 허무하게 멸망할 줄은 몰랐다. 고조(高祖) 이연(李淵)이 선양을 받은 이후, 당나라는 국가를 유지한 지 290년 만에 멸망했다. 주전충이 선양을 받을 때, 다양한 임무를 맡았던 사람들은 다름 아닌 당나라의 가신들이었다. 제위에 오른 주전충을 욕한 사람은 오직 주전충의 형뿐이었다.

나라를 내준 당나라의 소선제는 제음왕(濟陰王)으로 봉해졌으나, 이듬해 조주(曹州)에서 독살되었다. 17세의 어린 나이였다. 그의 아홉 형제는 그전에 모두 살해되어 구곡(九曲)이라는 연못에 던져졌다.

오대 이야기

귀족사회를 깨뜨린 머슴 출신 황제

당나라가 멸망한 뒤부터 송나라가 통일할 때까지의 약 반세기를 보통 '오대(五代)'라고 부른다. 하지만 정확하게는 '오대십국(五代十國)'이라고 불러야 한다.

중원에서는 다섯 왕조가 정신없이 교체되었는데 모두 전국적인 정권은 되지 못했다. 이와 때를 같이하여 중원 이외의 지방에서는 주로 당나라 말기의 절도사들이 할거하며 10개 나라를 세웠다. 중원의 '오대'와 지방의 '십국'이 병존한 시대였다.

후량(後梁)이 오대의 필두였음은 말할 나위도 없다. 다만 '후(後)'라는 글자는 남북조의 양(梁)과 혼동하기 쉬우므로 역사가들이 편의상 붙인 것이다. 후량의 태조로 불리는 인물은 황소의 난에 참가하고 훗날 당으로부터 선무(宣武) 절도사로 임명된 주전충(朱全忠)이었다. 전충이라는 이름은 당 왕조에서 하사한 것으로 원래 이름은 온(溫)이었다. 황제가 된 뒤에는 황(晃)이라 개명했다.

주전충은 탕산(碭山, 안휘성 북단)의 빈농 출신으로 일찍이 아버지를 여의고 호족의 집에서 머슴으로 일하다 뛰쳐나와 황소의 난에 참가했다. 더구나 황소를 배신하고 당나라에 붙는 등 전형적인 난세의 영웅이라고 할 수 있는 인물이었다. 하지만 오래 이어진 귀족사회 체제를 깨뜨리는 데 주전충보다 적합한 자는 없었다.

당이 그토록 애를 먹던 환관을 주전충은 너무도 간단히 전멸시켰다. 구체제에 전혀 익숙하지 않았기 때문에 그와 같은 결단을 내릴 수 있었을 것이다. 참모인 이진(李振)이라는 자가 당나라 고관들을 황하에 던지자고 제안하자, 주전충은 그거 참 재미있겠다며 즉시 실행했다. 여러 번 진사에 낙방한 이진은 진사가 되어서 큰소리치는 당나라 고관들이 미웠던 것이다. 그들은 환관을 탁류(濁流)라 비방하고, 자신들은 청류(清流)라고 자찬했다. 청류라고 자만하는 놈들을 탁류 속에 집어던져 주겠다는 생각이었다. 이때 살해되어 탁류에 던져진 사람은 당나라 재상 배추(裴樞)와 최원(崔遠), 독고손(獨孤損) 같은 고관들이었다. 이 잔인한 수법이 주전충의 본성이었다.

후량은 변주(汴州)를 동부(東部)라고 부르고, 낙양을 서부(西部)라고 불렀다. 변주는 오늘날 개봉시(開封市)에 해당한다. 제위에 오른 주전충의 세력이 가장 번영했을 때 70여 주(州)를 지배했다고 하는데, 천하가 400여 주(실제로는 350정도)라고 하니 후량은 천하의 5분의 1밖에 지배하지 못한 셈이다. 하지만 황하 중류의 이른바 중원을 장악했으니 중앙정부처럼 보였다.

소선제에게 선양을 받았다고 해도 모든 사람이 그것을 승인한 것은 아니다. 그와 숙적 관계였던 사타족의 이극용은 특히 후량을 눈엣가시로 여겼다. 봉상(鳳翔)의 이무정(李茂貞)도 일찍이 주전충 때문에 소종(昭宗)을 빼앗긴 적이 있어 후량의 존재를 인정하지 않았다. 그리고 스스로 기(岐)라는 국호를 세우고 자신을 왕이라 칭했다.

이극용은 주전충이 즉위한 이듬해에 죽었다. 그 무렵 이극용은 이미 진왕(晉王)을 칭하고 있었는데, 그가 죽자 장남인 이존욱(李存勖)이 뒤를 이어 후량의 맹공을 막아 냈다. 황제가 되었을 당시는 주전충도 힘이 좋아 전쟁도 잘 치렀지만 시간이 지나면서 단점이 나타났다. 성질이 거칠기만 했지 섬세한 마음 씀씀이가 부족했다. 신상필벌(信賞必罰)은 좋았으나, 패전이나 실책에 대한 처벌이 지나치게 가혹했다. 그의 측근에 이름난 참모가 없었기 때문이다.

예를 들면 회남(淮南)에 군사를 보내는 바람에 그곳의 세력과 봉상의 이무정이 결탁하게 만들었다든지, 조(趙)나라의 왕용(王鎔)을 공격하여 그가 숙적인 진(晉)과 손잡게 했다. 분명한 전략상의 실수였다. 결과를 깊이 생각하지 않고 폭주하는 성격 때문이었다.

앞에서 이야기했듯이 당시의 절도사는 환관과 마찬가지로 많은 가자(假子)를 만들었다. 후량의 태조 주전충도 가자를 많이 두었는데, 그중에서도 주우문(朱友文)을 신뢰하여 재정 쪽 일을 맡겼다. 그것까지는 좋았는데, 주전충은 여자를 대하는 버릇이 고약해서 여러 자식의 처에게까지 손을 뻗치는 추태를 보여 평판이 좋지 않았다.

왕용을 공격하는 바람에 진(晉)의 사타족 기병에게 괴롭힘을 당했고, 이 일로 실의에 빠져 병에 걸린 주전충은 낙양으로 돌아와 병상에 누웠다. 벌써 60을 넘은 나이였으니 후계자를 생각해야 할 때였다. 그는 가자인 주우문을 후계자로 선택하려는 뜻을 비쳤다. 그것은 주우문의 아내 왕씨가 주전충의 마음을 사로잡았기 때문이라고 한다. 어쨌든 병상에 누운 주전충은 동부에 있던 주우문을 불러들이려고 했다. 이 사실을 안 주전충의 차남 우규(友珪, 장남은 일찍 죽었다)가 이에 불만을 품었다. 병상의 주전충은 우규를 내주(萊州) 자사로 내보내기로 결정했다.

그 무렵, 주전충은 가신을 좌천시킨 뒤 죽이는 일이 많았다. 차남 주우규는 아버지께 매를 맞은 일도 있어 평소에도 아버지를 그다지 좋아하지 않았다. 궁지에 몰린 주우규는 마침내 병상에 누운 아버지를 죽이고 나아가 그 죄를 주우문에게 덮어씌워서 죽인 다음 스스로 제위에 올랐다.

주우규는 아버지에게 미움을 받은 만큼 어지간히 평판이 좋지 않았던 모양이다. 제위에 오르자 갑자기 음란한 생활을 시작해 안팎으로 분노의 표적이 되었다. 다시 주전충의 셋째 아들인 주우정(朱友貞)이 일어나 우규를 죽이고 제위에 올랐다.

후량이 이처럼 어수선할 때, 북방에서는 이극용의 아들인 이존욱이 차근차근 실력을 쌓고 있었다. 그는 오직 전투에만 용감한 사타족의 기병을 조직화하는 데 성공했다.

이존욱은 후량의 판도를 차츰 무너뜨렸다. 후량은 최전성기에 70여 주를 지배했으나, 이존욱에게 잠식당해 결국 20여 주밖에 확보하지 못한 상태였다.

의심많은 까막눈이 황제

이존욱은 남쪽의 후량뿐만 아니라 동쪽의 연(燕)에도 출병하여, 마침내 923년에는 국호를 당(唐)이라 하고 제위에 올랐다. 후량은 이해에 멸망했다. 역사가들은 이존욱이 세운 당나라를 '후당'이라고 부른다. 후량은 16년밖에 유지하지 못했다. 하긴 관점에 따라서는 16년이나 견딘 것도 대단하다고 할 수 있다.

후량의 주전충은 성격이 매우 과격했는데, 출신이 빈농인 만큼 환관과 고관에게는 가혹하게 굴었으나 빈농에게는 동정심이 있었다고 한다.

이존욱은 후당의 장종(莊宗)이라 불렸다. 그의 아버지 이극용은 진나라 땅에 봉해졌으니, 상식적으로 말하면 나라를 세울 때 국호를 진으로 했어야 한다. 굳이 당이라고 칭한 것은 이존욱이 당에 심취했기 때문이다.

주전충이 일단 파괴해 버린 당나라 말기의 여러 가지 부패한 것들을 이존욱은 아깝다는 듯 하나하나 주워 올렸다. 환관이 부활했고 현종(玄宗)의 이원(梨園)을 본떠서 황실 연극도 부활했으며, 황제 자신이 '이천하(李天下)'라는 예명으로 연극에 출연하는 형편이었다.

즉위 전의 이존욱에게는 늠름한 면도 있었지만, 황제가 된 뒤로는 완전히 형편없는 인간이 되어 버렸다.

전공 있는 사령관에게 '감군(監軍)'으로서 환관을 파견했다. 이 역시 당나라 제도를 본뜬 것인데 용맹한 사타족 장군은 환관 따위의 견제를 받는 것에 불만이었다.

여력이 있어서 당나라 흉내를 내고 사치하는 것이라면 몰라도, 사실 병사의 급료조차 제대로 주지 못하는 상황이었다.

그래도 장종 이존욱은 사천 토벌에 성공하여 더욱 자신감을 가졌다. 사천 원정에서는 장종의 장남 이계급(李繼岌)이 도통(都統)이었으나, 실제 지휘관은 도초토사(都招討使)인 곽숭도(郭崇韜)였다. 그런데 장종은 환관의 참언을 믿고 곽숭도를 죽여 버렸다.

불만은 각지로 퍼져 나갔다. 일찍이 장종이 즉위한 연고의 땅 위주(魏州)에서도 반란이 일어났다. 업도(鄴都)에서 일어난 반란에 장종은 이사원(李嗣源)을 보냈다. 이사원은 이 때 이미 60이 넘은 나이였는데, 이극용에게 인정을 받아 그의 가자가 된 인물이었다. 장종을 단념한 부하들과 업도의 반란군은 이사원을 추대하여 낙양에 있는 장종을 공격하기로 했다. 낙양의 부대도 장종을 위해 싸울 생각이 없었다. 그들은 장종을 죽이고 이사원에게 투항했다.

이사원은 이극용의 가자이므로 후당의 황제가 될 자격이 있었다. 그는 옹립되어 제위에 올랐는데 오대 가운데서도 명군으로 손꼽히는 명종(明宗)이 바로 이 사람이다.

명종은 장종이 한 일을 잇달아 뒤엎었다. 먼저 공겸(孔謙)이라는 재상을 참수했다. 공겸은 장종의 사치스러운 궁정생활을 꾸려 나가기 위해 갖은 수단을 동원해서 백성을 착취했던 인간이었다.

엄한 법으로 백성을 못살게 굴고, 무거운 세금으로 상감에게 바쳤다.

라는 내용이 『구오대사(舊五代史)』에 기록되어 있다. 피폐한 백성에게서 짤 수 있을 만큼 쥐어짜서 장종의 사치스런 생활 자금으로 바친 것이다. 공겸의 마법사 같은 징세 능력에 감탄한 장종은,

풍재섭국공신(豊財贍國功臣)

이라는 칭호를 내렸다. 재물을 넉넉히 하고 나라를 살찌게 한 공신이라는 뜻이다. 이 나라에 일반 백성은 포함되지 않았다. 서민들은 재물을 착취당하고 도탄의 괴로움에 허덕였다. 이 화려한 칭호는 일반 백성의 증오위에 만들어진 것과 다름없다. 사타족 평민 출신인 명종 이사원은 서민들과 가까이 지냈기 때문에 이러한 사실을 잘 알았다. 그래서 권력을 쥐자 제일 먼저 공겸을 주살하고 그가 정한 가혹한 법령을 폐지했다.

이어서 명종은 각지의 군대에 장종 시절에 파견한 환관 감군을 죽이라고 명했다. 각지에 감군으로 파견된 환관들은 장종의 위세를 믿고 절도사와 권력투쟁을 벌였기 때문에 장병들의 원한이 매우 깊었다.

나아가 장종이 당을 본떠서 제정한 궁정제도를 대폭 간소화했다. 궁녀 100명, 잡일을 하는 환관 30명, 교방(教坊)의 악인(樂人) 100명, 응방(鷹坊)의 매사냥꾼 20명, 주방의 요리인 50명으로 정원을 대폭 삭감했다.

명종은 정규 교육을 받지 않았다. 따라서 글을 몰랐다. 지방에서 올라온 상주문은 추밀사(樞密使) 안중회(安重誨)가 대신 읽었는데, 당시 상주문은 수사가 잔뜩 들어간 사륙변려체(四六騈儷體)라는 문체로 쓰여서 명종은 들어도 이해하지 못할 때가 있었다. 안중회 역시 읽다가 지쳐 버리는 일이 적지 않았다. 그래서 알기 쉽게 해설할 수 있는 사람이 필요해 단명전학사(端明殿學士)를 두었다. 그 자리에 뽑힌 사람이 훗날 재상이 된 풍도(馮道)다. 풍도는 역사상 이름 높은 인물로 나중에 자세히 다루기로 한다.

후당의 명종은 오대 임금 중에서 좋은 군주에 속했으나 명군으로서는 깊이가 부족했던 모양이다. 그는 평민 병졸 출신으로 매우 솔직했다.

그런 만큼 안중회의 중상모략으로 재상인 임환(任圜)을 죽이고, 나중에는 다시 안중회를 의심해서 죽였다. 의심이 생기면 죽이는 솔직함의 나쁜 면이 드러난 것이다. 그래도 명종 재위 7년 동안 전쟁은 적었고 풍년이 계속되었다.

애석하게도 명종은 너무 늦게 즉위했다. 60세가 넘어서 제위에 오른 것이다. 좀 더 젊었다면 아마 다른 국호를 세웠을 것이다. 옹립되어 제위에 올랐을 때 새롭게 국호를 세울 것인지 문제가 되었으나, 그는 후당의 2대 황제가 되는 길을 선택했다. 처음부터 새롭게 나라를 만들기에는 나이가 너무 많다는 것을 잘 알았던 것이다.

만년에 병이 들자 그는 자주 장병들에게 은사를 베풀었다. 이는 장종이 군대에 지불할 급료를 아끼다가 병란이 일어난 것을 교훈으로 삼았기 때문이다. 그러나 이 일은 군대를 교만하게 만들었다.

황제의 병이 심해지면 후계자 다툼이 일어나는 법이다. 특히 후당은 수장인 후계자를 실력으로 겨뤄서 결정하는 유목국가의 관습이 강했다.

명종의 차남 이종영(李從榮)은 너무 서둘렀다. 장남인 종경(從璟)이 이미 죽었기 때문에 서열로 치면 그가 가장 유리했다. 이종영이 아버지 명종을 문병 갔을 때 명종은 확실한 언질을 주지 않았고, 얼마 후 궁중에서 곡소리가 들려와 그는 아버지가 사망한 줄 알았다. 그래서 군사를 이끌고 궁중으로 들어가 계승권을 확실히 손에 넣으려고 했다. 그런데 뜻밖에 명종은 살아 있었고, 이종영은 반역을 꾀했다 하여 살해되었다.

이 소동 뒤에 명종이 죽고, 셋째인 이종후(李從厚)가 즉위했으니 이가 민제(閔帝)다.

불타 죽은 말제

후당 3대 황제인 민제의 지위도 그다지 안정된 것은 아니었다. 그에게는 두려운 경쟁상대가 둘이나 있었다. 한 사람은 명종의 가자인 봉상절도사 이종가(李從珂)로 매우 유능한 인물이었다. 명종 역시 이극용의 가자였는지라 후당에서는 가자가 후계자가 되는 것에 거부감이 없었다. 나머지 한 사람은 명종의 사위인 하동절도사 석경당(石敬瑭)이었다.

민제는 이종가를 하동절도사로, 그리고 석경당을 성덕(成德) 절도사로 옮겨 그들을 근거지에서 떼어 놓으려고 했다. 그들은 본거지를 떠나는 것만으로 일이 끝날 것이라 생각하지 않았다. 도중에 습격을 받아 살해되는 것도 각오해야만 했다.

이종가는 봉상에서 반기를 들었다. 민제는 당연히 대군을 동원하여 봉상 토벌을 명했다. 그런데 후당의 군대는 이미 '교병(驕兵)'이 되어 있었다. 명종이 만년에 너무 잘 대해 준 것도 한 원인이었다.

봉상까지 간 토벌군은 토벌은커녕 이종가에게 투항하여 은상까지 받았다. 이종가는 성내의 온갖 재물을 긁어모아 그들에게 주었다. 그래도 전쟁보다는 싸게 먹혔다. 장병들로서는 투항만큼 짭짤한 장사도 없었다.

투항병을 수용한 이종가는 반대로 봉상에서 낙양을 향해 진격했다. 민제는 장병에게 은상을 주어 방어군으로 출동시켰다. 하지만 이 군대 역시 모두 이종가군에게 투항했다. 은상을 이중으로 받은 것과 다름없었다.

이리하여 민제는 즉위한 이듬해에 이종가에게 정권을 빼앗기고 목숨을 잃었다.

이종가는 원래 왕(王)씨 성(姓)이었다고 한다. 진주(鎭州) 평산(平山) 사람으로 모친은 위씨(魏氏)였다. 그 무렵 명종은 이극용의 기장(騎將)으로서 평산 부근에서 작전 중이었는데 위씨를 빼앗아 첩으로 삼았다. 위씨에게는 열 살 난 아들이 있었는데, 그가 바로 이종가였다고 한다. 가자라기보다는 처가 데리고 들어온 자식라는 관계였다. 『구오대사』는 이종가를 말제(末帝)로 부르고, 『신오대사』는 폐제(廢帝)라고 부른다. 여기에서는 말제라고 부르기로 한다.

말제(末帝) 이종가가 낙양에 들어와서 발견한 것은 텅 빈 국고였다. 그가 봉상에서 한 짓을 민제도 낙양에서 저지른 것이다. 도중에서 투항한 장병에게 은상을 약속했던 것도 낙양의 국고를 믿었기 때문이다. 은상으로 줄 재물을 어떻게든 변통해야 했다. 그래서 그는 가렴주구를 행했다.

말제가 두려워한 대상은 민제 역시 두려워했던 석경당(石敬瑭)이었다.

석경당은 후당의 조상인 이극용과 마찬가지로 서돌궐 출신이라고 한다. 서돌궐의 일파인 사타(沙陀)에 관해서는 여러 가지 설이 있다. 서돌궐의 처월종(處月種)이라고도 하고, 한 부족의 이름이 아니라 사타적(沙陀磧)이라고 부르는 지방에 있던 돌궐을 뭉뚱그려 부른다는 설도 있다. 석경당의 아버지는 이름이 얼럴계(臬捩鷄)라고 하는데 역시 돌궐 풍으로 들리는 이름이다. 얼럴계는 이극용을 따라 공을 세우고 관직은 명주자사(洺州刺史)에 이르렀다. 말하자면 사타족 내의 명문이다. 그 아들이 왜 석(石)이라는 성을 쓰게 되었는지, 사서는 모두 '그 성(姓)의 유래를 알 수 없다'고 적을 뿐이다. 오호십육국 시대 후조(後趙)의 창시자 석륵(石勒)의 성씨에 관해서는 중앙아시아의 석국(石國, 타슈켄트)과 관계가 있다는 설이 있다. 아니면 석경당은 화북에 대제국을 세운 유목민출신 석륵을 의식해서 같은 성을 쓴 것인지도 모른다.

말제도 민제와 똑같이 조치했다. 하동절도사로서 진양(晉陽, 산서성 태원)에 있던 석경당을 태평(太平) 절도사로 옮기기로 한 것이다. 그 본보기는 말제 이종가 자신이었다. 반란을 일으킬 것인지 아니면 죽음을 당할 것인지 양자택일 한다면, 누구나 전자를 선택할 것이다. 석경당은 부임을 거부했으니 이는 반란과 다름없었다.

후당의 세력은 아직 강했다. 후당군에게 포위된 석경당은 그것을 견딜 자신이 없었다. 이때 모신(謀臣) 상유한(桑維翰)이 거란족에게 원군을 요청하라고 진언했다.

거란족은 몽골 종족의 한 파다. 4세기 무렵부터 내몽골의 초원에서 돌궐, 위구르(回紇), 고구려, 당 등에 속하면서 유목생활을 했다. 그들의 거주지역에서는 유목과 함께 농경도 행하고 있어 거란족 국가도 이원적인 성격을 띠었다. 무측천 시절에 당에서 이탈하려다 실패했다. 그러나 남쪽의 당이 쇠약하기 시작하고, 북쪽에도 아직 강적이 나타나지 않은 동안에 야율아보기(耶律阿保機)라는 수장이 등장해 마침내 염원하던 독립을 이루었다. 야율아보기 밑에는 한인(漢人) 가신이 많아 그는 유목민의 부족연합 수장임과 동시에 농경민의 형제 같은 성격을 겸한 존재였다. 민족의 흥륭기(興隆期)에 해당한다고나 할까, 강성해진 거란족은 서쪽으로는 당항(黨項, 퉁구트), 토곡혼(吐谷渾)을 공격하고, 동쪽으로는 발해국(渤海國)을 타도했다.

석경당이 원조를 요청했을 때, 거란은 동서로 우환이 없어 안심하고 군대를 동원할 수 있는 상태였다. 야율아보기는 926년에 죽었지만, 그의 아들인 야율덕광(耶律德光)이 2대 황제로서 정권을 계승해 거란은 아직 매우 강력한 나라였다.

석경당은 거란이 원군을 보내 주면 자신을 신하라 칭하고 거란의 수 장을 아버지라 부르며 노룡(盧龍) 1개 도(道)와 안문관(雁門關) 이북의 여러 주(州)를 할양하겠다고 약속했다.

거란은 5만 기(騎)의 원군을 30만이라고 과장하여 남하시켰다. 말제가 파견하여 진양(晉陽)을 에워싸고 있던 장경달(張敬達) 군대는 거란군에게 유린당했다. 후당의 군대는 장경달을 죽이고 거란군에게 투항해 버렸다. 투항에 익숙한 군대였다.

거란의 장군 적리필(迪離畢)은 원군 5천 기와 투항한 후당군을 이끌고 진양에서 곧장 낙양으로 쳐들어갔다. 석경당은 그 뒤를 따라갔다.

낙양의 궁전에서는 후당의 말제가 현무루(玄武樓)에 올라 불을 지르고 자신도 불에 타 죽었다. 황태후도 황후도 운명을 함께 했다. 유황후(劉皇后)는 궁전까지 불태우려 했으나 황자 이중미(李重美)가 그것을 말렸다. 새로 등극하는 천자에게 궁전이 없으면 반드시 궁전을 재건하려 할 것이다, 그렇게 되면 또 백성이 동원되어 수고를 해야 한다, 죽어서까지 원한을 남기고 싶지 않다고 간한 것이다. 황후는 그 말을 따랐다.

말제 이종가는 향년 51세였다. 후당은 14년 만에 멸망했고, 석경당은 재위에 올라 국호를 진(晉)이라 했다. 이것이 역사가가 말하는 후진(後晉)이다. 이해(936)에 후진은 연호를 천복(天福)으로 고쳤다.

오대 명군 세종

천복 2년(937), 후진은 도읍을 낙양에서 개봉(開封)으로 옮겼다. 같은 해 거란은 국호를 '요(遼)'라고 고쳤다.

오대 여러 나라 중에서 낙양을 국도로 삼은 후당을 제외하면 모두 개봉(開封, 변경(汴京))을 도읍으로 정했다. 낙양은 역사가 깊은 고도(古都)지만, 운하와 육운(陸運) 등 모든 면에서 개봉이 훨씬 편리해 사람들도 개봉에 많이 살게 되었다.

후진은 요나라의 도움으로 겨우 나라를 세운 약체 왕조였다. 약속에 따라 해마다 34만 필의 비단을 요나라에 바쳤으며, 이른바 연운(燕雲) 16주를 할양했다. 오늘날 북경을 포함한 광대한 지역을 잃게 된 것이다.

천복 7년(942)에 후진의 고조 석경당은 51세로 죽었다. 그의 아들 석중예(石重睿)는 아직 어렸다. 천평절도사인 경연광(景延廣)이 국가가 다난한 때이므로 어린 군주는 곤란하니 고조(高祖)의 형 석경유(石敬儒)의 아들 제왕(齊王) 석중귀(石重貴)를 세우자고 주장했고, 결국 그의 주장대로 석중귀가 후계자가 되었다. 사실 석경당은 자신의 한쪽 팔인 하동절도사 유지원(劉知遠)을 불러 황제를 보필케 할 계획이었으나, 석중귀는 그 조서를 무시했다.

옹립극에 흔히 있는 일로서 경연광이 실권을 잡았음은 말할 나위도 없다. 요나라에 즉위를 고하는 글에서 석중귀는 자신을 손(孫, 석경당은 요나라에 자신을 아황제(兒皇帝)라고 칭했다)이라고만 칭하고 신하라고는 칭하지 않았다. 이것은 약속 위반이었다. 모두 경연광의 의견에 따랐음이 틀림없다.

요는 이에 분노에 찬 회답을 전했다. 요에 의논도 하지 않고 왜 서둘러 즉위했냐고 힐책한 것이다. 친자식이 아닌 조카가 즉위했다는 것도 문제였다.

요의 노룡절도사인 조연수(趙延壽)는 일찍부터 자기가 중원의 황제가 되려고 생각했다. 그래서 후진을 공격할 것을 권했다. 후진의 국서(國書)는 좋은 구실이었다. 더구나 힐문하는 요의 사자에게 보낸 후진의 회답 역시 경연광의 의견에 따라 불손한 말을 나열했다.

요와의 굴욕적인 약속은 지킬 필요가 없다고 하는 것도 하나의 견해인지도 모른다. 그렇지만, 그에 반해 좀 더 온당하게 대처하자고 주장한 이송(李崧)의 말에도 일리가 있다.

> 몸을 굽히는 것은 사직(社稷, 국가)을 위함이다. 무슨 치욕이 있겠는가.

이송뿐만 아니라 이 약속을 맺은 상유한 등도 요에게 좀 더 머리를 숙이라고 요청했다. 그렇지만 신제(新帝)―사서에는 출제(出帝)나 소제(少帝), 때로는 그저 제왕(齊王)이라고 쓴다―는 경연광의 말을 따랐다.

요는 마침내 군사를 일으켜 남하했다. 후진은 격렬하게 저항했지만, 그 영토는 하루하루 침식당해 마침내 국도까지 함락되었다. 출제(出帝) 석중귀는 그곳에서 가장 굴욕적인 일을 당했다. 요나라 황제 야율덕광이 친히 개봉으로 들어가 석중귀를 포로로 잡고, 하남 각지에서 약탈과 폭행을 마음껏 저지른 것이다. 그런 일이 있은 개운 3년(946)에 후진은 멸망했다. 왕조의 생명은 겨우 11년에 지나지 않았다.

후진이 멸망한 이유 중 하나는 중신들의 비협력을 들어야 할 것이다. 요가 남하할 때 하동절도사 유지원은 그것을 막으려고 하지 않았다. 그는 석경당이 죽으면서 자신에게 황제의 보필을 부탁한다는 조서를 내렸는데, 제왕 석중귀가 그것을 무시한 사실을 알고 있었다. 그렇다면 마음대로 하라는 기분이었다. 후진이 멸망하자 유지원은 진양에서 제위에 올라 국호를 한(漢)이라 하였다. 이것이 후한(後漢)이다. 전한(前漢), 후한(後漢)의 후한과 혼동하기 쉬운데 오대의 후한은 단명왕조 다섯 가운데 가장 짧아서 햇수로 4년에 지나지 않는다. 중국에서는 전후 400년이나 이어진 한나라를 서한, 동한이라고 부르는 예도 많다.

오대 후한의 역사적인 임무는 개봉에 머물던 요나라를 북쪽으로 물러가게 한 것으로 끝났다. 요는 후한의 고조 유지원이 진양에서 남하하여 개봉으로 향하려는 것을 알자 즉시 개봉을 떠났다. 후한의 고조 유지원은 개봉으로 들어간 이듬해에 연호를 건우(乾祐) 원년(948)으로 고친 직후 54세로 죽었다.

둘째 아들 유승우(劉承祐)가 즉위하였으니, 이가 후한의 2대 황제 은제(隱帝)인데 내홍이 심해서 정정은 늘 불안정했다. 은제는 병력을 가진 무장을 두려워해 측근과 함께 그들을 망하게 하는 데 힘썼다.

호국(護國)절도사 이수정(李守貞)이 일으킨 반란을 추밀사(樞密使) 곽위(郭威)가 평정하였는데, 머지않아 은제는 곽위까지 멸하려고 했다. 곽위는 업도유수(鄴都留守)와 천웅(天雄)절도사를 겸하고 있었는데, 은제의 의도를 알아차리고는 황하를 건너 개봉을 향해 군대를 진격시켰다. 곽위의 군대가 개봉에 당도하기 전에 은제는 가신 곽윤명(郭允明)에게 살해당했다. 향년 20세에 지나지 않았다.

개봉에 들어온 곽위는 무녕절도사 유빈(劉贇, 유지원의 조카)을 황제로 세우기 위해 태사(太師)인 풍도(馮道)를 서주(徐州)로 보냈다. 마침 그 무렵 요나라가 남하한다는 소식을 접한 곽위는 군을 이끌고 전주(澶州, 하남성 복양)까지 갔는데, 그곳에서 부하에게 옹립되어 개봉으로 돌아와 즉위했다.

곽위가 5대 마지막 왕조인 후주(後周)의 태조다. 쓸모없어진 유빈은 송주(宋州)에서 살해되었고, 유빈의 아버지 유숭(劉崇)은 진양에서 자립하여 소왕조(小王朝)를 세웠다. 유숭은 유지원의 동생인데, 이 소왕조를 북한(北漢)이라고 부른다. 5대에는 들어가지 않으며 10국 안에 넣는 것이 보통이다.

현덕(顯德) 원년(954) 정월, 후주 태조 곽위가 죽고 그의 양자인 시영(柴榮)이 즉위했다. 이가 후주의 세종(世宗)이다.

후주의 세종 시영은 태조의 황후 시씨(柴氏) 오라버니의 아들이다. 어려서부터 태조의 집에서 자라면서 그 재능을 인정받았다.

태조가 후한의 추밀사였을 때 세종은 좌감문위(左監門衛) 대장군이 되었고, 태조가 천웅(天雄)절도사가 되자 세종은 귀주(貴州) 자사로 임명되었다. 태조가 즉위한 뒤 진왕(晉王)에 봉해졌는데 자타가 인정하는 후계자였다.

세종은 오대 여러 제왕 중에서도 명군으로 꼽힌다. 오대의 제왕 중에서 내정에 많은 힘을 쏟은 사람은 후주의 세종 정도다. 개간, 치수, 강기숙정(剛紀肅正), 행정 개혁, 군대 정비 같은 일에 정력적으로 몰두했다. 역사상 세종은 불교를 탄압한 것으로도 유명하다. '삼무일종(三武一宗)의 법란(法難)'이라고 불교 측에서 말하는 일종(一宗)이 바로 이 세종이다. 탈세와 병역 기피를 위해 출가한 승려를 환속시켜 생산적인 일에 종사시키는 외에, 사찰의 토지를 몰수하고 불상과 범종을 회수하여 동전을 주조하는 경제적인 효과까지 생각한 폐불령이었다.

태조의 죽음을 안 북한의 유숭이 후주를 멸망시킬 좋은 기회라고 생각하고 요나라의 원군을 얻어 침공해 왔을 때, 세종은 감연히 친정했다.

처음에는 후주군의 형세가 나빴으나, 세종의 진두지휘와 전전군(殿前軍)인 조광윤(趙匡胤)의 분전으로 전세를 뒤집어 북한의 수도 진양을 포위할 정도였다.

이때 북한(北漢)을 토멸하지는 못했으나, 머지않아 세종은 중국 통일의 계획을 세웠다. 오대의 전쟁은 국지적인 것이 많아 일일이 돌파해야 했다. 세종은 대국적 견지에서 계획적으로 전쟁을 추진시켰다.

무릇 공취(攻取)의 길은 반드시 그 쉬운 것을 먼저 한다

낭중(郎中) 왕박(王朴)이 진언한 이 원칙에 따라 우선 후촉(後蜀)을 공격해서 그 지배하에 있던 진주(秦州), 봉주(鳳州)를 병합하고, 이어서 남쪽으로 남당(南唐)에 군대를 보내 강북 땅을 손에 넣었다. 현덕 6년(959)에 북정하여 요(거란)를 공격하고 익진관(益津關)을 취하여 패주(覇州)라 했으며 와교관(瓦橋關)을 취하여 웅주(雄州)라 하고, 다시 군대를 진격시켜 영주(瀛州)를 취했다. 이것은 후진의 석경당이 거란에 할양한 연운 16주의 일부였다.

세종의 위대한 포부는 이 북정 중에 얻은 병으로 좌절되었다. 같은 해 6월, 그는 39세로 세상을 떠났다.

세종에게는 일곱 아들이 있었는데, 위로 셋은 후한에 살해되었으므로 넷째가 가장 나이가 많았다. 그렇다고 해도 겨우 일곱 살이었다. 이가 바로 공제(恭帝)다.

오대는 절도사 출신이 황제가 된 시대였다. 그리고 북방 번진의 전통은 군대가 절도사를 옹립하는 형태가 많았다.

북방 유목민은 부족민이 통솔력 있는 수장을 선출하는 것이 원칙이었다. 적의 습격을 받기 쉬운 상황에서 집단이동생활을 하는 그들에게 지도자는 혈통보다 능력이 중요했다. 그들 사이에서 행했던 수장의 '옹립'이라는 관습이 북방 번진에 자연스럽게 전해졌는지도 모른다. 또 안사의 난 후에 당에 투항한 반란군 중에 적지 않은 북방 유목민이 포함되어 있었을 것이라 추정된다. 회유하기 위해 반란군 지도자를 절도사로 삼았는데, 그때부터 그것은 '옹립'된 인물이었다.

후주도 세종 시영이 죽은 뒤 일단 7세의 공제가 즉위했으나, 군대 내부에서는 좀 더 강력한 수장을 요구하는 목소리가 높아졌다. 공제가 즉위한 이듬해(960)에 요나라 군대가 다시 남침을 시작해 귀덕(歸德)절도사 조광윤이 대군을 이끌고 이들을 맞아 싸웠다. 개봉성 밖 진교역(陳橋驛)에서 숙영할 때, 군 간부들은 조광윤을 옹립하여 제위에 오르게 했다.

조광윤이 절도사를 지낸 귀덕 진번은 '송양(宋襄)의 인(仁)'이라는 고사로 알려진 춘추 시대의 송국(宋國)에 해당한다. 제위에 오른 조광윤은 국호를 송으로 정했다.

송은 북송·남송 합쳐서 300년 이상 이어진 장기정권이다. 바야흐로 새로운 시대가 시작되었다.

다섯 왕조를 섬긴 '변절 재상' 풍도

지금까지 후량, 후당, 후진, 후한, 후주의 5대를 요약해서 기술했다. 후량 태조 주전충의 개평(開平) 원년(907), 즉 당나라 멸망에서부터 송나라 건국(960)까지 햇수로 54년이다. 반세기 동안 다양한 일이 있었고 중원의 왕조가 다섯이나 출현했다가 사라지는 매우 어지러운 시기였다. 그리고 다섯 왕조의 주인은 최초의 후량과 최후의 후주만 한족이었을 뿐 모두 사타 돌궐이었다.

잡다하고 혼란스러우며 정리되지 않은 시대였다. 무대로 나왔다가는 곧바로 사라지기 때문에 주인공이라는 것이 없었다. 굳이 오대의 주인공을 정한다면 지금까지 잠시 이름이 나왔던 풍도(馮道) 외에는 적격자가 없을 것이다.

풍도는 영주(瀛州) 경성(景城, 하북성) 출신이다. 당나라의 희종 중화(中和) 2년(882)에 태어났다. 당나라 말기, 이미 유주(幽州) 절도사 속리로서 관리 생활을 시작했다. 오대 초기부터 이름이 높았던지 거란이 그의 명성을 듣고 강제연행을 계획했다고 전해진다.

후당의 명종이 사륙변려체의 상주문을 이해하지 못해 그것을 해설해 줄 사람으로 풍도를 등용했다는 사실은 앞에서 소개했다. 그 전에 그는 이미 장종(莊宗)의 한림학사였다.

후당에서부터 시작하여 후진, 후한, 후주를 섬겼고, 요나라의 태종(야율덕광)이 남하했을 때도 영입되어 입조했으므로, 이 인물은 다섯 조정에서 모두 재상으로 활약했다. 계산하는 방법에 따라 조금 차이는 있지만, 5조(朝), 8성(姓) 11군(君)을 섬겼다는 미증유의 기록을 가진 주인공이다.

예부터 풍도는 문제 있는 인물로, 칭찬과 비방의 낙차가 그만큼 큰 예도 드물다. 오대는 남형(濫刑)의 시대여서 사람의 목숨을 지푸라기처럼 여겼다고 한다. 무슨 일이 있으면 쉽게 사람을 죽인 것이다. 그런데 정치의 무대에서, 그것도 재상으로서 그 중심에 있던 인물이 왕조가 바뀌어도 죽지 않고, 더구나 재상으로서 임용된 일은 기적에 가깝다고 해야 할 것이다.

『신오대사(新五代史)』를 편찬한 구양수(歐陽修)는,

　　그는 염치없는 자라고 말할 수 있다.

라고 그를 혹독하게 비난한다.

　풍도는 말년에 자신을 장락로(長樂老)라 칭하고, 〈장락로자서(長樂老自敍)〉라는 문장을 썼다. 『구오대사(舊五代史)』「풍도전」에는 그 전문이 인용되어 있다. 〈장락로자서〉란 자신의 세가(世家), 종족(宗族)에서부터 각 왕조에게 임명된 직명(職名), 관작, 칭호 등을 일일이 기록한 것인데, 그 안에는 거란에서 받은 것도 있다. '또 융(戎)의 태부(太傅)를 받다'라는 말이 그것에 해당한다. 분명히 그 일을 자랑스럽게 적었다. 앞에서 이야기한 구양수의 비난은 〈장락로자서〉를 읽은 감상이었다. 많은 왕조를 섬겼다면 그것을 부끄럽게 생각하여 가능한 후세에 남기지 않으려 하는 것이 원칙일 텐데, 뻔뻔하게도 자랑삼아 기술한 일에 분노를 느낀 것이다.

　후세에는 풍도를 절조가 없는 남자라고 평하는 것이 일반적이지만, 당시에는 왕조가 바뀌었어도 그 높은 지위를 유지할 수 있었던 것을 칭송하는 쪽이 많았던 모양이다.

　『구오대사』에 송나라 설거정(薛居正)이 기술한,

　　풍도의 이행(履行)은 실로 고인(古人)의 풍모가 있다. 풍도의 인품은
　　깊어 대신의 몸가짐을 터득했다. 그렇다 해도 네 왕조를 섬기고, 여섯
　　황제의 재상이 된 것을 과연 충(忠)이라 할 수 있을까.

이것이 우선은 상식적인 견해였던 모양이다.

그럼에도 왕조가 바뀔 때 구왕조의 재상이 나와 신왕을 맞이하고 다시 재상에 임명된 것은 우리에게 기이하게 느껴진다. 하지만 오대라는 시대 자체가 원래 기이했던 게 아닐까? 청나라의 조익(趙翼)은『이십이사차기』에서,

> 풍도는 사성 십군(四姓十君)을 섬기고, 군왕을 잃고 나라의 멸망을 보고도, 아직 마음에 송구스럽지 않고, 버젓이 스스로를 장락로라 칭하며, 자기가 받은 위계와 훈장, 관작을 영광으로 삼았다. …… 인간에게 부끄러움이 있음을 모르는 자라 하겠다.

라고 적으면서,

> 여러 성(姓)을 섬겨, 신하의 지조를 더럽힌 것은, 즉 오대에 사관(仕官)하는 자 모두가 보고 배우는 것이 당연하다고 여겼다. 조금도 괴이할 게 없었다.

즉 오대라는 특이한 시대에는 누구나 그런 일은 당연하게 생각했다고 말하고 있다.

후세에 가장 열심히 풍도를 변호한 사람은 명나라 말기의 이탁오(李卓吾)였다. 그는 자신의 저서『장서(藏書)』의 마지막 장을 풍도론에 할애했다.

> 맹자가 말하기를, 사직(社稷)을 중히 여기고 군주를 가벼이 여기라

고 하였다. 실로 지당한 말이다. 풍도는 이를 알았다. 사(社)는 이로써 백성을 편안히 하는 것이고, 직(稷)은 이로써 백성을 기르는 것이다. 백성이 안양(安養)을 얻음으로써 비로소 군신의 책임을 다하는 것이다.

이탁오는 그렇게 적고 군신의 책임은 백성을 안양시키는 것을 제일로 꼽았다. 이것이 제일의(第一義)이고 그 외는 제이의(第二義)다. 오대처럼 군주가 백성을 편안히 쉬게 할 수 없을 때는 신하가 대신해서 그것을 해야 한다. 이때 신하의 첫 번째 의무는 백성을 안양시키는 것이고, 군주에게 충절을 다하는 것은 그다음이다. 풍도 덕분에 왕조 교체기의 쓸데없는 혼란과 전쟁을 피할 수 있었다고 평가했다.

왕조가 바뀔 때, 구왕조의 신하가 철저하게 저항하면 백성은 전쟁의 소용돌이에 휘말린다. 구왕조의 재상이 예를 다하여 새 황제를 맞이함으로써 혼란을 피할 수 있었다고 본 것이다. 다만 이탁오도 그것은 오대와 같이 윤리가 땅에 떨어진 시대에만 비로소 긍정되는 일이며,

이상한 시대가 아니면 이로써 구실을 삼지 말아야 한다.

고 못을 박았다.

요나라 태종 야율덕광이 개봉을 점령했을 때, 대학살을 감행할 형세였다. 이때 풍도는 그 앞에 나아가,

지금 백성은 부처가 나서도 구제할 수 없습니다. 오직 황제만이 구

제할 수 있습니다.

고 말했다. 융(戎, 오랑캐)의 수장을 향해 당신은 부처 이상의 힘을 가지고 있다고 말한 것인데, 풍도는 이 일로도 비난받았다. 하지만 그의 말은 옳은 소리였다. 결코 아첨이 아니었다. 당시 학살을 중지시킬 수 있는 사람은 오직 야율광덕 외에는 없었다. 풍도의 이 한마디로 거란의 폭행을 막을 수 있었다고 한다.

열강의 침략으로 고민하던 근대 중국에서는 풍도를 긍정하는 것이 허용되지 않았다. 근대에서 풍도의 평가가 매우 낮은 것은 당연할 것이다. 항일전쟁(抗日戰爭) 중에는 특히 그랬다.

사화(詞華)의 시대

사를 즐긴 황제 부자

풍도(馮道)는 자신을 장락로(長樂老)라고 칭하며, 공을 이루고 이름을 크게 떨친 것에 스스로 만족했다. 〈장락로자서〉에는 그렇게 기술되어 있지만 모든 면에 만족했던 것은 아니었다.

> 대군(大君)을 위해서 통일을 이루고 팔방(八方)을 평정하지 못함은
> 실로 역직력관(歷職歷官)에게 부끄러운 일이다. 무엇으로써 천지의 베
> 푸심에 보답하랴.

자서 말미에 이렇게 적었다.

분열한 국토를 다시 통일하는 것은 당시 중국인들의 비원(悲願)이었다. 후세에 염치없는 매국노라고 욕을 먹는 풍도지만, 그도 통일을 바라고 있었다.

그때까지의 분열 시대—삼국시대와 남북조시대—에는 넓은 지역이 두세 정권으로 나뉘었지만, 당이 멸망한 후 반세기는 훨씬 작게 분열되어 있었다.

중원에는 비교적 큰 정권이 있었는데, 그것이 다섯 차례나 교체된 시대를 통틀어 오대라고 부른다. 그들 여러 왕조의 흥망은 앞장에서 소개한 대로다. 이번에는 같은 시기에 중원 이외의 지역으로 눈을 돌려 보자.

앞에서 이야기했듯이 당대(唐代)의 재정은 주로 강회(江淮)에서 거둔 수입으로 꾸려 나갔다. 강회의 경제력은 실로 막강했다. 또 촉(蜀, 사천)도 비옥한 땅으로 이름 높았다.

오대의 마지막인 나라인 후주의 세종 시영(柴榮)은 천하통일의 의욕을 불사른 인물인데, 그가 가장 먼저 한 일이 촉과 강북을 취하는 것이었다. 그는 남쪽의 경제력을 배경으로 북벌을 준비했다.

십국(十國)이라고 하면 보통 오(吳), 남당(南唐), 전촉(前蜀), 후촉(後蜀), 남한(南漢), 초(楚), 오월(吳越), 민(閩), 남평(南平), 북한(北漢)을 말한다. 이 가운데 북한은 앞장에서 조금 다뤘다. 중원 이외의 지역에서 십국에 일시에 병존했던 것은 아니다. 오나라가 망하여 남당이 그것을 대신했고, 전촉이 망하여 후촉이 그를 잇는 관계였다.

오대와 마찬가지로 각지에 할거하며 황제나 왕을 칭했고, 그들은 주로 절도사 출신이었다. 예를 들면 오(吳)는 회남절도사 양행밀(楊行密)이 지배한 지역이다. 그러나 양행밀은 죽을 때까지 당의 통치를 따랐다. 당의 지배는 미치지 않았으나 그래도 스스로 국호를 세우고 연호를 정할 생각은 하지 않았다.

양행밀은 당나라 왕조로부터 오왕(吳王)으로 봉해졌는데, 병권은 어느

틈에 부장(部將)인 서온(徐溫)과 장경(張璟) 등이 쥐고 있었다. 양행밀이 죽은 뒤, 그의 동생들이 꼭두각시로 세워졌으며, 실력자 서온은 경쟁자인 장경을 죽이고 독재체제를 갖추었다. 그는 오왕에게 끊임없이 황제를 칭할 것을 권했다. 양씨를 일단 황제로 세운 다음 그의 선양을 받을 생각이었다. 오나라가 황제를 칭한 것은 오대에서 후당의 명종 천성(天成) 2년에 해당하는 서기 927년이다. 오의 황제는 나이 어린 양부(楊溥)였다. 그러나 그 계획을 꾸민 실력자인 대승상 서온은 그 직전에 죽어 버렸다.

결국 10년 뒤, 서온의 양자인 서지고(徐知誥)가 오나라의 예제(睿帝) 양부에게 선양을 받아 남당의 황제가 되었다. 서기 937년의 일이었다.

남당은 물론 역사가들이 붙인 이름이고, 서지고는 대당(大唐)의 후계자를 자임하고 있었다. 더구나 서온의 양자가 되기 전에 그의 원래 성은 당나라 황실과 똑같은 이(李)씨였다. 남당의 황제가 되자 그는 이씨 성으로 돌아가 이변(李昪)이라고 개명했다.

일찍이 대당제국의 부엌살림을 맡고 있던 강회 땅을 판도로 했기 때문에 남당은 오대 십국 가운데 가장 큰 경제대국이라 할 만한 존재였다. 다만 북으로는 중원 왕조, 동으로는 절강에 의지한 오월, 서로는 초와 남평, 남으로는 민과 남한이라는 많은 정권과 경계를 접하고 있다는 약점이 있었다.

이변은 '당'을 국호로 삼을 만큼 중원을 회복하여 천하를 통일하겠다는 포부를 가지고 있었다. 남당을 건국할 때, 중원의 왕조는 석경당(石敬瑭)의 후진(後晉)이었다. 남당의 대중원 정책은 북의 요나라(거란)와 우호 관계를 맺어 중원에 압력을 가하는 것이었다.

남당 2대 황제 이경(李璟)의 시대에는 근접한 민과 초에 일어난 내란을 틈타 판도를 넓혀 국세가 더욱더 강성해졌다. 하지만 북쪽의 후주에 영걸 세종 시영이 나타나 자주 남정 군사를 일으켰기 때문에 남당은 갑자기 힘든 처지에 놓였다.

경제력에서는 남당이 후주보다 월등이 앞섰으나, 막상 싸워 보면 남당은 번번이 패하는 형편이었다. 아마도 풍족함에 젖어 단련이 부족했던 모양이다. 후주의 세종은 종종 친정하여 현덕(顯德) 5년(958)에는 양주(揚州)까지 진격해 왔다. 이해에 남당은 강북 14주를 후주에 바치고 황제 이경은 제호를 버리고, 단지 국주(國主)라 칭하기로 하여 겨우 화친이 허락되었다. 그리고 후주의 연호를 쓰는 굴욕을 참아야 했다.

이듬해, 후주의 세종이 죽었지만, 조광윤(趙匡胤)이 선양을 받아 마침내 송(宋)을 건국했다. 남당은 당연히 후주의 뒤를 이은 송에도 조공을 바쳐야 했다.

송나라 태조 조광윤이 즉위한 이듬해, 남당의 국주 이경이 죽고 태자 이욱(李煜)이 국주 자리를 계승했다. 이욱은 '남당의 후주(後主)'로 불리는 인물이다. 그가 남당 국주에 있는 동안 송나라는 아침 해가 떠오르는 기세로 남평과 후촉을 멸망시키고 남한까지도 멸망시켰다.

동쪽 절강의 오월국은 송과 손잡고 남당을 공격하니, 개보(開寶) 8년(975)에 마침내 남당의 국도 금릉(金陵, 남경)이 함락되었다. 남당 후주인 이욱은 송에 항복하고 송나라의 수도 개봉(開封)으로 연행되었으며, 3년 뒤 유폐 중에 죽었다. 남당 후주가 죽은 해에 오월왕 전숙(錢俶)도 그 나라를 송에게 바치고 멸망했다.

후주 세종의 웅도(雄圖)를 이어받은 송나라 태조의 천하통일 계획은 착착 진행되었다. 이는 송나라 흥륭의 역사이다. 동시에 남당 멸망의 역사이기도 하다.

남당의 황제였던 이경과 이욱은 시인으로서도 뛰어난 인물인데, 세상 사람들은 그들을 남당의 2주(主)라고 불렀다.

원종(元宗) 이경은 마음이 지나치게 인자하여 황제로서 냉철한 판단을 내리지 못했던 것 같다. 황제가 되기보다는 은둔생활을 보내는 데 어울리는 사람이었다.

남당 2주는 시가 아니라 사(詞)에 뛰어났다. 사는 음곡에 맞춘 부드러운 시가(詩歌)로 색정적인 내용이 특징이다. 그 제목은 노래의 내용이 아닌 곡명을 나타낸다. 다음에 인용한 것은 이경의 〈응천장(應天長)〉이라는 사다.

> 휘어진 초승달 장경(粧鏡)에 비치고,
> 선빈(蟬鬢), 봉채(鳳釵)는 나른하여 매만지지 않는다.
> 늘어진 발은 조용하고 층루는 저 멀리 보이고,
> 슬프다, 낙화에 바람이 자지 않는구나.
>
> 유제(柳堤), 방초(芳草)의 길,
> 꿈은 끊기고 도르래 금정.
> 지난 밤 날이 밝아 술이 깨니,
> 봄의 수심이 병보다 더하네.

一鉤初月臨粧鏡 蟬鬢鳳釵❀不整 重簾靜 層樓迴 惆悵落花風不定
柳堤芳草徑 夢斷轆轤金井 昨夜更闌酒醒 春愁過卻病

선빈(蟬鬢)이란 까다롭게 꾸민 머리모양을 말한다. 그러한 치장은 틀림없이 시간이 많이 걸렸을 터이다.

넉넉한 남당이 마침내 북방의 송나라에 굴복한 것은 북방의 상무(尚武) 기풍에 비해 남쪽이 너무 문약(文弱)했기 때문일 것이다.

사치를 즐긴 미남 황제

이경은 번민 속에서 세상을 떠났지만, 나라가 쇠하는 징후는 보았어도 망국은 보지 않았다. 그의 아들인 이욱은 망국의 자리에 있었고 북으로 끌려가 유폐되어 죽는 비운을 만났다. 사인(詞人)으로서는 아버지보다 뛰어나 아마 이 부분에서는 최고의 인물이었다고 할 수 있다.

다음의 〈임강선(臨江仙)〉이라는 사(詞)는 이욱이 포위된 금릉성에서 지었다고 전한다.

앵두꽃 지니 봄도 가버리고,
나비는 꽃가루를 날리며 쌍쌍이 날고,
두견새는 소루의 서쪽에서 달 보고 운다.
초승달 비단 장막,
쓸쓸하게 저녁노을에 드리우네.

쓸쓸하고 낯선 거리, 사람들 흩어진 뒤,
어둑한 안개에 잠긴 풀을 바라본다.
향연(香煙)은 하늘하늘 한가로이 봉황새 그리며 오르는데,

헛되이 비단 띠 잡고서,

고개 돌려 한없이 한스러워하네.

櫻桃落盡春歸去 蝶翻輕粉雙飛 子規啼月小樓西 玉鉤羅幕惆悵暮煙垂

別巷寂寥人散後 望殘煙草低迷 爐香閑裊鳳凰兒 空持羅帶 回首恨依依

머지않아 금릉은 함락되었는데, 후주(後主) 이욱은 봉황 모양을 한 향
로를 앞에 두고 시름에 잠겨 있었다.

송나라 군대는 마침내 금릉을 함락하고 이욱은 사로잡혀 북으로 끌
려갔다. 다음에 실은 〈파진자(破陣子)〉라는 제목의 사는 개봉으로 끌려갈
때 지은 것이다.

40년 이래의 가국,

3천 리 땅의 산하.

봉각용루는 하늘을 향해 우뚝 서 있고,

옥수경지는 얽힌 칡처럼 우거졌다.

어찌 일찍이 전쟁을 알았으랴!

일단 귀순하여 포로가 되고 하인이 되어,

몸은 야위고 머리에는 백발이 섞여 심신이 피로하다.

특히 황망함은 묘(廟)를 떠나던 날,

교방에서는 여전히 이별가를 연주하고,

눈물 흘리며 궁녀들을 바라본다.

四十年來家國 三千里地山河 鳳閣龍樓連霄漢 玉樹瓊枝作煙蘿 幾曾識干戈

一旦歸爲臣虜 沈腰潘鬢銷磨 最是蒼皇辭廟日 教坊猶奏別離歌 揮淚對宮娥

남북조 시대의 학자 심약(沈約)은 병으로 허리가 가늘어졌고, 마찬가지로 서진 시대의 문인 반악(潘岳)은 젊어서 머리가 하얗게 세었다고 한다. 망국의 주인인 이욱은 수도의 거리를 돌아보며 북으로 향했다.

당은 건국 38년 만에 망했지만, 그 국도에는 봉각용루(鳳閣龍樓)라고 형용해도 과하지 않을 만큼 훌륭한 궁전과 대저택이 가득했다. 그리고 건물 사이로는 녹음이 우거진 큰 나무들이 서 있었다. 그러한 금릉은 그때까지 전쟁과는 전혀 관계가 없는 곳이었다. 그런데 지금은 적국의 병사들에게 유린당하고 있는 것이다.

조상의 묘에 이별을 고하고 총총히 떠나려고 할 때, 교방(敎坊, 궁중에서 음악을 관장하는 곳)에서는 아직도 이별의 곡을 연주하고 있다. 궁녀들이 그곳에 늘어서 있고 이욱은 그녀들과도 눈물의 작별을 했다.

2대에 걸쳐 문학인을 배출했으니 이씨의 가계에 그와 같은 피가 흐른다고 생각하기 쉽다. 하지만 이욱의 조부 이변(李昪)은 서온의 양자로, 출신은 분명하지 않다. 본인은 현종 황제의 여섯째 아들인 영왕(永王) 이린(李璘)의 후예라고 했으나 이는 근거 없는 소리다. 전쟁터에 버려진 고아를 서온이 거두었는데, 그 아이가 영리하게 생겨 양자로 삼았다는 것이 진상이다. 본래 성이 이씨였는지도 의심스럽다. 가문보다는 성장 과정이 중요하지 않을까.

이욱은 문재(文才)뿐만 아니라 서화에도 능했으며 게다가 인물도 출중했다고 한다. 하지만 아버지와 마찬가지로 정치적인 재능은 없었던 모양

이다. 『신오대사(新五代史)』의 「남당세가(南唐世家)」에는,

> 이욱은 일찍이 마음에 차지 않는 듯이 나라가 쇠함을 근심으로 삼
> 고, 날로 신하와 술자리를 베풀어 근심을 노래해 마지않았다.

> 이욱은 성격이 교만하고 사치하며 성색(聲色)을 좋아하고, 또 불교
> 를 좋아하며, 고담(高談)을 즐겨하고, 정치를 돌보지 않았다.

는 문장이 보인다. 교만과 사치라고 했는데, 남당 궁정의 사치는 우리의 상상을 뛰어넘는 수준이다. 천하를 책임지던 강회의 재부(財富)를 일개 지방정권이 차지했으니, 마음껏 사치하고도 남았다.

이욱은 남아도는 돈을 투자해 붓, 벼루, 먹, 종이 같은 고급 문방구를 만들게 했다. 원래는 자기 혼자만의 취미를 만족시키기 위해서였지만, 이를 계기로 중국의 문방용품은 놀랄 만큼 질이 좋아졌다. 채산을 무시할 수 있었기 때문에 뛰어난 제품을 만들 수 있었다.

남당의 내원(內苑)에는 징심당(澄心堂)이라는 건물이 있어, 이욱은 그 곳에서 문예를 즐겼다. 이욱이 돈을 들여서 만들게 한 종이는 이 건물의 이름을 따서 '징심당지'라고 부른다. 얇고 질기며 광택이 있어 한 폭에 100금(金)이나 했다고 한다. 흡주(歙州)의 묵장(墨匠)인 이정규(李廷珪), 그의 아버지 이초(李超), 동생 이정관(李廷寬) 등은 이욱의 도움을 받아 질 좋은 묵을 만들었는데, 그 작품은 국보로서 소중히 다뤄지고 있다.

옛 중국에는 아내에게 전족(纏足)을 하는 악습이 있었는데, 남당 이욱이 궁녀들에게 시킨 것이 그 시초라는 설이 있을 정도다. 향락을 위해서

는 온갖 일을 생각하고, 그리고 실행했다. 금릉을 점령한 송나라 군대의 장군이 남당의 궁녀를 방으로 불렀더니 등불의 연기가 맵다고 하여 촛불로 바꾸자 그것도 맵다고 했다. 그래서 남당의 궁전에서는 조명을 어찌 하느냐고 물으니, 큰 보주(寶珠)를 매달아 방을 밝힌다고 하여 송나라 장군들이 놀랐다는 이야기는 유명하다.

이렇게 사치에 쓸 돈이 있으면 좀 더 국방을 충실히 했으면 좋았으련만, 그것은 이욱의 취미에 맞지 않았다.

개봉에 유폐되어서도 이욱은 비애의 사(詞)를 계속 지었다.

봄의 꽃과 가을의 달은 언제쯤 끝날까.
지난 일이 얼마나 되는지 알 수가 없네.
소루(小樓)에는 어젯밤도 동풍이 불었다.
고국으로 고개를 돌리니 언제나 밝은 달.

조각한 난간(雕欄)과 돌계단(玉砌)은 여전한데,
다만 주안(朱顔, 젊은 얼굴)만이 나이를 먹었구나.
그대에게 묻노니, 얼마나 수심이 많으냐고,
마치 모든 강의 봄물이 동쪽을 향해 흐르는 것과 같구나.

春花秋月何時了 往事知多少 小樓昨夜又東風 故國不堪回首 月明中
雕欄玉砌應猶在 只是朱顔改 問君能有幾多愁 恰似一江春水 向東流

이욱은 이 〈우미인(虞美人)〉이라는 제목의 사로 송나라 태종을 분노케

하여 독살되었다는 이야기가 전한다. 수심(愁心) 속에 서린 한이 동쪽으로 흐르는 모든 강의 봄물처럼 언제까지나 다하지 않는다고 노래했기 때문이다. 하지만 송나라 태종이 그깟 일에 살의를 품을 만큼 분노했다고는 생각하지 않는다. 이욱이 독살되었다면 그것은 태종의 정치적인 판단에 따른 조치였을 것이다.

염사 짓기에 바빴던 망국의 문사들

금릉을 중심으로 한 남당의 문화와 견줄 만한 나라를 꼽는다면, 그것은 장강 상류의 촉나라일 것이다.

당나라 절도사 왕건(王建)은 당이 멸망한 해에 자립해서 황제를 칭하고 국호를 촉으로 정했다. 성도(成都)를 수도로 했는데, 역사가들은 이를 전촉(前蜀)이라고 부른다.

이 전촉은 부패한 만당(晩唐)의 기풍을 그대로 사천으로 옮겨 온 듯한 형편없는 소왕조였다. 왕건은 무뢰배 출신의 문맹으로 도살과 사염 밀매 따위의 일을 했다고 한다. 하지만 문사(文士)와 담론하는 것을 즐겨 많은 문인들이 전란을 피해 이곳으로 이주했다. 왕건은 그들 망명 문사를 우대했다.

만당의 이름난 시인인 위장(韋莊)도 그중 한 사람이었다. 그러나 그가 촉나라로 유망(流亡)했던 것은 아니다. 왕건이 반란을 일으켰기 때문에 당나라 조정의 뜻을 받아 촉으로 민심을 안정시키러 갔다가 그대로 눌러앉았을 뿐이다. 그리고 왕건이 왕조를 세울 때, 그것에 참여해 재상까지 올랐다. 『당시선』에는 위장이 지은 〈고별리(古別離)〉라는 제목의 칠언절구한 수가 수록되어 있다.

화창한 날의 봄 안개는 자욱하고 버들가지는 길게 늘어져 있네.

이별할 마음은 어찌하랴, 주연(酒宴)은 한창인데.

다시 옥으로 된 채찍을 들고 하늘 저편을 가리키니,

단장(斷腸)의 춘색은 강남에 있구나.

晴煙漠漠柳毿毿 不那離情酒半酣 更把玉鞭雲外指 斷腸春色在江南

하지만 위장의 이름을 드높인 것은 〈진부음(秦婦吟)〉이라는 장편 서사
시다. 그 때문에 그를 진부음 수재라고 부를 정도다. 「진부음」은 황소의
난으로 당나라가 붕괴해 가는 모습을 장안에서 낙양으로 피난 간 한 부
인이 말해 주는 형식을 취했다.

중화 계묘 춘삼월,

낙양성 밖의 꽃은 백설 같구나.

동서남북 길에는 인적이 끊기고,

푸른 버들 사이로 쓸쓸히 향진이 사라지네.

中和癸卯春三月 洛陽城外花如雪 東西南北路人絕 綠楊悄悄香塵滅

로 시작되는 238구의 장시는 당나라를 향한 만가(挽歌)라고 해도 좋다.
많은 사람들에게 애송되어 눈물을 흘리게 한 명작이지만, 그가 자신의

문집에 수록하지 않아 어느새 망실되고 말았다. 사람들은 〈진부음〉이라는 제목만 알 뿐 그 내용을 알 수 없었다. 그런데 20세기 초, 감숙성 돈황의 밀봉된 석굴에서 엄청나게 많은 고문서가 발견되었을 때, 그 안에 위장의 〈진부음〉이 8권이나 들어 있었다. 돈황의 기적 중 하나라고 할 수 있을 것이다.

위장은 성도에 머물면서 두보(杜甫)가 살았던 초당을 수리하여 방 한 칸에서 살았다고 한다.

왕건이 죽은 뒤, 그의 아들 왕연(王衍)이 제위에 올랐다. 아버지와 달리 학문이 있어 문장을 잘하였으며 특히 '부염(浮艶)의 사(辭)'를 잘했다고 한다. 남당의 2주와 마찬가지로 문재는 있었으나 정치적인 능력은 부족했다. 그는 음탕한 생활을 보내고 정치는 환관 송광사(宋光嗣)에게 맡겼다.

925년, 후당의 장종(莊宗) 이존욱(李存勗)은 군사를 보내 전촉을 멸망시켰다. 왕건의 건국부터 왕연의 투항까지 이 왕조의 생명은 35년이었다.

후당의 절도사로서 이 땅에 들어온 맹지상(孟知祥)은 934년에 자립하여 황제를 칭했다. 국호는 역시 촉이었는데, 역사가는 이를 후촉(後蜀)이라 부른다. 후촉은 40년 정도 이어졌다.

전촉·후촉을 통틀어 이 지방 정권은 전란이 적어 거의 안정되었으나 그 대신 남당과 마찬가지로 사치가 심했다. 염사(艶詞)를 짓기에 정신이 없었고, 사가 완성되면 음악과 춤을 즐겼다. 두 촉나라의 멸망은 군주를 곁에서 모신 문사에게도 책임이 있다. 두 촉나라를 섬긴 모문석(毛文錫)도 책임자 중 하나인데, 그의 작품 〈무산일단운(巫山一段雲)〉은 당시 널리 애송되었다.

비 갠 무산 위,

구름은 가볍게 푸른 하늘에 비친다.

멀리 봉우리는 구름에 흩어졌다 다시 이어진다.

열두 저녁 봉우리 앞이여.

잔나비 우는 나무 어둡고 습하다.

높고 자욱한 나그네의 배.

아침부터 저녁까지 초강 기슭에,

신선은 몇 번이나 내려왔을까.

雨霽巫山上 雲輕映碧天 遠風吹散又相連 十二晚峰前

暗濕啼猿樹 高籠過客船 朝朝暮暮楚江邊 幾度降神仙

서경(敍景)처럼 보이기도 하지만 태고(太古)의 왕은 무산의 신녀와 동침했다고 전한다. 신녀는 아침에는 구름이 되고 저녁에는 비가 된다고 기록되어 있으며, 중국에서는 무산의 운우(雲雨)는 남녀의 교정(交情)을 의미한다. 이것도 염사(艷詞)와 다름없다.

후촉의 재상이 된 구양형(歐陽炯)도 망국의 책임자 중 한 사람이었다. 다음은 그가 남긴 〈남향자(南鄕子)〉라는 제목의 몇 가지 사(詞)중 하나다.

어린 풀은 안개와 같고,

석류꽃 만발한 해남의 하늘.

해는 지고 강정의 봄 그림자는 푸르다.

원앙은 목욕하고,

물은 멀고 산은 길어 보려 해도 볼 수 없다.

嫩草如烟 石榴花發海南天 日暮江亭春影漾 鴛鴦浴 水遠山長看不足

후촉이 송나라에 항복한 뒤 구양형도 송에 귀순하여 좌산기상시(左散騎常侍)가 되었다. 당나라에서부터 오대에 걸쳐 사 500수를 모은 『화간집(花間集)』은 후촉의 조숭조(趙崇祚)가 편찬한 것인데, 구양형이 그 서문을 썼다.

약소국의 생존법

오대 십국의 정권 중에서 가장 오래 이어진 나라가 오월국이다. 당나라 소종(昭宗) 경복(景福) 2년(893)에 전류(錢鏐)가 진해(鎭海) 절도사가 된 이래 86년에 걸쳐 전씨 정권이 절강 땅을 지배했다. 결코 강한 국가는 아니었다. 이웃에 오국(吳國), 그리고 그 뒤를 이어서 남당이라는 강국이 있었기 때문에 북방의 중원 왕조에 자신을 신하라 칭하고 후원자로 삼았다.

오월국은 마치 쥐 죽은 듯 그다지 눈에 띄는 일 없이 중원 왕조와 적당히 통하며, 13주의 작은 판도를 지키는 데 급급했다.

오월은 강한 자에게는 필요 이상으로 아첨하고, 약한 자에게는 용서 없이 착취하는 야비한 면이 뚜렷했다. 물고기, 닭, 달걀같이 자질구레한 것에까지 세금을 매겼기 때문에 이곳의 주민들은 매우 힘들어했다.

다만 겉으로는 그럴듯하게 보여 중원 사람들은 이 지방을 '지상 낙원'

이라 칭송했다. 전류는 이곳에 와 있는 문인묵객들을 열심히 대접했다. 외관을 꾸미기 위해서 한 일, 예를 들면 전당강(錢塘江)의 돌 제방을 개수한 일 따위가 업적이라면 업적이랄 수 있겠다.

> 그 백성을 가혹하게 착취하여 사치를 일삼았다.

이것이 오월국에 대한 대략적인 평가다.

송나라의 꽁무니에 매달려 남당에 군대를 파견한 것까지는 좋았으나, 남당이 멸망하자 송과 국경을 접하게 되어 자신의 운명마저도 위험해졌고 마침내 송에 항복했다.

십국 가운데 색다른 나라는 광주(廣州)를 국도로 한 남한(南漢)이다. 처음에는 대월(大越)이라 칭하다가 나중에 대한(大漢)이라 칭했다. 남한의 황제가 된 유시(劉氏)는 복건에서 장사를 하러 광동으로 왔다고 한다. 유겸(劉謙) 대에 이르러 광주의 아장(牙將)이 되었고, 그 아들인 유은(劉隱) 대에 절도사가 되어 마침내 중앙에서 이탈해 독립정권을 세웠다.

당나라 고위고관들은 당쟁이나 그 밖의 일로 자주 영남(嶺南), 즉 광동으로 좌천되거나 유배되었다. 또 광동에 부임해서 그대로 눌러앉은 관료의 가족도 적지 않았다. 게다가 중앙의 전란을 피해서 광동으로 평화를 찾아온 사람들도 있었다.

유은은 이와 같은 사람들을 모아서 독립정권을 세웠다. 유은의 동생인 유암(劉巖)은 각 주의 장관으로는 반드시 문관을 기용하고 무장은 쓰지 않는다는 원칙을 세웠다. 당말에서 오대에 걸쳐, 황소의 난은 예외로 하고, 광동 지방에 전란이 적었던 것은 그 때문이라고 한다.

유암이 황제를 칭한 것은 917년의 일이다. 이 왕조의 황제는 대대로 폭군이 이어졌다.

남해(南海) 무역으로 막대한 부를 모을 수 있었기 때문에 남한은 매우 부유했다. 그 사치는 결코 남당에 뒤지지 않았다.

마지막 황제인 유창(劉鋹)은 페르시아인 궁녀와 놀아나느라 국사를 여자 무당인 번호자(樊胡子)에게 맡기는 등 엉망이었다. 말기 국정은 거의 환관의 손에 맡겨져 있었다. 송나라 태조 개보(開寶) 4년(971), 남한은 마침내 송에 항복했다.

목공(木工)으로 병졸 출신에서 호남(湖南) 담주(潭州, 장사) 정권의 주인이 된 마은(馬殷)은 그 나라를 초(楚)라 칭했다. 하지만 초국의 역대 주인은 끝내 황제라는 칭호를 쓰지 않았다. 이 나라는 상업 국가였다. 특산물인 찻잎을 멀리 북방의 중원 국가까지 팔러 가야 했다. 황제라고 칭하면 외교관계가 시끄러워져서 장사가 잘 되지 않기 때문이다.

마은에게는 자식이 20명 넘게 있었는데, 그가 죽은 뒤에는 내홍이 심했으며 남당에게 심한 공격을 받기도 했다.

십국 가운데 가장 작은 나라는 남평일 것이다. 형남(荊南)이라고도 하며 북초(北楚)라고도 부른다. 그 판도는 형(荊), 귀(歸), 협(峽) 등 세 주에 지나지 않았다. 호북성 남부의 장강(長江)을 따라 자리한 지방으로 이 나라의 역대 주인도 황제라고 칭하는 것을 피했다.

창시자인 고계흥(高季興)은 상점 점원 출신으로 주전충(朱全忠)에게 기용되어 공을 세우고 형남절도사로 임명되었다. 열강 사이에 낀 소국으로서 균형을 잡아 가며 국가를 유지했다. 찻잎을 대량으로 생산하기 때문에 그 교역이 국가 경영의 기초가 되었다. 무역입국으로 약소국이면서도

57년이나 정권을 유지할 수 있었던 것은 높이 평가해야 한다.

도적떼 출신인 왕심지(王審知)는 당에서 위무(威武)절도사로 임명되었다. 복주(福州) 땅이다. 그 이후로 지방정권인 민국(閩國)을 유지하다 945년에 남당에 멸망되기까지 50년을 할거했으며 왕이라 칭한 것이 36년, 황제를 칭한 것이 12년이었다. 민(閩)이 외국무역을 중심으로 진흥책을 추진한 결과 후진 지역이던 복건은 이 시기에 눈부신 발전을 이루었다.

서민들이 즐겨 부른 염사

금릉을 중심으로 한 남당의 옛터, 그리고 촉나라 땅인 사천이 사(詞)가 꽃을 피웠던 곳이다. 이는 『남당이주사(南唐二主詞)』나 『화간집(花間集)』에 그 작품이 남아 있어 그렇게 생각하는데, 다른 지방에서도 시가가 발달했지만 기록되지 않고 사라졌을 가능성이 있다. 지어졌을 때는 그렇게도 유명했던 〈진부음〉이 오랫동안 망실되었다는 사실은 앞에서 이야기했다. 지금 우리 앞에 남아 있지 않다고 해서 전혀 존재하지 않았다고 생각하는 것은 성급한 자세다.

오대 무렵, 중원에 사(詞)가 없었던 것은 아니다. 동평(東平, 산동성) 출신의 화응(和凝)은 중원 왕조 사람인데 뛰어난 사인이기도 했다. 19세에 진사에 급제한 화응은 풍도(馮道)를 약간 축소한 인물이다. 그는 후량, 후당, 후진, 후한, 후주와 오대의 모든 왕조를 섬겼고 그중 후진에서는 재상까지 지냈다.

많은 사를 지어서 친구에게 나누어 주었다가 나중에 다시 회수하여 불태웠다는 이야기가 전한다. 자신의 염사집(艶詞集)에 『향렴집(香奩集)』이라는 제목을 붙였는데, 어느새 작자의 이름이 한악(韓偓)으로 바뀌었다. 자신이 차츰 관계에서 승진했기 때문에 염사 따위를 지었다는 사실이 앞날에 방해가 될지 모른다고 생각했을 것이다. 이 시대의 정통은 역시 시(詩)였고 사는 아직 인정받지 못했다고 할 수 있다. 시에는 평측(平仄), 대구(對句) 등 까다로운 규칙이 있지만, 그에 비해 사는 가볍게 지을 수 있다. 음곡에 맞추어서 노래하는 것이므로 규칙은 그다지 까다롭지 않았다.

시가 사대부의 것이었다면, 사는 서민들의 것이라 해도 좋을 것이다. 화옹과 같은 사대부도 사를 지었지만, 나중에 불태워 버렸다는 에피소드에서도 알 수 있듯이 본인도 사를 심심풀이라고 생각하고 있었다. 그렇지만 이 시대에 사가 크게 유행한 것은 당대에 서역에서 새로운 이국풍의 가락이 전한 것도 한 가지 이유지만 '자유로운 시민'이라는 계층이 발흥하게 된 것도 큰 관계가 있다고 생각된다.

강력한 정권이 군림하면 그 위엄 있는 명령이 구석구석까지 미쳐 일반 백성은 자유롭지 못하다. 당나라 말기나 오대처럼 정권이 작고 취약할 때는 국가의 통제력이 서민의 생활 속으로 침투하지 못해 속박이 줄어드는 만큼 사람들의 활력이 신장되기 쉽다.

당을 멸망시킨 황소의 난은 곧 사염 판매 집단의 반란이었다. 소금 밀매를 금지한 국가에 맞서 상인들이 무장하고 궐기했다. 상업 활동의 넘치는 기운이 그것을 억제하려는 국가 권력에 반항할 정도가 되었다.

왕조의 흥망에 중점을 둔 역사에서 보면, 당말 오대는 쇠퇴의 시대가 뚜렷하다. 하지만 문헌상에서는 찾아보기 어렵지만, 백성의 활력에 초점을 맞추어 보면 상당한 에너지가 거기에서 분출되고 있음을 알 수 있다.

초와 남평이 찻잎 무역을 국가의 기초로 삼았다고 앞에서 이야기했다. 남한과 민은 대외무역에 주력했다. 절강에 있던 오월은 도자기 산업에 힘을 쏟았다. 월주요(越州窯)가 눈부신 발전을 이룩한 것이 바로 이때인데, 물론 오월의 장려와 보호가 있은 덕분이다. 월주에는 예부터 가마가 있어, 이 지역은 이른바 도자기의 명문으로 꼽힌다. 하지만 중도에 쇠했다가 오대(이 땅의 정권으로는 오월) 무렵에 부흥했다. 작은 주걱 끝으로 모양을 내는 획화문(劃花文), 비스듬히 칼을 대어 부조하는 기법 등, 그때까지 없던 기술이 개발되었다. 단순히 장려나 보호만으로 이것이 가능했다고는 생각할 수 없다. 산업에 종사하는 사람들의 마음속에 불타는 의욕이 없었다면 불가능한 일이었다.

당말부터 오대에 걸쳐 완전히 몰락한 것은 귀족사회였다. 기록된 역사는 귀족과 귀족사회에 속해 있던 사람들의 움직임만을 보여 준다. 굵고 뚜렷한 경계선이 있어서 그 아래에 위치한 비(非) 귀족층은 문헌에 전혀 나타나지 않는다. 그런데 귀족사회의 붕괴로 그 경계선이 허물어졌다.

사람들의 의식 속에는 아직 그 경계선이 남아 있었을 것이다. 여러 번 반복하지만 화웅이 염사를 불태워 버린 것은 그런 의식이 농후했기 때문이다. 하지만 한편으로는 남당의 국주(國主)도 당당히 사를 지었다.

시는 읽는 것이지만, 사는 노래하는 것이다. 이 시대는 노래가 입을 통해서 나오는 상태였다. 아니면 그때까지 그들의 입을 막고 있던 것이 힘을 잃은 시대였다고 바꾸어 말할 수 있을지도 모르겠다.

사의 주제가 주로 사랑이라는 점도 그때까지 금기시했던 것이 불식되었음을 의미할 것이다. 귀족적 분식(粉飾) 대신에 서민적인 솔직함이 시대의 분위기를 물들이고 있다.

전촉과 후촉에서 일한 고형(顧敻)이라는 사람은 전기(傳記)는 알 수는 없지만, 삼공의 한 사람인 태위(太尉)까지 승진한 고관이다. 그가 지은 〈취공자(醉公子)〉와 〈소충정(訴衷情)〉은 일세를 풍미한 염사라고 한다.

저 멀리 가을 구름은 엷고,
붉은 연꽃 향기는 난간에 스민다.
소산의 병풍에 베개를 기대고,
저녁이 되니 문고리를 잠근다.

잠에서 깨니 눈빛이 나른하고,
혼자 바라는 정은 무엇이던가.
시들은 버들에서 우는 매미,
영혼이 녹아듦은 작년과 같구나.

漠漠秋雲澹 紅藕香侵檻 枕倚小山屏 金鋪向晚扃
睡起橫波慢 獨望情何限 衰柳數聲蟬 魂銷似去年

이것이 〈취공자〉인데, 다음의 〈소충정〉도 청나라 왕어양(汪漁洋)이 걸작이라 절찬한 작품이다.

긴긴 밤 사람을 내버려 두고 어디로 갔는가.
온다는 소리 없고,
향각(香閣, 여성이 기거하는 건물)은 닫혀 있고,

눈썹을 찌푸리니,

달은 바야흐로 서산에 지려 한다.

찾지 않음을 어찌 견딜 수 있을까.

외로운 잠자리가 원망스럽다.

내 마음을 바꾸어,

그대의 마음으로 한다면,

비로소 알리라, 내 상념의 깊이를.

永夜拋人何處去 絶來音 香閣掩 眉斂 月將沈
爭忍不相尋 怨孤衾 換我心 爲你心 始知相憶深

　많은 사람들이 이들 작품을 곡에 붙여서 부르면서 공감했다. 교양 있
는 사대부만이 이해할 수 있는 것이 아니었다. 궁전에서도 불렸고 뒷골목
에서도 한 잔 걸치고 읊었다.

　송나라는 이와 같은 시대의 물결을 문을 활짝 열고 맞아들였다.

오대십국 시대의 국도

오대십국 시대 국도 지도에 표시된 지명:

- 상경임황부
- 중경대정부
- 동경요양부
- 서경대동부
- 남경석진부
- 태원부(진양)
- 낙양
- 개봉부
- 강도부(양주)
- 강녕부(금릉, 남경)
- 성도부
- 항주
- 강릉부
- 장사부(담주)
- 장락부(복주)
- 흥왕부(광주)

오대십국 시대 왕조표 (*는 오대십국 이외의 나라)

민족	왕조(존속 햇수)	창시자	국도
오대	후량(後梁, 907~923)	주전충(朱全忠)	동도 개봉부 대량(大梁)
	후당(後唐, 923~936)	이존욱(李存勖, 돌궐)	동도 낙양(洛陽)
	후진(後晉, 936~946)	석경당(石敬瑭, 돌궐)	동경 개봉부(대량)
	후한(後漢, 947~950)	유지원(劉知遠, 돌궐)	동경 개봉부(대량)
	후주(後周, 951~960)	곽위(郭威)	동경 개봉부(대량)
십국	전촉(前蜀, 907~925)	왕건(王建)	성도부
	후촉(後蜀, 934~965)	맹지상(孟知祥)	성도부
	오(吳, 회남, 902~937)	양행밀(楊行密)	강도부(양주)
	남당(南唐, 937~975)	이변(李昪)	서도강녕부(금릉, 남경)
	형남(荊南, 남평, 907~963)	고계흥(高季興)	강릉부
	오월(吳越, 907~978)	전류(錢鏐)	서부(항주)
	민(閩, 990~945)	왕심지(王審知)	장락부(복주)
	초(楚, 907~951)	마은(馬殷)	장사부(담주)
	남한(南漢, 909~971)	유은(劉隱, 아랍계?)	흥왕부(광주)
	북한(北漢, 951~979)	유숭(劉崇)	태원부(진양)
	*요(遼, 거란, 916~1125)	야율아보기(耶律阿保機, 거란)	상경임황부, 중경대정부, 동경요양부, 서경대동부, 남경석진부

송나라 창업

진교의 변

송(宋)나라 태조 조광윤(趙匡胤)은 술을 좋아했다. 소탈한 성품인 탓에 아랫사람들에게도 인기가 있었다.

태조의 아버지 조홍은(趙弘殷)도 후주(後周)를 섬긴 군인이었다. 태조는 낙양의 협마영(夾馬營)에서 태어났다. 군영에서 태어나 군영에서 자라고 군인으로 성장했다. 후주의 군부에서 그는 넓은 인맥을 형성하고 있었다.

이 시대는 중앙에서 임명한 절도사를 군대가 추방하거나 자신들이 옹립하거나 했다. 군사와 민정을 겸한 절도사는 작은 황제였으며, 오대(五代)의 황제는 거의 절도사 출신이다. 따라서 군대가 황제를 옹립하는 것은 결코 이상한 일이 아니다.

명군으로 알려진 후주 세종 시영(柴榮)의 아들 숭훈(嵩訓)은 고작 일곱 살이었다. 군대가 이 어린 황제에게 불안을 느낀 것은 아마도 당연한 일이다. 세종 자신이 태조 곽위(郭威)의 양자이고, 곽위는 천평(天平) 절도사

에서 옹립되어 제위에 올랐다. 후주에는 특별히 대대로 내려오는 가신이
없었다.

옹립이라고 하면 당나라 중기 이후의 황제는 모두 환관의 손으로 세
워졌다. 앞에서도 이야기했지만 옹립은 그것을 주도한 자의 공적이 된다.
환관은 옹립을 거듭함으로써 힘을 얻었다. 그 때문에 제위를 자동으로
계승하는 경우가 드물었다. 옹립이란 이처럼 꺼림칙하다.

송나라 태조를 옹립한 사람은 태조의 아우인 조광의(趙匡義)와 조보
(趙普) 같은 사람들이었다. 물론 몇 사람만의 뜻으로 이런 중요한 일을 결
정할 수는 없었겠으나, 사전에 열심히 공작을 펼쳤을 것이다. 하지만 아
무리 사전 공작을 했다고 해도 역시 인기가 없으면 안 된다. 태조 조광
윤은 배짱이 있고 믿음직한 무장이었다. 군대는 유능한 지휘관이 통솔해
야 비로소 이길 수 있고 공을 세울 수 있다. 전쟁터를 다녀온 장병들이
명장을 가장 잘 아는 법이다. 아무리 열심히 옹립운동을 해도 장병들을
이해시키지 못하면 안 된다. 하지만 태조는 그것이 충분했다.

건륭(乾隆) 원년(960) 정월, 요나라와 북한(北漢)의 연합군이 국경을 침
범하자, 북주(北周)의 금군(禁軍)에게 동원령이 떨어졌다. 39세로 세상을
떠난 세종의 첫 번째 유산은 금군, 즉 중앙 근위군을 강화한 것이었다.

오대의 정권이 불안정했던 것은 당나라 때부터의 현안인 절도사의 자
립성 강화 때문이었다. 오대 왕조 자체가 절도사 출신인 만큼 이것은 어
느 정도 구조적인 문제였다. 세종은 용기를 내어 이를 개혁하고자 했다.
지방의 힘을 약화시키기보다는 중앙의 힘을 강화시킨다는 사고로 중앙
군 강화를 꾀했다. 지방의 정예를 선발하여 중앙군에 편입하는 일도 그
일환이었다.

이 중앙군의 일부를 전전군(殿前軍)이라고도 불렀다. 궁전 앞에 대기하고 있었으니 근위군이 분명했다. 중앙군 재건에 힘쓴 사람이 조광윤이었는데, 그는 전전도점검(殿前都點檢)이라는 직책을 받고 장정을 선발하는 일에서부터 훈련에 이르기까지 책임을 졌다. 특히 전전군의 장교급들과는 개인적인 친분관계를 맺었다.

북방의 국경으로 향하는 전전군은 국도인 개봉(開封)에서 차례로 출발했다. 전전도점검 조광윤은 물론 그 총사령관이었다. 그는 귀덕군(歸德軍) 절도사이기도 했다. 또한 검교태위(檢校太尉)라는 직책도 겸했다. 이는 실직(實職)이 아니라 명예직으로 그 관직에 상응한 대우를 받는 일이 흔하나, 그 관직이 현재의 그것보다 높을 때는 '검교(檢校)'라고 부른다. 태위란 한 나라의 군사 총책임자로 삼공 중 하나인 고위직이었다.

조광윤은 후주의 최고 실력자였다. 5조(朝)에 재상으로서 일한 예의 풍도(馮道)는 이미 6년 전인 현덕(顯德) 원년(954)에 73세로 죽었다. 공자와 같은 나이여서 과연 풍도라는 칭송을 받았던 모양이다. 풍도는 말년에 후주의 태조 곽위의 묘를 만드는 산릉사(山陵使)라는 직책을 얻었는데, 이는 요직이기는 했으나 정치적인 실권에서 멀리 떨어진 자리였다. 그가 세종 시영의 북벌에 반대했기 때문이다. 세종은 무리하지 않는다는 풍도의 철학을 받아들이지 않았다. 세종의 적극책에 협력한 사람은 조광윤이었다.

정월 3일, 조광윤은 개봉을 출발해 하루 거리인 진교(陳橋)라는 역참에 머물렀다. 그 근방에서는 수만의 군대가 숙박하고 있었다. 조광윤은 그날 밤에도 술을 마시고 잠자리에 들었다. 역사서에 따르면, 군대가 조광윤을 옹립하려고 하자, 동생인 조광의와 모신(謀臣)인 조보는 외정(外

征)에서 개선한 뒤에 하는 것이 좋겠다고 말렸지만, 장병들이 말을 듣지 않은 것으로 되어 있다. 조광의는 장병들에게 떠밀리다시피 형에게 가서 옹립을 고했고, 조광윤은 그것을 고사했다. 하지만 군의 간부들은 칼을 들고 마당에 늘어서서,

제군(諸軍)에 주인이 없습니다. 원컨대, 태위(太尉, 조광윤)를 추대하여 천자로 삼고자 합니다.

라고 다그쳤다고 한다. 조광윤이 아직 대답하지 않은 동안 누군가가 황포를 씌웠다. 황포란 황제의 옷이다. 군중은 그곳에 서서 '만세'를 외쳤다. 이것이 옹립된 경위다.

조광윤이 전전군의 도점검으로서 군심을 장악했다면, 군대 내부에 자신을 옹립하려는 움직임이 있다는 것을 알아차렸어야 했다. 객관적인 상황에서 생각해도 계보가 없는 왕조에서 일곱 살 된 어린 황제가 즉위해 있다면 군은 군의 대표를 옹립하려는 것이 당연하다. 5조(朝)에 재상으로서 일한 풍도가 공자와 나란히 칭송받던 시대이므로 왕조를 바꾸는 일에 그다지 저항은 없었을 것이다.

술에 취해서 뭐가 뭔지 모르는 사이에 황포가 씌워져 황제가 되었다는 것은 이야기로는 재미있지만 그다지 설득력이 없다. 명나라 이탁오(李卓吾)도 "이 황포를 어디서 얻었느냐?"고 비꼬고 있다. 장병들은 충동적으로 옹립운동을 일으킨 것이 아니다. 황포는 천자만 입을 수 있는 것이므로 주위 가게에서 쉽게 살 수 있는 물건이 아니다. 그런 것까지 마련했다는 데서 주도면밀하게 준비한 옹립운동이었음을 알 수 있다. 운동이 그렇

게까지 진행되었다는 것을 군과 밀착되어 있는 조광윤이 몰랐을 리 없다.

만사를 알고 있으면서도 모르는 척 옹립운동에 응했다고 생각한다. 송이라는 왕조는 이렇게 해서 탄생했다.

대화로 풀어낸 감군 정책

이 시대에는 헤아릴 수 없을 만큼 많은 옹립극이 있었다. 그런 의미에서 보면 송나라 태조 조광윤이 옹립된 것은 특별히 눈에 띄는 사건은 아니다. '또 그런 일이······'라고 생각할 정도의 사건이었다.

송 왕조는 그 탄생만 놓고 보면 예사롭다. 하지만 송은 결코 예사로운 왕조가 아니다. 오대 여러 왕조의 평균수명은 10여 년에 지나지 않았다. 하지만 송은 남과 북을 합쳐서 300년 넘게 이어졌다. 이 오랜 세월만으로도 예사로운 왕조, 적어도 오대의 왕조와 같은 차원은 아니었음을 알 수 있다.

화산(華山)의 은사(隱士) 진박(陳搏)은 조광윤이 후주를 찬탈했다는 말을 듣고,

천하는 이제부터 안정된다.

고 예언했다는 말이 전해지고 있다. 오대의 여러 왕조는 천하를 안정시키려고 노력했지만 결국 그것을 이루지 못했다. 허나 송은 그것을 이룸으로써 예사로운 왕조가 아님을 보여 주었다.

오대와 비교해서 어떻게 송나라가 천하를 안정시킨 왕조가 될 수 있었는지 그 점을 음미해 보고자 한다.

오대 가운데 천하의 안정을 가장 강하게 의식하고 노력한 사람은 후

주의 세종 시영이었다. 조광윤은 그 사업에서 가장 유력한 협력자였다. 왕박(王朴)의 진언에 따라 천하평정 계획표는 이미 완성되어 있었다. 그러나 시영은 도중에 병에 걸려 그 계획을 추진하지 못했다.

송나라 태조 조광윤은 즉위한 뒤 그때까지 후주의 중신으로서 추진해 온 사업을 그저 계승하면 되었다. 그 사업 중에는 이미 성과를 내고 있는 것도 있었다. 예를 들면 중앙군 강화다. 다른 사람 아닌 조광윤이 그 집행자로서 전전군(殿前軍)을 질과 양 모든 면에서 뛰어난 군대로 키웠다. 지방절도사의 군대는 그만큼 상대적으로 약해졌다.

천하를 평정하기 위해서는 중앙집권을 강화해야 한다. 바꾸어 말하면 절도사의 힘을 약화시키는 것이다. 송 왕조가 탄생했을 때, 그 밑바탕은 이미 갖추어져 있었다. 태조 조광윤은 이제까지 닦아 놓은 길을 그저 달리기만 하면 되었다.

절도사 할거에는 당나라도 골치를 썩였다. 중앙에서 임명하는 단기 직책으로 바꾸어 일단 할거를 억제하기는 했으나 전국적으로 행하지는 못했다. 북쪽의 군벌은 '하북의 옛일'을 방패삼아 변함없이 할거했고, 그것이 오대 왕조의 본체가 되었다. 아무리 기구를 고쳐도 중앙이 강해지지 않으면 지방의 할거를 억제할 수 없다. 송나라 태조는 오로지 중앙을 강화하는 일에 힘을 쏟았다. 전전군이라는 중핵체가 있었기 때문에 그다지 어려운 일은 아니었다.

옹립극 전에 끈질긴 담합이 있었을 것이라고 추리했는데, 송 태조의 장점이 바로 담합이었다. 몇 번이나 설득을 되풀이하고 나서 실행으로 옮기는 것이 그의 방식이었다. 그리고 뒤처리를 잘하는 것도 태조의 장점이었다.

긴 담합 끝에 태조가 성공시킨 일 중 하나가 금군의 지휘를 영세화(零細化)한 것이다. 지방 세력을 억제하기 위해 중앙의 금군을 강화하고, 그 중앙군의 강대한 지휘권을 배경으로 태조는 제위에 올랐다. 똑같은 일이 벌어지지 않도록 태조는 자신이 일찍이 취임해 있던 전전도점검과 부도점검을 폐지했다. 이로써 최고군관은 도지휘사(都指揮使)가 되었다. 대장과 중장을 폐지함으로써 소장이 최고군관이 된 것과 마찬가지다. 소장이므로 여단(旅團)밖에 지휘할 수 없다. 중장, 대장은 없고 그 위가 황제다. 바꾸어 말하면 황제가 중장, 대장을 겸하게 된 셈이다.

절도사도 갑자기 폐지하는 대신 조금씩 권한을 줄여 갔다. 그것도 일방적이 아니라 대화를 통해서였다. 절도사 군대 내에서 우수한 인재를 중앙으로 발탁했기 때문에 지방 군대의 질은 당연히 낮아졌다. 그들을 상군(廂軍)이라고 불렀는데, 이들은 보조군대라는 느낌이 강했다. 게다가 잡일을 시켰기 때문에 더욱 군대답지 않았다. 절도사는 각지에 진장(鎭將)을 파견하여 도적 등에 대비하고 있었다. 이와 같은 경찰업무는 원래 현위(縣尉)의 일이었다. 그래서 태조는 중앙에서 현위를 파견하여 진장을 대신하게 했다. 절도사는 그때까지 갖고 있던 권력 하나를 잃게 되었다.

이어서 절도사가 같은 지역에 오래 머물지 못하게 자주 전임시켰는데, 이때도 개봉으로 불러들여 설득하고 나서 실시했다. 전임에는 불만이 있지만 황제가 친히 부탁했으니 그 얼굴을 세워주자는 기분이 들게 만든 것이다. 머지않아 이 같은 기성사실이 태조에게 유리하게 바뀌었다. 정신을 차리고 보니 절도사의 참모들이 중앙에서 임명되어 중앙의 뜻을 집행하고 있었다. 중앙에서 여러 주로 보낸 '통판(通判)'은 이른바 감시역으로 전곡(錢穀), 즉 경제에 관한 일까지 관장하였으므로, 절도사의 실권은 점점 더 줄어들었다. 그중에서도 전운사(轉運使)를 설치해 그때까지 절도사의 권한이었던 조세와 염세 등의 징수를 담당하게 한 것은 절도사의 해체를 앞당겼다고 할 수 있다.

무장(武將)이 민정장관을 겸했으니 절도사는 비정상적인 관직이었다. 후세의 식민지 총독과 비슷하다. 송나라 태조는 겸하는 것이 비정상이었던 민정을 문관의 손에 돌려줌으로써 비정상을 정상화시켰다. 게다가 중요한 군대가 약화되었으므로 절도사는 차츰 쓸모없는 존재가 되었다. 결국 송대의 절도사는 군관의 명예직이 된다. 퇴역하는 군인이 은퇴하는 마지막에 절도사라는 칭호를 받았다. 정년 직전에 "나도 마침내 절도사가 되었다"는 만족감을 얻게 되는 셈이다. 절도사라는 말에는 무거운 역사가 담겨 있어, 명예의 칭호로서는 매우 적합한 잔광(殘光)이었다.

이 절도사의 예에서도 알 수 있듯이 태조는 무용지물이라도 곧바로 폐지하지 않고 명칭만이라도 남기고자 하는 성격이었다. 중앙의 관제에서도 당나라 제도인 중서(中書), 문하(門下), 상서(尙書)의 3성(省)과 6부(部) 9시(寺) 제도는 명칭만 남겼다. 그것은 관료의 서열, 봉록의 많고 적음을 나타내는 기준에 지나지 않았다.

새로운 체제를 만들면서도 옛것도 덮어놓고 버리지 않는다는 점에서 태조 성격의 복잡함을 읽을 수 있다. 예를 들어 당나라 때는 외국 빈객 접대를 홍려시(鴻臚寺)가 담당했지만, 송나라 때는 이름은 그대로 남았으되 실제 일은 '객성사(客省司)'라는 관청이 담당했다. 당나라 관제 중에서 송나라 때도 실질적으로 계승된 것은 재판을 맡은 '대리시(大理寺)', 황족 사무를 맡은 '종정시(宗正寺)', 그리고 국립대학에 해당하는 '국자감(國子監)' 정도였다.

일단 폐지하면 그것으로 끝이지만, 명칭만이라도 남겨 두면 나중에 재평가할 여지가 있다. 실제로 송나라의 새로운 체제가 잘 돌아가지 않을 때 당나라 제도를 부활시켜 보충한 시기가 있었다.

송나라 초기 관제에서 특이한 점은 재정부문을 관할하는 삼사(三司)라는 부서를 설치한 것이다. 이 삼사는 절도사 시절의 번진제도를 확대한 것인데, 국정의 실정에 적응하기 힘들어 원풍(元豊) 3년(1080)부터 시작된 개혁에서 삼사를 폐지하고 당제(唐制)의 실질적인 부활을 볼 수 있었다.

밤새도록 흥청거린 개봉의 번화가

오대의 무가 정치를 문관 정치로 바꾸는 것이 송나라가 지향했던 방향이었다. 앞에서 이야기한 경찰업무 담당을 절도사인 진장에서 중앙에서 파견하는 현위로 바꾼 것도 문관직이 무관직을 충당한 예다. 이 개혁을 성공시키려면 많은 문관이 필요했다. 수나라에서 시작된 과거는 송나라 시대 때 진가를 발휘했다고 할 수 있다. 당나라 때도 과거에 급제한 진사가 관계에 진출한 일은 있었다. 하지만 문벌 출신 관료들이 그들에게 심하게 반발해서 '우이(牛李)의 당쟁'이 일어났고, 그 결과 당 왕조의 활력이 약화되었다는 것은 앞에서 이야기했다.

송나라 시대가 되자 시험에 합격한 관료의 진출을 막는 세력이 없었다. 귀족은 이미 몰락했다. 경제활동이 활발해지고 상공업자 중에 여유 있는 계층이 생겨 그들이 과거에 도전하는 일이 흔해졌다. 시인인 소식(蘇軾, 소동파)은 장관급으로 승진한 관료지만, 그 집안은 사천의 비단 장수였고 할아버지는 문맹이었다고 하니 문벌 배경은 전혀 없었다. 당대(唐

代)에서는 이와 같은 출신자가 장관까지 승진하는 일은 생각할 수도 없었다. 귀족들과 심하게 다툰 당나라 시대의 진사 출신자도 집안은 지방 호족이었거나 준귀족이라 할 수 있는 사람들이었다.

시민이 크게 일어난 시대라고 표현했는데, 사실은 상공업자 계층이 겨우 세상에서 인정받기 시작한 시대였다. 그 배경은 당나라 때에 비해 비약적으로 발전한 경제활동이었다.

나라의 상징인 국도를 중국인들에게 친숙한 낙양이 아니라 신흥도시인 개봉으로 선정한 것도 경제력 때문이었다. 상공업자들은 운하를 따라 각지의 산물이 모이는 개봉으로 모여들었고 자연스레 그곳이 국가의 중심이 되었다. 실력으로 얻은 국도의 자리였다.

북송(北宋) 개봉의 전성시대를 그린 『동경몽화록(東京夢華錄)』이라는 책이 있다. 금나라에 멸망당한 북송의 국도를 남쪽으로 피난한 사람이 회상하며 적은 것인데, 저자는 맹원로(孟元老)라는 사람이다. 그 안에 주사(酒肆, 술집)와 와시(瓦市)는 풍우한서(風雨寒暑)를 불문하고 1년 내내 아침부터 밤까지 번화했다는 기록이 있다.

와시는 번화가를 말한다. 와(瓦, 기와)라는 것은 모이면 지붕을 이어서 와합(瓦合)하지만, 흩어지면 와해하고 만다. 그래서 사람들이 모이고 흩어지는 번화가를 와자(瓦子)나 와시라고 표현했다. 음식점과 번화가가 밤새도록 사람들로 붐볐다는 것은 당나라 시대에서는 생각할 수 없었다. 개봉과 장안은 똑같이 한 나라의 국도였지만 이처럼 많이 달랐다. 송과 당을 크게 구분 짓는 기준이라 하겠다.

'꽃 피는 장안'이라는 말로 번영했던 장안의 모습을 칭송하지만, 그곳에는 110개의 방(坊, 동네, 구역)이 있었고 해가 지면 북소리와 함께 방의

문이 닫혔다. 밤이 되면 사람들은 110개의 작은 구역에 갇히는 것이다. 방은 흙 담으로 둘러싸여 있기 때문에 성벽 안에 성벽이 하나 더 있는 것과 같았다. 정월 15일의 원소절(元宵節, 상원절)을 제외하면 장안에서는 야간통행이 금지되어 있었다.

개봉에서는 시민을 작게 가두는 구역도 없었고 야간통행 금지령도 없었다. 그러므로 번화가는 밤새도록 흥청거렸다.

당나라의 장안에서는 상품 매매가 동서 두 시장에 한해서만 허용되었다. 광대한 시장에는 상점이 죽 늘어섰지만, 물론 영업은 일몰까지로 제한되었다. 해가 지면 두 시장의 문이 닫히기 때문에 사람들은 귀가를 서둘렀다. 또 두 시장 이외의 장소에는 가게를 열 수 없었다. 하지만 송나라의 개봉에서는 성내 어디서나 자유롭게 가게를 열 수 있었다. 가는 곳마다 물건을 살 수 있었고, 더구나 영업시간도 제한이 없었다. 시가지는 하루 종일 활기가 넘쳤다. 와자에는 구란(勾欄)이라 부르는 연극장이 50여 곳이나 있었고, 그중에서도 연화붕(蓮花棚), 모란붕(牡丹棚), 야차붕(夜叉棚), 상붕(象棚) 같은 곳은 수천 명이나 되는 관객을 수용할 수 있었다고 한다. 연극 공연장을 일본에서는 좌(座)라고 불렀지만, 송나라 때의 개봉에서는 연극 공연장을 '붕'이라고 불렀다. 구란이란 난간을 의미한다. 관객은 난간에 기대어 서서 연극을 구경했던 모양이다. 난간의 줄이 붕(棚, 선반)처럼 보여서 극장 이름에 붕이라는 글자를 붙였다고 생각된다.

북경의 고궁박물원(故宮博物院)에 〈청명상하도(清明上河圖)〉라는 두루마리 그림이 수장되어 있다. 춘분 후 15일째인 청명절의 번화한 개봉의 모습을 그린 그림인데, 북송 말기의 화가 장택단(張擇端)이 그렸다고 한다. 당 이전의 그림으로 현존하는 것은 극히 드문데, 모사(模寫)로 남아 있는 것이나 영태공주(永泰公主)나 장회태자(章懷太子) 묘의 벽화를 보면, 그 주제는 주로 귀족사회의 생활 모습이다. 당나라 초기에 화가 염립본(閻立本)이 그렸다는 〈제왕도권(帝王圖卷)〉은 역대 제왕의 모습을 그린 그림이다. 서민의 생활은 화가에게 창작 의욕을 불러일으키지 않았는지, 아니면 수요가 없었던 탓인지 묘사되는 일이 드물었던 모양이다. 송대가 되어서야 이 〈청명상하도〉처럼 서민의 생활을 생생하게 묘사하게 되었다. 화가의 미의식에 커다란 공간이 생기고, 서민의 생활이 그곳에 포착되었을 것이다. 다른 쪽에서 본다면, 서민의 힘이 강해져서, 화가의 미의식을 끌어당길 정도가 되었던 것이다.

오늘날 일본에서 전통예능이라고 부르는 것은 대부분 무로마치 시대에 태어났는데, 그것을 대할 때마다 시대와의 유대감을 또렷이 느낀다. 마찬가지로 오늘날 중국에서도 당보다는 송에서 시대의 유대감을 훨씬 강하게 느낀다. 예를 들면 요리 하나만 보아도 오늘날 중국요리는 〈동경몽화록〉에 나오는 종류와 거의 차이가 없다. 또 도자기도 송자(宋磁)는 중국 것이라는 느낌이 강한 데 반해, 당나라의 삼채(三彩)에서는 오히려 이국적인 색채가 풍긴다. 일본인에게 무로마치 이전의 왕조 시대는 에마키모노(두루마리 그림)에나 나오는 세계일 뿐, 현실의 자신과는 일체감이 희박한 것과 비슷하다.

중국인에게 송은 일본인의 무로마치 시대와 같지 않을까? 혈관 안에 전해지는 것을 실감하기에는 한계가 있다. 송과 무라마치 시대에는 활기 넘치는 서민이 등장한다. 그 이전의 에마키모노에는 적어도 주인공으로 등장하지 않는다. 친밀함을 느끼는 정도가 다른 것은 당연하다 하겠다.

형을 죽인 태종의 미스터리

문관정치가 확립된 것은 송대였다. 그 이전 오대는 무가정치라고 할 수 있다. 오대 전의 당나라, 그리고 남북조는 귀족정치였다. 과거에 급제한 수재들이 문관으로서 정치의 본류를 형성한 것은 송나라부터다. 이 체제는 20세기 청나라 말기까지 이어진다. 그리고 그 여운은 오늘날까지 전해진다. 송나라의 숨결은 천년에 걸쳐 중국 산하에 살아 있다고 할 수 있다.

우리가 송나라에 친근함을 느끼는 또 한 가지 이유는 건국에 피비린내가 적었다는 데 있다. 전 왕조를 무너뜨리고 새로운 왕조를 세울 때는 가공할 만한 유혈의 참사가 뒤따른다. 그런데 송의 경우는 뜻밖에도 조용했다. 술에 취한 동안에 황제가 되었다는 것은 약간 과장된 말이지만, 송나라 태조가 광포한 짓을 싫어한 인물인 것만큼은 틀림없다. 청나라의 조익(趙翼)도,

> 힘을 겨루어 그 나라를 멸망시키고, 인재를 겨루어 그 사람을 신
> (臣)으로 삼는다면, 여전히 시방의기(猜防疑忌)하여 살육에 이르지 않
> 는 자가 없다. 오직 송초(宋初)만은 그렇지 않았다.

라고 평했다.

'진교의 변'으로 옹립된 태조 조광윤은 즉시 개봉으로 돌아왔다. 그의 즉위에 반대한 세력은 소의(昭儀)절도사 이균(李筠)과 회남(淮南)절도사 이중진(李重進) 정도였다. 태조도 이 두 세력은 힘으로 탄압하여 피를 흘렸다. 하지만 유혈은 최소한으로 억제되었다. 이는 이균 등이 띄운 격문

에 호응하는 자가 적었기 때문이며 태조의 인품 덕분이기도 했다. 하지만 무엇보다 태조 자신이 유혈이 확대되는 것을 가능하면 막으려고 노력했기 때문이다.

선양한 북주의 공제(恭帝) 시종훈(柴宗訓)은 정왕(鄭王)에 봉해졌다. 주전충은 당나라 소선제(昭宣帝)에게 양위를 강요하고, 그 뒤에 그를 곧바로 죽여 버렸다. 하지만 송나라 태조는 폐제인 시종훈을 극진히 대접했다. 더구나 태조 1대, 정왕 시종훈 1대에 국한된 것이 아니었다. 금나라에 쫓겨 남천한 뒤에도 송은 시씨(柴氏) 자손을 세워 조상의 제사가 끊기지 않게 했다. 송에 나라를 양위한 시씨가 300년에 걸쳐 존속한 것은 역사상 드문 일이다.

북송에서는 황제가 즉위하면, 궁중 깊은 곳에서 일종의 비밀의식이 행해졌다. 그것은 태조 조광윤이 자손을 위해 유훈을 돌에 새겨서 황실 깊숙이 안치해 놓은 것을 배견(拜見)하는 의식이었다. 일본으로 치자면, 세 가지의 신기(神器, 일본 왕실에 고대부터 전해오는 거울, 칼, 옥-옮긴이)를 전해 받는다는 중요한 의식에 해당할 것이다. 황제 혼자 그 돌에 새긴 유훈을 보고 그것을 가슴에 새겼다. 재상이라도 돌에 새긴 유훈의 내용을 볼 수 없었다.

정강(靖康) 2년(1127), 금나라 군대가 개봉을 유린했을 때, 궁전도 파괴되어 처음으로 석각 유훈이 세상에 알려졌다고 한다. 그 유훈은 후주 왕실 시씨를 끝까지 돌볼 것, 그리고 언론을 이유로 사대부를 죽여서는 안된다는 것이었다.

즉위의 비밀의식으로서 이 석각 유훈을 본 여러 황제가 이것을 엄수했음은 물론이다. 시씨가 300년이나 이어진 것도, 신법·구법의 정쟁이 아무리 치열했어도 패한 쪽이 좌천 또는 유배되었을 뿐, 그 일로 죽음을 당하지 않았던 것도 태조의 유훈을 철저하게 지켰기 때문이다.

석각 유훈의 내용은 아무에게도 알려지지 않았지만, 조정이 일하는 모습을 보고 언론 때문에 죽음을 당할 일은 없다는 것을 일반에서도 눈치 챘던 모양이다. 그 때문에 송대에서는 언론전이 활발하여 많은 논객이 나왔다. 물론 제약은 많았지만, 이전 시대에 비하면 송대는 훨씬 자유로웠다. 귀족사회에서는 벌레와 같았던 서민이 어쨌든 인간다운 생활을 할 수 있게 된 것이다.

송나라는 차츰 지방정권을 쓰러뜨렸다. 하지만 투항한 정권의 군주 일족이나 중신들은 한 사람도 숙청하지 않았다. 남당의 후주(後主) 이욱(李煜)의 죽음에는 독살 의혹이 짙지만 확증은 없다. 송나라는 이욱을 농서공(隴西公)으로 봉했다. 죽은 뒤 태사를 추증하고 오왕으로 봉해졌다. 낙양의 북망산(北邙山)에 매장할 때도 왕의 예를 갖추었다고 하니, 송나라는 마지막까지 예우를 다했다고 해도 좋다.

국토를 바친 오월왕 전숙(錢俶)은 남양국(南陽國) 왕으로 봉해졌고, 그의 아들은 절도사로 임명되었다. 절도사가 명예직이 된 시기이므로 끝까지 잘 돌봐 준 것이라 할 수 있다. 겨우 2개 주(州)를 거느렸을 뿐인 남평(南平, 형남)왕 고계충(高繼沖)은 송에 항복한 뒤에도 잠시 그 지방의 정치를 맡았고, 후에 무녕군(武寧軍) 절도사로 임명되었다. 후촉왕(後蜀王) 맹창(孟昶)은 진국공(秦國公)에 봉해져 개봉 저택에서 사는 것이 허락되었다. 마지막에 흡수된 북한의 유계원(劉繼元)은 팽성군공(彭城郡公)에 봉해졌다. 북한은 늘 거란족과 연합하여 송을 괴롭힌 정권이다. 다만 북한의 항복은 태조의 뒤를 이은 태종(太宗) 시대에 이루어졌다.

항복한 여러 왕과 신하들은 누구나 보전(保全)되지 않은 자가 없었다. 이들 참위절거(僭位竊據)한 무리들은 항복한 것이 본뜻은 아니었다. 하물며 새로운 나라는 민심이 아직 안정되지 않았고, 국세는 동요하기 쉬웠다. 어찌 여기서 고려(顧慮)가 없었겠는가. 즉 항복한 군주에게는 모두 수도에 저택을 주어, 눈앞 가까운 곳에 살게 했고, 그 자제와 신하들은 모두 주군(州郡)에 직책을 주어, 병민(兵民)의 권력을 장악하게 했다. 그리하여 묘당(廟堂)의 상부에서는 가혹하다거나 의심한다는 말을 듣지 못했다. 투항하여 새 왕조를 섬긴 자 역시 침착하게 각자의 임무에 충실하여, 반칙(反則)으로 편안을 얻는 자가 없었다. 여기에 송나라 태조와 태종의 천하를 포섭하는 큰 도량, 일세를 풍미하는 신위(神威)는 속임수로써 일을 도모하는 자는 도저히 미치지 못함을 볼 수 있다.

청나라의 조익은 위와 같이 송나라 초기의 관용을 격찬했다.

송나라 태조 조광윤은 중국 역사상 명군으로 꼽히는데, 영명함으로는 당나라의 태종 이세민을 뛰어넘는다고 평가해도 좋을 정도다.

적어도 당나라 태종에게는 현무문의 변으로 형제를 죽였다는 어두운 그림자가 있어 그를 우러를 마음이 줄어든다. 냉정함이 있어야 명군이 될 수 있다고 하지만, 냉정함이 적은 명군으로서 송나라 태조는 잊을 수 없는 존재다. 절도사의 권한을 축소한 것, 자신을 옹립한 모신 조보(趙普)를 마지막에 파면한 일 등이 송나라 태조의 냉정함이라고 한다면 그것은 최소한의 필요라고 하겠다. 우리는 그것에 그다지 불쾌감을 느끼지 않는다.

송나라 태조가 술에 취한 동안에 황제가 되었다는 전설을 믿고 싶은 기분마저 든다. 그만큼 그에게는 어두운 그림자가 적다.

개보(開寶) 9년(976) 10월, 태조는 50세로 급사했다. 덕소(德昭)와 덕방(德芳)이라는 두 황자가 있었지만, 태조의 아우인 조광의가 2대 황제가 되었다. 이가 바로 태종이다. 형이 제위에 오른 뒤, 그는 형의 이름과 공통된 '광(匡)'자를 '광(光)'으로 고쳤다. 왜 친자식이 아닌 동생이 제위를 이었을까. 아마도 실력 때문이었을 것이다. 태조를 옹립했던 주모자가 다름 아닌 동생 태종이었다. 태조는 임종할 때 아우인 태종을 불러 뒷일을 부탁했다고 한다. 하지만 고래로 이 일을 의심하는 사람이 많다. 태종이 형을 독살했다고 추측하는 사람도 있다. 이것은,

천재불결(千載不決)의 의혹(천년이 지나도 결론이 나지 않는 영원한 미스터리)

이며, 이제 와서 그것을 해결할 새로운 자료가 나올 가능성도 없다.

태종은 광의라는 이름을 다시 고쳐서 경(炅)이라 했고, 그해 12월에 연호를 태평흥국(太平興國)으로 고쳤다. 무측천 이후 네 글자로 된 연호다. 태평흥국 원년은 곧 개보 9년과 같아 서기 976년에 해당한다.

태조의 아들 조덕소는 영흥군(永興郡)절도사, 조덕방은 서산남로(西山南路)절도사가 되었다. 그리고 태평흥국 2년(977) 8월에 조덕소는 자살을 강요당했다. 옹립운동이 있었다고 한다. 태평흥국 6년(981) 3월에 조덕방도 죽었다. 이 죽음도 의심스러운 점이 있다.

태조에 비하면 태종에게는 어두운 그림자가 적지 않다. 『송사』는 태조가 죽은 해가 지나기도 전에 개원한 일과 덕소의 자살 등을 들어,

후세에 의론이 없을 수 없다.

고 기록했다. 다만 태종이 태조의 정책을 올바르게 이어받아 천하평정을 더욱 굳건히 한 공적만큼은 인정해야 한다.

태종은 재위 22년인 지도(至道) 3년(997)에 59세의 나이로 죽었다. 3대 황제 진종(眞宗)은 그의 셋째 아들인 조항(趙恒)이다.

전연의 맹세

남하하는 거란군

송나라 초기, 태조와 태종의 치세 30여 년은 신왕조 창업 시기에 해당하는데, 바로 이 시기는 북쪽 거란족인 요(遼) 왕조가 내분으로 혼란스러워 남쪽으로 압력을 가할 여유가 없었다는 행운도 누리고 있었다.

키타이. 그 복수형은 키탄. 한자로는 거란(契丹)이라고 쓴다. 몽골계 민족이라고 하지만 그 어원으로 보아 퉁구스계도 섞였을 거라는 설도 있다. 이와 같은 유목민족은 탁월한 지도자가 나타나면, 설령 그 기간민족(基幹民族)의 인구가 적더라도 매우 강력한 정권을 만들어 낸다. 옛날에는 흉노의 예가 있고, 후에는 몽골과 만주족의 홍륭(興隆)이 있다. 북방초원에서는 다양한 민족이 유목생활을 하고 있는데, 강한 부족 밑으로 들어가면 안전이 보장되고 이익 분배에도 참여할 수 있다. 여러 부족이 몰려들어 싸우기 때문에 눈 깜짝할 사이에 큰 세력이 되어 버린다. 거란족도 야율아보기(耶律阿保機)라는 영웅이 출현하면서 두려울 만큼 큰 세력을 키웠다.

거란이 국호를 '요(遼)'라고 한 것은 야율아보기의 뒤를 이은 야율덕광(耶律德光) 때이며, 그 아버지인 야율아보기는 요의 태조로 추존되었다. 요는 서쪽으로는 당항(黨項, 퉁구트), 토곡혼(吐谷渾), 동쪽으로는 일본과도 왕래가 있던 발해국을 병합하여 대제국을 형성했다.

사타돌궐(沙陀突厥) 출신인 후진(後晉)의 고조 석경당(石敬瑭)은 후당(後唐)을 멸망시키기 위해 거란에게 신하의 예를 갖추고 연운(燕雲) 16주 할양과 조공을 조건으로 원병을 청했다. 거란은 이 남방 개입으로 더욱 강해졌으며 그 직후에 요라는 국호를 썼다.

요나라 태종 야율덕광이 947년에 죽은 뒤 잠시 내분이 계속되었다. 이것이 마침 송의 창업 시기와 맞물려 송의 태조와 태종은 요나라의 압력 없이 건국 사업을 추진할 수 있었다.

요나라가 내분을 극복하고 다시 일어선 것은 야율아보기에서부터 세어서 6대가 되는 성종(聖宗) 야율융서(耶律隆緖) 시대였다. 성종이 즉위한 해가 982년이므로 송나라 태종 시대에 해당한다.

요나라 성종이 즉위할 무렵에는 아직 동쪽에 불안 요소가 남아 있었다. 발해국의 잔당이 안정국(安定國)을 세워 압록강 부근을 근거지로 삼고 고려와 결탁해서 요에 저항하고 있었던 것이다.

안정국과 고려는 송과 왕래했으므로 송으로서는 이것이 숙적인 요를 칠 좋은 기회이기도 했다. 하지만 서북의 당항(黨項)이 요나라에 신속(臣屬)하고 있었으므로 배후를 찔릴 위험도 있었다.

송과 요 모두 만전의 태세를 갖추지 않은 채 눈치만 보고 있었다. 요나라가 먼저 불안 요소를 해소했다. 요는 가까스로 안정국을 정벌하고 이어서 고려에 압력을 가하여 복종시켰다. 송나라 태종 말년 무렵이다.

요나라 성종은 통화(統和) 17년(999) 7월에 송을 토벌한다는 조서를 여러 도에 보냈다. 송에서는 진종(眞宗)이 즉위한 지 3년째인 함평(咸平) 2년에 해당한다.

요는 앞에서 이야기했듯이, 유목민 부족연합이라는 성격 외에 이미 한족 주민을 대량으로 끌어들여 중원 국가 성격도 함께 지녔다. 관제는 당의 것을 본떴으며 의관, 복장 따위도 한인의 것을 채용했다. 정치 면에서도 유목민 통치와 정주민 통치의 이원성을 띠었고 제도도 이원적이었다.

중원 국가를 지향한 요나라는 한편으로는 남하해서 천하를 통일하려는 본능에 따라 움직였다. 후진의 석경당이 연운 16주를 헌납했지만 , 그중 와교관(瓦橋關)과 익진관(益津關) 이남을 후주 세종에게 빼앗겼다. 요나라는 관남(關南) 땅을 반드시 회복해야 할 '잃어버린 땅'으로 의식했다.

송나라 쪽에서는 당연히 연운 16주 모두 '잃어버린 땅'이었다. 십국(十國)으로 쪼개진 국토는 거의 회복했다. 천하통일의 본능은 그 자체가 중원 국가인 송이 더 강했다.

이렇게 보면 송과 요는 숙명적인 라이벌 관계였다고 할 수 있다. 요나라 성종은 송을 토벌한다는 조서를 내리고 군사를 진격시켰지만, 처음 몇 년 동안은 국경 분쟁 정도였다. 성종이 많은 군사를 동원해서 남정에 나선 것은 통화 22년(1004)의 일이다.

혼란을 피해 '요'라는 국호를 그대로 썼지만, 사실 성종 즉위(982)와 동시에 요는 국호를 원래의 거란으로 되돌렸다. 도종(道宗) 함옹(咸雍) 2년(1066)에는 다시 국호를 요로 고쳤다. 요나라에서는 유목적인 국수파(國粹派)와 한화(漢化)에 열심인 국제파가 끊임없이 파벌투쟁을 벌였는데, 이는 이원적 성격을 지닌 정권의 숙명이었다. 국호를 거듭 고친 것도 이와 관련이 있다.

요나라 성종은 송나라를 토벌한다는 조서를 내리고 남경(南京)으로 들어갔다. 요는 상경(上京, 오늘날 내몽골 자치구)을 국도로 삼았는데, 그 밖에 요양(遼陽)을 동경(東京), 요서(遼西)의 대정(大定)을 중경(中京), 대동(大同)을 서경(西京)이라 하고 오늘날 북경을 남경(南京)이라 했다. 요의 판도에서 따지면 그렇다. 남쪽의 송을 토벌하기 위해 성종은 친정 자세를 취했다.

거란의 풍습에 따랐는지, 요는 그해 윤9월 갑자일에 청우백마(靑牛白馬)를 죽여 천지에 제사를 지내고 20만이라는 대군을 진격시켰다.

송나라는 두려움에 떨었다. 송나라 초기에는 요에 내분이 있어 태평을 누릴 수 있었다. 절도사에 결원이 생기면 문관으로 보충하는 문치화(文治化)가 진행되어 상무의 기풍이 점차 희박해진 시기였다. 태조 때는 진사의 수도 그다지 많지 않았지만, 태종 때에는 많은 진사를 급제시켰다. 입신출세할 생각이라면 진사에 급제하는 것이 전제였다. 상대적으로 무장의 지위는 낮아졌기 때문에 군인을 지망하는 자는 그다지 많지 않았다. 송나라 군대는 이와 같은 시대의 풍조 아래서 아무래도 약해지고 있었다.

조정에서도 싸움을 두려워하는 기색이 역력했다. 거란군의 남하 소식을 접한 진종은 군신을 모아놓고 대책을 물었는데, 천도하여 싸움을 피하자는 의견이 대세였다. 참지정사(參知政事) 왕흠약(王欽若)은 황제에게 잠시 금릉으로 옮길 것을 청했고, 진요수(陳堯叟)는 성도로 옮길 것을 청하는 형편이었다.

이에 단호히 반대하고 황제의 친정을 청한 사람이 재상인 구준(寇準)이었다.

구준은 섬서(陝西) 화주(華州) 출신이다. 태평흥국 5년(980)에 19살의 나이로 진사가 되었다. 신동이라는 평을 들어 과거를 볼 때도 나이가 너무 어렸기 때문에 나이를 보태서 과거를 보라는 권유를 받았을 정도였다. 태종은 그를 아껴 당나라 태종이 위징(魏徵)을 얻은 것과 같다고 말했다고 전해진다. 참지정사가 되어 국정에 참여했으나 성격이 강직하여 걸핏하면 협조하지 않았다. 자신이 옳다고 믿는 것을 관철하려는 자세는 훌륭했으나, 동료나 상사뿐만 아니라 태종에게까지 대항하여 양보하려 들지 않았기 때문에 태종 말년에는 지방의 지주(知州)로 나가게 되었다. 진종이 즉위하면서 중앙으로 복귀하여 삼사사(三司使)에서 재상으로 승진했다.

구준은 문재에도 뛰어났다. 그의 작풍은 강직한 성격에 어울리지 않게 담백했다.

구준은 왕흠약이나 진요수의 의견에 반대하며,

> 폐하를 위해 이런 방책을 꾸민 자가 누구인가. 그 죄 마땅히 주살에 해당한다. 폐하는 신무(神武)이고, 장신(將臣)은 협화(協和)하고 있다. 만일 대가(大駕)가 친정하면, 적은 마땅히 스스로 물러날 것이다.

라며 두 사람을 거세게 비난했다. 이처럼 직선적인 발언과 타협할 줄 모르는 성격 때문에 그는 적이 많았다. 다만 이때 진종은 그의 의견에 따라 친정하기로 했다.

전연의 맹약

진종은 전주(澶州)로 가서 구준의 요청에 따라 황하를 건넜다. 진두에 선 황제를 본 송군은 일제히 만세를 불렀고, 그 소리를 들은 거란군은 사기가 크게 떨어진 것 같았다.

이렇게 송과 요나라의 대군은 전주 땅에서 대치했으나, 두 나라 사이에 사자가 빈번하게 왕래했다. 외교절충으로 분쟁을 해결하려는 움직임도 활발했다.

요나라도 황제가 친정한 송군을 격멸할 자신이 없었다. 단지 위협과 공갈로 외교교섭을 유리하게 이끌려고 생각했던 것 같다. 대군을 이끌고 남하했지만, 송나라 황제가 친정한 것은 뜻밖이었다. 이때 만일 송나라 황제가 금릉이나 성도로 피난했다면, 요는 송에게 좀 더 가혹한 조건을 내세웠을 것이다.

송나라도 서북쪽에서는 당항(黨項)이 움직이고 있고, 군대는 약체화되어 전쟁의 앞날이 불안했다. 더는 백성들을 힘들게 할 수 없다고 생각한 진종은 외교 교섭으로 해결할 수 있다면, 조건이 다소 불리하더라도 눈감아 줄 의사가 있었다.

요와의 교섭을 담당한 사자는 조이용(曹利用)이었다. 조이용은 요가 관남 땅을 돌려받기를 희망한다고 전했다. 영토 할양이라는 것은 송의 체면상 받아들일 수 없는 조건이었다. 진종은 영토를 지금대로 둔다면 한나라가 흉노에게 비단을 준 고사가 있으므로, 요에 재화를 주어도 좋다고 생각했다.

구준은 강경책을 계속 주창했다. 관남 할양은커녕 반대로 요에게 유주(幽州)와 계주(薊州)를 돌려받을 것, 요는 송에게 신(臣)이라 칭할 것 등을 요구했다.

> 이렇게 되면 곧 백 년의 무사를 유지할 수 있습니다. 그렇지 않으면 수십 년 후 융(戎, 요)은 틀림없이 딴 마음을 품을 것입니다.

구준은 열심히 주장했지만, 진종의 마음은 강화 쪽으로 기울고 있었다.

> 수십 년 후라면 마땅히 방어할 자가 있을 것이다. 나는 더 이상 백성들의 곤궁을 참을 수가 없다. 잠시 그 화친을 허락하는 것도 좋다.

이것이 진종의 뜻이었다. 구준은 열심히 항전을 주장했으나, 얼마 후 그가 전쟁을 이용해서 자신의 세력을 넓히려 한다는 비방의 소리가 들렸다. 사태가 이쯤 되자 그토록 자신만만하던 구준도 강화에 찬성하지 않을 수 없었다. 사절 조이용이 요로 출발할 때, 진종은 '부득이하다면 재화 백만을 주어도 좋다'고 훈령했다. 그 말을 들은 구준은 조이용을 불러,

> 칙지(勅旨)가 비록 내렸다 해도 그대가 요에게 허락할 때, 30만을 넘기면 나는 그대를 참수하겠다.

고 엄명했다. 조이용이 요와 맺은 조건은 결국 영토는 그대로 두고 송은 요에게 해마다 비단 20만 필, 은 10만 냥을 보내고 송은 형, 요는 동생의

관계를 맺는 내용이었다.

요가 송과 군신의 관계는 맺지 않았지만, 송을 형으로 함으로써 송은 간신히 체면을 유지할 수 있었다. 『요사』에는 송이 요나라의 황태후를 숙모라고 부른다고 표현했다.

이것이 역사상 '전연(澶淵)의 맹(盟)'이라고 부르는 강화조약이다. 이 조약에 따라 이후 약 40년 동안 두 나라의 관계는 안정되었다.

하지만 황제 피난을 요청한 일로 구준에게 "주살에 해당한다"는 비난을 받았던 왕흠약은 전연의 맹이 굴욕 외교라며 구준을 공격했다.

구준은 구준대로 그 날카로운 말재주로 잇달아 정적을 만들었다. 황태자를 보필하던 정위(丁謂)와 전유연(錢惟演) 두 사람을 아첨꾼이라 하고 이들에게 소주(少主)를 모시게 할 수 없다고 상주한 일이 당사자인 정위에게 알려져 중상모략을 받았다. 진종이 병이 중해 황후가 정사를 결정하는 일이 많은 시기였다. 구준은 도주사마(道州司馬)로 좌천되었고, 진종이 죽은 직후에는 뇌주(雷州, 광동 남부)의 사호참군(司戶參軍)으로 유배되어 그곳에서 죽었다.

정적인 정위도 머지않아 실각하여 애주(崖州, 해남도)로 유배되었는데, 뇌주에 있던 구준이 그에게 삶은 양을 선물했다는 에피소드가 있다.

정위는 구준의 정적이던 왕흠약을 모함한 일이 있다. 왕흠약은 좌천되었지만, 진종이 죽고 인종(仁宗)이 즉위하자 다시 재상으로 복귀했다. 하지만 2년 뒤에 죽었다. 인종도 왕흠약을 그다지 좋아하지 않았던 모양이다.

정적을 모함하던 악질 정위도 정계를 떠난 뒤에는 하남의 광주(光州)에 은거하며 시문을 벗 삼아 생활했다고 한다. 다음에 실은 〈봉서오(鳳棲梧)〉라는 사(詞)는 정위의 작품인데, 일찍이 정계의 괴물이라는 소리를 들던 면모는 전혀 없고 도교적인 분위기가 짙게 감돈다.

　　붉은 궁궐과 옥으로 만든 성은 신선의 정원으로 통한다.
　　달의 계수, 별의 느릅나무,
　　춘색에 깊고 얕음이 있으랴.
　　맑은 거문고, 공후, 생황으로 신선은 연회를 연다.
　　반도(蟠桃) 꽃 만발한 봉래전.

　　아홉 색 밝은 노을로 우선(羽扇)을 마름질하고,
　　운무로 수레를 삼는다.
　　난새와 두루미를 조련(雕輦, 조각으로 장식한 수레)의 곁말로 세우고,
　　신선이 사는 곳을 향해 돌아가는 저녁,
　　술잔 속의 해와 달은 하늘처럼 멀다.

朱闕玉城通閬苑 月桂星楡 春色無深淺 瀟瑟篌笙仙客宴 蟠桃花滿蓬萊殿
九色明霞裁羽扇 雲霧爲車 鸞鶴驂雕輦 路指瑤池歸去晚 壺中日月如天遠

　　도가(道家)의 설화에 호중(壺中)에 별천지가 있고, 거기에는 해와 달이
떠 있다는 이야기가 있다. 이와 같은 경지를 동경한 사람이 궁정에서는
음습한 모의를 일삼았던 것이다.
　　구준의 시는 담담하다. 그의 〈강위의 정자 벽에 쓰다(書河上亭壁)〉를 인
용해 보자.

날 저문 하늘 쓸쓸하고 추위에 언 구름이 드리웠는데,

힐끗 보니 높은 정자에서 내려오기가 멈칫해진다.

물을 마주한 마을들은 누가 그릴까.

얕은 산 찬 눈이 아직 녹지 않은 때인데.

暮天寥落凍雲垂 一望危亭欲下遲 臨水數村誰畵得 淺山寒雪未消時

송나라 정계에서 활약한 사람들은 대부분 시문을 가까이한 문인이었다.

구준, 왕흠약, 정위와 같은 인물들의 정쟁은 진종에서 인종에 걸쳐 전개되었다. 어느 시대에나 정쟁은 있기 마련이지만 북송의 유명한 신법과 구법의 다툼은 이 뒤로도 계속되었다.

평화 대금 받아 사치에 빠진 요

전연의 맹 이후의 요나라로 눈을 돌려 보자. 이 강화로 송나라는 요나라와 안정된 관계를 유지하게 되었다는 이점이 있었다. 하지만 요가 얻은 이익은 좀 더 컸다.

해마다 비단 20만 필, 은 10만 냥이나 되는 수입은 요나라가 국력을 정비하는 데 유력한 재원이 되었다. 이 세폐(歲幣)로 요는 부근 여러 나라에 압력을 가할 수 있었다. 고려에는 그전보다 한층 강한 영향력을 미쳤고, 서쪽 당항족의 서하국(西夏國)은 신하로 복속시켰다.

요나라의 세력은 중앙아시아에서 서아시아까지 미치게 되어 서쪽 사람들은 키타이, 즉 거란을 중국이라고 믿게 되었다. 러시아를 비롯한 그 주변 지방에서 'Cathay'는 지금도 중국을 의미하는 말로도 쓰인다.

전연의 맹 강화는 1004년에 일어난 일이다. 요나라는 해마다 받는 세폐로 국력을 정비했다고 말했는데, 그것은 바꾸어 말하면 한화(漢化)가 진행되었다는 뜻이다. 제도도 차츰 한화되었다. 거란족에서 진보란 한족 문화를 자신의 것으로 받아들이는 것을 의미한다.

하지만 거란족은 자긍심이 강한 민족이다. 일단 '요'라는 한족 느낌의 국호를 쓰다가 그것을 취소하고 '거란'을 부활시킨 사정은 앞에서 이야기했다. 국호를 취소했다가 다시 부활한 이야기는 『요사』에 기술되어 있지 않다. 이상하게도 거란족은 매사를 기록하는 데 열심인 사람들이 아니었다. 한화의 풍조에 맞춰 겨우 기록하기는 했지만, 사서에 누락된 내용이 많다는 것이 정설이다.

거란족은 원래 문자가 없었다. 기록하려면 한자를 채용해야 했는데, 자긍심 높은 그들은 그것을 바람직하게 여기지 않았다. 그래서 태조 야율아보기 시대에 스스로 문자를 만들었다. 거란문자는 그 구조가 일부 해명되기는 했지만 아직 해독할 정도에는 이르지 않았다. 한자를 그대로 쓰지 않았다는 점은 민족적 자각이 매우 높았다는 이야기다.

세폐로 인한 급격한 한화에 저항감을 느낀 국수파는 반대운동을 펼쳤다. 이렇게 해서 전연의 맹약 이후, 요나라 내에서는 파벌 항쟁이 심해지는 얄궂은 현상이 생겨났다.

요나라는 광대한 영역을 지배했는데 오늘날 중국의 동북지방, 흔히 만주라고 부르는 지방도 그들의 세력권이었다. 그 북쪽 삼림지대에 여진(女眞)이라는 민족이 살았다. 『삼국지』 등 사서에 가끔씩 보이는 읍루(挹婁), 숙신(肅愼), 말갈(靺鞨) 같은 퉁구스계와 같은 계통의 민족이라고 생각한다. 이들은 수렵과 농경에 종사했으나 극히 원시적이었다. 요나라 지배 하에서 개화된 사람들을 '숙여진(熟女眞)'이라고 불렀고, 아직 미개인 채로 남아 있는 사람들을 '생여진(生女眞)'이라고 불렀다.

여진족은 채집한 인삼, 모피, 사금 따위를 요나라와 고려에 팔고 생활용품과 무기 따위를 구입했다. 거란족은 여진족을 상당히 심하게 착취했고, 여진족은 그것을 견디며 남몰래 힘을 키워 나갔다. 여진족도 거란족처럼 뛰어난 지도자의 출현으로 번성했다. 하얼빈 남동쪽 안출호수(安出虎水, 오늘날 아스허(阿什河)) 유역에 있던 여진의 완안부족(完顔部族)에 유능한 수장이 잇따라 등장해 동족을 끊임없이 단결시켰다. 그들을 미개인으로 보았던 거란족은 이런 움직임에 거의 주의를 기울이지 않았다. 전연의 맹약 후 1세기 뒤에는 거란족의 나라가 이 여진족에게 압박을 받아 마침내 멸망하는 등 꿈에도 생각하지 못한 일이 일어났다.

송나라에서 받은 세폐로 사치스러워진 요나라 지배계층은 파벌항쟁으로 국력을 약화시키는 한편 생활은 더욱 호사스러워졌다. 그들은 매사냥을 즐겼는데, 거기에 사용하는 뛰어난 매가 여진족이 사는 지방에 있었다. 요는 포응사자(捕鷹使者)를 파견해 매를 구해 오게 했는데, 이들이 여진족 거주지역에서 멋대로 가렴주구를 일삼았다고 한다. 요의 포응사자가 살해되는 사건이 일어나기도 했다. 야성을 잃지 않았던 생여진이 인삼과 모피 교역으로 요나라와 고려를 접촉하면서 차츰 뭔가를 깨닫게 된 것이다. 포응사자의 부당한 행위를 겪은 그들은 요나라에 대한 증오심을 불태웠다. 하지만 전연의 맹약 이후 수십 년 동안은 그것이 겉으로 드러나지 않았다.

대하제국을 창건한 이원호

눈을 서쪽으로 돌려 보자. 송나라가 꺼리던 당항족의 세력이 서쪽으로 확대되었다. 송나라가 구준의 강경책을 강행하지 못한 것도 당항족에게 배후를 찔릴까 두려웠기 때문이다.

당항, 즉 퉁구트는 티베트계 민족이다. 예부터 사천성 북부에서 청해성에 걸쳐 살고 있었다. 당나라 때 일어난 안사의 난 후에는 토번의 압박을 받아 영하, 감숙, 섬서로 차츰 동쪽으로 옮겨 갔다.

황소의 난이 일어났을 때, 수장인 탁발사공(拓拔思恭)은 당을 도와 장안을 회복하는 데 공을 세우고 하국공(夏國公)에 봉해졌으며, 이(李)씨 성을 하사받았다. 그 후로 당항의 수장은 이씨 성을 쓰면서 정난군(定難軍) 절도사를 세습했다. 이는 하(夏), 은(銀), 수(綏), 유(宥), 정(靜)의 다섯 주(州)를 관할했고, 실크로드에서 장안으로 들어가는 길목에 있어 당항은 중계무역으로 경제적인 힘을 길렀다.

송나라 초기, 당항과 송은 사이가 좋았다. 특히 송이 아직 북한을 항복시키지 못했을 때는 북한에 압력을 가하기 위해 당항과 결연을 강화했다. 송나라 태종이 북한을 공격했을 때는 당항도 출병해서 송을 도왔다.

얼마 후 당항 내부에 사정이 있어 수장이 정난군 절도사 이후의 판도를 송에 헌납한 일이 있었다. 송 태종 태평흥국 7년(982)의 일이었다. 이때 당항의 수장은 이계봉(李繼捧)이었다. 사실 당항 내부에서는 형의 죽음으로 수장의 자리에 앉은 이계봉에게 불만을 가진 세력이 상당히 많았다. 이계봉은 송나라에 붙어서 자신의 안전을 도모하려 했던 것 같다. 이씨 일족은 내지로 이주하고 당항의 옛 땅에는 그에 반대하는 세력이 젊은 이계천(李繼遷)을 옹립했다. 이는 송으로부터의 독립을 의미하므로 전략적으로도 송과 대립관계인 거란족과 연합할 수밖에 없었다.

이계천은 요의 의성공주(義成公主)를 아내로 맞아 요나라의 하국왕에 봉해졌다. 그리고 꾸준히 군사를 움직여서 당항의 옛 땅을 회복했을 뿐만 아니라 송나라의 군사기지였던 영주(靈州)도 손에 넣었다. 이에 송나라도 양주(涼州)에 있던 토번과 위구르(回紇)의 수장과 결탁하여 당항과 싸움을 계속했다. 이계천은 토번군과의 싸움에서 전사했다. 전연의 맹이 있기 1년 전(1002)의 일이다. 송나라 진종이 전연으로 친정한 것은 이처럼 당항과의 전쟁으로 나라 서쪽이 시끄러울 때였다. 구준이 아무리 열심히 요에 대한 강경책을 진언해도 진종으로서는 불안한 것이 당연했다.

전연의 맹약은 송과 당항의 화목을 이끌어 내기도 했다. 당항도 송과 그 동맹군인 토번과 회흘과의 싸움에 지쳤다. 강경책으로 밀어붙이던 이계천이 전사하고 그의 아들 이덕명(李德明)의 시대가 되었다. 당항의 동맹국인 요나라가 송과 강화를 맺었으니, 당항도 송과 화친해도 상관이 없었다. 화친이라고 하나 역학 관계로 보면 당항은 송에 신종(臣從)하는 것이었다. 전연의 맹약 2년 뒤, 대화가 오가고 당항의 수장 이덕명은 송의 정난군절도사, 서평왕(西平王)에 봉해졌다.

당항은 요에서도 하국왕에 봉해졌는데, 이번에는 송으로부터 서평왕에 봉해졌다. 왕위를 이중으로 얻었으니 이는 당항이 두 나라의 속국이 된 것과 다름없었다. 두 대국에 동시에 복속하는 매우 복잡한 처지에 놓인 것이다. 하지만 두 대국과 평화로운 관계를 유지하게 되었으므로, 교역이 순조로워져 당항은 그 이익을 충분히 누릴 수 있었다.

형식적으로는 두 나라에 속한다 해도 실제로 당항은 독립 상태였다.

수장인 이덕명은 이 상태에 만족했다. 하지만 그의 아들 이원호(李元昊)는 민족적 자존심이 매우 강해서 완전한 독립을 원했다. 이 부자는 생각이 달랐다. 그러나 이 아버지와 아들 사이에는 사고방식에 차이가 있었다.

이원호는 성격이 호쾌하고 지략이 뛰어나며 그림을 좋아했다고 한다. 또 매사에 창시(創始)하는 능력이 있었다. 불교에도 관심이 많아, 번(蕃)과 한(漢)의 문자를 배워 그것에 통달한 걸물이었다. 황태자 시절에는 부모에 게 송나라에 신종하는 것에 관해 간한 적이 있다. 아버지 이덕명은,

나는 오랫동안 군대를 움직여 지쳐 있다. 우리 민족이 30년간 비단 옷을 입은 것은 오직 송의 은혜다. 배반하지 마라.

고 아들에게 반론했다. 이에 이원호는,

털가죽을 입고 목축을 일삼는 것은 번성(蕃性, 오랑캐)의 방편입니 다. 영웅의 삶은 마땅히 왕패(王霸)가 있을 뿐입니다. 비단옷이 무슨 소용입니까.

라고 대답했다. 비단을 입는 것이 무슨 소용이냐, 우리 민족은 원래 목축에 종사했으니 털가죽을 입는 쪽이 편하다, 인간이 태어나서 다른 나라에 종신하기보다는 스스로 왕으로서 패(霸)가 되어야 하지 않겠냐는 소리였다.

이덕명이 죽고 그 뒤를 이어 수장의 자리에 오른 이원호가 송에 종신하던 것을 그만두고 독립을 선언한 것은 그의 사고방식에서 볼 때 당연

했을 것이다.

이원호는 요나라의 흥평공주(興平公主)를 아내로 맞았으나 부부 사이
는 그다지 좋지 않았다. 흥평공주가 죽었을 때 요는 야율서성(耶律庶成)을
힐문사(詰問使)로 파견했다. 하지만 이원호는 독립전쟁에서는 요와 송과
의 양면작전을 피하여 송나라를 목표로 좁히고, 요나라와는 우호관계를
계속 유지하려고 했다.

이원호는 먼저 국가체제를 정비하고 군비를 증강했다. 그가 수장의 자
리에 오른 것은 송나라 인종(仁宗) 천성(天聖) 9년(1041)이었으며, 송나라
는 그 이듬해에 명도(明道)로 개원했다. 이원호는 그 연호가 아버지의 휘
(諱)인 덕명에 저촉되므로 문서에는 송나라의 연호를 '현도(顯道)'라고 썼
다. 자립성을 내세운 것이다. 2년 뒤인 서기 1034년, 이원호는 '개운(開運)'
이라는 연호를 정했다. 스스로 연호를 만들었으므로 자립성은 더욱 뚜렷
해졌다. 그런데 개운은 오대 후진(後晉)의 출제(出帝)가 멸망했을 때의 연
호와 같다는 사실을 알고 이듬해 곧바로 광민(廣民)으로 고쳤다.

당항은 황하가 크게 굽어 흐르는 오르도스 지방에서 다시 하서지방
으로 진출했다. 그리고 한나라 무제가 설치한 하서 4군, 즉 무위(武威, 양
주), 장액(張掖, 감주), 주천(酒泉, 숙주), 돈황을 판도에 넣었다. 1038년, 이원
호는 마침내 황제를 칭하고 국호를 대하(大夏)로 정했다.

고대 중국에는 성인 우(禹)가 문을 연 하(夏)라는 왕조가 있었다. 이원
호로 말하면 하주(夏州)를 영유하고 요에서도 하국왕에 봉해졌으니, 이
국호를 쓰는 것은 매우 자연스러운 일이었다. 하지만 송에서 볼 때 당항
족의 참칭자(僭稱者, 스스로 분에 넘치는 칭호를 이르는 자-옮긴이)가 하필 '하
(夏)'라는 국호를 정한 것에 거부감을 느꼈다. 중국 역사가들은 이 나라

를 늘 '서하(西夏)'라고 불렀다.

자주성이 강한 서하문화

대하 황제를 칭한 이원호는 '천수예법연조(天授禮法延祚)'라는 연호를 사용했다. 북위(北魏)나 무측천, 또 송나라 태종 때, 네 글자로 된 연호는 있었지만 여섯 글자로 된 연호는 역사상 처음이다. 이원호가 얼마나 창시를 좋아했는지 보여 주는 한 예다. 서하에서는 30년쯤 뒤에 다시 한 번 '천사예성국경(天賜禮盛國慶)'이라는 여섯 글자로 된 연호를 사용했다.

이원호가 황제를 칭하자 송나라로서도 그냥 내버려 둘 수 없었다. 송은 원호의 사성관작(賜姓官爵)을 모조리 박탈했다. 사실 이원호의 성은 당에서 하사받은 것이고, 또 송대에는 송나라의 국성을 하사받았으므로, 송에서 보면 상대는 조원호(趙元昊)였다. 이미 황제를 칭한 이원호는 송에서 받은 서평왕이라는 관작이나 조씨 성 따위는 아깝지 않았다. 이원호는 염원하던 독립을 이루고 이 무렵 자신들의 문자도 정했다. 이것이 서하문자(西夏文字)다.

서하문자는 상당히 복잡해서 이것을 기억하는 것도 사용하는 것도 쉬운 일이 아니었다고 생각된다. 하지만 서하는 이 문자를 강제로 사용하게 했다. 서하는 10대 190년이나 이어지다 몽골에게 멸망했는데, 왕조가 멸망(1227)한 뒤에도 서하문자는 여전히 사용되었다. 거용관(居庸關)의 각문(刻文)은 1245년의 것인데, 거기에서도 서하문자를 볼 수 있다.

이원호의 자립정신은 줄기차게 살아 이어졌다. 금나라 세종(재위 1160~1189) 시대의 일이다. 고려와 서하는 똑같이 금나라에 신종하였는데, 금나라 사자는 고려에 가면 고려왕과 항례(抗禮, 맞절)하고, 서하에 가면 서하왕에게 배례(拜禮)하는 관습이 있었다. 금나라 세종이 그 까닭을 신하에게 하문하자, 신하는 "서하는 요와 생구(甥舅, 사위와 장인, 요나라 공주가 자주 서하에 출가했음)의 나라이므로 요나라 사자가 서하에 가면 왕을 뵈옵는 것이 되는데, 금나라가 서하와 국교를 맺을 때 요나라의 예에 따르기로 약속했기 때문에 그렇게 된 것"이라고 대답했다.

> 장여필(張汝弼)이 말하기를, 이를 행하기를 이미 수십 년, 이제 고치는 것은 불가하다고 하여 세종이 이를 따랐다.

라고 『금사』에 기록되어 있다. 실로 민족의식이 강렬한 사람들이었다.

복속한 나라가 복속을 그만두었으니, 송은 서하를 징벌하지 않으면 체면이 서지 않았다. 서하는 독립을 선언한 이상 송과의 전쟁까지 각오했다. 신종(臣從) 형식은 취했어도 원래 내정 간섭도 없었기 때문에 교역의 이익만을 따진다면 계속 신종하는 편이 서하로서도 좋았다. 하지만 명실공히 독립국이 되고자하는 이원호의 자존심이 이를 허락하지 않았다.

국민개병(國民皆兵)인 서하군은 강했고, 송군은 고전을 면치 못했다. 이원호는 장안을 점령하겠다고 큰소리쳤다. 격렬한 전투가 되풀이해서 전개되었다.

요나라는 송나라가 곤경에 처한 틈을 놓치지 않았다. 전연의 맹약으로 그대로 두었던 관남 땅 할양을 요구한 것이다. 송나라로서는 무슨 일이 있어도 영토 할양만큼은 받아들일 수 없었다. 요나라도 그 사실은 잘 알았을 터이니, 이는 세폐를 더 뜯어내겠다는 속셈이었다. 그때까지의 세폐에 비단 10만 필과 은 10만 냥을 추가하기로 했다. 송나라 인종 경력(慶曆) 2년(1042)의 일이다.

이것은 서하에게 큰 충격이었다. 서하 황제 이원호가 장안을 공격하겠다고 당당하게 공언할 수 있었던 것은 송과 요의 긴장관계를 계산에 넣었기 때문이었다. 그런데 세폐 증액으로 송과 요의 긴장이 완화되었으니 송나라는 전력을 기울여서 서하에 맞설 것이 분명했다.

국민개병인 서하군은 약체인 송군과 싸워서 국지전에서는 종종 승리를 거두었지만, 결정적인 타격은 주지 못했다. 국가 인구도 적기 때문에 아무리 국민개병이라고 해도 동원할 수 있는 병력에 한계가 있었다. 송은 섬서 전선에 50만 병력을 동원했다.

서하는 토번과 위구르을 봉쇄했으나, 전국(戰局) 상황에 따라 그들이 언제 준동할지 알 수 없었다. 송과의 교역이 오랫동안 단절된 것도 서하의 국력을 약화시켰다. 서하가 독립을 선언할 수 있을 만큼 강했던 것은 이원호의 아버지 이덕명도 말했듯이 30년의 평화 덕분이었다. 그는 돌아가신 아버지의 말을 가슴 깊이 새겼음이 틀림없다.

사자가 왕래한 끝에 경력 4년(1044)에 마침내 송과 서하의 화약(和約)이 성립되었다. 송의 주장은 어디까지나 서하가 신종한다는 한 가지뿐이었다. 민족적 자존심이 강한 이원호에게 이것은 받아들이기 힘든 조건이었으나, 서하는 이 무렵 찬밥 더운밥 가릴 상황이 아니었다. 그는 마침내 명분을 버리고 실리를 택하기로 했다.

그해 12월, 송이 이원호를 하국왕에 봉하는 형태로 강화가 체결되었다. 서하는 송에 신종하는 대신 비단 13만 필, 은 5만 냥, 차 2만 근의 세폐를 받게 되었다. 세폐 외에 새해와 송나라 황제의 생일, 서하국주의 생일, 중동(仲冬, 음력 11월)의 선물 등이 추가되었다.

평화가 회복되고 교역이 재개되었으나, 두 나라의 관계는 늘 불안정했다. 송은 이 방면의 군비를 철수할 수 없었다. 이따금 국지 분쟁이 일어나 경계를 게을리 할 수 없었다.

신법의 파문

재정 팽창으로 휘청거리는 경제대국

한나라와 당나라에 비해 송나라는 어쩐지 의기가 드높지 않은 시대라는 느낌이다. 한나라와 당나라는 모두 천산(天山)을 넘는 대원정을 감행했고, 화려한 일화로 그 역사를 장식했다. 그에 반해 송나라는 요나라와 서하, 금나라, 원에 고전해 그다지 신나는 이야기가 없다. 전체적으로 침체된 느낌이 드는 것 같다.

하지만 시대를 잘 음미해 보면, 먼저 경제적인 면에서 송나라는 한나라나 당나라보다 훨씬 힘이 있었다는 사실을 알 수 있다. 장안과 개봉을 비교해서 이야기했지만, 송나라 서민의 에너지는 한이나 당의 그것과는 견줄 수도 없을 만큼 강대하다. 말 그대로 불 꺼진 장안의 밤과 휘황찬란하게 불을 밝히고, 사람들로 북적이는 개봉 와시(瓦市)의 밤을 비교해도 거기에 감도는 활력의 차이를 느낄 수 있다.

송나라는 유래 없는 경제대국이었다. 그리고 평화까지 돈으로 샀다.

요와 서하(西夏)에 준 막대한 세폐 이야기는 앞에서 소개했다.

하지만 아무리 경제대국이라고 해도 세출이 무제한으로 늘어나면 재정은 위기에 봉착하는 법이다. 요와 서하에 주는 세폐는 국고에 큰 부담을 주었다. 그것은 '평화대금'이지만 절대적으로 평화를 보증해 주지는 않아서 요와 서하의 국경에는 많은 국방군을 배치해야 했다. 그 군사비는 국가재정에서 큰 부분을 차지했다.

군벌정치를 문관정치로 바꾼 송나라는 많은 관료들로 넘쳐 났다. 더구나 송나라 때만큼 관료를 우대했던 왕조는 없었다. 그에 비해 관료의 봉급이 가장 낮았던 것은 명나라 때로 『명사』 「식화지」에,

예부터 관리의 봉급이 박했던 것은 이보다 더 했던 적이 없다.

고 특별히 기록했을 정도다.

당나라 관리의 봉급은 비교적 많았던 편인데, 여기서 당나라, 송나라, 명나라 등 세 나라의 봉급을 비교해 보자. 물론 물가지수나 생활의 질이 다르므로 정확한 비교는 곤란하지만 대략적인 추정은 해 볼 수 있다.

관료보다 조금 아래 급인 종4품관을 예로 들어 보자. 당나라에서는 비서소감(秘書少監, 비서감의 차관)이나 경조부소윤(京兆府少尹, 부도지사), 송나라에서는 간의대부(諫議大夫)나 국자좨주(國子祭酒, 국립대학장), 명나라에서는 국자좨주나 포정사좌우참의(布政使左右參議)처럼 앞으로 각 성의 차관이 될 후보에 해당하는 사람들이다.

당나라에서는 해마다 쌀 260석(石), 직분전(職分田, 퇴임할 때 반환한다) 7경(頃)과 영업전(永業田, 반환하지 않아도 되는 땅) 12경을 주었고, 다달이 1

만 1,567문(文)을 주었다.

송나라에서는 쌀이 월 50석이므로 1년으로 치면 600석이다. 봉전(俸錢)은 월 5만 문을 주었다. 그 밖에 추동 의류로서 해마다 능(綾) 3필, 견(絹) 15필, 나(羅) 1필, 면(綿) 50냥을 하사했다.

명나라에서 이 계급쯤 되는 관료의 관봉은 한 달에 고작 21석뿐이었다. 1년으로 따져도 252석밖에 되지 않는다. 더구나 이것은 명목뿐이고 실제로는 그 일부를 돈으로 환산했다. 종4품관이 실제 쌀로 받는 것은 그중 4할이나 5할쯤이고 나머지는 매우 낮은 환산율로 돈으로 받았다. 시대에 따라 차이가 있지만 1석이 20, 30전, 적을 때는 14, 15전인 경우도 있었다. 없는 것보다는 낫다는 정도였다.

송나라는 진종 때부터 이 위에 사록제(祠祿制)라는 제도를 두어 퇴직자에게 도교 사원의 사(使)라는 직책을 주었다. 수도 개봉의 옥청소응궁사(玉淸昭應宮使)라는 직책은 재상 봉급의 절반을 받았다.

그 밖에 송나라 때는 은상(恩賞)이 있었다. 대신이 병에 걸리면 은전 5천 냥을 하사했고 죽으면 향전(香典)도 내렸다. 구준의 정적이었던 왕흠약이 재상의 자리에 있다가 죽었을 때, 은 5천 냥을 하사받았다. 공적이 있을 때는 물론이고 단지 새로운 자리에 취임했다는 이유만으로 수십 만 전을 받은 일도 적지 않았다. 위진(魏震)은 온주(溫州)에서 헌상한 싱싱한 어린 나무를 보고 부(賦)를 지어 은 2천 냥을 받았다. 또 황제가 죽으면 대신들에게 많은 액수의 유전(遺傳)을 분배했다. 인종이 죽었을 때는 각 대신에게 100여 만의 유사(遺賜)가 있었다. 이때 사마광(司馬光)이 대신을 대표해서 "유사를 사양하는 것이 안 되는 일이라면 하다못해 능묘조영(陵墓造營)에라도 기부하게 해 달라"고 제의했으나 허락받지 못했다.

게다가 송은 관료의 수가 너무 많았다. 은음(恩蔭)이라고 해서 공신의 자제를 무조건 관리로 채용하는 제도가 있었는데 그것이 남용된 것이다. 예의 왕흠약은 죽어서 음전 5천 냥을 하사받았을 뿐만 아니라 그의 친족과 친지까지 20여 명이나 되는 사람이 임용되었다. 관리의 수는 자연히 늘 수밖에 없었다.

주현(州縣)은 전보다 늘지 않았는데, 관리는 전보다 두 배가 되었다.

고 말했듯이 당나라 때와 비교해서 관리가 배나 늘어났다. 진종 함평 4년(1001)에,

천하의 쓸모없는 관리 19만 5천여 명을 감원했다.

는 기록이 있다. 이른바 월급 도둑인 관리가 그때 20만 명 가까이나 되었던 것이다. 세는 방법에 따라서는 좀 더 많았는지도 모른다.

아무리 경제력이 좋다고 해도 이런 식이라면 국가재정은 언젠가 파산한다. 국가 재건 문제를 진지하게 생각한 식자(識者)들이 다양한 개혁안을 내놓았는데 이를 '신법(新法)'이라고 불렀다. 이에 반해 급격한 개혁은 천하를 혼란에 빠뜨릴 뿐이라며 반대하는 사람도 있었다. 신법파에 대해 이들을 구법파라고 불렀다. 북송의 정쟁은 신법파와 구법파의 싸움이었다. 신법파의 대표는 말할 것도 없이 왕안석(王安石)이었다.

지주와 호족이 반대한 왕안석의 신법

왕안석은 천희(天禧) 5년(1021), 임강군(臨江軍, 강서성 청강현)에서 태어났다. 아버지 왕익(王益)은 임강군의 판관(判官)이었다. 판관이란 지방행정관의 속리다. 더구나 왕씨 집안에서 관리가 된 사람은 왕안석의 아버지가 처음이었으니 결코 명문이라 부를 만한 집안은 아니었다.

왕안석은 유년시절부터 지방에서 근무하는 아버지를 따라 각지를 전전했다. 광동(廣東)으로 간 적도 있었고 수도 개봉으로 나온 적도 있었다. 아버지의 마지막 관직은 강녕(江寧, 남경)의 통판(通判)이었다. 왕안석은 19세에 아버지를 여의었다. 인종 보원(寶元) 2년(1039), 이원호(李元昊)가 서하 황제를 칭한 이듬해다. 경력(慶曆) 2년(1042)에는 진사에 급제했다. 제4명(名)이라는 우수한 성적으로 즉시 회남(淮南)의 판관으로 임명되었다. 그 후 때때로 중앙 자리에 앉기도 했지만 20대부터 30대까지는 지방근무 쪽이 많았다. 아마 이것은 왕안석이 지원했던 것 같다. 당시 지방근무에는 공용전(公用錢)이라는 특별수당이 나왔다. 집이 가난한 왕안석은 경제적인 사정도 고려해서 지방근무를 희망했을 것이다.

왕안석이 진사가 되고 2년 뒤에 송은 서하와 경력(慶曆) 화약을 맺었고, 이로 인해 늘어난 막대한 세폐지출과 군비는 마침내 국가재정을 압박하기에 이르렀다.

국가의 재정은 세 부담을 감당하는 건전한 농민층에게 달려 있는데, 그 층이 차츰 얇아져 갔다. 이는 토지 겸병의 진행으로 자작농에서 소작농으로 전락한 자가 늘었기 때문이었다. 왕안석은 재정을 재건하기 위해서는 먼저 농민부터 구제해야 한다고 생각했다.

치평(治平) 4년(1067), 신종(神宗)이 19세의 나이로 즉위했다. 젊은 신종은 정치 개혁에 정열을 갖고 그것을 집행할 사람들을 구했다. 왕안석은 강녕의 지부[知府, 부지사(府知事)]에서 한림학사의 한 사람으로 중앙으로 올라와 의견서를 제출했는데, 그것이 신종의 마음을 움직여 참지정사(參知政事, 부총리에 해당함)로 임명되었다.

국가 개혁을 위해 왕안석이 내놓은 정책이 이른바 '신법'이라고 불렸다. 한마디로 말해 그것은 곧 부국강병책이었다.

신법 중에서 가장 유명한 것이 '청묘법(青苗法)'이다. 그때까지 농민은 춘궁기가 되면 자금이 모자라 지주에게 종자, 식량, 돈 따위를 빌리는 것이 보통이었다. 수확 때 갚기는 하지만 그 금리가 6, 7할에서 때로는 10할이나 되었기 때문에 농민의 빈궁은 개선될 수 없었다. 청묘법은 국가가 저리로 농민에게 대부하는 제도로 변제는 곡물로 하지만 곡물 값이 오르면 돈으로 갚아도 되었다. 그 이자는 2할 이하이므로 그때까지에 비하면 농민은 훨씬 유리했다.

왕안석은 이 청묘법을 신법의 근간으로 생각했다. 빚 지옥에서 탈출해서 '건전한 농민층'으로 들어가는 농민이 한 사람이라도 많아지면 그만큼 국가는 부유해진다는 사고였다. 저리지만 그 이자도 국고의 큰 수입이 된다. 또 빚 때문에 토지를 포기하는 경우도 줄어 토지의 겸병도 막을 수 있다. 빈부의 차가 커지는 것도 방지할 수 있다.

하지만 이 청묘법의 실시로 지주와 호족은 큰 타격을 입었다. 빈농에게 받는 고리대금이 그들 수입의 많은 부분을 차지했기 때문이다. 국가가 대금업자가 되는 것은 부당하다는 도의론도 나왔다. 왕안석의 신법에는 기본적으로는 찬성하지만, 청묘법만은 받아들일 수 없다며 그를 떠나는 사람도 있었다.

모역법(募役法), 혹은 면역법(免疫法)도 신법에서는 중요하다. 송나라 때는 농민을 자산에 따라 다섯 등급으로 나누었다. 1등급과 2등급을 받은 집은 관리 출장 접대, 국가 재물 수송과 보관, 범인 호송 따위의 나랏일을 거들어야 했다. 무보수였음은 말할 것도 없고, 예를 들어 물자를 수송하거나 보관할 때 분실이라도 하면 배상해야 했다. 1등급이 되면 파산한다는 말이 나올 정도로 터무니없는 제도였다. 열심히 일해서 1등급이 되면 괴로운 일을 당해야 했다. 이렇게 되면 차라리 적당히 게으름을 피우는 편이 현명하다는 말이 된다. 여유가 있어도 집을 고치면 등급이 올라갈 위험이 있기 때문에 일부러 집을 허름하게 내버려 두는 일도 있었다. 이래서는 농민에게 근로의욕이 생기지 않는다. 그래서 돈을 징수해서 그것으로 사람을 고용해 그때까지 농민의 의무였던 일을 시키기로 했다. 농민은 이것으로 귀찮은 국가의 잡일에서 해방되었고, 또 근로의욕도 솟아나 결과적으로 국가의 세수도 늘었다.

1등급이나 2등급인 집을 형세호(形勢戶, 권세가 있는 집)라고 불렀으며 농민을 상대로 고리대를 했던 것도 이 계층이었다. 그들이 악랄한 짓을 한 것은 '직역(職役, 정부의 일)'으로 언제 국가에 큰 배상을 해야 할지 모르기 때문에 그것에 대비한다는 면도 있었다. 더욱이 진사에 급제해서 관료가 되는 것도 주로 형세호였고, 일단 고급관료를 배출하면 그 집은 '관호(官戶)'가 되어 직역을 면제받았다. 관료 천국이라고 할 수 있는데, 아무튼 과거에 합격하는 일은 실로 큰 의미가 있었다. 현재 일본에서는 자녀들이 일류 학교에 합격하도록 부모로부터 강요를 받고 있지만, 송나라 때 형세호의 자제들은 그보다도 더 큰 압박감에 시달리고 있었다. 자신이 급제하느냐 못하느냐에 집안의 부침(浮沈)이 걸렸던 것이다. 직역을 면제받느냐 아니냐는 곧 형세호에게 사활을 건 문제였다.

이런 이유로 형세호 출신 관료들이 자기 집안에 불리한 청묘법에 반대한 것은 당연했을 것이다. 신법의 향방, 왕안석의 앞날에는 많은 고난이 기다리고 있었다.

빈민을 싫어한 사마광의 구법

왕안석이 신법의 대표자라면, 구법의 대표자는 사마광이다. 사마광은 천희 3년(1019)에 태어났으니 왕안석보다 두 살이 많다. 섬주(산서성 하현) 출신으로 아버지도 할아버지도 진사를 지낸 가문에서 태어났다. 어렸을 때부터 신동이라는 소리를 들었으며 〈소아격옹도(小兒擊甕圖)〉의 주인공으로도 유명하다. 어릴 적에 마당에서 친구와 노는데 친구 하나가 물독에 빠져서 쩔쩔매고 있었다. 그는 침착하게 물독에 돌을 던져서 구멍을 내어 친구가 익사하는 것을 막고 구출했다는 에피소드다. 그 그림은 교과서에 실릴 만큼 유명했다.

사마광은 20세에 진사에 급제하여 순조롭게 승진했고, 왕안석이 기용된 무렵에는 한림학사 자리에 있으면서 중신회의에도 참석했다. 그는 신법에 강하게 반대했다. 그의 반대는 이해관계가 아닌 관념의 차이에서 왔다고 해야 한다. 명문집안 출신인 사마광은 서민의 생활과 멀리 떨어져서 지냈기 때문에 그들에게 친밀감을 느낀 적이 없었다. 그 때문인지 그의 견해는 몹시 냉정했다.

왕안석의 신법은 빈민 구제가 목적인데, 사마광은 무엇보다 빈민을 동정하는 마음이 없었다.

　　모름지기 백성의 빈부는 근면과 태만에 있다. 태만한 자는 늘 궁하
　다.

라는 생각이었다. 굳이 게으른 자를 나라 힘으로 구제해 줄 필요는 없다
는 것이다. 가난한 자는 나라에서 돈을 빌려 줘도 어차피 갚지 못해 도망
갈 것이다, 그렇게 되면 부자가 희생해서 그 구멍을 메워야 한다, 그러는
동안 부자도 가난해진다, 결국 온 나라가 가난뱅이로 가득 차게 된다, 라
는 두려움을 나타내고 있다.

　사마광은 직접 왕안석에게 편지를 보내 신법 폐지를 호소했다. 사마
광은 사마광대로 위기감을 느끼고 있었다.

　왕안석에 반대하는 구법파의 운동은 이와 같은 위기감으로 증폭되었
다. 농민을 선동해서 왕안석의 저택을 습격한 일도 있었다. 하지만 농민들
이 오히려 왕안석에게 설득당해 해산하고 음모가 탄로 난 적도 있었다.

　면역법은 앞에서 이야기했듯이 돈을 내고 정부의 잡일을 면제받는 것
인데, 관호(官戶)는 애초에 직역의 의무가 없었다. 이치를 따진다면 원래
의무가 없으니 돈을 낼 필요도 없었다. 하지만 왕안석은 그것은 불합리
하다고 보고 그들도 직역을 위해 돈을 내야 한다고 주장했다. 다만 면역
전(免役錢)의 반액으로 정하여 그것을 조역전(助役錢)이라고 불렀다. 그때
까지 내지 않아도 되는 돈을 내게 됐으니 관호 계층, 다시 말해 관료에게
는 불리했다.

　고급관료뿐만 아니라 외척처럼 황제와 가까운 사람들도 신법으로 불

리해졌다. 인종의 미망인인 황태후 고씨(高氏)도 신법을 심히 싫어했다. 그녀의 친정이 신법으로 손해를 입었기 때문이다.

이와 같은 강한 저항을 알면서도 신법을 추진한 왕안석의 의지는 참으로 장하다고 해야 할 것이다. 개혁이므로 그것을 실시하는 데 일시적인 혼란이 있는 것은 당연하다. 그것이 과장되어 구법파의 반대운동에 이용되는 일도 있었다.

왕안석을 사직(辭職)으로 내몬 것은 시역법(市易法) 실시였다. 청묘법이 빈농구제를 위한 정책이었다면, 시역법은 영세 상인을 구제하기 위한 정책이었다. 저리융자와 체화(滯貨, 재고) 판매, 물자조달은 호상(豪商)이 지배하던 항(行, 조합)을 통하지 않고 상인에게 구입한다는 내용이다. 이것은 어용상인에게 큰 타격을 주는 제도였다. 어용상인은 환관이나 후궁과 결탁하고 있어 그들의 반대운동은 지금까지 이상으로 음습했다.

마침 가뭄도 계속되었고 요나라와의 관계도 긴장 상태여서 민심이 불안한 시기였는데, 반대파는 이것을 모두 왕안석 탓으로 돌려서 공격했다. 이리하여 왕안석은 마침내 강녕의 지부(知府, 특별지방행정구역의 장관-옮긴이)로 좌천되었다.

신법이 채용되어 왕안석의 집정 시대가 되자, 사마광은 자리에서 물러나 낙양으로 들어가 버렸다. 그 동안 그는 편년체 역사서 『자치통감』 저술에 몰두했다.

희녕(熙寧) 7년(1074)의 왕안석 실각이 신법 폐지를 의미하는 것은 아니다. 신법파인 한강(韓絳)과 여혜경(呂惠卿)이 조정에 머물면서 의연히 신법다운 정책으로 정치를 이끌었다.

구법파는 이름처럼 그때까지의 방식을 바꾸지 않는 쪽이 좋다고 말했을 뿐 신법보다 뛰어난 정책을 제시하지 못했다. 그때까지의 방법이 막다른 골목에 부딪혀서 신법이 제시된 것이다. 국가를 개혁하지 않으면 아무 것도 할 수 없다는 사실을 사람들도 대부분 알고 있었다. 사마광도 왕안석의 신법이 등장하기 전에는 나름대로 정책 개혁을 생각하고 있었다고 한다. 또 신법 실시 초기에는 사마광을 비롯한 구법파 사람들의 생각도 정책에 수용되었다.

일단 실각한 왕안석은 이듬해 일찌감치 재상으로 복귀했다. 왕안석이 없으면 역시 정치가 제대로 굴러가지 않았던 것일까, 아니면 신종(神宗)의 신임이 두터웠던 것일까. 신종이 왕안석을 남경으로 좌천시킨 것은 어쩌면 황후와 황태후의 불만을 일시적으로 무마하기 위한 조치였을지도 모른다.

경구와 과주는 강 하나 사이,
종산도 다만 몇 겹 산 너머.
봄바람에 강남의 언덕은 또다시 푸를 터인데,
밝은 달은 언제쯤 귀향하는 나를 비춰 줄까.

京口瓜洲一水間 鍾山祇隔數重山 春風又綠江南岸 明月何時照我還

〈과주에 배를 대고(泊船瓜洲)〉라는 제목의 이 시는 왕안석이 다시 복귀하여 개봉으로 향할 때 지었다고 한다. 이때 이미 자신이 다시 남경으로 돌아갈 날을 상상하고 있었다. 왕안석은 현실적인 혁신정치가였지만 불교에 깊이 귀의한 면도 있었다.

추울 때는 따뜻한 곳에 앉고,

더울 때는 서늘한 곳으로 간다.

중생은 부처와 같으니,

부처가 곧 중생이니라.

寒時暖處坐 熱時凉處行 衆生不異佛 佛卽是衆生

이것은 남경의 반산사(半山寺) 벽에 그가 적어 놓은 오언절구다.

그러나 중앙으로 복귀한 왕안석에게는 예전과 같은 패기가 없었다. 신법파 내부에 불협화음이 들린 것이다. 그의 뒤를 이어서 참지정사로서 신법을 추진하던 여혜경은 권력욕심이 과하고 협조성이 부족한 인물이었다. 그 성격은 신법파를 분열하게까지 만들어 복귀한 왕안석을 실망시켰다.

복귀한 이듬해에 왕안석은 사랑하는 아들 왕방(王雱)을 잃었다. 진사에 급제하고 경의국(經義局) 수찬(修撰)에 취임한, 장래가 촉망되던 왕방은 향년 33세였다. 왕안석은 2년 전에도 아우 왕안국(王安國)을 잃었다.

왕안석은 재상을 사임하고 그것이 받아들여져서, 명월이 비치는 남경으로 돌아갔다. 이때 그의 나이 56세였다.

백성의 삶을 놓고 추호를 다투라

원풍(元豊) 8년(1085) 3월, 신종이 죽고 철종(哲宗)이 열 살의 나이로 즉위했다. 할머니 황태후 고씨가 섭정하였는데, 고씨는 신법을 끔찍이도 싫어했다. 황태후는 잇달아 신법을 폐지하고 구법파 사마광을 재상으로 등용했다. 사마광은 이미 67세였다.

이듬해 원우(元祐) 원년(1086) 4월, 강녕 종산(鍾山)에 은거하고 있던 왕안석이 죽고, 다시 재상이 된 사마광도 9월에 세상을 떠났다.

왕안석은 신법의 우두머리로서 섭정 고씨에게 미움을 받았지만, 10년의 은둔 생활이 그녀의 마음을 누그러뜨렸는지 조정은 왕안석의 죽음을 애도하여 정사를 중지하고 태부(太傅)의 자리를 추증했다.

신종 때의 신법과 구법의 다툼은 왕안석과 사마광을 대표로 한 정책 논쟁으로써 격렬하기는 했지만 깔끔한 면도 있었다. 왕안석과 사마광은 서로 편지를 주고받으며 각자의 생각을 주장했던 것이다. 시인 소식(蘇軾)은 정치적으로는 구법파였으나, 좌천되어 지방 임지로 가던 도중, 금릉에 은둔하던 왕안석을 찾았다. 마음이 따뜻해지는 이야기다.

하지만 철종 이후에는 양상이 달라졌다. 섭정 고씨의 구법파 등용과 신법파 배제에 감정적인 면이 너무 강해, 그것이 두 파의 다툼을 발전 없는 것으로 만들었다.

섭정 8년 만에 고씨가 죽고 철종이 친정하자, 이번에는 구법파가 쫓겨나고 장돈(章惇) 등 신법파가 집정하는 시대가 되었다. 그리고 철종이 죽은 뒤, 황태후 상씨(尚氏)가 섭정하면서 두 파의 융합을 도모했다. 철종의 동생 휘종(徽宗) 친정 후에는 신법 시대가 되었으나, 재상 채경(蔡京)은 신법파라고는 해도 일찍이 왕안석과 같은 높은 격조는 없었다. 정책 쟁론이 아니라 당파 싸움이 되어 버린 것이다. 신법파의 채경은 고씨 섭정 시대에 등용되었던 구법파 사람들을 탄압하고, 그들의 이름을 비석에 새겨 '원우간당비(元祐姦黨碑)'라는 이름을 붙였다. 간당(姦黨)으로서 비석에 이름이 새겨진 사람은 사마광 이하 120명이었다. 오래전에 세상을 떠난 사람까지 들먹인 비석은 개봉의 태학 문 밖에 세워졌다.

이와 같은 신경질적인 조치는 그야말로 품격 낮고 신법의 정신에 위배되는 것이라 하겠다. 고씨는 신법을 모두 폐지했고, 친정을 시작한 철종은 그것을 하나하나 다시 부활시켰다. 이와 같은 일이 민심을 혼란스럽게 했음은 말할 나위도 없었다. 북송이 멸망한 커다란 원인 중 하나라고 할 수 있다.

천하를 혼란스럽게 만든 것은 신법 실시가 아니라 그것의 폐지와 부활이라는 변동, 즉 당쟁이었다.

역대 중국의 역사가는 북송의 쇠망을 신법 탓으로 돌리는 자가 많아 왕안석은 악역으로 몰려 버렸다. 개혁에는 시간이 필요한 법인데 왕안석의 집정은 겨우 6년이었다. 시간을 두고 일관되게 실시해야 효과가 나타나는데도, 정국은 긴 안목으로 지켜보는 것을 허용하지 않았다.

표면은 어찌되었건 중국인의 사고방식에는 노장적(老莊的)인 면이 의외로 강하다. 노장의 사상은 '무위(無爲)'를 존중한다. 너무 간섭하는 정치는 좋아하지 않는다. 신법은 그 성격상 백성의 생활에 상당히 깊이 파고들어 간섭하는 것이었다. 그 번거로움이 싫었던 것이다.

신법은 높은 이상을 내걸었으나, 새로운 정책을 실시할 때 일어나는 혼란은 피할 수 없었다. 구법파의 의식적인 방해도 있었지만 말단 정책을 이해하지 못한 혼란도 있었다. 지금까지의 역사가처럼 모든 죄를 왕안석과 신법에게 뒤집어씌우는 것은 공정하지 않다.

왕안석은 문인으로서도 뛰어났다. 그 사람은 싫지만 그 시문은 그렇지 않다는 비평이 청나라 때에 보인다. 왕안석에게 〈상앙(商鞅)〉이라는 제목의 시가 있다. 전국 시대 위(衛)나라 사람 상앙은 진(秦)나라의 재상이 되어 진을 강성한 나라로 만드는 데 큰 공을 세웠다. 그 정책은 백성의 생활에 깊이 개입하여 법률로써 묶는 것이어서 사람들의 미움을 받았다. 비명의 죽음을 맞이했지만, 그것은 당연했다고 전해진다. '덕'으로써 해야 할 정치를 '법'으로 강행한 인물로, 특히 유가에서 비난을 받았다. 훗날 이사(李斯)와 마찬가지로 유능하기는 하지만 좋아하지는 않는다는 것이 상앙에 대한 일반적인 평이었다. 그런데 왕안석은 상앙을 다음과 같이 노래했다.

> 예부터 백성을 부림은 신의와 성실에 있고,
> 한마디 말 무거우니 백금이 오히려 가볍다.
> 요즘 사람은 가히 상앙을 비난할 수 없으니,
> 상앙은 율령을 펴면 반드시 시행하였다.

自古驅民在信誠 一言爲重百金輕 今人未可非商鞅 商鞅能令政必行

나쁜 평판으로 정평이 난 상앙이지만, 그는 정치가로서 일단 정한 일은 반드시 실행했다. 정치는 신(信)과 성(誠)이 있어야만 사람들을 움직일 수 있다. 요즘 사람은 상앙을 비방하지만 과연 그럴 자격이 있을까. 비방하기 전에 상앙이 말 한마디를 끝까지 중히 여긴 것을 평가해야 한다. 이러한 왕안석의 상앙 변호는 정치가로서 자신의 자세를 선언한 것과 같다.

왕안석이 청년 시절에 쓴 〈수염(收鹽)〉이라는 제목의 긴 시가 있다. 송나라 때에도 소금은 국가 전매품이었기 때문에 사염은 엄중히 단속했다.

왕안석의 시는 그것을 풍자한 것인데,

한 백성의 삶은 천하보다도 무겁다.
군자가 어찌 추호(秋毫)를 다투랴.

一民之生重天下 君子忍與爭秋毫

라고 맺고 있다. 한 인간의 목숨은 지구보다 무겁다고 하는데, 11세기의
왕안석이 이미 똑같은 말을 하고 있다. 군자란 정치가를 의미할 것이다.
정치가라면 사소한 소금의 전매 이익을 놓고 그렇게 소중한 백성과 싸워
서는 안 된다는 말을 하고 있다. 어느 정도는 눈을 감아 주어도 좋지 않
냐는 말이다.

이 자세는 언뜻 신법의 우두머리이자 상앙 변호론자인 그와 모순된
것처럼 보인다. 백성과 이익을 다투는 것은 구법파가 왕안석에게 했던 비
난의 말이었다.

하지만 정치가로서 왕안석이 국가를 위해 이익을 다툰 상대는 바닷가
의 하찮은 소금 밀매인이 아니었다. 토지 겸병으로 살찐 지주와 호족이며
물가를 조작하고 국가 납입을 독점한 대상인이었다. 그렇게 보면 〈수염〉
에서 볼 수 있는 그의 자세는 정치가로서의 그의 생각과 일관하고 있다.

문인의 계보

육일거사 구양수

『신당서』와 『신오대사(新五代史)』를 편찬하여 역사에 관심 있는 후세 사람들에게 큰 혜택을 준 구양수(歐陽修)는 진종(眞宗) 경덕(景德) 4년(1007)에 길주(吉州, 강서성 길안현)에서 태어났다. 같은 강서 땅에 도자기로 유명한 경덕진(景德鎭)은 이 경덕 연간에 진(鎭)이 설치되어 그런 이름이 붙여졌다.

구양수는 왕안석보다 열네 살 위다. 24세에 진사가 된 그는 왕안석이 진사에 급제한 무렵에는 이미 저명인이었다. 지간원(知諫院)에 있으면서 유명한 신인을 천거할 수 있었던 그는 태학에서 알게 된 증공(曾鞏)이라는 청년에게 왕안석을 소개받았다. 왕안석이 관계에서 두각을 나타낸 것은 구양수의 천거가 큰 힘이 되었다.

신념이 있는 왕안석은 은혜는 은혜일 뿐, 그것으로 자신의 정치적인 견해를 바꾸는 인물이 아니었다. 그 때문에 그는 친구인 증공과도 사이가 좋지 않았고 은인인 구양수와도 대립했다.

네 살 때 아버지를 여읜 구양수는 붓과 종이를 살 수 없을 만큼 가난하여 물억새 줄기로 땅바닥에 글자를 쓰며 공부했다는 일화가 있다. 자신이 고생한 만큼 유명한 후배를 추켜세우는 일에 열심이었다. 왕안석을 알았을 때도 구양수는 그 재능에 반해 여러 가지를 후원했다. 하지만 왕안석이 신법을 제창했을 때는 그것에 찬성하지 않았다. 왕안석다운 행동이지만, 구양수가 신법에 반대했다는 사실을 안 왕안석은 이 선배를 심하게 공격했다. 후세에 왕안석의 평가가 나쁜 것도 이와 같은 성격 때문일 것이다. 세간의 상식으로 보면 배은망덕한 무리지만, 왕안석에게는 자신의 사적인 연줄보다 천하 국가가 중요했다.

구양수는 만년에 자신을 육일거사(六一居士)라고 불렀다. 여섯 가지 '일(一)'이 있다는 뜻이다. 그것은 장서 1만 권, 탁본(拓本) 1천 권, 거문고 하나, 바둑 한 벌, 술 한 항아리에 둘러싸인 거사 한 사람이라고 해서 그렇게 이름 붙였다. 취미가 많고 관계에서도 그 지위에 연연하지 않은 점이 송대 문인의 전형이라고 할 수 있다.

구양수가 살았던 시대는 일본에서는 무라사키 시키부(紫式部, 생몰년 미상, 헤이안 시대 여류작가-옮긴이)가 『겐지모노가타리(原氏物語)』를 완성하고, 후지와라노 미치나가(藤原道長, 966~1028, 헤이안시대 귀족-옮긴이)의 전성 시대부터 젠쿠넨의 싸움(前九年の役, 1051~1062년까지 일어난 싸움-옮긴이)에 걸친 무렵이다. 당나라 말기에 스가와라노 미치자네(菅原道眞)가 견당사(見唐史)를 폐지한 이후 일본과 송나라 사이에 정식 왕래는 없었지만, 일본 승려가 입송(入宋)하거나 두 나라의 상선이 산물을 주고받는 일은 있었다. 그 무렵 일본에서 송으로 수출한 주요 물품은 일본도였다. 구양수는

〈일본도가(日本刀歌)〉라는 장시를 지었다.

　　　곤이(昆夷, 전설의 명도 산지)는 길이 멀어 또 갈 수 없고,

　　　세상에 옥을 자르는 칼이 있다지만 누가 그것을 규명할 수 있을까.

　　　보도(寶刀)가 가까운 일본국에서 난다 하니,

　　　월매(越買, 절강의 상인)가 푸른 바다 동쪽에서 그것을 손에 넣었다.

　　　상어 가죽을 붙여 장식한 향나무 칼집,

　　　금빛과 은빛이 서로 뒤섞인 놋쇠와 동.

　　　많은 돈을 들여서 호사가가 손에 넣었으니,

　　　칼을 차면 나쁜 일을 쫓을 수 있네.

　　　전해들은 바로는 그 나라는 큰 섬에 있고,

　　　땅이 비옥하고 풍속이 아름답다.

　　　선조인 서복은 진나라 백성을 속이고,

　　　약을 캐 오겠다고 건너가 오랫동안 머물고, 함께 간 소년도 나이를 먹었다.

　　　여러 장인들과 다섯 가지 씨앗, 그들(소년들)과 함께 있어,

　　　지금까지도 도구는 모두 정교하다.

　　　이전 왕조 때부터 공물을 바치며 종종 왕래했고,

　　　사인(士人)들은 왕왕 아름다운 문구로 꾸민다.

　　　서복이 떠날 때는 아직 책을 불태우기 전이라,

　　　잃어 버린 책 백 편이 아직 남아 있네.

　　　중국에 전하는 것 엄히 금하여,

　　　세상에 고문(古文)이 있는 줄 아는 이 없네.

　　　선왕의 위대한 글 오랑캐 땅에 보관되어 있는데,

저 드넓은 푸른 물결 건널 방법이 없구나.

사람을 감격시키고 공연히 눈물을 흘리게 하는 것에,

녹슨 단도가 어찌 미치겠느냐.

昆夷道遠不復通 世傳切玉誰能窮 寶刀近出日本國 越賈得之滄海東

魚皮裝貼香木鞘 黃白閒雜鍮與銅 百金傳入好事手 佩服可以禳妖凶

傳聞其國居大島 土壤沃饒風俗好 其先徐福詐秦民 採藥淹留丱童老

百工五種與之居 至今器玩皆精巧 前朝貢獻屢往來 士人往往工詞藻

徐福行時書未焚 逸書百篇今尙存 令嚴不許傳中國 擧世無人識古文

先王大典藏夷貊 蒼波浩蕩無通津 令人感激坐流涕 繡澁短刀何足雲

공예품으로서 일본도의 뛰어남을 읊고, 일본이 풍요롭고 풍속이 아름답다고 들었다고 노래하고 있다. 아마 월(越, 절강)의 상인에게 들은 이야기일 것이다. 중국에서는 진시황제를 속이고 막대한 자금을 갈취한 서복이 수천 명의 어린 아이들을 데리고 일본으로 건너갔다고 믿는다. 정교한 도구는 역시 중국에서 건너간 장인의 작품이라는 일종의 중화사상도 엿볼 수 있다.

하지만 이 시대의 송나라 문인이 일본에 관심을 가졌던 것은 중국에서 불타 없어진 서적이 일본에 남아 있을지 모른다는 점 때문이었다고 생각된다. 이 시에도 나왔듯이 서복이 일본으로 건너간 것은 시황제의 분서(焚書) 전이므로 많은 서적을 가지고 갔을 터이니, 그것이 일본에 남아 있을 것이라고 상상했다. 분서는 시황제 34년의 일이다. 서복이 동해의 선도(仙島)로 가기를 청한 것이 28년이니 확실히 분서 전이다. 하지만

『사기』를 잘 읽어 보면, 서복은 시황제에게 돈을 갈취했지만 한동안 일본에 가지 않았다. 37년, 다시 말해 분서가 있은 뒤 시황제가 전국을 순행할 때, 서복은 아직 낭야(琅邪) 부근에 있었는데, 문책받을 일이 두려워큰 상어의 방해로 가지 못했다고 변명했다. 서복이 일본에 갔다고 해도 역시 분서 이후가 된다.

그런 자세한 고증은 빼고 당시 중국에서는 분서 이전의 중국 고서가 일본에 남아 있고, 일본은 법률로써 그 유출을 엄중히 금한다고 믿었던 모양이다. 중국 선왕의 대전(大典)이 이맥(夷貊, 동쪽 오랑캐의 땅)에 있는데, 그것을 손에 넣을 수 없다고 생각하니 눈물이 날 만큼 흥분을 느낀다. 그에 비한다면 녹슨 단도(정교한 일본도지만 선왕의 대전에 비하면 보잘 것 없어 보인다는 뜻으로 이렇게 표현했다) 따위는 말할 가치도 없다.

중국 지식인들 사이에서 일본은 불타 없어진 중국의 고서가 보존된 나라를 곧 연상시켰다. 확실히 그랬지만 그것은 구양수 등이 상상했듯이 분서 전의 고서를 서복이 가지고 갔기 때문이 아니다. 시황제의 분서가 아니라 역대 전란과 왕조 멸망으로 인해 일어난 파괴와 황폐로 분실된 서적이 일본에 고스란히 남아 있는데, 이는 일본에도 전쟁은 있었으나 왕조 교체까지는 이르지 않아 그렇게까지 철저한 파괴는 없었기 때문이다.

구양수가 태어나기 20여 년 전인 송나라 태종 때, 일본에서 승려 쵸넨(奝然, 938~1016, 헤이안 시대의 학승─옮긴이)이 송나라로 들어왔다. 『송사』「일본전」에는 태종 옹희(雍熙) 원년 (984), 쵸넨이 입조했다고 하며,

　　　그 나라는 중국의 전적(典籍)이 많아 쵸넨이 올 때도 『효경(孝經)』

1권,『월왕(越王) 효경신의(孝經新義)』제151권을 얻었다. 모두 금색 실로 짠 붉은 비단의 표지에 수정(水晶) 축(軸)으로 장식되어 있다. 『효경』은 정씨(鄭氏)가 주(注)를 달았고, 월왕은 곧 당 태종의 아들 월왕 정(貞)이다. 『신의』는 기실참군(記室參軍) 임희고(任希古) 등이 편찬했다.

고 적고 있다. 정씨(鄭氏)는 후한(後漢)의 정현(鄭玄)을 말하는데, 정현이 주를 단 『효경』은 이때 중국에서는 이미 없어진 책이었다. 송나라 학자는 일본 승려가 이 책을 들고 온 사실에 놀랐을 것이다.

정씨가 주를 단 『효경』이 중국에서 사라진 것은 당나라 현종(玄宗)이 흠정(欽定) 주(注)를 만들었기 때문이라고 생각된다. 현종의 흠정주도 개원 10년(722)의 '시주(始注)'와 천보(天寶) 2년(743)의 '중주(重注)'가 있었는데, 그중에서 '시주'도 중국에서는 망실되었으나, 이 책도 일본에서 발견되었다.

유학 관련 서적뿐만 아니라 불경도 중국에서는 없어진 것을 일본에서 보충하는 일이 생겼다. 예를 들면 진종 함평(咸平) 3년(1000), 일본 승려 자쿠쇼(寂昭, 964~1036, 헤이안 시대의 천태종 승려-옮긴이)가 송나라에 들어올 때, 남악선사(南嶽禪師)의 『대승지관(大乘止觀)』과 『만등삼매행법(萬等三昧行法)』을 가지고 왔다. 이 책은 중국에서는 목록에 이름만 남아 있을 뿐 실제로는 없었다. 중국의 천축사(天竺寺) 준식(遵式, 964~1032, 송나라 천태종 승려-옮긴이)은 그것을 바탕으로 책을 간행했다. 중국에서 출판된 그 『대승지관』에 준식은 후기를 썼는데, 그 안에,

위대하구나, 이 법이여. 처음엔 서쪽에서 전해져 마치 달을 낳는 것과 같고, 지금은 또 동쪽에서 돌아와, 해가 떠오르는 것과 같다. 해와 달의 빛처럼 찬란하구나. 마침내 돌고 돌아 우리 땅으로 돌아왔도다.

라는 구절이 있다. 자쿠쇼는 요곡(謠曲)인 〈석교(石橋)〉에서 와키(조역)가 '이는 오에 사다모토(大江定基, 자쿠쇼의 속명)라고 하는 자쿠쇼 법사입니다. 당으로 건너가 불사와 영지를 순례하고 육왕산(育王山)에서 처음으로 여기저기 돌아보았습니다'라는 가사로 친숙한 인물이다. 송나라에 갔다가 귀국하지 않고 항주(杭州)에서 죽었다고 한다.

태종 지도(至道) 원년(995), 항주 봉선사의 승려 원청(源淸)은 일본에 편지를 보내 지자대사(智者大師)가 지은 『인왕반야경소(仁王般若經疏)』 등을 요청했다. 일본은 그 요청에 응해서 보낸 모양인데 오에 마사히라(大江匡衡, 952~1012, 헤이안 시대 학자-옮긴이)가 작성한 답장이 기록되어 있다.

이 무렵 송에서는 일본에 고서가 남아 있는 것을 제법 알고 있었음이 틀림없다. 구양수의 〈일본도가〉에 선왕의 대전 운운했는데, 송나라 지식인이 생각하는 일본인관이 거기에 드러나 있다는 것이 흥미롭다.

덧붙여서 남북조의 양(梁, 6세기 전반)나라 황간(皇侃)이 쓴 『논어의소(論語義疏)』는 여러 책에 인용되는 유명한 서적인데, 중국에서는 일찍 없어졌다. 에도 시대에 네모토 부이(根本武夷, 1699~1764, 에도 중기의 학자-옮긴이)가 아시카가(足利) 학교에서 이것을 발견하여 복각(復刻)했고, 그것이 중국에 전해져 청나라 학자를 놀라게 했으며 『사고전서(四庫全書)』에 수록되었다.

1877년에 청나라의 주일공사관 참찬(參贊, 서기관)으로 일본에 왔던 시

인 황준헌(黃遵憲, 1848~1905, 청나라 외교관으로 『조선책략』의 저자-옮긴이)의
『일본잡사시(日本雜事詩)』에 다음의 시가 들어 있다.

> 황간의 『논어의소』는 오랫동안 장작을 대신했으나,
> 해신(海神)의 가호로 여전히 새것과 같다.
> 『효경』 역시 강성(康成, 정현의 호)의 주(注)가 있으니,
> 마땅히 정현의 뜻을 편찬할 사람에게 주어야 한다.

論語皇疏久代薪 海神呵護尚如新 孝經亦有康成注 合付篇摩鄭志人

　송대와 청대에 나타난 정주(鄭注)의 『효경』과 황간의 『논어의소』는 일
본에서 발견된 중국 망실고서의 대표작이다. 그 발견에 너무도 큰 충격
을 받아서 중국에서는 이 책들이 가짜라는 주장까지 나돌았던 모양이
다. 황준헌은 이 시의 주에서 일본 학자에게는 아직 고서를 위작해 세상
을 속이고 이름을 훔치는 풍습은 없으므로 가짜는 아니라고 일부러 적
고 있다.

송시의 개척자 매요신

　후진 양성을 보람으로 삼았던 구양수가 특히 희망을 건 것은 왕안석
과 또 한 사람, 소식(蘇軾)이었다.
　구양수는 신법을 제창한 왕안석에게 실망했고, 또 왕안석도 구양수의
보수적인 정치 자세에 반발했다. 그런 점에서 소식은 구양수에게 충실한

후배였다고 할 수 있다.

소식은 사천(四川) 미산(眉山)의 사곡행(紗縠行)이라는 곳에서 태어났다. 이 지명은 비단장수의 거리를 뜻하므로 상인 출신이 아닐까 하는 말도 있다. 소씨 집안에서 처음 관리가 된 사람은 백부인 소환(蘇渙)이었다. 아버지 대에서 처음 관리가 나온 왕안석과 거의 비슷한 환경이니, 적어도 당대(唐代)라면 조정에 출사할 수 있는 신분은 아니었을 것이다.

인종(仁宗) 가우(嘉祐) 원년(1056), 소식은 동생 소철(蘇轍)과 함께 진사에 오르고 이듬해 전시(殿試)에도 급제했다. 진사에 올랐을 때는 21세였고, 동생은 세 살 아래였으니 수재 형제였다.

이때의 시험관 중에 구양수와 매요신(梅堯臣)이 있었다. 또 같은 해에 증공(曾鞏)도 39세의 나이로 진사가 되었다. 이 인물이 왕안석을 구양수에게 소개했다는 사실은 앞에서 이야기했다.

같은 시험관이라 해도 구양수는 지공거(知貢擧)였으므로 시험관 주임이며 그의 추천에 따라 매요신은 소시관(小試官)이 되었다.

송나라의 시인을 논할 때, 매요신은 빼놓을 수 없는 존재다. 구양수, 왕안석, 소식은 대시인이면서 동시에 재상급 고관이었지만, 매요신은 관운이 없었다. 과거의 소시관이 된 뒤 3년 뒤에 59세로 죽었는데, 마지막 관직은 정7품인 상서도관원(尙書都官員) 외랑(外郎)에 지나지 않았다.

이것은 그가 진사 출신이 아니라는 점도 한 가지 원인일 것이다. 아버지 매순(梅詢)은 정3품인 한림학사였으므로, 앞에서 이야기했듯이 그 친족은 채용될 특전이 있었다. 섣불리 그런 특전으로 벼슬길에 오른 것이 매요신에게는 불행이었다. 세상은 이미 진사 지상주의 시대였다. 당나라 때처럼 부모의 위광이 모든 것을 말해 주는 귀족사회가 아니었다. 매요신의 재능 정도라면 시문을 주로 한 과거에 급제하는 것도 그다지 어려운 일은 아니었다. 관계에서 그는 줄곧 지방으로 돌았다. 관계에서는 후배에 해당하는 진사 출신자가 잇달아 그를 제치고 출세했다. 현실적으로 구양수는 그보다 다섯 살이나 아래였는데 과거 시험에서 주임을 맡았고, 매요관은 구양수의 추천으로 겨우 소시관이 될 수 있었다.

하지만 관계(官界)만이 인생의 전부는 아니다. 매요신은 말단 관리로 끝났을 뿐, 정쟁의 소용돌이에 휘말리는 일도 없었고, 좌천의 아픔도 맛보지 않았다. 서쪽에서는 서하와 전쟁을 치렀지만 인종 시대의 송나라 본토는 대체적으로 평온무사했다. 왕안석이 신법을 제창한 것은 매요신이 죽은 뒤다. 지위는 낮았지만 그의 시명(詩名)은 세상에 널리 퍼져 고위고관들도 그에게 경의를 표했다. 재상인 왕서(王曙)는 "200년 동안 이런 작가는 없었다"고 그를 격찬했다. 그것은 두보가 죽은 지 200년 동안 매요신 이상의 시인은 나오지 않았다는 뜻이다. 구양수는 매요신보다 지위는 높았지만 시인으로서는 그를 능가할 수 없었고, 그 점은 구양수 자신도 인정했다. 왕안석, 소식, 황정견(黃庭堅) 같은 북송의 대시인이 잇달아 나타나서 주목을 받기 시작한 것은 매요신이 세상을 떠난 뒤였다. 생각하기에 따라서는 매요신만큼 축복받은 시인도 없다.

매요신은 시제를 일상생활 속에서 찾았다. 특히 과장된 표현을 싫어했다. 당나라 말기부터 이어진 이른바 '서곤체(西崑體)'가 송나라 초기 시단의 주류였는데, 그것은 화려하고 이해하기 어려우며 현실과 많이 동떨어졌다. 그에 반해 매요신의 시는 평담(平淡)을 지향했다. 그는 그때까지 문인이 제재(題材)로 삼은 적 없는 고양이나 개, 닭 같은 가축에서부터 모기와 파리, 머릿니(蝨)에 이르기까지 시로 읊었다. 사소설이라는 말이 있는데, 그의 작품은 '사시(私詩)'라고 부르고 싶을 정도다.

　매요신은 43세에 아내 사씨(謝氏)를 잃고 2년 뒤에 재혼했는데 사씨를 추모하는 마음을 몇 번이나 반복해서 읊었다. 재혼한 초에 지은 〈신혼(新婚)〉이라는 시 안에,

　　부르는 데 익숙해져 아직도 말이 잘 못 나간다(慣呼猶口誤).

고 하는 구절이 있다. 부르는 데 익숙해져서 그만 죽은 아내의 이름을 불러버린다는 뜻이다. 전처인 사씨를 잃은 고우(高郵)라는 땅을 부부가 함께 지날 때 지은 시에는,

　　새 사람(새 아내)의 마음에 상처 줄까 두려워,
　　억지로 참고 눈물을 닦다.

　　恐傷新人心 強制揩雙眸

라는 구절이 있다. 그에게 〈생선회를 쳐서 손님에게 내놓다(設鱠示坐客)〉라는 제목의 시가 있다. 이것은 송대 중국인이 생선회를 먹었다는 증거가 되는 시이기도 하고, 매요신의 평소 생활을 생생하게 나타낸 시라고도 생각할 수 있어 조금 길지만 실어 보았다.

　　변하(汴河)는 서쪽으로 흐르는 황하의 지류,
　　누런 흐름 아직 얼지 않았고 잉어는 살찐다.

낚시로 잡아 올려 도시에 내다 파는데,
백전(百錢)을 탐내지 않고 집으로 갖고 돌아온다.
집사람은 보도(寶刀)를 갈아,
비늘을 긁고 지느러미를 잘라도 튀려는 것 같다.
하나하나 운엽(雲葉)은 접시에 떨어지고,
속속(粟粟), 상복(霜蔔)은 흰옷이 된다.
초의 유자로 무침을 만들면 향기는 집 안에 풍기니,
친구들은 앞다투어 방으로 들어온다.
아이를 불러 옥성(沃腥)의 술을 가져오라 하지만,
창자가 꽉 차고 배는 불러 서로 군소리가 없다.
마침내 술병이 비니 말에 올라 돌아가는데,
그 의기는 서산의 고사리를 말할 필요가 없다.

汴河西引黃河枝 黃流未凍鯉魚肥 隨鈎出水賣都市 不惜百金持與歸
我家少婦磨寶刀 破鱗奮鬐如欲飛 蕭蕭雲葉落盤面 粟粟霜蔔爲縷衣
楚橙作虀香出屋 賓朋競至排入扉 呼兒便索沃腥酒 倒腸飫腹無相譏
逡巡缾竭上馬去 意氣不說西山薇

하나하나 접시에 떨어지는 운엽(雲葉, 생선 조각)이란 바로 생선회다. 속속(粟粟, 싹둑싹둑) 잘린 서리처럼 하얀 무는 하얀 옷이 되므로, 이는 생선회에 까는 무를 말한다. 삶거나 굽는 것이 아니라 유자를 곁들이고 옥성(沃腥, 비린내를 없앰)의 술을 구하는 것이므로, 여럿이 생선회를 먹으려 한 것이다. 배가 부르고 술도 다 떨어지자 다들 말을 타고 돌아간다. 이런 시정(市井) 생활에 의기양양하고 있으니, 서산에서 고사리를 먹다 굶어죽은 백이 숙제를 말할 필요가 없다. 천하 국가나 인의 같은 어려운 문제는 집어치우고, 그날그날의 생활을 소중히 여기면 된다는 내용이다.

매요신은 사람들에게 사랑받았다. 그가 죽음의 병상에 누웠을 때, 그의 집 주변은 병문안 손님들로 넘쳐나 이웃 사람들이 놀랐다고 한다. 그가 살았던 곳은 성동(城東)의 벽촌으로 지위 높은 사람들의 주택가가 아니었다.

왕안석은 젊어서 매요신에게 『시경』 강의를 들은 적이 있다. 왕안석이 37세 때 상주지사(常州知事)로서 강남으로 갈 때, 매요신은 장행(壯行)의 시를 선물했다. 매요신이 죽었을 때, 왕안석은 만시(挽詩)를 지었다. 사실 이 두 사람은 먼 친척이기도 했다. 매요신의 전처인 사씨의 오라비 사강(謝絳)의 딸이 왕안석의 아우인 왕안례(王安禮)의 처였다. 또 사강의 장남 사경초(謝京初)의 아내가 구양수의 처제였다.

덧붙여서 말하면, 사경초 부부 사이에 태어난 딸은 유명한 시인인 황정견에게 시집갔다.

왕안석과 소식의 아름다운 인연

중국에서는 자신이 급제했을 때의 시험관을 평생 스승으로 모시는 관습이 있었다. 그런 의미에서 소식은 구양수의 제자이며 동시에 매요신의 제자이기도 했다. 그리고 왕안석과는 동문이다.

소식은 장관급인 고관이 되었지만, 좌천은 말할 것도 없고 유배나 투옥도 경험했다. 매요신의 삶에 비해 소식의 삶이 좀 더 행복했는지는 의

문이다. 하지만 그는 관계(官界)에서 불운했던 스승 매요신과 공통된 점이 있다. 어떤 경우든 솔직하게 받아들이고 기본적으로는 낙관했던 것 같다. 관위(官位)의 높고 낮음은 있었지만, 이 두 사람은 자신의 삶을 인간다운 감정으로 인간답게 살았다고 할 수 있다.

당연한 일 같지만 이것은 송나라라는 시대가 겨우 인간의 시대가 되었다는 한 표징이었다. 그렇게 생각하면 아무것도 아닌 일이 실로 감동적으로 느껴진다.

소식이 태어나기 반세기 전인 송나라 태종 시대에 『태평어람(太平御覽)』이라는 일종의 백과사전이 만들어졌다. 태평흥국 2년(977)에 조칙으로 편집이 시작되었으며, 완성본은 모두 1천 권이나 된다. 태종이 이것을 하루에 3권씩 읽어 1년이나 걸렸는데, 그 때문에 '어람(御覽)'이라는 명칭이 연호인 '태평(太平)'에 붙여졌다.

『태평어람』에는 1,690종의 책이 인용되었는데, 인용본 중에는 지금 망실된 것도 적지 않다. 예를 들면 '음식(飮食)'이라는 부(部)의 술 항(項)을 보면, 그때까지의 문헌에 나온 술이 총망라되어 있다. 야마타이국(邪馬壹國, 고대 일본의 야요이 시대에 있던 나라-옮긴이)의 일로 자주 문제가 되는 『위지(魏志)』는 원래 『위략(魏略)』을 재료로 했고, 그 『위략』은 이미 망실된 책이다. 그런데 『태평어람』에는 그 책에서 인용한 내용이 적지 않다. 술도 태조(조조) 때 금주령이 내려 사람들은 백주(白酒, 탁주)를 '현인(賢人)', 청주(淸酒)를 '성인(聖人)'이라는 속어로 불렀다는 것을 비롯해서, 『위략』에 실린 술에 관한 기술을 많이 인용했다. 망실된 책은 많지만 『태평어람』에 인용된 문장으로 그 개략을 알 수 있다.

어찌 되었든 백과사전 편찬이라는 대사업의 원동력은 그때까지 인간이 쌓아 올린 지식에 대한 깊은 경의(敬意)였을 터이다. 인간의 지식, 나아가 인간의 힘을 존중한다는 것은 그 시대에 휴머니즘이 농후했다는 증거다. 송대에는 이 밖에도 지금까지 가끔 이름이 나왔던 왕흠약이 황제의 명으로 편찬한 『책부원구(册府元龜)』 1천 권도 있다. 이 책은 정치를 중심으로 한 것으로, 당나라와 오대(五代) 역사를 연구하는 데 특히 없어서는 안 될 자료다. 송대에는 그 밖에도 그때까지의 설화를 전부 모은 『태평광기(太平廣記)』, 또 문집을 분류 편집한 『문원영화(文苑英華)』가 있는데, 이들을 합쳐 '송사대서(宋四大書)'라고 부르고 있다.

국가사업으로서 이와 같은 대편집 사업을 잇달아 벌인 것은 송나라의 문치주의 선언과 동시에 인간을 소중히 여긴다는 의식이 강했기 때문이다. 소식은 이러한 시대 풍조를 온몸으로 표현했다는 기분이 든다.

매요신과 달리 소식의 인생은 기복이 많았다. 하지만 매요신이 시정에서 동료와 생선회를 먹는 그 순간순간을 소중히 여기고 그것을 긍정했듯이, 소식은 장관으로서 국정에 힘쓰고 있을 때나 유형(流刑)을 받아 벽지로 쫓겨났을 때나 역시 인생을 긍정하는 자세로 일관했다. 소식의 연보(年譜)를 그때그때의 시에 맞추어 보면, 나도 모르게 눈시울이 뜨거워진다. 이렇게까지 낙관적으로 인생을 긍정하며 산 사람, 그리고 그것을 예술로 표현한 사람이 존재했다는 사실을 아는 것만으로도 우리는 큰 위안을 얻는다.

소식의 지위가 차츰 높아질 무렵, 왕안석이 정권을 잡았다. 소식은 신법에 찬성하지 않았다. 법률로 백성을 구속한다는 사고가 소식의 기질에 맞지 않았던 것이다. 많은 속박을 받으며 부자가 되기보다는 가난해도 자유인으로 사는 쪽이 낫다는 것이 소식의 사고방식이었다.

신법에 반대하는 소식이 이 시기 불우했음은 말할 나위도 없다. 왕안석이 조정에 있던 무렵, 소식은 지방 근무를 지망해 항주(杭州)의 통판(通判, 부지사)과 밀주(密州) 지사를 지냈다. 하지만 왕안석은 열다섯 살이나 어린 소식의 문재(文才)를 아꼈다. 『임천집(臨川集)』 안에 〈미산집을 읽고 눈의 시에 차운하다(讀眉山集次韻雪)〉라는 제목의 시가 여섯 수 수록되어 있다. 중국에서는 그 사람을 출신지로 부르는 관습이 있다. 왕안석은 아버지의 근무지인 임강(臨江)에서 태어났지만 본적은 무주(撫州, 강서)의 임천현이었다. 따라서 왕안석의 문집을 『임천집』이라고 부른다. 소식은 사천의 미산현 출신이므로 그의 문집은 『미산집』이라고 부른다. 왕안석은 소식이 눈(雪)을 소재로 쓴 시에 감동하여 그 각운(脚韻)을 써서 여섯 수나 되는 시를 지은 것이다. 이것을 '운을 잇는다(次韻)'고 하는데 우정의 표현이나 존경의 표현이었다. 소식도 왕안석의 시에 차운했다.

정견은 달랐으나 두 사람 사이에는 친근감, 적어도 상대를 존경하는 마음이 있어, 그것이 서로 통했던 것이다. 신법에 반대한 소식의 수난은 왕안석이 조정을 떠나 강녕(江寧)에 은거하면서부터 시작되었다. 왕안석이 조정을 떠난 뒤, 여혜경(呂惠卿)이라는 이류 정객이 신법을 집행했다. 그들의 방식은 엉망이었다. 자신이 있으면 반대파도 관용할 수 있지만 자신이 부족하면 반대파를 힘으로 누르려고 한다. 반대하는 목소리는 조금도 듣고 싶지 않기 때문에 공포정책으로 그것을 봉하려고 한다. 상대의 말꼬리를 잡고 "반대했다, 반대했다"고 떠들어 대며 탄압하면 사람들은 침묵한다. 자신감 없는 이류정객은 그런 침묵을 바란 것이다.

원풍(元豊) 2년(1079), 왕안석이 강령으로 떠난 직후, 소식은 조정을 비방했다는 이유로 체포되었다. 그해 4월에 그가 호주(湖州) 지사로 부임한 직후였다. 호주는 절강성의 태호(太湖) 남안으로, 오늘날 오흥현(吳興縣)에 해당한다. 중국에서는 붓 산지로 유명하다. 그가 부임한 4월에 왕안석은 재상을 사임했다. 소식이 체포된 것은 7월이며 개봉의 어사대(御史臺, 관리를 탄핵하는 곳)에 하옥된 것은 8월 8일이었다.

소식의 시문 안에 조정을 비방하는 뜻이 담겨 있다는 이유였다. 예를 들면 그가 희녕 4년(1071), 항주에서 지은 〈자유를 희롱하다(戱子由)〉라는 시가 문제가 되었다. 자유란 그의 아우인 소철(蘇轍)을 말한다. 그때 소철도 신법에 반대해서 신법집행기관이었던 제치삼사조례사(制置三司條例司)라는 자리를 그만두고 진주(陳州)의 교수로 있었다. 제목에서도 알 수 있듯이 장난삼아 아우에게 준 시다. 그 안에 다음과 같은 대목이 있다.

독서 만 권이라도 율법을 읽지 않으면,
군주를 요순으로 만들 방도가 없음을 안다.
농경을 권하는 관개는 번거롭기가 구름과 같다.
노년을 보내는 제염(齏鹽, 무침과 소금 절임)은 달기가 꿀과 같다.
문전의 만사는 보지 않고,
머리는 영원히 낮다 해도 정신은 굽히지 않는다.

讀書萬卷不讀律 致君堯舜知無術 勸農冠蓋鬧如雲
送老齏鹽甘似蜜 門前萬事不掛眼 頭雖長低氣不屈

만 권의 책을 읽었다 해도 법률만큼은 배우지 않았으므로, 군주를 요순처럼 성왕으로 만드는 방도가 없다는 것을 안다. …… 아우의 상태를 놀린 대수롭지 않은 시구로 보인다. 신법파의 정책은 말할 것도 없이 법률을 중시했다. 그때까지 시문을 중시하던 과거도 경의(經義, 고전 해석)와 논책(論策, 정치론)에 중점을 두었고 시부(詩賦)는 폐지했다. 소식이 지방전출을 지망한 것도 과거 시험 과목에서 시부를 제외한 것에 항의하기 위해서라고 한다. 아우에게 '너는 만 권의 책을 읽었는데도 율법을 공부하지 않았으니 지금 시대에는 쓸모가 없구나'라고 놀린 것인데, 그 안에 '이럴 수는 없다!'라는 강한 부정이 담겼음을 느낄 수 있다.

그 부정은 다음에 이어지는 구절로 더욱 강조되는 듯하다. 신법은 백성의 생활에 개입했다. '농사를 권하는 관개(冠蓋)'란 농민을 지도하기 위해서 파견된 관리를 말한다. 관(官)은 고관이 머리에 쓰는 모자이고 개(蓋)란 마차의 덮개를 말한다. 관리가 고급차를 타고 와서 이것저것 귀찮게 청묘법(靑苗法) 따위를 설명하고 지도하는 광경은 당시 흔히 볼 수 있었을 것이다. 그것을 '구름과 같다'고 야유했다. 관리들은 이러쿵저러쿵 시끄럽게 말하지만 지도받는 농민은 어떠했을까. 늙은 농부는 제(韲, 무침)나 소금으로 절인 간단한 음식에 이보다 맛있는 것은 없다며 만족하고 있다. '이제 됐으니까 제발 귀찮게 굴지 말아 달라'. 마치 신법에 대한 농민의 반응이 이렇다고 말하는 것처럼 들린다. 지금 신법파가 하는 일은 모두 보고도 못 본 척하자, 이런 시대이니까 가만히 머리를 숙이고 있지만 본심은 결코 숨기지 말자. 겉으로는 무저항처럼 보였지만, 그들이 하고 있는 일을 비판하는 마음은 잃고 싶지 않다. 다시 말해서 이 시는 그렇게 읽을 수도 있었다. 적어도 왕안석과 교제하며 정권을 잡은 이류 정객은 그렇게 읽었다.

관리로 임관한 자는 반드시 법률을 배워야 한다는 조서가 내려졌으므로 '법률을 잃지 않았다'는 말은 황제의 말을 거역한 것이라고 트집 잡을 수도 있었다.

300평 전원주택의 유혹

소식은 죽기를 각오했다. 이미 44세였고 옥리도 이류 신법파의 뜻을 받아들였는지 그를 거칠게 다루었다. 아우에게 준 옥중 시가 두 수가 있다. 거기에는,

나는 사건으로 어사대의 감옥에 갇혔다. 옥리는 조금 심하게 군다. 나 자신이 참을 수 없다. 옥중에서 죽어 자유(동생 소철을 말함)와 헤어지지 않을 수 없다. 그러므로 두 수를 지어 옥졸 양성(梁成)에게 주어 자유에게 보낸다.

라는 머릿글이 있다. 그 한 수는 다음과 같다.

성주(聖主)는 하늘과 같고 만물은 봄이 되었는데,
소신(小臣)은 암우(暗愚)하여 스스로 몸을 망친다.
백 년도 되지 않았는데 먼저 죗값을 치르고,
열 식구는 갈 데 없어 다시 남에게 폐를 끼친다.
도처가 청산이므로 뼈를 묻을 수는 있으나,
앞으로 밤비에 홀로 마음 상하리.
너와 세세로 형제가 되어,

또다시 인간의 못다 한 인연을 맺고 싶구나.

聖主如天萬物春 小臣暗愚自亡身 百年未滿先償債 十口無歸更累人
是處青山可埋骨 他年夜雨獨傷神 與君世世爲兄弟 更結人間未了因

쳇값을 치른다는 말은 인간은 전생의 빚을 다 갚으면 죽는다고 생각했던 것에서 죽음을 의미한다. 죽어 버리면 열 식구는 남의 신세를 져야 할 것이라고 말한다. 자신은 어디에 뼈를 묻어도 좋지만 장래, 비 오는 밤에 너를 슬프게 할 것이다. 이 현세에서 못다 한 인연을 후세에서라도 다시 맺고 싶다고 말한다.

이 시에서도 소철은 슬퍼하지 않는다. 가족이 남의 신세를 지게 되는 것, 너를 슬프게 만드는 것을 걱정할 뿐이다. 내세에 다시 형제가 된다는 것은 소식의 커다란 낙관임에 틀림없다.

소식은 그해 12월 28일에 출옥했다. 정확히 100일 동안 옥중에 있었다. 별의별 트집을 잡았지만 신종(神宗)은 소식을 옹호한 형적(形跡)이 있다. 시종 둘을 어사대 감옥에 파견해 소식의 상태를 보고 오게 한 것이다. 그 일로 옥리의 태도도 바뀌었을 것이다. 신종은 석각유훈(石刻遺訓)을 마음에 새기고 있었으므로 언론으로 사대부를 사형하는 일은 허락하지 않았다. 소식은 황주(黃州)로 유배되었다. 황주 단련부사(團練副使)라는 직함이 붙어 있었으나, 단순한 좌천이 아니라 실제로는 유배가 분명했다.

출옥한 날, 그는 한없이 낙관적인 다음과 같은 시를 지었다.

백 일만에 옥에서 나오니 마치 봄을 맞이한 것 같고,

남은 생을 어떻게 보낼 것인가가 가장 큰 관심사.

문을 나와 변선(便旋, 소변)하니 바람이 얼굴을 스치고,

말을 달리니 날아가던 까치가 시끄럽게 떠든다.

돌아와 술잔을 마주하니 이 모두가 꿈인 듯하여,

시험 삼아 붓을 드니 이미 신(神)인 듯하여라.

이 재난을 어찌 나무랄 수 있을까만은,

지금까지 녹(錄)을 먹었으니 그것이 원인이구나.

百日歸期恰及春 殘生樂事最關身 出門便旋風吹面 走馬聯翩鵲噪人
却對酒杯渾是夢 試拈詩筆己如神 此炎何必深追咎 竊錄從來豈有因

아마 소식은 감옥 문을 나서서 시원하게 소변을 본 모양이다.

황주로 가는 도중에 진주에서 그리워하던 동생 소철도 만났다. 황주
에서는 황무지를 개간하여 그곳을 동파(東坡)라 이름하고 자신의 호도
동파거사(東坡居士)라 했다. 그의 시에도 동파는 자주 나온다. 소식보다
소동파라는 이름이 더 유명하기도 하다. 그는 여기에서 영주하려고 했다.
황주에서 지은 〈한식의 비(寒食雨)〉는 소식 자신이 직접 엮은 〈황주한식
시권(黃州寒食詩卷)〉에 들어 있고, 서예 관련 책에는 반드시 수록되어 있
다. 그러나 이 시권은 1922년에 중국에서 일본 수장가의 손으로 들어갔
지만, 지금은 그 행방을 알 수 없다.

원풍(元豊) 7년(1084), 소식은 여주(汝州) 단련부사로 전임했다. 전임이
라기보다는 감형이라고 해야 할 것이다. 같은 유형(流刑)이라도 호북의 황
주보다는 하남의 여주가 수도인 개봉과 가깝다. 황주에서 여주로 향할

때, 소식은 금릉(金陵)의 종산(鍾山)에 은거하고 있던 왕안석을 찾았다. 그 때, 왕안석은 병상에 있었는데 〈북산(北山)〉이라는 제목의 다음과 같은 자작시 네 수를 소식에게 보여 주었다.

북산은 온통 초록빛으로 넘치고,

곧은 도랑, 굽은 못엔 물이 가득할 때.

오래도록 앉아서 일일이 낙화를 헤아리며,

천천히 방초를 감상하다 느즈막히 돌아오네.

北山輪綠漲橫陂 直塹回塘灩灩時 細數落花因坐久 緩尋芳草得歸遲

소식은 이것에 차운(次韻)했다. 〈형공에 차운하다-4절(次荊公韻四絶)〉이 그것이다. 왕안석은 그 무렵 형국공의 작위에 봉해졌다. 〈북산〉에 차운한 것이 다음의 시다. (°표시가 차운한 각운)

나귀를 타고 망망한 거친 연못가에 들어,

아직 건강한 선생을 뵈었네.

내게 권하기를 시험 삼아 3무(畝)의 집을 구하라 하니,

공을 따르기가 이미 10년은 늦었음을 느끼네.

騎驢渺渺入荒陂° 想見先生未病時° 勸我試求三畝宅° 從公已覺十年遲°

이때 왕안석은 소식에게 이 근처에서 택지 3무(畝, 1무는 100평)를 사서

유유자적하면 어떻겠냐고 권했다. 가까이 있으면 언제나 이런 식으로 응수할 수 있으니 즐겁지 않은가. 곧 소식은 이 말에 당신과 안 것이 10년이나 늦었다며 한숨을 쉬었다.

신법 창시자와 그것에 반대해서 유배 중인 사람이 참으로 화기애애하게 담화하고 있다. 이 이듬해 3월, 신종의 죽음으로 황태후 고씨가 섭정하게 되었고 사태는 급변하여 구법파가 정권을 쥐고 늙은 사마광이 재상이 되었다. 신법에 반대한 소식이 부활했음은 말할 것도 없다. 등주(登州) 지사에 임명되어 부임해 보니 중앙으로 올라오라는 통지가 와 있었다.

이듬해인 철종 원우(元祐) 원년(1086), 소식은 한림학사가 되었고, 아우인 소철도 호부시랑(戶部侍郎, 재무부 차관)에 임명되었다.

재상 사마광은 면역법과 청묘법을 차례로 폐지했다. 이때 소식은 면역법은 이미 기정사실이 되어 다시 폐하는 것은 쉽지 않다는 의견을 냈다. 신법이라면 덮어놓고 반대하는 감정적인 반대론자는 아니었던 것이다. 이 점이 감정적인 구법파의 심기를 건들인 모양이다. 구법파 정권 중에서도 소식의 처지는 미묘해졌다.

신법파 내에서도 분열이 있었든 구법파도 분열하여 파벌항쟁은 더욱 심해졌다. 소식은 중앙 정쟁에서 몸을 피하기 위해 지방 근무를 희망했고 항주 지사가 되었다. 재임 중에 그는 서호(西湖)의 진흙을 파내서 둑을 쌓았는데, 이것이 지금도 남아서 '소제(蘇堤)'라고 불린다. 소식이 항주에 있는 동안 조정에서는 아우 소철이 한림학사, 예부상서, 나아가 어사중승(御使中丞)으로 승진했다. 일찍이 소식은 어사대의 감옥에 갇혔었는데, 어사란 관리를 탄핵하는 자리이고 중승이란 그 차관이었다. 소철의 일은 자연 신종 시대에 권세를 부리던 신법파 사람들을 탄핵하는 것이 되었다. 소철 자신도 형에게 연좌되어 실각한 일이 있다. 그의 일은 그에 대한 보복처럼 보이기도 했다.

구법파는 인재가 부족했다. 재상이 된 사마광이 곧 사망한지라 구법파의 실력자이며 신법 때문에 옥고까지 치른 소식을 언제까지나 지방에 머물게 할 수는 없었다. 원우 6년(1091), 소식은 조정으로 불려갔다. 그 뒤에도 한 번 양주(揚州)지사로 나갔으나 머지않아 다시 중앙으로 올라와 병부상서(兵部尙書, 국방부 장관), 예부상서(禮部尙書)가 되었다. 아우인 소철은 문하시랑(門下侍郎)으로 승진했다. 낙양에 은거하고 있던 사마광이 신종의 죽음으로 조정으로 복귀했을 때도 먼저 문하시랑이 되고 나서 상서좌복야(尙書左僕射)를 겸임했다. 소철은 마침내 재상이 되었다. 하지만 형 소식은 지방으로 나가기를 바라 결국 정주(定州)자사로 부임했다.

개미 싸움과 같다는 신·구법 논쟁

원우 8년(1093) 9월, 섭정 황태후 고씨가 죽고 철종이 친정을 시작했다. 황태후는 본디부터 신법을 싫어했지만, 철종은 남몰래 신법에 관심이 많았다. 젊은 황제는 역시 국정개혁 쪽에 매력을 느꼈을 것이다.

또다시 사태가 일변했다. 정주에 있던 소식에게 영주(英州)로 부임하라는 명령이 내려왔다. 영주는 광둥성을 말한다. 북쪽에서 남쪽으로 파격적인 좌천이었다. 더구나 좌천만으로는 끝나지 않았다. 영주로 부임하던 도중에 소식은 이미 관직을 박탈당하고 혜주(惠州)로 유배되었다.

혜주는 오늘날의 광주시(廣州市) 동쪽에서 100킬로미터 떨어진 곳에 있는 해안지방이다. 59세부터 62세까지 소식은 이곳에서 살았다. 〈여지를 먹다〈食荔枝〉라는 시는 소성(紹聖) 3년(1096), 61세 때 지은 작품이다.

　　　나부산(羅浮山) 기슭은 사시사철 봄이고,

　　　노귤(枇杷), 산복숭아 차츰 새로운 과일이 나네.

　　　날마다 여지(荔枝)를 먹기를 300알,

　　　이대로 영남 사람이 되는 것도 괜찮겠구나.

羅浮山下四時春 盧橘楊梅次第新 日啖荔枝三百顆 不辭長作嶺南人

이렇게 맛있는 여지를 배불리 먹을 수 있다면 이대로 죽 영남(광동) 사람이 되는 것도 괜찮겠다는 뜻이다. 유배지에서도 이처럼 낙관할 수 있다는 것이 과연 소식답다 하겠다. 그는 유머리스트이며 식도락가이기도 했다. 네모나게 삶은 고기를 동파육(東坡肉)이라고 하는데, 그가 만든 요리라고 한다.

신법파는 그를 몹시 미워했던 모양이다. 혜주만으로는 성에 차지 않았는지 62세의 소식을 담주(儋州)로 귀양 보냈다. 담주는 오늘날 해남도(海南島)이다. 아우인 소철도 균주(筠州, 강서성 고안현)에서 뇌주(雷州)로 옮겼다. 뇌주는 광동성으로, 해남도 건너편에 있는 뇌주반도(雷州半島)를 말한다. 여기에서 늙은 형제는 새로운 귀양지까지 동행했다.

해남도에서의 생활은 고생스러웠다. 주위는 대부분 미개한 여족(黎族)이었다. 이곳에서 소식은 도연명의 시에 차운한 시를 많이 지었다. 후세 사람들은 이를 '동파 해외(海外)의 문장'이라고 부른다. 우환을 당해서인지 그의 시는 더욱 세련되었다. 도연명이 지은 〈권농(勸農)〉이라는 사언시가 있는데, 소식은 그것에 맞추어 다음과 같은 시를 지었다.

> 오호라, 그대들 한(漢)과 여(黎)는
> 똑같이 한 백성인데.
> 이(夷)를 멸시하고 가르치지 않음은
> 그 어찌 진실이겠느냐.
> 원한과 분함으로 약탈하고 유괴하고
> 무기를 들어 서로 맞서다.
> 기만당해도 호소할 곳 없고
> 잘못은 우리가 먼저다.

> 咨爾漢黎 均是一民 鄙夷不訓 夫豈是眞
> 怨忿劫質 尋戈相因 欺謾莫訴 曲自我人

해남도에는 여족이 소수의 한족과 뒤섞여서 살았던 모양인데, 소식은 한족의 강한 차별의식을 비난했다. 나쁜 것은 우리(한족)라고 지적했다. 중화사상이 강했던 이 시대에 한과 여도 한 민족이라는 사고는 매우 진보적이었다고 할 수 있다. 불교사상이 큰 영향을 준 것이라 생각한다.

국토의 끝, 열병의 땅에서의 삶이 60세가 지난 소식의 건강을 해쳤는지는 몰라도, 그의 시혼은 꺾지 못했다. 햇수로 4년에 걸친 해남도 생활을 마감하고 원부(元符) 3년(1100), 마침내 그는 명예를 회복했다. 이해 정월에 신법파인 철종이 죽고 아우인 휘종이 즉위했으나 황태후 상씨(尙氏)가 섭정하게 되었다. 상씨는 신법파와 구법파의 화해를 위해 소식처럼 귀양을 가거나 좌천된 구법파의 복권조치를 취했다.

마침내 해남도에서 대륙으로 돌아가게 되었다. 해남도 북쪽 기슭인 징매역(澄邁驛)의 통조각(通潮閣)이라는 곳에서 그는 다음의 시를 지었다.

여생을 해남의 마을에서 늙으려 했더니,

황제께서 무양(巫陽,『楚辞』에 나오는 무당)을 시켜 내 영혼을 부르게 하셨네.

낮게 내려앉은 하늘 저 멀리 매가 날아가는 곳,

푸른 산 그림자가 한 줄기 선(線)처럼 보이는 그곳이 바로 중원이구나.

餘生欲老海南村 帝遣巫陽招我魂 杳杳天低鶻沒處 靑山一髮是中原

아득히 한 줄기 머리카락처럼 보이는 청산이 바로 꿈에도 그리던 중원이었다. 그러나 소식은 끝내 수도로 돌아가지 못했다. 북으로 향하던 도중에 강소(江蘇)의 상주(尙州)라는 곳에서 병으로 쓰러졌다.

건중정국(建中靖國) 원년(1101), 명예가 회복되고 정확히 1년이 지났다. 그해 7월에 그는 상주에서 66세의 삶을 마감했다.

젊은 황제는 역시 신법에 매료된 모양인지 소식이 죽은 이듬해에 휘종은 서둘러 신법파를 중심으로 한 정치를 열었다. 소철은 정계를 단념하고 영창(穎昌)이라는 곳에 은거하며 저술로 세월을 보내다 10년 뒤에 세상을 떠났다.

소식은 후진들도 잘 돌보았다. '소문의 사학사(蘇門四學士)'라고 일컫는 황정견, 장뢰(張耒), 조보지(晁補之), 진관(秦觀) 등이 잘 알려져 있다. 이 가운데 진관은 소식보다 1년 일찍 유배지인 뇌주(雷州)에서 죽었다.

휘종의 신법정치에 따라 장뢰는 황주로 유배되었고, 황정견은 의주(宜

州, 광서장족자치구 의산현)로 유배되었다. 조보지는 좌천으로 끝났으나, 그의 저서는 금서가 되었고 판목은 소각시키라는 명령이 떨어졌다.

황정견은 산곡(山谷)이라는 호로도 알려졌다. 서가로서도 희대의 명인이었다. 앞에서 이야기한 소식의 〈황주한식시권〉에 황정견이 쓴 발문(跋文)이 있다. 소식의 필치는 천의무봉(天衣無縫)의 맛이 있지만, 황정견의 그것은 선인의 필적과 씨름하며 배우고 또 배운 필법으로 흔히 급한 언덕을 올라가는 것에 비유한다. 다만 본인은 배운 다음에는 없애려고 노력했던 모양이다. 자신의 글씨에 서법이 없다는 것이 그의 견해였다. 상해 박물관이 소장한 『화엄소(華嚴疏)』는 아무리 봐도 싫증나지 않는 절품이라 하겠다.

소식과 황정견의 공통점은 불교에 심취했다는 것이다. 이것은 왕안석도 마찬가지다. 또 이 세 사람의 불교는 그 안에 노장(老莊)을 담고 있는 느낌이다. 이들은 정치가이기도 했지만 철저한 현실주의자가 아닌, 이른바 꿈의 한 부분을 영혼 어딘가에 간직한 사람들이었다. 그에 비하면 사마광은 꿈이 적은 인물 같다.

앞에서 인문주의 시대의 증명이라고도 할 수 있는 송나라의 '사대서'를 이야기했다. 그러나 송대의 대저(大著) 가운데서는 이들 국가적 사업의 그것보다 사마광 개인이 편찬한 『자치통감』이 큰 빛을 발한다. 이 편년사의 특징은 현실에 철저하다는 점이다. 정치에 자(資, 이바지하다)한다는 뜻인 자치(資治)라는 제목에서도 알 수 있듯이, 예를 들어 『사기』의 전(傳)에도 나오고 〈이소(離騷)〉라는 빛나는 문학작품을 남기기도 한 굴원에 대해서 전설적인 냄새가 강하다는 이유에서인지는 몰라도, 사마광은 자신의 저서에서 깨끗이 무시했다. 이것은 근대에 이르러 호적(胡適)이 주장한 굴원 말살설과도 통하는 사고방식이다. 전설적인 냄새가 나는 것은 모두 배제한다는 자세는 역시 일종의 인문주의이며 송대의 풍조를 단적으로 드러낸 것이라 하겠다.

황정견은 구법파 사람으로 의주로 유배되어 숭녕(崇寧) 4년(1105)에 그 땅에서 죽었다. 향년 61세였다. 그가 죽은 9월에 조정에서 대사령을 내렸다. 그처럼 영남(광동)으로 귀양 간 자를 호남과 호북, 다시 말해 수도에서 가까운 곳으로 옮길 수 있게 되었다. 하지만 죽음의 병상에 있던 그는 그 혜택을 입지 못했다.

인간을 존중한 시대였다고 해서 어지간히 송나라 편을 들었다. 확실히 왕안석, 사마광이라는 신구 양파의 두 거두를 비롯해 이 정쟁에 휩쓸린 주요 인물들 중에서 살해된 사람은 없었다. 그것이 다행이기는 하나 정쟁 그 자체는 매우 격렬했다.

황정견에게도 왕안석의 시에 차운한 시가 있다. 여기에서 신법과 구법을 뛰어넘은 인간관계를 느낄 수 있어 마음은 따뜻해지지만, 그 시가 시대를 탄식한 것은 아니다.

원우 원년(1086) 가을에 지은 시인데 왕안석은 이해 4월에 죽었다. 황정견은 정견을 달리한 이 대선배가 지은 〈서태일궁의 벽에 제하다(題西太一宮壁)〉라는 시에 차운했다. 서태일궁이란 개봉 성내에 있던 도교 사원이다.

> 바람은 급하고 까마귀 울음 그치지 않고,
> 배가 내리니 개미 싸움은 바야흐로 한창이다.
> 참된 시(是), 참된 비(非)가 어디에 있겠는가.
> 사람도 북쪽에서 보면 남쪽이 된다.

風急啼烏未了 雨來戰蟻方酣 眞是眞非安在 人間北看成南

이 시를 지었을 때, 황태후 고씨의 섭정이 시작되어 신법이 뒤집히고 있었다. 구법 사람으로서 황정견은 그것에 환호했을까? 그렇지는 않았다. 신법 창시자의 시에 차운한 황정견은 그렇게 예의를 모르는 사람이 아니었다.

그는 개미의 싸움이라는 표현을 썼다. 눈앞의 정쟁을 개미 싸움으로 비소화(卑小化)해서 보고 있다. 또 시끄러운 정쟁을 까마귀 울음소리에 비유하고 있다. 거기에서 승리의 환성 따위는 공허한 것이다. 이 시에서 '이겼다'는 목소리는 들리지 않는다. 참된 시(是), 참된 비(非)라는 것이 과연 있을까, 라는 회의가 드러나 있다. 마지막 구절은 불전에서 인용한 것인데 『능엄경(楞嚴經)』 안에 '동쪽에서 보면 곧 서, 남쪽에서 보면 곧 북이 된다……'는 구절이 있다.

이것은 지난해에 신종이 죽고 구법파가 부활하여 신법을 차례로 폐지한다는 소식을 병상에서 들으며 죽어 간 왕안석에게 진혼(鎭魂)하는 시가 아닐까?

예부터 파벌항쟁은 헤아릴 수 없을 만큼 많았다. 근래의 문화혁명을 포함해서 역대 정쟁 가운데 송나라 신법·구법의 싸움은 그 치열함은 차치하고 마음 따뜻해지는 에피소드가 가장 풍성했던 것 같다.

백성들의 원망의 끝

송나라를 날린 풍류 천자

역대 역사가들 중에 신법(新法)을 비방하는 자가 많아 왕안석은 악인으로 몰렸다. 남송의 『경본통속소설(京本通俗小說)』안에 요상공(拗相公, 비뚤어진 재상)이라는 이야기가 있는데, 왕안석이 쉴 새 없이 박살나는 내용은 유명하다. 반대로 신법에 반대한 사마광은 확실히 추어올린다. 하지만 명나라 이탁오(李卓吾)는 사마광의 신법 반대론도 완전하지 않아서 왕안석을 이해시키지 못했으며, 신종(神宗)이 크게 이루려던 소원을 억제할 힘도 없었다고 하여 '실로 그 과실을 양분해야 한다'고 결론을 내렸다. 두 사람 모두 책임이 있어 어느 한쪽에만 죄를 뒤집어씌울 수는 없다는 것이다.

『장자』에,

백성을 사랑하는 것은 백성을 해롭게 하는 것의 시작이다.

라는 말이 있다. 그 설명으로서 '형식은 말할 것도 없이 형식을 갖추고, 형식을 갖추면 말할 것도 없이 자랑하게 된다. 이야기를 하면, 말할 나위도 없이 밖으로 나가 싸우게 된다'고 말한다. 형식은 형식을 낳고, 그렇게 되면 자신은 옳고 다른 사람은 나쁘다는 으쓱하는 기분이 들어, 논의를 하게 되면 자기가 옳다고 확신하므로 다른 사람과 싸운다는 주장이다.

신법을 생각할 때 언제나 이 말이 머리에 떠오른다. 왕안석의 신법은 확실히 백성을 사랑한다는 동기에서 생겨났다. 정책인 이상 여러 가지 형식을 고안했을 것이고, 그것을 합쳐서 한 체계를 이루었다. 체계는 본능적으로 자신은 지키고 남과는 싸운다.

신법이 나쁘다면 역대 황제가 그것을 채용했을 리 없다. 자위(自衛)한 신법을 황제에게 채용하라고 강요한 점도 있겠지만 그로써 확실히 국가 재정이 넉넉해진다는 현실 때문이기도 했다. 백성에게는 귀찮은 일이지만, 관습과 개선으로 해결할 수 있는 일이었다. 소식이 지은 「〈산촌(山村)〉이라는 제목의 시는 그가 어사대(御史臺) 감옥에 갇히는 이유 중 하나가 되기도 했다.

> 명아주를 지팡이 삼아 밥을 싸 들고 부지런히 다니고,
> 눈을 돌리니 청전(靑錢)은 손에서 떠나 헛되네.
> 남은 것은 아이의 말씨가 고와진 것뿐,
> 일 년 중 절반 넘게 성안에 있네.

> 杖藜裹飯去悤悤 過眼青錢轉手空 贏得兒童語音好 一年強半在城中

명아주 지팡이를 짚고 도시락을 싸 들고 부지런히 관청에 드나들어 겨우 빌린 청묘전(青苗錢)은 이 손에서 저 손으로 나가 버려 빈털터리가 되었다. 이런 제도에 무슨 장점이 있을까. 자식들 말투에서 사투리가 줄어든 것 정도가 소득이라면 소득이랄까. 그도 그럴 것이 1년의 대부분을 수속이니 뭐니 하여 관청에 드나드느라 도시에서 지냈으니 말이다. 상당히 심하게 비꼬는 말이니 신법파가 소식을 그냥 둘 수 없었던 기분도 알 만하다.

부국강병도 좋고 애민정신(愛民精神)도 좋지만, 신법은 그 시행 현장에 큰 문제가 있었다. 역대 황제도 신법으로 인해 재정이 넉넉해진다는 점에는 끌렸지만, 결국 수입만 생각하고 애민정신은 잊어버렸다. 그 책임자가 바로 휘종이다.

원부(元符) 3년(1100) 정월, 25세로 죽은 철종(哲宗)에게는 후사가 없었다. 아버지 신종(神宗)의 황후 상씨(尚氏)는 아직 건재했지만, 상황후에게는 자식이 없었고, 철종도 주씨(朱氏)라는 궁녀가 낳은 아이였다.

『송사』에 따르면, 휘종이 즉위한 경위는 다음과 같다.

황태후 상씨는 발을 내리고 울면서 중신들에게 후계자 일을 상의했다. 그때 재상 장돈(章惇)이,

> 나이로 따지면 곧 신왕(申王)이 위이고, 예율(禮律)로 따지면 곧 동
> 모(同母)의 동생 간왕(簡王)이 마땅합니다.

라고 대답했다. 철종에게 자식이 없는 이상 철종의 동생에서 선출할 수밖에 없었다. 나이로 보면 신왕이지만 사실 신왕은 실명했기 때문에 즉위할 수 없었다. 그러므로 예율에 따라서 철종의 동복동생인 간왕이 즉

위해야 한다는 의견이었다.

황태후는 재미가 없었다. 신종의 황후는 자신인데, 자신에게 아들이 없으므로 다른 여자가 낳은 아들을 황제로 세워야 했다. 주씨가 낳은 철종이 즉위했지만 일찍 죽었고, 그렇다고 또다시 주씨의 자식이 즉위해야 한다는 이유는 없다. 그래서는 마치 주씨가 신종의 정처(正妻)인 것 같았다. 정처는 어디까지나 자신이 아닌가. 그렇게 생각한 상씨는 "모두 신종의 아들인 이상 차별을 두면 안 된다"고 말했다. 실명한 신왕을 제외하면 나이순으로 따졌을 때 단왕(端王)이 먼저다. 이렇게 해서 단왕 조길(趙佶)이 즉위했다. 이가 바로 휘종이다.

장돈이 간왕을 추천한 것은 철종과 동복형제라는 이유보다 단왕이 경박하여 천하의 군주가 될 자격이 없다고 판단했기 때문이다. 휘종의 즉위는 상황태후의 의지에 따른 것이었다고 할 수 있다.

휘종은 예술적 재능이 뛰어난 인물이었다. 서화 쪽에서는 단순한 재능이 아닌 그야말로 비범했고, 회화 쪽에서는 아마 당대 제일이라고 할 수 있을 정도다. 글씨에서도 그는 수금체(瘦金體, 수금은 휘종의 호)라는 일종의 독특한 서체를 만들어 냈다. 이 서체는 호리호리하면서도 약한 느낌을 주지 않는 풍격이 있으며 깨끗함을 풍긴다.

에도(江戶) 시대, 일본의 여러 다이묘(大名)들은 휘종이 그린 매 그림을 소장하지 않으면 수치라고 생각할 정도였다. 그러나 일본의 다이묘가 소장했던 휘종의 매 그림은 전부 가짜였다. 휘종의 그림은 몰골법(沒骨法, 윤곽을 강조하지 않은 묘사법)을 사용한 매우 사실적인 표현에다 색채가 풍부하고 산뜻했다. 일본 국보로 지정된 〈도구도(桃鳩圖)〉는 얼마 안 되는 휘종의 진필 중 하나다. 보스턴 미술관의 〈오색앵무도(五色鸚鵡圖)〉는 유명한데, 힘이 느껴지지 않는 묘사법 때문에 휘종의 그림을 극명하게 모사(模寫)한 작품이라는 것이 정설이다.

시문에도 뛰어나 어집(御集) 100권이 있었다고 『송사』에 기록되어 있다.

휘종은 어디까지나 뛰어난 예술가였지 황제가 될 만한 사람은 아니었다. 그 자신도 설마 자신이 황제가 되리라고는 기대하지 않았을 것이다. 황제로서, 정치가로서는 완벽한 낙제생이어서 북송은 그의 대에서 멸망했다고 보아도 좋다.

휘종의 우아한 예술 취미

궁정 여성은 아무래도 하나같이 신법을 싫어했던 모양이지만, 휘종의 즉위로 섭정하게 된 상황태후는 남몰래 신법에 열심이었던 신종의 미망인이었으므로, 신법과 구법의 융화에 힘썼다. 소식이 해남도(海南島)에서 대륙의 땅을 밟았던 것도 상씨의 조치 덕분이었다. 하지만 그녀는 이듬해 죽고 말았다.

친정을 시작한 휘종은 마치 도식대로 신법정치를 시작했다. 하지만 그에게는 국고를 넉넉하게 한다는 목적 외에는 없었던 모양이다. 백성을 사랑하는 마음은 있었을지 몰라도 그가 등용한 인물은 그다지 바람직하지 않은 사람들뿐이었다. 서화 감정에 뛰어나다는 이유로 휘종의 신임을 얻은 사람도 있었으니 본말이 전도되었다고 해야 할 것이다.

휘종 때 재상의 대표는 채경(蔡京)이었다. 복건 신유현(仙游縣) 출신으로 왕안석의 사위인 채변(蔡卞)의 형이다. 이 사람의 이력은 매우 흥미롭다.

젊어서 진사가 된 채경은 차근차근 승진하여 신종 때는 수도권의 지사(知事, 知開封府)가 되었다. 신종이 죽고 고씨(高氏)가 섭정하게 되면서 구법파인 사마광이 재상이 되자, 채경은 전력을 다해 놀랄 만큼 빠른 기간 안에 면역법을 폐지했다. 그 덕분에 사마광에게 칭찬을 받았다. 그러다 철종이 친정하면서 다시 신법파 시대가 되자 호부상서(戶部尙書)로서 면역법 부활에 전력을 다하는 식이었다.

이 사실로 그가 얼마나 유능한 사람이었는지 잘 알 수 있다. 구법파 시대가 되자 누구보다 빨리 면역법을 폐지하고 원래의 차역법(差役法)으로 돌아갔는데, 이것은 웬만한 행정수완이 없으면 불가능한 일이다. 또다시 신법 시대가 되자 그는 재빨리 면역법을 재실시했다. 부하를 움직이는 일, 다시 말해 통솔력이 뛰어난 인물이 아니면 할 수 없는 일이다.

폐지와 재실시에서 뛰어난 솜씨를 발휘했으나, 그 대상이 똑같은 면역법이었다는 사실은 채경에게 정치적인 신념도 포부도 없었다는 것을 의미한다.

휘종은 신법정치를 채택했는데, 그 총지휘자가 바로 채경이었다. 채경은 신법에 정신적인 공감이 없었다. 황제가 신법을 선택했기 때문에 그에 영합해서 집행하려고 했을 뿐이다. 더구나 황제는 아무래도 사치할 자금을 마련하기 위해서 신법을 채용했던 것 같다. 그렇게 되면 채경은 당연히 자신의 임무가 백성에게서 좀 더 많은 것을 착취하는 데 있다고 생각했을 것이다. 불행히도 그의 유능함이 백성에게는 재난이었다.

휘종이 즉위할 무렵, 채경은 사실 좌천되어 항주(杭州)에 있었다. 황제가 된 휘종은 그때까지 하고 싶어도 하지 못했던 일을 할 수 있게 되었다. 예술애호가인 그는 서화와 기묘한 물품들을 수집하고자 했다. 그래서 서화에 눈썰미가 있는 동관(童貫)이라는 환관을 남쪽으로 파견했다. 오대십국 시대의 남당(南唐)과 오월(吳越)은 풍요의 땅이었다. 사실 개봉의 송 왕조에 있는 서적과 서화 수집품은 대부분 남당에서 가져온 것이었다. 아직 남쪽에 더 남아 있을 것이라 하여 동관을 그리로 파견했는데, 동관은 항주에서 서화에 밝은 채경을 만나 서로가 의기투합했다. 그리고 동관은 채경이 중앙으로 복귀할 수 있도록 휘종에게 입김을 불어넣었다. 채경은 재상이 되었고, 두 사람은 서로 강하게 밀착했다.

휘종은 채경과 동관과 함께 있을 때가 가장 즐거웠다. 서화와 시문 이야기 상대로서 두 사람을 능가할 대신은 없었다. 게다가 이 둘은 정치적인 수완도 어쨌든 표준 이상이었다. 휘종은 정치를 그들에게 맡겨 놓고 자신은 우아한 예술 생활을 보내려고 생각했다.

그런데 예술을 하려면 돈이 든다. 그 돈은 재상들이 어떻게든 마련했다. 이제 '신법'은 그런 일을 위해 쓰이게 되었다.

항주에는 궁정용 도구를 만드는 공예국(工藝局)을 설치했는데, 그 설치를 동관이 맡았다. 또 황족의 혼례기구를 만들기 위해 '후원작(後苑作)'이라는 관청을 만들었다. 여기에도 환관 양전(楊戩)이 장관으로 임명되었다. 양전은 '공전법(公田法)'이라는 새로운 법을 만들어 후원작의 경비를 조달했다.

왕안석의 신법 안에 '방전균세법(方田均稅法)'이라는 것이 있었다. 이것은 대지주가 숨긴 논을 찾아내 세금을 매기는 것이 목적이었다. 전국적으로 실시하지는 못했지만 토지 실측으로 숨긴 논밭을 많이 찾아내 증수(增收)로 이어졌다. 대상은 대부분 대지주였다.

휘종 때의 '공전법'은 그렇게 만만한 법이 아니었다. 자의 기준을 바꾸었던 것이다. 조정의 아악(雅樂)에 사용하는 악기를 잴 때는 보통 쓰는 자보다 조금 짧은 독특한 자를 사용한다. 이것을 '악척(樂尺)'이라고 부르는데 이 악척을 사용해서 논을 측량했다. 그전까지는 일반적인 자로 재서 1무(畝)였던 논이 길이가 짧은 악척으로 재니 1.0849무가 되었다. 그리고 1무가 넘는 만큼을 '공전'으로 몰수했다. 대지주, 영세지주를 따지지 않고 약 8퍼센트를 상납해야 했다. 영세지주 쪽의 타격이 컸음은 말할 나위도 없다.

게다가 매매계약서를 다시 해석해서 소유권이 분명하지 않은 논은 모두 몰수해서 공전으로 삼았다. 영세한 농민들은 구두약속만으로 소유권을 이전하는 경우가 많았다. 대지주는 토지를 갖는 것이 사업이므로 빠짐없이 서류를 갖추었다. 여기에서도 약한 자가 땅을 잃는 현상이 벌어졌다.

이 공전법은 전혀 이치에 맞지 않은 제도로 당연히 신법의 정신을 계승했다고 할 수 없다. 그런데 휘종 시대에는 신법 안에 끼어들어 실시된 것이다. 양전이 죽은 뒤, 역시 환관 이언(李彦)이 이 일을 이어받아 공전을 더욱 확대했다.

채경의 추천으로 소주(蘇州)의 주면(朱勔)이라는 상인이 휘종을 위해 강남의 진기한 물건을 개봉으로 운반하는 일을 담당했다. 이것을 '화석강(花石綱)'이라고 불렀는데, 여기서 '강(綱)'이란 많은 화물을 통틀어 이르는 말이다. 예를 들면 차강(茶綱)이라고 하면 많은 양의 차를 운반하는 운송단을 의미한다. 휘종의 바람은 황하권인 개봉에 강남의 경관을 만든다는, 그야말로 예술가다운 발상이었다. 그의 목표물은 명목(名木), 명화(名花), 기암(奇巖), 진석(珍石) 등 북쪽에 없는 것들이었다. 특히 태호(太

湖) 물속에서 캐낸 이른바 태호석(太湖石)에 아주 반해 있었다.

호수 속에서 기암·진석을 찾아내 끌어올리는 일은 많은 백성의 힘을 빌려야 했다. 빌린다는 것은 듣기 좋은 소리고, 주면은 사람들을 강제로 동원했다. 명목이나 명화는 결코 야생에서 자라지 않는다. 누군가 집 마당에서 살뜰하게 키우는 것이 대부분이었다. 그 정성의 결정을 강제로 빼앗아 간 것이나 마찬가지였다.

화석강을 강남에서 개봉까지 운반하는 데 얼마나 많은 백성이 동원되었을까. 이래도 백성의 원망을 사지 않는다면 그것이 오히려 이상한 일이다.

『수호전』의 시대

북송 말기, 휘종의 치세는 바로 『수호전(水滸傳)』의 시대다.

『수호전』은 야담을 바탕으로 한 소설로 시간 배경과 분위기가 틀림없는 북송 말기다. 『수호전』은 반역자들이 양산박(梁山泊)에서 농성하는 이야기인데, 사실 이 시대에는 곳곳에서 반란이 일어났다. 반란이 일어나지 않으면 그것이 오히려 이상할 지경이었다.

공전법이라는 끔찍한 짓을 저지르면서도 그 밖에 쥐어짤 수 있다면 모조리 쥐어짜려는 정책이 잇달아 고안되었다. 그것은 생각해 낸 자의 공적이 되었다.

양산(梁山) 기슭은 호소(湖沼) 지대여서 고기잡이를 업으로 삼는 주민이 많았다. 그 어민에게도 배 1척에 얼마씩 세금을 매겼다. 전매상품인 소금에 대해 사염이 생겨났듯이 정부에 신고하지 않은 어선이 출현하는 것은 당연한 일이었다. 관리에게 발각되면 나포되거나 투옥되므로, 사염업자와 마찬가지로 무허가 어선이 무장하고 관헌에 저항한 것은 자연스러운 일이었다. 어선뿐만 아니라 나룻배에도 세금을 매겼다.『수호전』에 나오는 108명의 호걸 가운데 선화아(船火兒)라는 별명을 가진 장횡(張橫)은 그런 무허가 나룻배를 생업으로 삼았다. 그 동생인 낭리백도(浪裏白跳) 장순(張順)은 생선도매상이라고 했으니, 당연히 밀어(密漁)와 관계가 있을 터이다. 완(阮) 형제는 물 위에서 생활했다. 청면수(靑面獸) 양지(楊志)는 화석강 호송일을 맡은 말단 관리였으나, 불운하게도 바람에 배가 뒤집히는 바람에 화석강이 물에 가라앉아 도망친 사람이다.

『수호전』은 소설이지만, 그 두목인 송강(松江)이라는 인물은 실재했다. 『송사』의 「장숙야전(張叔夜傳)」에 장숙야가 송강을 포위하여 항복시킨 일이 기록되어 있다. 또 같은『송사』의 「후몽전(後蒙傳)」에,

> 몽(蒙)은 상서하여 다음과 같이 말했다. 송강은 36명을 거느리고 제(齊)나라와 위(魏)나라에 횡행(橫行)하고 있으나, 관군 수만이 감히 이에 맞서 싸우는 자가 없습니다. 그 재주는 반드시 사람을 뛰어넘을 것입니다. 지금 청계(靑溪)에 도둑이 들끓고 있습니다. 송강을 용서하여 방납(方臘)을 치게 하여, 스스로 속죄시킴이 좋을 것입니다.

라는 대목이 있다. 36명이 소설에서는 정확히 3배로 늘어나 108명으로 되어 있다. 하지만 36명이라는 것은 간부이고, 아마 수천, 수만이나 되는 부하가 있었을 것이다. 그렇지 않으면 수만이나 되는 관군에 감히 맞설 수 없었을 것이다.

산동에서 하남에 걸쳐 날뛰던 송강을 귀순시켜 절강에서 반란을 일으킨 방납 토벌을 돕게 하자는 생각을 상서한 것이다. 그리고 소설 『수호전』도 귀순한 송강 이하 양산박의 호걸들이 방납 토벌에 나서는 것으로 설정되어 있다. 또 사서에도 방납 토벌의 총사령관인 동관의 부장(部將) 중에 송강이라는 이름이 보인다.

그런데 한편으로 섬서성 부곡현(府谷縣)에서 출토된 절가존(折可存)이라는 인물의 묘지명(墓誌銘)에 초구(草寇) 송강을 체포한 일이 기록되어 있는데, 그것은 방납 토벌 이후로 되어 있다. 그렇다면 송강이 투항하여 방납 토벌에 종군하는 일은 있을 수 없다. 송강이라는 이름은 흔하므로 동명이인일 수도 있겠다.

어쨌든 이 시대에는 반란이 이미 일상다반사였다. 그리고 반란자도 투항하면 곧바로 관군의 부장이 될 수 있는 분위기였다.

공전법과 화석강 같은 짓을 하고도 세상이 무사하리라 생각하는 편이 어리석다. 사서 안에 장영(張榮), 장선(張仙), 장적(張迪), 고탁산(高托山) 같은 반란자의 이름이 보인다. 고탁산 같은 사람은 30만의 무리를 이끌었다.

선화(宣和) 2년(1120) 10월, 절강의 청계에서 일어난 방납의 난이 그중에서도 가장 규모가 컸는데, 이 난도 동관이 이끄는 대군에게 진압되었다. 나중에 이야기하겠지만, 북송 멸망의 원인이 되었다고 할 수 있는 중요한 사건이다.

방납은 그 지방의 칠원(漆園)을 소유했다고 전해진다. 휘종의 사치를 만족시키기 위해 항주 등지에 궁중에서 쓸 물건을 제조하는 조작국을 설치했다는 사실은 앞에서 이야기했다. 아마 조작국은 방납의 칠원에서

칠(漆, 옻)을 강제로 징발했을 것이다. 그 밖에도 다양한 가렴주구가 있었을 터이다.

방납은 '끽채사마(喫菜事魔)'였다고 전해지고 있다. 끽채사마란 채식주의자에다 마귀를 섬기는 자를 뜻한다. 분명한 증거는 없지만, 이것은 당나라 무종(武宗) 회창(會昌) 연간의 폐불령 때 함께 탄압받은 마니교가 지하로 숨어들어 살아남은 집단이 아닌가 생각한다. 그냥 무장만 한 암거래상인 집단이 아니라 종교라는 유대로 묶인 만큼 단결이 강한 사람들의 반란이었는지도 모른다.

휘종은 이 지방의 반란이 조작국과 화석강 때문이라는 사실을 알고, 토벌군을 보냄과 동시에 그것들을 폐지했다. 조작국과 화석강을 폐지함으로써 조금이나마 백성들의 원망을 무마하려고 했던 것이다. 방납은 항주를 함락하고 한때는 엄청난 기세로 자신을 성공(聖公)이라 칭하고, 영락(永樂)이라는 연호를 사용했다.

마침내 환관 장군 동관이 이끄는 대군이 항주를 회복하고 방납을 생포했지만, 이 난은 송에 큰 상처를 남겼다. 되풀이해서 말하지만, 이 지방은 송에 매우 중요한 재원(財源)이었다. 그곳이 전쟁터가 되어 한동안 납세능력을 상실했을 뿐만 아니라 면세 조치까지 강구해야 했던 것이다.

그보다 방납의 난이 뜻밖에 빨리 평정된 것은 물량 작전의 승리인데, 사실 이때 동원된 대군은 본래 방납 토벌을 위해 동원된 군대가 아니라 전용(轉用)된 것이었다. 다른 목적을 위해 동원하던 차에 때마침 방납이 난을 일으킨 것이다. 송나라 조정은 어쩔 수 없이 이 군대를 남하시켰다.

이 군대는 원래 남하가 아닌 북상을 위해 동원된 사람들이었다. 본래의 목적에 쓰지 못한 일이 결국은 송나라의 숨통을 끊어 버렸다.

방납의 반란은 진압되었고, 사로잡힌 방납은 참수되었다. 하지만 종교로 묶인 동지들의 저항은 뿌리 깊어 그 후에도 '끽채사마' 사람들은 반정부 운동을 이어 갔다.

마니교는 이란에서 일어난 자연숭배였다. 불을 비롯해 자연을 숭배한 조로아스터교와 비슷한데, 똑같은 선악이원설도 조로아스터교에서는 마지막에 선이 이긴다고 하지만, 마니교는 선과 악은 이기고 지는 것이 아니라 영원히 섞일 수 없는 것이라고 주장한다. 또 조로아스터교는 이란 사산 왕조의 국교로서 두터운 보호를 받았지만, 마니교는 창시 때부터 심한 탄압을 받았다. 교조인 마니는 잔혹하게 처형되었다.

당나라 무종의 종교 탄압이 있은 뒤, 조로아스터교는 흔적도 없이 사라졌으나, 마니교는 지하로 숨어들어 살아남았던 모양이다. 탄압을 경험한 종교는 그만큼 강해지는 법이다.

방납 같은 끽채사마들은 신불을 믿지 않고 달과 해를 숭배했으며, 평등사상이 강해 상부상조가 발달했다는 기록이 있다.

그 난의 특징은 관리나 부호를 가차 없이 죽였고, 특히 화석강 책임자인 주면을 주살하는 것이 거병의 목적이었다.

정부군 15만을 상대로 6주(州) 52현(縣)에서 450일이나 싸웠다. 남으로 북으로 반란이 일어나고 동으로 서로 외환이 있었다.

이 와중에도 휘종은 변함없이 예술 생활을 즐겼는데, 이 무렵에는 도교에 심취했다. 임영소(林靈素)라는 절강 온주(溫州) 출신의 도사가 휘종의 신임을 얻어 '통진달령(通眞達靈) 선생'이라는 칭호를 하사받았다. 이 임영소는 원래 불교 승려였으나, 힘든 수행을 견디지 못하고 도사로 전향한 인물이었다. 휘종이 처음 도교에 마음을 빼앗긴 것은 자식이 없어 걱정하던 차에 도사 유혼강(劉混康)의 건의에 따라 개봉 성내의 서북쪽 구석을 조금 높였더니, 겨우 후궁이 아들을 낳았기 때문이었다.

휘종은 스스로 '교주도군황제(教主道君皇帝)'라 칭하고, 천하에 도교의 선경(仙經)을 구하는 칙서를 내렸다. 임영소 같은 사람에게 도교를 강의하게 하고, 천도회(天道會)라는 대재(大齋, 도교의 의식)를 열었는데, 그때마다 비용이 수만 금이나 들었다고 한다.

또 휘종은 미행으로 거리를 돌아다니기를 좋아하여 개봉의 유흥가에도 출입했다고 한다. 당시 개봉에 이사사(李師師)라는 명기(名妓)가 있었는데, 휘종은 그녀의 파트너였다는 이야기도 있다. 정치 쪽에는 조금도 관심이 없어 국정은 주로 재상에게 맡겼다.

만수천산

금나라 황제 아골타

사실 국제정세는 송나라에 유리했다. 하지만 유리하다는 것이 오히려 북송을 멸망으로 이끌었다.

송나라의 숙적은 말할 것도 없이 거란족 요나라였다. 요에게 빼앗긴 연운(燕雲) 16주를 회복하는 것은 송나라 건국 이후 1세기 반에 걸친 비원(悲願)이었다. 연운 16주를 잃은 것이 오대 후진(後晉) 때의 일이므로 그때부터 헤아리면 국토를 회복하고자 했던 중원 사인(士人)들의 비원은 200년 가까이 이어진 셈이다.

비원을 실현할 좋은 기회가 바로 코앞까지 다가와 있었다. 이때의 송나라 황제가 휘종이 아니라 좀 더 영명한 인물이었다면 그 기회를 제대로 잡았을지도 모른다.

그때까지 요의 착취 대상이었던 동북의 퉁구스족인 여진족이 부쩍 성장했다. 앞에서 생여진(生女眞)인 완안부족(完顏部族)에 영명한 수장이 잇달아 나왔다고 이야기했다. 그리고 이 무렵 아골타(阿骨打)라는 영걸이 나타났다.

휘종이 즉위한 이듬해(1101)에 요에서는 도종(道宗)이 죽었다. 도종은 햇수로 47년 동안 재위에 있었는데, 그 치세 동안 파벌싸움이 극심했다. 같은 시기의 송에서 신법·구법의 싸움이 있었듯이, 요에서는 거란 국수파(契國粹派)와 한화파(漢化派)의 당쟁이 끊임없이 일어났다. 그리고 송과 마찬가지로 정견의 차이뿐만 아니라 감정적인 대립으로 발전했다. 한 파가 정권을 잡으면 반대파는 모두 실각하는 현상은 송나라 정권과 마치 쌍둥이처럼 닮았다.

송나라에서 받은 세폐는 한편으로 요를 타락시켰다. 초원에서 유목하는 상무(尚武)의 거란족이 차츰 그 야성을 잃어 간 것이다. 연운 16주는 한족 거주지역인데, 자국의 영내에 한문화권을 포함한 만큼 그 문화적 영향을 막는 것은 지극히 어려운 일이었다.

도종 야율홍기(耶律洪基)의 죽음으로 황태손 야율연희(耶律延禧)가 즉위했다. 이가 천조제(天祚帝)다. 종묘호로 부르지 않는 것은 그의 시대에 요나라가 멸망했기 때문이다.

즉위했을 당시, 천조제는 정치에 열심이었지만, 머지않아 노는 데 정신이 팔렸다. 특히 매사냥을 즐겼다. 놀기를 좋아하는 것도, 간신을 가까이 하고 그들을 신뢰하여 정치를 맡긴 것도 휘종과 꼭 닮았다. 신앙은 천조제보다 할아버지인 도종이 열심이었던 모양이다. 요나라는 다민족 국가였기 때문에 여러 민족을 하나로 묶을 정신적 유대가 필요해 불교를 장려했으며, 특히 진언(眞言)과 다라니(陀羅尼) 신앙이 번성했다.『요사(遼史)』는 도종을,

1년에 승려가 되기를 36만, 하루에 삭발 출가 3천, 공연히 소혜(小

慧)에 힘쓰고 대본(大本)을 꾀하기를 가벼이 여겼다.

라고 서술하고 있다. 정치를 멀리한 것은 선대(先代)부터의 일이어서 요나
라의 국력은 사실상 이미 쇠퇴하고 있었다. 그다지 영명하지 않은 천조
제가 쇠퇴에 박차를 가했을 뿐이다.

황족 중에서 회화의 명인을 배출한 요나라에 비해 신흥 여진, 특히 요
나라에 적을 두지 않은 생여진은 강한 야성을 잃지 않았다. 그들의 용맹
함은 일찍부터 알려져,

여진이 1만이 모이면 대적할 수 없다.

는 속담까지 있었던 모양이다. 각지로 흩어져서 부락단위로 생활하니 망
정이지, 그들이 단결하면 엄청난 세력이 된다는 것을 요나라도 잘 알았
다. 그렇기 때문에 성새를 쌓거나 수장을 절도사로 임명하는 등 회유책
도 쓰고 있었다.

아골타가 나타나 부족을 단결시키자 여진은 순식간에 강성해졌다.

요나라 천경(天慶) 4년(1114년, 송나라 정화 4년)에 아골타는 여진족을 규
합하여 요나라를 치기 위해 군대를 일으켰다. 오늘날 길림(吉林)의 납림
하(拉林河) 부근에서 요군을 격파했다.

거병한 이듬해 정월, 아골타는 황제의 자리에 올랐다. 국호를 '금(金)'
이라 했는데, 이는 여진 완안부의 생활권 동쪽을 흐르는 안출호수(按出虎
水)에서 채취한 사금(砂金)이 부족의 유력한 산업이었기 때문이라고 한다.

『금사(金史)』에서는,

> 요는 빈철(賓鐵)로 국호를 삼았다. 그 견고함을 취했다. 빈철은 비록
> 견고하나 끝내는 변괴(變壞)한다. 오직 금(金)만은 불변이고 불괴한다.
> 금빛은 백색이며, 완안부는 백색을 중히 여긴다.

고 국호의 연유를 설명하고 있다. 연호는 '수국(收國)'으로 정했다.

요나라의 천조제는 70만이라는 대군을 동원하여 친정했는데, 금나라 태조 아골타는 이를 혼동강(混同江)에서 맞이해 격퇴했다. 요양부(遼陽府)에서 황룡부(黃龍府)에 이르는 요동 땅이 모조리 금나라 판도로 들어갔고 거란족에게 멸망당한 발해국(渤海國)의 잔당도 잇따라 금나라 태조 아래로 모여들었다. 요나라는 동경(東京)으로 삼았던 요양부까지 빼앗겼다. 천조제는 패잔군을 모아서 가까스로 상경(上京)으로 도망쳤다. 요나라는 여기에서 천하를 빼앗겼다.

숙적인 요가 이런 꼴을 당하고 있었으니 송나라 왕조는 당연히 술렁거렸다. 휘종이 신임하던 환관 동관은 사절로서 요나라에 간 적도 있어 국제정세에도 밝았다. 요나라의 국력이 옛날만 못하고, 내분도 있고, 또 각지에서 반란도 일어난다는 사실을 안 송은 비원하던 연운 16주 회복을 계획했다. 이 잃어 버린 땅을 회복하는 계획을 '도연(圖燕)'이라고 부른다. 다시 말해 연의 회복을 꾀한다는 의미다.

해상의 맹약

동관은 요나라에 사신으로 갔다 오는 길에 요나라 연경(燕京) 사람인 마식(馬植)을 알게 되었다. 그리고 그를 데리고 개봉으로 돌아와 휘종에게 천거했다. '도연'을 실행하려면 그 주변 정세에 밝은 인물이 필요했기 때문이다. 신흥 여진족과 손잡고 요를 협격(挾擊)하는 것은 마식의 헌책이었다.

그를 신임한 휘종은 국성인 '조(趙)'를 하사했고, 이윽고 마식을 조양사(趙良嗣)라고 불렀다. 조양사의 등장은 정화(政和) 원년(1111)의 일이다. 금나라 건국 전이므로 선견지명은 있었던 셈이다.

중화(重和) 원년(1118)에 무의대부(武義大夫) 마정(馬政)이라는 자가 밀사로서 금나라에 파견되었다. 도연의 의(議)에 따른 일임은 말할 것도 없다. 마정이 바닷길을 통해 금나라에 들어갔기 때문에 송과 금의 맹약을 '해상의 맹약'이라고 부른다. 하지만 이때 요나라 쪽에서도 금나라에 사자를 보내 외교를 절충하고 있었다. 금나라 태조는 송과 요를 저울질하며 천천히 정책을 짰다. 만족스런 대답은 금방 오지 않았다. 2년 뒤인 선화(宣和) 2년(1120) 2월, 조양사가 직접 금나라로 건너가 마침내 금의 사신과 함께 돌아왔다.

이 무렵, 금나라 태조는 간신히 송과 동맹을 맺기로 했다. 요의 천조제는 금의 태조를 동회국(東懷國) 황제로 책봉한다는 국서를 보냈는데, 이것이 태조를 화나게 했다. 태조는 이미 황제를 칭하고 있었고 책봉한다는 것은 속국에나 쓰는 말이다. 태조는 요의 사자를 쫓아 보냈다. 요는 일찍이 자신들이 가지고 있던 거란족으로서의 민족적 자긍심이 금나라 여진족에게도 있다는 사실을 깊이 이해하지 못했던 것 같다. 이 무렵, 금나라 태조는 완안희윤(完顏希尹)에게 명하여 여진문자를 만들게 했다. 여진의 민족의식은 드높아지고 있었다. 요의 국서는 경솔했다.

이렇게 해서 송과 금은 동맹을 맺었다. 송나라는 지금까지 요나라에 주던 세폐를 고스란히 금나라에 줄 것과 협격(挾擊)할 때 금나라는 장성(長城)을 넘지 않는다는 것 등이 조건이었다. 그 후 송은 요의 남경(南京, 오늘날 북경)은 송이 공격하지만, 서경(오늘날 대동)은 금에 맡기고자 한다고 제의했다. 송은 군사력에 자신이 없었다. 서경은 장성 이남이므로 앞서 맺은 약속으로 보면 금군(金軍)이 진격하지 않기로 한 지역이다. 하지만 이 제안을 함으로써 송은 스스로 금군에게 장성을 넘을 것을 허락한 셈인데, 점령한 뒤에는 맨 처음 약속대로 서경도 송에 반환할 것을 요구했다. 참으로 제멋대로인 제안이었다. 이에 금이 정식으로 회답을 하기 전에 전쟁이 시작되었다.

도연의 성공은 눈앞에 있었다. 송은 금나라와 연합해서 요나라를 공격하기 위해 군대를 동원했다.

조양사가 금나라에 사신으로 간 해 10월, 절강(浙江)에서 방납(方臘)이 난을 일으켰다. 절강 선무사(宣撫使)로서 동관이 이끌고 남하한 15만 군대는 원래 금나라와 맺은 약속에 따라 요나라를 공격하기 위해 편제된 것이었다. 정부에 곧바로 싸울 수 있는 군대가 마련되어 있던 것은 방납에게 불행한 일이었지만, 그 군대를 전용할 수밖에 없었던 송의 불행은 더 크고 심각했다.

이듬해인 선화 3년(1121), 금나라는 이미 군사를 진격시켜 요나라의 중경대정부(中京大定府)를 공격했지만, 송은 아직도 방납의 난을 평정하느라 애쓰고 있었고, 또 『수호전』의 송강 등을 토벌하는 데도 병력을 할애해야 했다. 공통의 적인 요나라를 치는데 송은 동맹국인 금보다 매우 늦었다. 이것이 송에게 불리하게 작용했음은 말할 나위도 없다.

송나라가 본격적으로 요나라 공격에 나선 것은 선화 4년(1122)부터다. 이번에도 역시 환관 동관이 하북하동로(河北河東路) 선무사(宣撫使)로서 송나라 원정군의 사령관이 되었다. 금나라는 이미 요의 중경을 공격하였고, 요의 천조제는 운중(雲中)으로 도망쳤다가 금나라 군대의 맹추격을 받아 다시 협산(夾山)까지 도망가 있었다.

처음 약속대로라면 금나라는 장성선(長城線) 아래로 내려오지 않아야 했지만, 송 쪽에서 서경을 공격해 달라고 요청했기 때문에 금나라는 장성을 넘어 서경대동부(西京大同府)를 공격하고 이를 점령했다. 그리고 다시 점령지를 넓혔다. 송나라의 비원이었던 연운 16주는 대부분 금나라 군대에 점거당했다. 연경은 두말할 것도 없이 연운 16주에서 가장 중요한 땅이었으므로 당연히 송나라 군대의 공격 목표였다.

여기에서 연운 16주의 민심 동향을 살펴보자. 송나라는 그곳을 잃어버린 땅이라고 생각했지만, 연운 지방에 사는 한족은 이미 200년 가까이 요의 지배를 받아 요의 통치에 익숙해졌다. 앞에서도 이야기했듯이 요나라는 이원적인 정치체제를 실시해 유목민용 북면관제(北面官制)와 농경민용 남면관제(南面官制)를 두었다. 요의 지배층은 문화적으로 한족화되었고, 그 정책도 한족에게 반드시 가혹하지만은 않았다. 어떤 면에서는 오히려 유목민이 불리했다. 요나라는 농업 진흥에 주력해 농경지를 넓혔기 때문에 유목민의 목지가 좁아져 생활이 어려워진 것이다. 이 국가의 근간 민족인 거란족 유목민의 곤궁을 요나라 쇠망의 한 원인으로 보는 견해도 있다.

천조제가 도주한 사실을 안 연경 주민들은 그곳에 있던 요나라 황족 야율순(耶律淳)을 황제로 세웠다. 이가 바로 천석황제(天錫皇帝)다. 그를 옹립한 주동 인물은 한족 이처온(李處溫) 무리였다.

이 무렵에도 송나라 왕조에서는 아직 금과의 동맹에 반대하는 목소리가 있었다. 정거중(鄭居中)이 대표적인 반대파였는데, 요와 맺은 오랜 맹약을 배반해서는 안 된다, 상대의 재난을 틈타 움직이는 것은 옳지 않다는 도의론을 내세웠다. 요컨대 '상대가 스스로 쓰러질 때까지 기다려야 한다'는 것이었다. 하지만 금나라 군대의 전과가 속속 전해지자 요가 스스로 쓰러질 때까지 기다리다가는 연운 땅은 금나라의 것이 되어 버린다, 지금 출병해야 한다는 의견이 모아져 겨우 동관의 원정군이 출발할 수 있었다.

이것은 휘종의 지도력 부족이라 할 수 있다. 그 자신이 망설였던 것이다. 이런 와중에 개봉에서는 강남의 기암·진석으로 꾸민 인공의 만세산(萬歲山)이 만들어져 간악(艮嶽)이라 이름 붙였다. 이런 낭비를 하지 않는다면, 화석강도 필요 없고 공전법으로 백성을 착취할 일도 없어 반란도 일어나지 않았을 것이다. 금나라와의 동맹 조건도 훨씬 좋았을 것이다. 역사에 '만약'이란 없다지만, 이 시기에 휘종과 같은 황제가 있었던 것은 확실히 송나라의 불행이었다.

왕으로 봉해진 환관 동관

연경에 세운 요나라 정부는 일종의 망명정부일 뿐이었다. 더구나 천석

황제는 곧바로 죽고 그의 아내 소씨(蕭氏)가 태후를 칭했다. 천석황제를 옹립한 이처온은 살해되었다.

내홍이 일어나 발해인과 한족이 '상승군(常勝軍)'을 조직하고 발해인 곽약사(郭藥師)가 그 우두머리가 되었다. 상승군은 원군(怨軍)이라는 요나라 잡군(雜軍)을 모체로 했다. 곽약사는 상승군 8천을 이끌고 송군에게 항복했다.

연경 망명 정부도 송나라에 150여 년의 맹약을 강조하고 함께 손잡고 금나라에 대항하자고 제안했다. 하지만 동관은 그것을 거절했다. 그런데 동관은 이 동요하는 연경의 망명정부를 상대로 번번이 패했다. 당시의 송군이 얼마나 약체였는지 짐작할 수 있을 것이다. 동관은 자신에게 책임을 물어 처형할지도 모른다는 불안을 느꼈다. 언론으로 인한 사형은 원칙적으로 없었지만 불경죄나 모반, 패전의 책임은 죽음을 면치 못한다. 그것을 두려워한 동관은 남몰래 금나라 태조 아골타에게 원군을 요청했다.

금나라는 송과의 약속을 지키고 있었다. 대동(大同)을 공격한 것도 송의 요청에 따른 것이었다. 단숨에 짓밟을 수 있는 연경 공략도 약속대로 송나라에 맡겼다. 하지만 요청이 있다면 이야기는 달라진다.

이미 금나라 대군은 장성 남쪽으로 들어와 있었다. 동관의 요청을 받은 금나라 군대는 성난 파도처럼 남하하여 순식간에 연경을 함락시켰다.

송은 금나라가 함락한 연경을 자신들에게 반환하라고 요청했다. 약속이라고는 하나 그것은 송이 연경을 공격해서 쟁취하는 것이고, 금나라가 쟁취해서 송나라에게 돌려주는 것은 확대해석일 뿐이었다. 금나라 장군들은 연경은 자력으로 빼앗은 것이며, 그 공략도 송의 요청에 따른 합리적인 것이므로 반환할 필요는 없다고 주장했다. 그뿐만이 아니었다. 연경

주민들도 금나라에 속하기를 원하여 성(城)이 송나라로 넘어가는 것에 반대했다.

연경 주민들은 한족이라고는 해도 200년 동안 중원의 지배에서 벗어나 있었다. 앞으로 송나라의 지배를 받는다면, '새롭게 편입된 백성'으로서 차별을 받을 우려가 있었다. 또 송나라의 공전법과 화석강 등 가혹한 정치 소문은 연경에도 전해져 있었다. 그런 착취를 받고 싶지 않은 마음은 민족의식을 뛰어넘어 훨씬 강했던 모양이다. 게다가 건국 초기인 금나라는 여러 가지 제도를 정비해야 하는 만큼 한족을 중용할 가능성도 있었다.

부하 장군들과 연경 주민이 반대했지만, 금나라 태조는 송과의 맹약은 반드시 지켜야 한다고 생각했다. 그 대신 '공성(空城)'을 주기로 했다. 성안의 모든 재화와 주민을 모조리 북쪽으로 옮겼다. 그리고 연경을 공격하는 데 든 전비(戰費)로서 전(錢) 100만 꾸러미, 군량 20만 석을 요구했다.

공성이라고 하나 중원 사람들에게는 200년 가까이 꿈꿔 온 연운 16주 중에서 가장 중요한 연경과 그 근방의 6주(州)를 수복한 것이다. 개봉은 축제 분위기였고, 동관은 서예국공(徐豫國公)에 진봉(進封)되었으며, 조양사는 연강학사(延康學士)로 승진했다. 동관은 머지않아 광양군왕(廣陽郡王)에 봉해졌다. 환관이 왕에 봉해진 것은 유래를 찾아볼 수 없는 놀라운 일이었다.

해상의 맹약을 잊으면 안 된다고 말하고 연경을 송나라에 반환한 금나라 태조는 그 직후에 죽고 동생인 오걸매(吳乞買)가 그 뒤를 이었다. 바로 금나라 태종(太宗)이다.

금나라 태조는 맹약에 충실했지만 송은 도의를 무시했다. 휘종처럼 정치에 관심이 없는 예술가 황제 밑에 채경과 동관 같은 신념이 부족한 인물이 정권을 쥐었으니 당연했다. 금나라와 약속한 세폐나 군량 제공도 주저하고 있었다. 연경은 얻었으나 서경 대동부는 아직 돌려받지 못한 상태였다. 연운 16주를 모두 되찾기 위해서는 그 대부분을 점거하고 있는 금나라를 쓰러뜨려야 했다.

송나라는 음산(陰山)에 숨어 서하(西夏)에 의지하려는 요나라 천조제와 연락해 거란군과 동맹을 맺고 금에서 서경을 탈환할 음모를 꾸몄다. 그런데 송나라 선화 7년(1125)에 천조제가 금나라 군대에 붙잡히고, 그때 송나라가 보낸 밀서가 발각되었다. 금은 송의 배신행위에 분노했다.

금나라 태종은 해상의 맹약에 충실했던 형과는 달랐다. 대군을 보내 송나라를 토벌하기로 마음먹은 것이다. 연경을 지키고 있던 곽약사의 상승군은 즉각 금나라에 항복했다. 발해인인 곽약사는 요에서 송에 투항했다가 다시 송에서 금에 항복한 것이다. 더구나 금에 항복한 뒤에는 금나라 군대의 선도(先導)로서 개봉을 공격했다.

다급해진 휘종은 쩔쩔맸다. '자신을 책(責)하는 조서'를 내려 자기를 비판하고 자리에서 물러나 장남인 조환(趙桓)을 세웠다. 이가 흠종(欽宗)이다.

정강(靖康) 원년(1126) 정월, 금군은 황하를 건넜다. 태상황이 된 휘종은 박주(亳州)로 도망쳤다가 다시 강남의 진강(鎭江)으로 달아났다. 채경과 동관 같은 최고 수뇌를 비롯한 백관들도 대부분 잠복했다고 하니 실로 무책임한 시대였다고 하겠다.

금군에게 포위된 개봉 성내에서는 주전파와 강화파가 갑론을박하며 정책 결정을 내리지 못했다. 그 사이에 금군의 공격은 더욱 격렬해져 낙성을 면할 수 없는 형세가 되었다. 이제 강화를 요청하는 수밖에 없었다. 더구나 한창 교섭을 하던 중에 주전파가 금군을 공격하는 바람에 송의 처지는 점점 벼랑 끝으로 내몰렸다.

금나라의 화친 조건은 주전파 이강(李綱)의 파면, 금 500만 냥, 은 5천만 냥, 소와 말 1만 마리, 비단 100만 필, 그리고 금나라 황제를 백부(伯父)로서 존경하고 중원으로 이주한 연운 땅 주민을 다시 돌려보낼 것, 중산(中山), 태원(太原), 하간(河間)의 3진(鎭) 20주(州)의 할양, 재상과 친왕을 볼모로 보내는 것 등이었다. 이 조건을 금나라에 진언한 자가 바로 곽약사였다고 전해진다.

흠종이 개봉을 샅샅이 뒤졌으나 겨우 금 20만 냥, 은 40만 냥밖에 나오지 않았으니, 금의 요구는 사실상 불가능한 숫자였다고 해야 하겠다.

볼모로 간 재상은 상서좌복야 장방창(張邦昌)이며, 친왕(親王)은 휘종의 아홉째 아들인 강왕(康王) 조구(趙構)였다. 장방창은 강화파의 급선봉이었는데 볼모가 되어 개봉을 떠날 때 흠종을 향해 금나라와 맺은 3진 할양 약속을 바꾸지 말아 달라고 요청했다고 한다.

금은 배상이 전부 지불되기 전에 포위를 풀고 북으로 돌아갔다. 요구한 배상이 천문학적인 숫자라는 것을 금나라도 처음부터 알고 있었던 것이다. 낯선 땅에서 오래 포위하기보다는 할양을 약속받은 3진을 손에 넣는 편이 실리적이라고 생각한 모양이다.

정강의 변

금의 포위가 풀리자 개봉에서는 다시 주전론이 대두했다. 이번에는 학생운동으로 번졌다. 태학생 진동(陳東)을 비롯한 도민 수만 명이 상서를 올려 파면된 주전파 이강의 복귀와 채경과 동관의 처벌을 요구했다.

동관은 영주(英州, 광동)로 유배되었으나 가던 도중에 살해되었다. 이미 80세가 된 채경은 유배 도중에 병으로 죽었다.

재상이 된 서처인(徐處仁)은 할양을 약속한 3진의 수비군에게 포기하지 말고 금군에 저항할 것을 명했다. 이것은 금에게 문죄(問罪)의 구실을 주었다.

금나라는 이때 송을 멸망시키기로 결의했다. 구름과 같이 남하한 금나라 대군이 개봉을 다시 포위했다.

흠종은 동관을 비롯해 아버지가 등용한 중신들을 차례로 죽였다. 그뿐만이 아니라 강남으로 옮겨 간 아버지를 개봉으로 모셔 왔다. 휘종이 강남에서 왕조를 세우고 복위한다는 소문이 나돌았기 때문이다.

금군이 개봉을 포위했을 때, 휘종도 성안에 있었다. 송나라는 황하 이북 땅을 할양하겠다고 제안했으나, 금나라는 이미 송을 소멸시킬 결심을 하고 있었다.

11월에 금군이 황하를 건넜으니, 같은 해에 두 번이나 강을 건넌 셈이다. 가차 없는 공격이 시작되었고 금군은 마침내 개봉성을 함락했다.

금군은 개봉을 철저하게 유린했다. 재화를 약탈하고 부녀자도 끌고 갔다. 개봉은 순식간에 폐허가 되고 말았다. 금군 내에 있던 연경의 한인들이 약탈 안내역을 도맡았다. 역대 황제, 특히 휘종이 고심하여 모았던 서화, 기물(奇物)도 가져갔다. 연경의 한인들이 특별히 찾았던 것은 소식과 황정견의 글씨였다. 이때 왕안석의 글씨는 그다지 주목하지 않았다고 한다.

흠종과 태상황 휘종은 스스로 금나라 군영으로 가서 포로가 되었다. 황족, 고급관료, 금나라가 필요하다고 인정한 기술자, 예술가 수천 명이 금나라로 끌려갔다(이것을 '정강(靖康)의 변'이라고 한다).

9제(帝) 167년 동안 이어 온 송 왕조는 이것으로 일단 막을 내렸다. 흠종의 동생으로 금나라에 볼모로 갔다가 나중에 돌아온 강왕 조구는 탈출에 성공했다. 조구가 도망쳐서 만든 왕조가 남송(南宋)이다.

휘종은 일세(一世)의 풍류 천자였으나, 동북(東北, 만주)의 벽지로 옮겨 가서는 눈이 멀었고, 8년 뒤 오국성(五國城)에서 균주(均州)로 가던 도중에 병사했다. 54세의 삶이었다. 흠종도 다시 돌아오지 못했다.

만년에 휘종은 보이지 않는 눈으로 무슨 생각을 하며 그림을 그렸을까? 많은 뉘우침이 있었을 터이다. 돌이켜 보았자 모두 소용없는 일이었지만.

다음의 〈연산정(燕山亭)〉이라는 제목의 사(詞)는 휘종이 북으로 끌려간 뒤에 쓴 작품이다.

새하얀 비단을 마름질하여,
몇 번이고 접고 두드렸다.
살며시 연지 바르고,
차림새도 새롭다.
요염함이 넘치고 향기는 풍겨,
처녀조차 부끄럼을 타는데,
변하기 쉬운 뜬세상.
생각하니 비바람도 무심하고,

수심은 그지없다.

사람 없는 정원의 처량함이여,

봄은 몇 번이나 이렇게 지나갔는가.

이별의 슬픔 쌓였다고,

쌍쌍 제비에게,

인간의 말을 어찌 전하랴.

하늘은 아득하고 땅은 멀구나,

만수여 천산이여.

옛 궁궐은 어디인지도 모르고,

생각하고 또 생각하여도.

다만 꿈속에서나,

가끔 돌아가도.

의지할 곳 없으니,

꿈조차 때로는 원망스럽구나.

裁剪氷綃 打疊數重 冷淡燕脂勻注 新樣狀妝 艶溢香融 羞殺蘂珠宮女
易得凋零 更多少無情風雨 愁苦 問院落凄涼 幾番春暮

憑寄離恨重重 這雙燕 何曾會人言語 天遙地遠 萬水千山 知他故宮何處
怎不思量 除夢裏 有時曾去 無據 和夢也有時不做

지도

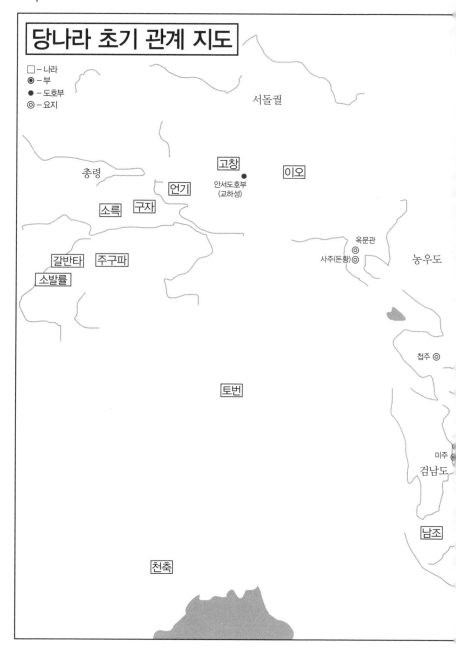

당나라 초기 관계 지도

□ – 나라
◉ – 부
● – 도호부
◎ – 요지

서돌궐

총령

고창
안서도호부
(교하성)

이오

언기

소륵 구자

갈반타 주구파

소발률

옥문관 ◎

사주(돈황) ◎

농우도

첩주 ◎

토번

미주 ◎

검남도

남조

천축

철륵

동돌궐

거란

◎ 요동성

◎ 안시성

고구려

관내도

태원부
(진양)

하북도

안동도호부
(평양)

◎ 영무

◎ 삭방

하동도

신라

◎ 노주

기주 ◎

봉천 ◎

포주 ◎

섬주

백제

왜

◎ 무공

◎
경조부
(장안)

동관

◎

하남부
(낙양)

하남도

낙수

산남도

회남도

◎ 양주

◎ 강녕

◎ 당도

◎ 파주

◎ 백제성

전당 ◎

◎ 검주

임해 ◎

◎ 야랑

강남도

◎ 무주

계주 ◎

유주 ◎

영남도

◎

송나라 관계 주요 지도

요 (거란)

서하 (당항)

연운16주

□ - 나라
◉ - 국도
◉ - 요지

사주
숙주
감주
양주
영주
정주
은주
수덕
하주
정주
등주
밀주

토번

봉상
경조
(장안)
화주
섬주
전주
개봉
낙양
진주
고우
양주
상주

성도
미주

송
광주
강녕
(금릉)
황주
항주

임강
임천
온주

청주
도주

영주
혜주

뇌주

연표

서기	왕조연호	사항
557	진(陳) 영정(永定) 원년	진패선(陳覇先), 상국(相國)·진공(陳公)이 되고, 경제(敬帝)에게 선양받아 진(陳) 건국. 무제(武帝)라 칭함.
568	진 광대(光大) 2년	진(陳)의 안성왕 욱(頊, 뒤에 선제(宣帝)가 됨), 황제를 폐하고 임해왕(臨海王)이 됨.
581	주(周) 대상(大象) 3년 수(隋) 개황(開皇) 원년	북주(北周)의 양견(楊堅), 정제(靜帝)를 폐하고 문제(文帝) 즉위하여, 수 왕조 창건.
587	수 개황 7년 후량(後梁) 광운(廣運) 2년	수문제(文帝), 각 주에 인재 추천을 명함(과거 시작). 수, 후량(後梁)을 멸함.
598	수 개황 18년	수문제, 고구려 원정에 실패. 고구려왕, 사죄사절을 보내 화해.
600	수 개황 20년	황태자 양용(楊勇)을 폐하고 양광(楊廣)을 세움.
602	수 인수(仁壽) 2년	독고(獨孤) 황후 죽음. 양소, 돌궐의 사력사근(思力俟斤)을 토벌.
604	수 인수 4년	태자 양광, 문제를 죽이고 양제(煬帝)로 자립하고, 낙양을 수도로 삼음.
607	수 대업(大業) 3년	계민가한(啓民可汗) 입조. 양제, 계민가한의 여장(廬帳)을 방문.
610	수 대업 6년	양제, 대운하 준공. 양제, 장형(張衡)을 해임하여 서민으로 강등.
612	수 대업 8년	고구려 원정, 실패하여 철군.
613	수 대업 9년	양제, 제2차 고구려 원정을 단행했으나 양현감(楊玄感)의 반란으로 철군.
616	수 대업 12년	양제, 강도(江都)로 행차. 각지에서 반란 일어남. 이연(李淵)을 태원유수(太原留守)로 삼음.
617	수 대업 13년·의녕(義寧) 원년	이밀(李密)·적양(翟襄) 집단, 낙구창(洛口倉)을 점령. 설거(薛擧) 부자가 반란을 일으켜, 설거 스스로 서진(西秦)의 패왕(覇王)을 칭하고, 이어서 황제를 칭함. 이연, 태원(太原)에서 군대를 일으켜서 장안을 점령. 대왕(代王) 양유(楊侑)를 공제(恭帝)로 즉위시키고, 양제를 태상황으로 함.

618	수 의녕 2년 당(唐) 무덕(武德) 원년	우문화급(宇文化及), 양제를 죽임. 소선(蕭銑), 황제가 되어 후량국(後梁國)을 부흥. 이연, 즉위하여, 당(唐)이 라 칭함(고조(高祖)). 왕세충(王世充), 낙양에서 월왕(越 王) 양통(楊侗)을 즉위시켜 황태제라 칭함. 이밀, 왕세 충에게 패하고 당에 항복. 우문화급, 황제를 칭하고 국 호를 허(許)라고 함. 두건덕(竇建德), 하(夏)나라를 세움. 이궤(李軌), 양(凉)황제를 칭함.
619	수 황태(黃泰) 2년 정(鄭) 개명(開明) 원년	왕세충, 황태제를 폐하고 스스로 황제가 되어 국호를 정(鄭)이라 함. 이궤, 장안에서 참수됨.
620	당 무덕 3년 정 개명 2년	진왕(秦王) 이세민(李世民)이 장안으로 개선. 낙양의 왕세충, 이세민에게 항복.
624	당 무덕 7년	신율령을 공포하여, 균전법·조용조를 정함. 전국에 할 거한 군웅을 평정.
626	당 무덕 9년	진왕 이세민, 태자 이건성(李建成)·제왕(齊王) 이원길 (李元吉)을 죽임. 고조(高祖), 이세민(태종(太宗))에게 양 위. 돌궐군의 돌리가한(突李可汗)·힐리가한(頡利可汗) 등, 장안 근처까지 침입(위수(渭水)의 싸움).
627	당 정관(貞觀) 원년	정관의 치(治) 시작. 현장(玄奘), 인도로 출발.
629	당 정관 3년	돌궐의 돌리가한이 항복하여, 태종, 위수 싸움의 치욕 을 씻음.
637	당 정관 11년	정관율령(貞觀律令) 공포. 무조(武照, 무측천), 재인(才人) 이 됨.
644	당 정관 18년	태종, 고구려 친정.
645	당 정관 19년	현장, 인도에서 귀국. 고구려 친정군 철수. 안사고(顔師 古) 죽음.
649	당 정관 23년	태종 죽고, 태자 이치(李治), 고종(高宗) 즉위.
655	당 영휘(永徽) 6년	왕(王) 황후를 폐하고 무측천(武則天)을 책립.
660	당 현경(顯慶) 5년	당, 백제를 무찌름. 백제의 의자왕이 항복. 고종이 병 에 걸려, 무측천의 집정이 시작됨.
668	당 총장(總章) 원년	제3차 고구려 원정. 고구려 멸망. 안동도호부 설치.
674	당 상원(上元) 원년	무측천, 황제를 천황(天皇), 황후를 천후(天后)라 칭하

		고, 복상제(服喪制)를 어머니의 죽음 3년(아버지가 죽었을 때와 같다)으로 고침.
683	당 홍도(弘道) 원년	고종 죽고, 이현(李顯), 중종(中宗) 즉위.
684	당 광택(光宅) 원년	무측천, 중종을 폐하고, 동생인 예왕(豫王) 이단(李旦)을 예종(睿宗)으로 세움. 실권을 무 태후가 장악.
690	당 재초(載初) 원년 주(周) 천수(天授) 원년	무측천, 당 종실을 없애고, 황제(성신황제(聖神皇帝))를 칭함.
701	주 대족(大足) 원년	무측천, 이중윤(李重潤)·영태군주(永泰郡主) 부부를 죽임.
705	당(唐) 신룡(神龍) 원년	중종 복위하여, 국호를 당으로 회복시킴. 무측천 죽음.
710	당 경룡(景龍) 4년·융(隆) 원년·경운(景雲) 원년	위(韋) 황후, 중종을 죽이고 온왕(溫王) 이중무(李重茂)를 소제(少帝)로 세움. 임치왕(臨淄王) 이융기(李隆基), 위 황후와 그 일당을 죽이고, 소제(少帝)를 퇴위시켜 중종의 동생을 예종(睿宗)으로 세움.
712	당 선천(先天) 원년	예종, 황위를 태자 이융기(현종(玄宗))에게 넘김.
742	당 천보(天寶) 원년	안녹산(安祿山), 평로(平盧) 절도사가 됨.
745	당 천보 4재(載)	현종, 양태진(楊太眞)을 귀비(貴妃)로 삼음.
747	당 천보 6재	고선지(高仙芝), 서역에 원정하여, 파미르를 정복함.
750	당 천보 9재	고선지, 석국(石國)에 원정하여, 국왕을 장안으로 끌고 와 참수.
751	당 천보 10재	고선지의 당군, 타라스에서 아바스 왕조군과 싸워 패함. 종이 제조법이 서역에 전해짐.
755	당 천보 14재	안·사(安史)의 난 일어남.
756	당 천보 15재	동관(東關), 안녹산군에게 점령됨. 현종, 장안을 탈출. 마외역(馬嵬驛)에서 양귀비를 죽임. 황태자 이형(李亨), 영무(靈武)에서 숙종(肅宗) 즉위.
763	당 보응(寶應) 2년 ·광덕(廣德) 원년	사조의(史朝義), 이회선(李懷仙)에게 죽고, 안사의 난이 끝남. 토번군, 장안을 점령. 곽자의(郭子義), 위구르의 원군을 얻어 격퇴.
780	당 건중(建中) 원년	양염(楊炎)의 진언으로 양세법 시행. 조용조·잡요 등 부세를 폐지.

805	당 영정(永貞) 원년	덕종(德宗) 죽고, 황태자 이송(李誦), 순제(順帝) 즉위하나, 이듬해에 죽음.
808	당 원화(元和) 3년	주승유(朱僧孺) 등 실정을 공격. 재상 이길보(李吉甫)의 미움을 사서 우이(牛李)의 당쟁이 시작됨.
820	당 원화 15년	환관 진홍지(陳弘志)가 헌종(憲宗)을 죽이고, 황태자 이항(李恒), 목제(穆帝) 즉위. 헌종이 신임했던 환관 토돌승최(吐突承璀)·풍왕(灃王) 이운(李惲)이 죽음.
822	당 장경(長慶) 2년	주승유와 이종민(李宗閔)의 대립 항쟁이 시작됨.
824	당 장경 4년	목종(穆宗), 금단(金丹) 복용이 원인이 되어 죽고, 태자 이담(李湛), 경제(敬宗) 즉위.
826	당 보력(寶曆) 2년	경종(敬宗), 환관 이극명(李克明)에게 죽음. 환관 왕수징(王守澄) 등, 강왕(絳王) 이오(李悟)와 이극명을 죽이고, 경종의 동생 강왕(江王) 이함(李涵)을 문제(文帝)로 즉위시킴.
835	당 태화(太和) 9년	환관을 제거하려던 '감로(甘露)의 변' 실패. 환관의 권력이 더욱 커짐.
840	당 개성(開成) 5년	문종(文宗)이 죽고, 황태제 영왕(穎王) 이로(李瀘)가 환관에 의해 옹립되어 무종(武宗) 즉위.
842	당 회창(會昌) 2년	무종(武宗), 불량 승려의 도첩을 취소하고, 환속시킴.
845	당 회창 5년	망선대(望仙臺) 건축. 사찰 4천 600개소를 폐지하고, 승려 26만 500명을 환속시킴. 사령(寺領)의 양전 수천 경을 몰수하고, 절에 속한 노비 15만 명도 몰수(회창(會昌)의 폐불).
846	당 회창 6년	무제 죽고, 환관이 광왕(光王) 이이(李怡)를 선종(宣宗)으로 옹립. 이덕유(李德裕)를 해임. 폐불령을 취소하고 조귀진(趙歸眞)은 장살, 나부산인(羅浮山人)·헌원집(軒袁集) 등은 유배됨. 백거이(白居易) 죽음.
858	당 대중(大中) 12년	선흡번진(宣歙藩鎭)에서 강전태(康全泰) 등이 반란을 일으켰으나, 회남(淮南)절도사 최현(崔鉉)이 진압. 이상은(李商隱) 죽음.
859	당 대중 13년	선종(宣宗) 죽고, 장남 이최(李漼), 의제(懿帝) 즉위. 구

		보(裵甫)의 난이 일어나, 관찰사 정지덕(鄭祉德), 유경(劉勍)과 범거식(范居植) 등을 보내 토벌하려 했으나 대패.
860	당 함통(咸通) 원년	왕식(王式)의 정부군, 구보 이하 반란군을 섬현(剡縣)에서 무찌르고 구보 등을 참수.
862	당 함통 3년	서주(徐州)에 군란이 일어나 신임 절도사 온장(溫璋)을 추방. 후임인 왕식, 군란을 평정.
864	당 함통 5년	옹주(邕州)를 방위하기 위해 서주에서 군사 3천 명을 모집.
868	당 함통 9년	방훈(龐勛)의 난 일어남.
869	당 함통 10년	방훈, 정부군에 패하여 죽음.
873	당 함통 14년	의종(懿宗) 죽고, 태자 이엄(李儼)이 환관들에 의해 옹립되어 희종(僖宗) 즉위.
875	당 건부(乾符) 2년	황소(黃巢), 왕선지(王仙芝)의 거병에 호응하여, 황소의 난이 시작됨.
877	당 건부 4년	왕선지는 악주(鄂州)를, 황소는 운주(鄆州)를 점령하고, 절도사 설숭(薛崇)을 죽임. 왕선지·황소가 송주(宋州)를 공격하여 무찌름. 왕선지는 수주(隨州)를 점령하고, 호북으로 들어감. 황소는 광성(匡城)·복주(濮州)를 점령. 왕영(王郢)은 소주(蘇州)·상주(常州)를 공격하고 남쪽으로는 복건(福建)까지 진출.
878	당 건부 5년	왕선지가 강릉(江陵)을 점령. 증원유(曾元裕)는 황매(黃梅)에서 왕선지군을 대파. 왕선지 참수됨. 상양(尙讓), 왕선지의 잔당을 이끌고 황소군과 합류. 황소, 맹주가 되어 형천대장군(衡天大將軍)이라 칭함.
880	당 광명(廣明) 원년	황소의 북벌군, 낙양(洛陽)을 점령. 희종(僖宗), 장안(長安)에서 서쪽으로 탈출. 황소, 장안으로 들어가 황제를 칭하고 국호를 제(齊)라 함.
881	당 중화(中和) 원년	사천(四川)으로 도망친 희종이 성도(成都)를 임시 수도로 삼음.
883	당 중화 3년	황소군이 장안에서 철수.

884	당 중화 4년	황소, 태산 동남쪽 낭호(狼虎) 산중에서 자살.
888	당 문덕(文德) 원년	희종이 장안으로 돌아와 죽음. 동생인 수왕(壽王) 이걸(李傑), 소종(昭宗) 즉위.
890	당 대순(大順) 원년	이극용(李克用), 반란을 일으켜 정부군을 무찌름.
901	당 천복(天復) 원년	환관들은 소종(昭宗)을 봉상(鳳翔)으로 옮김. 주전충(朱全忠), 장안으로 들어가 관료들을 화주(華州)로 옮김.
902	당 천복 2년	주전충, 봉상을 공격. 봉상의 이무정(李茂貞), 소종 인도와 환관 주멸을 조건으로 항복.
904	당 천유(天祐) 원년	주전충, 최윤(崔胤)과 그의 일당을 죽임. 주전충, 소종을 죽이고, 휘왕(輝王) 이조(李祚)를 소선제(昭宣帝)로 즉위시킴.
907	당 천유 4년 양(梁) 개평(開平) 원년	소선제(昭宣帝), 주전충에게 선양하여 당 왕조 멸망. 주전충, 태조(太祖)라 칭하고, 梁(後梁) 건국.
908	양 개평 2년	이극용(진왕(晉王)) 죽음. 장남 이존욱(李存勖)이 뒤를 이어, 하동(河東) 절도사와 진왕(晉王)이 됨.
912	양 건화(乾化) 2년	후량(後梁) 태조의 아들 주우규(朱友珪), 아버지를 죽이고 즉위.
913	양 봉력(鳳曆) 원년	주우규 죽고, 주우정(朱友貞), 개봉에서 즉위(말제(末帝)).
916	거란(契丹) 신책(神册) 원년	거란의 야율아보기(耶律阿保機), 태조(太祖)를 칭함.
923	양 용덕(龍德) 3년 당 동광(同光) 원년	진왕 이존욱, 제위에 올라 장종(莊宗)을 칭하고, 국호를 당(唐, 후당(後唐))으로 함. 후량 말제, 후당에 패하고 자살하여, 후량 멸망. 후당, 낙양으로 도읍을 옮김.
925	당 동광 3년 촉(蜀) 함강(咸康) 원년	후당의 장종(莊宗), 전촉(前蜀)을 멸함.
926	당 천성(天成) 원년 거란 천현(天顯) 원년	후당의 장종 죽고, 이사원(李嗣源), 명종(明宗) 즉위. 거란의 야율아보기 죽고, 아들 야율덕광(耶律德光), 태종(太宗) 즉위.
933	당 장흥(長興) 4년	후당의 명종 죽고, 셋째아들 이종후(李從厚), 민제(閔帝) 즉위.

934	당 청태(清泰) 원년 후촉(後蜀) 명덕(明德) 원년	촉왕 맹지상(孟知祥, 후촉(後蜀)의 고조), 황제를 칭함. 후당의 민제, 이종가(李從珂)에게 쫓겨나 죽음. 이종가, 황제를 칭함.
936	당 청태 3년 진(晉) 천복(天福) 원년 거란 천현 11년	야율덕광, 하동절도사 석경당(石敬瑭)을 원조하여 후 당군을 진양(晉陽)에서 무찌름. 석경당, 고조(高祖)라 칭하고, 국호를 진(晉, 후진)이라 함. 거란에 연주(燕州) 16주를 할양. 후당 말제, 자살하고 후당 멸망.
937	진 천복 2년 요(遼) 천현 12년	후진(後晉), 개봉으로 도읍을 옮김. 거란은 국호를 요 (遼)로 고침. 서지고(徐知誥), 오왕(吳王) 예제(睿帝)인 양부(楊溥)에게 선양받아 당(唐, 남당)의 황제가 됨.
942	진 천복 7년	후진의 고조 죽음. 고조의 형 석경유(石敬儒)의 아들 인 제왕(齊王) 석중귀(石重貴), 출제(出帝) 즉위.
946	진 개운(開運) 3년 요 회동(會同) 9년	요나라 군대가 크게 일어나 후진을 공격. 출제가 사로 잡혀 후진 멸망.
947	한(漢) 천복(天福) 12년 요 천록(天祿) 원년	하동절도사 유지원(劉知遠), 진양(晉陽)에서 즉위. 고조 (高祖)를 칭하고, 개봉에 도읍하여 국호를 한(漢, 후한) 이라 함. 요의 태종 죽음.
948	한 건우(乾祐) 원년	후한의 유지원 죽고, 차남 유승우(劉承祐), 은제(隱帝) 즉위.
950	한 건우 3년	후한의 은제, 신하에게 죽고 후한 멸망.
951	주(周) 광순(廣順) 원년	곽위(郭威), 개봉에서 태조(太祖)를 칭하고, 국호를 주 (周, 후주)라 함.
954	주 현덕(顯德) 원년	후주의 태조 죽고, 양자인 시영(柴榮), 세종(世宗) 즉위.
955	주 현덕 2년	후주의 세종, 불교를 탄압하여, 사찰 3만 336개소를 파괴.
956	주 현덕 3년 남당 보대(保大) 14년	후주의 세종이 남당을 침. 그 공으로 조광윤(趙匡胤) 을 정국군절도사(定國軍節度使) 겸 전전도지휘사(殿前 都指揮使)로 임명.
958	주 현덕 5년 남당 교태(交泰) 원년	남당, 강북의 14주·60현을 후주에 바치고, 황제 이경 (李璟), 제위를 버리고 국주(國主)가 됨. 후주, 균전법을 시행.

959	주 현덕 6년	조광윤, 전전도점검(殿前都點檢)이 됨. 후주의 세종 죽고, 넷째 아들 시종훈(柴宗訓), 공제(恭帝) 즉위.
960	송(宋) 건륭(乾隆) 원년	조광윤, 후주의 공제를 폐하고 태조(太祖) 즉위. 국호를 송(宋)이라 함. 공제를 정왕(鄭王)에 봉함.
961	송 건륭 2년	남당의 국주 이경 죽고, 태자 이욱(李煜), 국왕(後主)이 됨.
963	송 건덕(乾德) 원년	송, 형남(荊南)의 고씨(高氏)를 멸함.
965	송 건덕 3년 후촉(後蜀) 광정(廣政) 28년	송, 성도(成都)에 들어가 후촉을 멸함.
971	송 개보(開寶) 4년, 남한 대보(大寶) 14년	송군, 광주(廣州)에 들어가 남한(南漢)의 유장(劉鋹)을 멸함. 광주에 시박사(市舶司)를 둠.
975	송 개보 8년	오월국과 송이 연합하여, 남당의 수도 금릉(金陵)을 점령. 남당 멸함.
976	송 태평흥국(太平興國) 원년	송의 태조 죽고, 동생인 조광의(趙匡義), 태종(太宗) 즉위. 처음으로 삼사부사(三司副使)를 둠.
977	송 태평흥국 2년	태조 아들인 영흥군절도사 조덕소(趙德昭) 자살. 『태평어람』 편찬 시작.
978	송 태평흥국 3년	태조 아들인 서산남로절도사 조덕방(趙德芳) 죽음. 오월(吳越)의 전숙(錢俶), 그 땅을 송에 바침으로써 오월 멸망.
979	송 태평흥국 4년 요(遼) 건형(乾亨) 원년	송, 북한(北漢)의 유계원(劉繼元)을 멸함. 송, 요를 정벌하려다 고량하(高粱河)에서 대패. 이후 송과 요의 공방이 계속됨.
982	송 태평흥국 7년 거란 건형 4년	이계봉(李繼捧), 당항(黨項)의 판도를 송에 바침. 요의 성종(聖宗) 즉위. 국호를 거란으로 회복.
992	송 순화(淳化) 3년	송, 처음으로 상평창(常平倉)을 설치.
996	송 지도(至道) 2년	『태평어람』 완성.
997	송 지도 3년	송의 태종 죽고, 태자 조항(趙恒), 진종(眞宗) 즉위.
999	송 함평(咸平) 2년 거란 통화(統和) 17년	거란의 성종(聖宗), 송 토벌의 조서를 내림.
1003	송 함평 6년	이계천, 토번군과 싸우다 죽고, 아들 이덕명(李德明)이

		뒤를 이음
1004	송 경덕(景德) 원년 거란 통화 22년	거란의 성종, 크게 움직여 남벌을 떠남. 송의 진종이 단주(澶州)에서 거란군과 싸움.
1006	송 경덕 3년	이덕명, 송의 정난(靖難) 절도사·서평왕(西平王)이 됨.
1008	송 대중상부(大中祥符) 원년	송 진종, 태산에서 봉선 의식을 거행.
1012	송 대중상부 5년	송, 복건의 점성도(占城稻, 참파미)를 들여와 강남·회남 ·양절삼로(兩浙三路)에 보급.
1014	거란 개태(開泰) 3년	거란, 보주(保州, 고려의 영토)의 소속을 둘러싸고 출병 하여 점령.
1022	송 건흥(乾興) 원년	송의 진종 죽고, 태자 조정(趙禎) 인종(仁宗) 즉위. 한전 법(限田法) 실시.
1031	송 천성(天聖) 9년	이덕명 죽고, 이원호(李元昊), 경종(景宗) 즉위.
1038	하(夏) 천수예법연조 (天授禮法延祚) 원년	이원호, 하(夏, 서하) 황제를 칭하고, 하서사군(河西四 郡)을 장악.
1043	송 경력(慶曆) 3년	참지정사(參知政使) 범중엄(范仲淹)의 건의로 서정(庶 政)을 개혁.
1044	송 경력 4년 하 천수예법연조 7년	송·서하가 경력화약(慶曆和約)을 맺음. 송의 필승(畢 昇), 인쇄술을 발명.
1047	송 경력 7년	패주(貝州)의 병졸 왕즉(王則)의 난이 일어남.
1049	송 황우(皇祐) 원년	광원주(廣源州)에서 농지고(農智高)의 난이 일어남(4년 후 대리(大理)로 도망가 죽음).
1060	송 가우(嘉祐) 5년	왕안석(王安石)을 탁지판관(度支判官)에 임명.
1066	요 함옹(咸雍) 2년	거란, 국호를 다시 요로 고침.
1067	송 치평(治平) 4년	송의 영종 죽고, 태자 조욱(趙頊), 신종(神宗) 즉위. 왕 안석을 한림학사(翰林學士)로 임명.
1069	송 희녕(熙寧) 2년	송, 왕안석을 참지정사(參知政使)로 임명. 신법(新法) 시 행.
1070	송 희녕 3년	보갑법(保甲法)을 시행. 왕안석 재상이 됨. 면역법(免役 法) 시행.
1071	송 희녕 4년	차역법(差役法)을 폐지하고, 모역법(募役法)을 시행.
1072	송 희녕 5년	시역법(市易法)·보마법(保馬法)·방전균세법(方田均稅法)

		시행.
1074	송 희녕 7년	왕안석, 재상에서 파면되어 강녕지부(江寧知府)로 좌천.
1075	송 희녕 8년	왕안석, 다시 재상이 됨(이듬해에 다시 사임), 호마법(戶馬法)을 하북에서 시행.
1079	송 원풍(元豊) 2년	소식(蘇軾), 조정을 비방한 죄로 체포되어, 황주단련부사(黃州團練副使)로 좌천.
1080	송 원풍 3년	송, 삼사(三司)를 폐지하고 당제(唐制)를 부활.
1082	송 원풍 5년	관제의 대개혁을 단행.
1084	송 원풍 7년	사마광(司馬光)의 『자치통감』 완성. 소식, 여주(汝州) 단련부사로 전임.
1085	송 원풍 8년	송의 신종 죽고, 아들 조후(趙煦) 철종(哲宗) 즉위. 태황태후 고씨(高氏) 섭정. 왕안석의 신법을 폐지. 사마광이 재상이 됨.
1086	송 원우(元祐) 원년	왕안석, 사마광 죽음. 소식, 한림학사가 됨.
1087	송 원우 2년	낙(洛, 정이(程頤) 등)·촉(蜀, 소식 등)·삭(朔, 유지(劉摯) 등) 3당의 당쟁이 시작됨.
1093	송 원우 8년	태황태후 고씨 죽고, 철종 친정.
1094	송 소성(紹聖) 원년	신법이 부활되고, 동전(銅錢)의 국외반출 금지.
1100	송 원부(元符) 3년	철종 죽고, 단왕(端王) 조길(趙佶), 휘종(徽宗) 즉위. 황태후 상씨(尙氏) 섭정. 신구 양당의 융화를 꾀함.
1101	송 건중정국(建中靖國) 원년 요 건통(乾通) 원년	황태후 상씨 죽고, 휘종 친정. 요의 도종 죽고, 태손 야율연희(耶律延禧), 천조제(天祚帝) 즉위. 소식, 중앙으로 귀환 중 죽음.
1105	송 숭녕(崇寧) 4년 하(夏) 정관(貞觀) 5년	서하 침입. 황정견(黃庭堅) 죽음. 응봉국(應奉局)을 소주(蘇州)에 두고, 주면(朱勔)이 화석강(花石綱)을 관리.
1106	송 숭녕 5년 하 정관 6년	송·서하가 강화를 맺음.
1112	송 정화(政和) 2년	한전면역법(限田免役法)을 시행.
1115	금(金) 수국(收國) 원년	완안아골타(完顏阿骨打), 태조(太祖)를 칭하고, 국호를 금(金)이라 함.

1120	송 선화(宣和) 2년 요 천경(天慶) 10년 금 천보(天輔) 4년	송, 금에 사신을 보내어 요를 협공하기로 약속. 절강의 청계(淸溪)에서 방납(方臘)의 난 일어남.
1121	송 선화 3년	양산박(梁山泊)의 송강(宋江), 송에 투항. 방납의 난 진압.
1122	송 선화 4년 요 보대(保大) 2년 금 천보 6년	금, 요를 공격. 천조제, 음산(陰山)으로 도망감. 야율대석(耶律大石) 등이 야율순(耶律淳)을 세워 천석제(天錫帝)라 칭하고, 금과 강화를 청하나 성립되지 않음. 송, 요를 공격하여 연경에서 패함.
1123	송 선화 5년 금 천회(天會) 원년	금, 연산(燕山) 6주를 송에 반환. 금의 태조 죽고, 동생 완안오걸매(完顔吳乞買), 태종(太宗) 즉위.
1124	금 천회 2년, 하(夏) 원덕(元德) 6년	서하, 금의 속국이 됨.
1125	송 선화 7년 요 보대 5년 금 천회 3년 서요(西遼) 연경(延慶) 원년	천조제(天祚帝), 금군에 항복하고, 요 멸망. 금군, 크게 일어나 송을 토벌하러 나섬. 휘종, 퇴위하고, 아들 조환(趙桓), 흠종(欽宗) 즉위. 야율대석, 덕종(德宗)을 칭하고 서요를 세움.
1126	송 정강(靖康) 원년 금 천회 4년	북송 멸망.

진순신 이야기 중국사 4

펴낸날	초판 1쇄 2011년 7월 29일
	초판 3쇄 2014년 4월 2일

지은이	진순신
옮긴이	이수경
펴낸이	심만수
펴낸곳	(주)살림출판사
출판등록	1989년 11월 1일 제9-210호

주소	경기도 파주시 광인사길 30
전화	031-955-1350 팩스 031-624-1356
홈페이지	http://www.sallimbooks.com
이메일	book@sallimbooks.com

ISBN	978-89-522-1612-0 04910
	978-89-522-1616-8 (세트)

※ 값은 뒤표지에 있습니다.
※ 잘못 만들어진 책은 구입하신 서점에서 바꾸어 드립니다.

책임편집 **명병훈**